Sempre existe um caminho

Copyright by © Petit Editora e Distribuidora Ltda., 2021

Coordenação editorial: Ronaldo A. Sperdutti
Projeto gráfico e editoração: Juliana Mollinari
Revisão: Marilda Perez Cabral
Capa: Juliana Mollinari
Imagens da capa: Shutterstock
Assistente editorial: Ana Maria Rael Gambarini
Impressão: Gráfica Rettec

1-1-21-5.000

Dados Internacionais de Catalogação na Publicação (CIP)
(Câmara Brasileira do Livro, SP, Brasil)

```
Daniel, (Espírito)
    Sempre existe um caminho / Romance ditado pelo
espírito Daniel, [psicografia de] Cristina Censon. --
1. ed. -- Catanduva, SP : Petit editora, 2021.

    ISBN 978-65-5806-008-6

    1. Espiritismo 2. Psicografia 3. Romance espírita
I. Censon, Cristina. II. Título.

20-53153                                    CDD-133.93
```

Índices para catálogo sistemático:

1. Romance espírita psicografado 133.93

Aline Graziele Benitez - Bibliotecária - CRB-1/3129

Direitos autorais reservados. É proibida a reprodução total ou parcial, de qualquer
forma ou por qualquer meio, salvo com autorização da Editora.
(Lei nº 9.610, de 19 de fevereiro de 1998)
Traduções somente com autorização por escrito da Editora.
Impresso no Brasil, 2021.

Prezado(a) leitor(a),

Caso encontre neste livro alguma parte que acredita que vai interessar ou mesmo ajudar
outras pessoas e decida distribuí-la por meio da internet ou outro meio, nunca deixe de
mencionar a fonte, pois assim estará preservando os direitos do autor e, consequentemente,
contribuindo para uma ótima divulgação do livro.

SEMPRE EXISTE UM CAMINHO

CRISTINA CENSON
ROMANCE DITADO PELO ESPÍRITO DANIEL

Av. Porto Ferreira, 1031 | Parque Iracema
Catanduva-SP | CEP 15809-020
17 3531.4444
www.petit.com.br | petit@petit.com.br
www.boanova.net | boanova@boanova.net

Prefácio

SÓ EXISTE UM CAMINHO

Toda moeda tem dois lados. Toda história tem duas versões. A de quem vivencia e a de quem observa. Cada um se deterá num ângulo e tirará suas conclusões mediante a condição evolutiva em que se encontrar. Ninguém foge a essa regra, seja em qual dos planos se situar.

Enquanto aqui estamos, em jornada de aprendizado, procurando refazer os caminhos que trilhamos de forma indevida, só podemos observar o que nossa lucidez nos aponta. Se nos encontrássemos em condições de melhor avaliar nossas programações, certo é que tudo faríamos para cumpri-las a contento, evitando, assim, maiores sofrimentos futuros. No entanto, na condição de espíritos ainda imperfeitos, nem sempre valorizamos as dificuldades, que nos conduz a aprendizados necessários, e preferimos a companhia da felicidade efêmera, transitória, em detrimento da verdadeira e permanente. Fazemos escolhas difíceis, comprometemos nosso caminhar, desconhecendo qual tesouro deve ser nossa meta conquistar!

Escolhemos a porta larga, valorizando nosso orgulho, nosso querer, nosso ter! Desprezamos os sinais que nossos leais amigos espirituais nos oferecem, preferindo o poder que inebria, a sedução pela riqueza que empobrece quando utilizada de forma contrária ao bem comum, obtendo migalhas de esparsas alegrias vãs, que apenas saciam, em parte, nosso orgulho e vaidade! Quão tolos somos quando ainda nos entretemos nessa busca improdutiva e fugaz!

Por que isso ainda é objeto de nossas conquistas? Por que custamos a aprender que nada obteremos quando a ela nos predispomos? Por que desprezamos a oportunidade bendita da dor que ensina e esclarece? E por que ainda necessitamos da dor para crescer?

Perguntas que fazemos quando aqui aportamos, numa nova encarnação e que levamos uma vida inteira para obter as respostas! Aqui chegamos como crianças espirituais e, muitas vezes, partimos nas mesmas condições, sem aproveitar as lições que a vida nos oferece e ainda rebeldes às suas imposições. Culpamos a vida, a Deus, ao próximo, a pobreza, a riqueza, a instrução, a ignorância, a falta de oportunidades, o excesso de vantagens, enfim, encontramos infinitas desculpas pela nossa derrota.

Sim, saímos derrotados quando menosprezamos a nossa capacidade criadora e transformadora, capaz de reverter os quadros dolorosos em que nos situamos. Retornamos ao mundo espiritual em total rebeldia, insurgindo contra tudo e todos, responsáveis pela nossa condição dolorosa e infeliz! E, assim, corrompemos nossa essência, maculamos nossa alma, desejando ao outro todo sofrimento que nosso coração comporta! Nessa vibração inferior, atraímos aqueles que conosco sintonizam, nossos afins deste e do outro lado da vida. Esquecemos todas as bênçãos recebidas enquanto lá estávamos, passando a respirar dor, rancor, mágoa, tudo que nos prende a patamares inferiores. A paz se distancia de nós até que algo novo surja em nosso caminho, capaz de reformular as condutas equivocadas que ostentamos.

O verdadeiro amigo se apresenta a nossa frente! A isso chamamos caridade, benevolência, amor incondicional! Somente eles são capazes de reverter o amargo processo que se desenrola e que, sozinhos, nada podemos efetivar. Na figura de um companheiro abnegado, que se compadece da nossa triste condição, oferecendo seu ombro amigo, seu coração sincero e justo, para nos acompanhar em nova oportunidade, renascendo ao nosso lado como esteio amoroso, que ampara e conforta frente a qualquer vicissitude que se apresentar no caminho. Não importa qual condição ele assumirá, certo é que fará a diferença em nossa vida!

O reconheceremos? Quiçá isso ocorrerá! A única certeza é a de que ele nos acompanhará nessa nova jornada! Será o fiel da balança que não mais penderá para as obras inglórias! Será o farol que reacenderá a nossa luz interior, para que ela possa brilhar e assim, combater as trevas das nossas mazelas e da nossa ignorância! Porém, ao sabor das tentações que a matéria nos oferecerá quando aqui estivermos, poderemos sucumbir novamente, falhando e assumindo novos débitos. Como resistir a esse forte apelo? Como refazer os caminhos equivocados de outrora, evitando cair nas armadilhas que a matéria nos oferece a todo instante? A nossa imperfeição predominará se nossa vontade não for atuante e férrea! Vontade de superar a condição inferior que nos acompanha e que nos prende à triste condição de prisioneiro da própria iniquidade!

Vencer a si mesmo, deve ser a meta prioritária! Uma luta árdua que deve ser vivenciada todos os instantes da nova oportunidade encarnatória! E lembrar-se de que jamais estaremos sós deste e do outro lado da vida! Amigos espirituais nos acompanharão a cada passo dessa caminhada, irradiando seu amor, inspirando-nos a seguir em frente sem se deter nas pedras que, ocasionalmente, estiverem a nossa frente.

E, desse lado da vida, nosso abnegado amigo também seguirá conosco, sendo nossa bússola que não nos fará desviar do caminho reto a que nos propomos antes de aqui chegar. Entretanto, nada disso fará sentido se não nos determinarmos a não cometer os mesmos erros do passado. É uma opção individual que cabe a cada um que aqui retorna!

Buscamos a evolução e, nessa proposta, temos que nos despojar de tudo quanto possa comprometer nossos planos de elevação!

Uma nova história será contada sob as duas óticas, a material e a espiritual, e, novamente, a quatro mãos. Cada qual acompanhando a trajetória de uma família, comprometida com as leis divinas, assim como tantas que aqui hoje se encontram. A luz e a sombra estarão presentes, num duelo incessante em que só poderá haver um vencedor: o amor! Esse é o único caminho que nos libertará de nosso passado corrompido pelas ações indébitas!

Nós o convidamos a acompanhar os passos de nossos personagens, que entre erros e acertos, entre risos e lágrimas, entre a paz e a discórdia, escolheram se unir novamente para que juntos possam refazer os caminhos palmilhados no desacerto e na ausência de comprometimento com a luz!

Porém, a luz sempre irá brilhar quando os corações encontrarem a paz! Esse é o único caminho possível!

Que a ela todos se voltem!

Daniel
08/11/17

ÍNDICE

Capítulo 1 – Planejamento 11

Capítulo 2 – A vida segue em frente....................22

Capítulo 3 – Reencontro....................33

Capítulo 4 – Caminhos obscuros 44

Capítulo 5 – Trágico acidente 55

Capítulo 6 – Reflexões 66

Capítulo 7 – Reencontro feliz 77

Capítulo 8 – Sonhos de adolescência 88

Capítulo 9 – Novos acontecimentos....................99

Capítulo 10 – Um pouco de paz 110

Capítulo 11 – Intriga no ar....................121

Capítulo 12 – Uma nova questão 132

Capítulo 13 – Incidente perturbador....................143

Capítulo 14 – Lembranças do passado 154

Capítulo 15 – Jogo sujo....................165

Capítulo 16 – Uma vida em risco....................176

Capítulo 17 – O preço da coragem 188

Capítulo 18 – Duelo em família 199

Capítulo 19 – Novos indícios 210

Capítulo 20 – Fatalidade....................221

Capítulo 21 – Conflitos íntimos 232

Capítulo 22 – Vida que segue......................................243

Capítulo 23 – Volta ao passado 255

Capítulo 24 – Visita proveitosa...................................266

Capítulo 25 – Surpresas do caminho..........................277

Capítulo 26 – Assédio implacável 288

Capítulo 27 – Ações necessárias.................................299

Capítulo 28 – Um amor para conquistar 310

Capítulo 29 – Tempos sombrios 321

Capítulo 30 – Medidas extremas.................................332

Capítulo 31 – Caminhos cruzados 343

Capítulo 32 – Em defesa do amor 354

Capítulo 33 – O amor que prevalece 365

Capítulo 34 – Difícil decisão 376

Capítulo 35 – Um novo entrave...................................387

Capítulo 36 – Luta pela vida 398

Capítulo 37 – Um problema solucionado.....................409

Capítulo 38 – Um dia de cada vez... 420

Capítulo 1

PLANEJAMENTO

– *Eles renascerão em breve!* – disse uma entidade feminina nimbada em luz. – *Contamos que essa derradeira oportunidade possa conferir a esse irmão a chance tantas vezes desperdiçada. Que faça bom proveito!*

– *Sabe que isso é temerário! Não podemos dispor de uma certeza! Quem sabe se aproveitará o momento concedido? Tantas vezes foi refratário ao nosso concurso. Poderá desprezar essa chance como fez com as demais, minha irmã! Como saber?*

– *Aí se encontra a verdadeira beleza da existência humana, Clóvis querido! Jamais saberemos o que nossa condição evolutiva irá propiciar! Quantas vezes aqui chegamos munidos das melhores oportunidades e, ao sabor das tentações, novamente nos perdemos no cipoal de nossa vaidade? E o inverso também ocorre: quantos daqui partem com mínimas chances de sucesso e retornam com a auréola do dever cumprido? A opção é de cada um se deixar dominar ou não pelos apelos que a matéria proporcionará. Não podemos perder a fé na humanidade em momento algum!*

— *Você sempre sabe o que dizer, Celeste!* — sorriu para ela com a convicção de que tudo estaria nos planos de Deus e não dos imperfeitos humanos. — *Contemos com a Providência Divina que a todos coordena. Mas já sabe que teremos problemas desde o nascimento. Viste que ele já se apresentou ao lado da nossa gestante, tentando irradiar sobre ela seu veneno, impedindo que o outro espírito, que irá ser sua sustentação no bem renasça.* — disse ele com a expressão séria.

— *As providências já foram tomadas e ela está inacessível aos seus fluidos perniciosos. Contemos com o apoio de nossos colaboradores. Nossa irmã finalizará sua gestação conforme os planos originais, dando à luz dois meninos saudáveis. É o que importa no momento! Ela sabia que estaria amparada e isso fez toda a diferença, sendo seu respaldo contra os ataques incessantes deste nosso invigilante irmão, que ainda desconhece o verdadeiro propósito da vida! Nossa companheira é um abnegado espírito que se dispôs a auxiliar novamente esses que tanto já falharam com ela. O esposo, que poderia auxiliá-la em sua tarefa, não tem a superioridade moral, mas ela sabia dessa condição muito antes de reencarnar. Sentia-se em débito com ele e aceitou retornar ao seu lado, assumindo os riscos dessa condição. Propôs-se, ainda, a aceitar a maternidade provacional, oferecendo as condições necessárias para que esse espírito possa se libertar de seu passado inglório, reacendendo a esperança de retomar seu processo evolutivo. Entretanto, a misericórdia de Deus é infinita e acolhe a todos os filhos com propostas elevadas, permitindo que um antigo companheiro ao seu lado estivesse. Será o outro filho, a quem devemos proteger até que possa firmar-se nessa encarnação, irradiando sua energia branda* e amorosa. Ele aceitou renascer ao lado dele, consciente de que o trabalho seria árduo e as chances de sucesso um tanto remotas. Com a coragem e a determinação que sempre o acompanharam, afirmou que se empenharia para que nosso falido irmão pudesse se reerguer. Os dois, mãe e filho, terão o apoio incondicional das equipes da luz para garantir que a empreitada seja favorável aos seus propósitos.

— A eterna luta entre o bem e o mal, minha irmã! Infelizmente ainda temos que testemunhar tantas atrocidades em nome do orgulho e da materialidade vãs! Quando despertarão para o verdadeiro tesouro? – seu olhar se perdeu no infinito.

— Cada um tem seu tempo de despertar, Clóvis! Essa prerrogativa atingirá a todos os seres da criação! O despertar será sempre individual e no tempo certo. Como saborear um fruto que ainda não se encontra maduro para ser consumido? O máximo que obteremos é que ele seja lançado ao lixo, perdendo toda sua utilidade. Jamais irá saciar a fome do viajante, tornando-se veneno impossível de ser consumido. O Pai é sábio e ama incondicionalmente a todos os seus filhos, esperando o tempo de cada um! – uma luz intensa a envolveu e o ambiente ficou saturado de fluidos sutis.

— Tem razão, Celeste! Não podemos permitir que a dúvida permeie nossos pensamentos. Que Luiza, nossa futura mãe, jamais se esqueça de sua tarefa, amando os dois na mesma medida! Vibremos para que o momento do nascimento seja de harmonia e felicidade. E confiemos que tudo seguirá conforme a programação!

— Que assim seja! Temos algumas providências a tomar! Vamos! – e seguiram deixando Luiza em seu quarto, refletindo sobre os filhos que em breve nasceriam.

Ela estava no final da gestação e, praticamente, não saía mais de casa. Era verão e o forte calor a incomodava sobremaneira, esperando ansiosamente que o parto acontecesse nos próximos dias. Sentiu-se serena durante toda gestação, porém alguns sobressaltos aconteceram nos últimos dias, deixando-a preocupada com o que poderia advir. Desejava que tudo finalizasse o mais rápido possível para poder ver os filhos a seu lado. Sonhava com esse momento! Um sorriso iluminou seu rosto jovem, de traços finos e de uma beleza marcante. Era uma linda mulher e a maternidade apenas intensificou isso. Continuava deslumbrante, dizia o apaixonado marido. Ela sorria e aceitava o elogio, imaginando o quanto ele a amava para assim vê-la.

Ronaldo e Luiza casaram-se muito jovens. Ambos de famílias tradicionais e abastadas, uniram suas fortunas e fazendas de gado, que ambas eram possuidoras. Um grande império se formou quando eles contraíram matrimônio. E, conjuntamente, grandes provas a eles estavam programadas. A posse de bens materiais implica necessariamente em empenho constante na sua justa utilização, procurando abrandar a miséria através do uso produtivo, gerando empregos que possam garantir a subsistência de muitos irmãos mais necessitados. No entanto isso nem sempre acontece, gerando graves comprometimentos que apenas o tempo será capaz de resolver. Ronaldo e Luiza se apaixonaram e se casaram, vivendo uma vida de facilidades e muito luxo. Ronaldo havia finalizado seu curso de direito e decidiu que iria trabalhar nessa área, a contragosto dos pais que o preferiam gerindo os negócios da família. Era o único filho varão e depositavam nele todas as expectativas. Ele tentou conciliar as duas tarefas, mas, em pouco tempo, acabou relegando à irmã Rebeca a administração dos bens familiares. Ronaldo ambicionava outras coisas, em especial, a política, que sempre o seduziu. Apesar de todos os entraves, ele iniciou ainda jovem a carreira na política, elegendo-se vereador de sua cidade. Foi a primeira das muitas vitórias conquistadas ao longo de sua vida.

Quando os filhos nasceram, Lucas e Tiago, ele acabara de ser eleito vereador. Luiza não compactuava com seus ideais, mas o amava e respeitava sua escolha. Sempre esteve presente de maneira discreta, pois os holofotes não estavam em seus planos, dizia ela. Luiza deu à luz numa manhã chuvosa e sombria. Um forte temporal assolava a região e, no momento do parto, até as luzes se apagaram, causando forte impacto na ansiosa mãe. Eles nasceram fortes, lindos e saudáveis, para alegria de todos.

Lucas foi o primeiro a adentrar à realidade material, assistido por nossos companheiros espirituais que acompanhavam todo o procedimento. Tudo correra bem até o momento. Em seguida, Tiago nasceu e todos perceberam sua presença pelo choro poderoso que emitiu, como a dizer que acabara de chegar, necessitando de atenção completa.

E assim foi durante toda a infância...

Tiago sempre requisitando atenção constante de todos ao seu redor. Desde que aprendeu a se relacionar com o mundo, mostrava a que veio. Todos tinham que render-se a seus desejos, tornando-se mimado e voluntarioso.

Lucas era mais contido e sereno, dando pouco trabalho à zelosa mãe, que o olhava dormindo e sentia a energia potente que os unia. Parecia que o conhecia muito antes de nascer. Seu olhar cúmplice e reconfortante era o estímulo necessário a suportar os desmandos de Tiago, sempre controlador e exigente. Já Lucas, desde muito cedo, demonstrava ser possuidor de um gênio calmo e amoroso. Seu sorriso era capaz de iluminar todo o quarto, assim dizia Luiza. Já o pai sentia-se ligado fluidicamente a Tiago, dizendo que eles sempre se pareceram.

Fisicamente ambos eram muito parecidos, porém Lucas possuía magnéticos olhos verdes e o irmão, olhos castanhos escuros e profundos. Quando estavam juntos, era nítida a diferença que havia entre eles em todos os aspectos. Impossível não admitir que foi extenuante a criação de ambos. Luiza custou a aceitar a maternidade novamente e isso apenas aconteceu quando os gêmeos contavam com seis anos. E a princesa da família nasceu!

Raquel veio ao mundo quando o pai já se elegera deputado estadual e as ausências constantes quase que o impediram de estar presente no momento do seu nascimento. Ela foi recepcionada, com alegria extrema, por Lucas e, com ciúme avassalador, por Tiago. Luiza teve que se desdobrar para administrar as emoções contraditórias que estavam presentes.

Conforme cresciam, a rivalidade entre os irmãos começou a surgir. Tiago era muito competitivo e queria ser sempre o centro das atenções, o que nem sempre ocorria, pois Lucas era um garoto sedutor, conquistando a simpatia de todos que com eles se relacionavam. Em muitas ocasiões, Luiza percebia que Lucas cedia para que o irmão não se indispusesse com ele, causando brigas improdutivas e mágoas desnecessárias. Numa dessas situações, a mãe observou que Lucas ficou a encarar Tiago com aquele olhar brando e maduro e se aproximou:

– Que olhar é esse, querido? O que Tiago aprontou dessa vez? – disse ela segurando seu rosto com todo carinho.

– É muito difícil agradá-lo e, por mais que eu faça, sinto que ele não gosta de mim! – e duas lágrimas rolaram. A mãe o abraçou e disse:

– Não pense assim. Ele o ama, apenas ainda não se deu conta disso. Dê-lhe essa chance, meu filho! Um dia ele se renderá, acredite! – havia tanta convicção em seu olhar que o garoto ofereceu um sorriso puro e carregado de paz.

– Eu sei, mamãe! Eu já sabia que seria um longo caminho para conquistar sua confiança, mas sei que vou conseguir! Não foi isso o que combinamos? – ela o encarou com a surpresa em seu semblante. Era isso que ela também sentia em relação a Tiago. No mesmo instante, o abraçou novamente e disse:

– Nós vamos conquistá-lo, querido! Foi isso que combinamos! Sabíamos que seria uma longa jornada, mas nos comprometemos a auxiliá-lo e é isso que faremos, certo?

– Certo, mamãe! Eu te ajudo e você me ajuda! Juntos seremos fortes e conseguiremos que ele entenda o motivo de estar aqui! – havia firmeza e sabedoria em seu olhar, que a mãe se sensibilizou, derramando furtivas lágrimas.

– Juntos seremos fortes! – repetiu a frase e percebeu que o garoto se animara novamente, voltando sua atenção para os brinquedos. Ele tinha apenas sete anos e parecia um homem maduro fazendo reflexões sobre a vida. Lucas era realmente especial!

Se a relação de Tiago com Lucas era sofrível, com Raquel tudo era potencializado. A irmã tirara a atenção do pai e isso o irritou profundamente, depositando toda sua fúria sobre a frágil garotinha. Por mais que estivesse atenta a tudo, inúmeras vezes a mãe via o olhar que Tiago enviava para a irmã e isso a assustava. Numa manhã em que estava com as crianças no jardim, viu que Tiago se distanciou de todos e ficou num canto sozinho. Luiza percebeu que ele parecia falar com alguém e se aproximou de mansinho, conseguindo ouvir algo que a fez estremecer:

– Assim que for possível, ela irá embora em definitivo. Não a quero por perto! Basta ele que não consigo atingir. Ela é frágil como você disse! Não era para estar aqui! O que eu preciso fazer para me livrar dela? – essa pergunta a deixou em pânico, pois sabia que se referia a Raquel, a irmã que estava com apenas dois anos.

Luiza pegou o braço do filho e perguntou:

– Você está falando com alguém? – ela olhou em derredor, mas estavam sozinhos. O garoto, então com oito anos, virou-se para ela e respondeu:

– Não costumo falar sozinho. Viu alguém por aqui? – e seu olhar frio a assustou. – Você está vendo coisas! – e saiu de perto dela, pulando na piscina, onde Lucas já se encontrava. Raquel ria dos dois irmãos brincando e queria entrar na água também, mas a mãe estava receosa em permitir. Ela acabara de ouvir algo extremamente preocupante. Tiago fazia planos, em voz alta, de como se livrar da irmã. Não, ela entendera mal, não podia conceber que o filho fosse capaz de tal ideia infeliz.

Naquela noite, ela conversou com o esposo sobre seus temores, o que ele julgou serem totalmente infundados.

– Não quero crer que você tenha levado a sério as palavras de um garoto ciumento e cheio de vontades! Ele estava brincando, querida. Tiago jamais seria capaz de tal gesto, ainda mais com minha princesa. – A garota era a paixão do pai, que a cobria de mimos assim como ao filho difícil. Lucas era o que menos recebia atenção, mas sequer considerava, pois parecia entender que o irmão requeria mais do que ele.

Os anos foram se passando, as diferenças entre os irmãos se acentuavam, assim como a rivalidade em todos os âmbitos da vida. Seja no esporte, seja na escola, seja na atenção solicitada, Tiago queria estar sempre à frente. Algumas vezes, conseguia, outras, não, o que o estimulava a ser cada vez mais competitivo, se utilizando de métodos um tanto escusos para conseguir seus intentos. Em muitas ocasiões, colocava Lucas em situação constrangedora, acusando-o de feitos que ele próprio executara, apenas para intimidá-lo. Lucas, sempre sereno e compreensivo, aceitava responsabilidades que não lhe pertenciam, apenas para não causar mais dissabores à mãe. E ainda insistia num relacionamento fraterno com o irmão que, na maioria das vezes, tentava oprimi-lo.

Com a irmã, seis anos mais nova, conseguia ser cada dia mais cruel e uma distância significativa se estabeleceu entre eles. Já com Lucas, era diferente. Raquel confiava no irmão e pedia sua proteção contra os desvarios que Tiago cometia contra ela. Assim tinha sido toda sua infância. Lucas e Raquel cada vez mais unidos. Tiago sempre sozinho, apenas acompanhado de seu inflado ego.

Nada disso passava despercebido a Luiza, que tentava tudo ao seu alcance para minimizar o problema existente entre os irmãos. Sugeriu que Tiago fizesse uma terapia para poder compreender a fonte de tanta insegurança, geradora de um ciúme desmedido dos irmãos. O pai foi literalmente contrário, alegando que isso era apenas para pessoas desequilibradas e o filho não se encaixava nesse padrão. Para ele, tudo iria passar com o tempo. Infelizmente, seu prognóstico estava errado e, a cada dia, a situação se intensificava. Ronaldo dizia que o filho tinha gênio forte e seria um excelente político, se seguisse os seus passos. A ideia de poder sempre o instigou e decidiu estudar direito como o pai, seguindo a mesma trajetória que ele, para desconforto de Luiza, que se sentia cada vez mais sozinha após o marido ser eleito deputado federal. Estava distante da família e, principalmente, da esposa, que se recusava a morar longe dos filhos.

Com o pai sempre ausente, era ela quem cuidava da educação dos filhos e de todas as necessidades deles. Sem contar na dificuldade que enfrentava com os inúmeros problemas que Tiago causava. Cansada de não ser atendida, decidiu que o filho iria estudar fora, em Brasília, onde o pai passava a maior parte do tempo.

Com dezoito anos, ele entrou na faculdade de Direito, enquanto Lucas, em Medicina. Cada um colocando em ação sua programação nessa existência. A distância entre os irmãos pareceu ser benéfica, como se estivessem dando uma trégua. Viam-se muito menos que antes e os conflitos pareceram amenizar, o que foi providencial para Luiza que precisava de serenidade para administrar seu casamento, que parecia ter ficado em último plano pelo esposo. O intenso amor que os uniu por mais de vinte anos parecia ter decrescido, causando forte impacto nela, que o amava intensamente, sendo ele seu único e grande amor. Ela passou a percebê-lo cada dia mais distante e frio, passando a suspeitar que ele poderia estar envolvido com outra mulher.

E decidiu confrontá-lo, o que ele negou veementemente. Para comemorar os vinte e dois anos de casados, data significativa para eles que se casaram com essa idade, Ronaldo a levou para uma viagem inesquecível para uma ilha paradisíaca. Luiza retomou a confiança em seu casamento e prosseguiu sua vida irradiando felicidade.

Quando Raquel fez quinze anos, o pai programou uma maravilhosa festa de debutante, realizando o sonho da filha amada. Foi suntuosa, assim como tudo o que ele fazia, afinal, era um homem poderoso, um político jovem e atuante, com uma longa carreira pela frente. As mulheres da sua vida estavam magníficas. A festa foi memorável! Raquel pediu a Lucas que dançasse uma valsa com ela e assim fez, deixando o outro irmão irritado com tal desprezo. O pai questionou-a sobre isso e ela sorriu e respondeu:

— Lucas é meu irmão, papai. Tiago é apenas um familiar que aterrissou em nossa família por descuido. Não tenho nenhuma intimidade com ele que apenas me fez chorar o quanto pôde. Não tenho prazer algum em sua companhia. E, se a festa é minha, danço com quem desejar, certo? — e saiu em companhia de Lucas, que a aguardava sorridente.

— Vamos, princesa! Não existe garota mais linda nessa festa, sabia?

— Sei que está mentindo, mas te amo por isso! — e o abraçou com carinho, dançando a valsa com ele.

Foi uma noite inesquecível, em todos os sentidos. Tiago não se conformou em ser colocado em segundo plano e, ardilosamente, preparou sua revanche. No meio da dança com o irmão, um jovem se aproximou, tirou-a dos braços do irmão e beijou-a na boca. Era um garoto que ela odiava, da mesma estirpe que Tiago, mas cobiçado pela sua condição de herdeiro milionário. Quando terminou, ele disse em seu ouvido:

— Foi apenas uma aposta, pois jamais iria me interessar por você! — e saiu rindo.

Raquel ficou com os olhos marejados e a raiva se instalou em seu coração. Procurou Tiago com o olhar e viu o sorriso de escárnio que ele ostentava. Lucas a tudo percebeu e a segurou pelo braço, retomando a dança:

— Fique calma, não estrague sua festa, maninha! Ele não merece! Ainda me deve essa dança até o final! Não sei o que ele lhe falou, mas desconsidere, afinal, ele é insignificante. Vamos, sorria e não permita que esse dia seja maculado por besteiras!

— Pode imaginar o que Tiago fez?

— Está com inveja de mim, apenas isso. Ainda não se acostumou? — perguntou Lucas.

— Não sei como você tem tanta paciência com ele, que só faz mal a você. Sei o que ele aprontou com você semana passada. Vai permitir que ele se meta em sua vida até quando? — Raquel o confrontou com seus lindos olhos verdes, assim como os dele.

— O que uma pessoa é capaz de fazer quando está sofrendo, minha irmã? — respondeu ele com outra pergunta.

— Você quer dizer que ele nasceu sofrendo! Ele é assim desde que eu o conheço! Por que ele é capaz de tanta maldade conosco? Sua essência é má, Lucas. Aceite isso e pare de justificá-lo em suas atitudes. Penso que é um desequilibrado e precisa de tratamento médico intenso! Quando for médico, cuide dele! Se é que ele tem cura!

— Não pretendo ser psiquiatra. — disse ele sorrindo para a irmã. — Mas ainda não me decidi. — Ela ficou pensativa e perguntou:

— E Paula? Já sabe o que vai fazer sobre isso? — uma nuvem pairou no olhar do jovem.

— Se ela o escolheu, o que posso fazer? — disse ele resignado.

Capítulo 2

A VIDA SEGUE EM FRENTE

— Você sabe que não é bem assim! – disse ela.

— É assim, Raquel. Se ela o preferiu, nada posso fazer. Que sejam felizes! – Paula era a paixão de Lucas desde a adolescência, mas a amizade sempre preponderou entre eles. Até que Tiago decidiu conquistá-la, sabendo o quanto o irmão gostava da jovem.

— Sabe que ele apenas a tirou de você por capricho. Você o conhece tão bem quanto eu! Daqui a algumas semanas, ele vai deixá-la e seguir sua vida. Já fez isso antes, ou será que já se esqueceu? – a irmã se referia a uma namorada que Tiago seduzira alguns meses atrás. – Não me conformo com sua inércia! O que espera que vai acontecer?

— Minha irmã querida, que tal focar nessa festa linda? Esqueça nosso irmão por instantes e aproveite tudo o que você merece. – E a rodopiou no salão, finalizando a dança aos aplausos dos presentes.

— Te amo, sabia? – disse ela.

— Claro que sabia! E você sabe o quanto a amo?

— Sim! Você é a luz que ilumina meu mundo, em qualquer situação. – Seus olhos ficaram marejados de emoção. Não conseguia conceber sua vida sem o irmão ao seu lado.

— Seus amigos estão lhe chamando. Agora vá. – disse ele também emocionado. Respirou fundo e foi até Tiago, que apenas o observava. Quando ele chegou, bateu palmas.

— Que dança mais linda! Onde aprendeu a dançar tão bem, maninho?

— Por que tenta fazê-la infeliz? Dê uma trégua, hoje é um dia especial, Tiago. Deixe seus ranços para outra ocasião. E, se continuar a agir feito um adolescente, creio que terei que fazer algo. – Ele se postou em frente do irmão com o olhar inquisidor.

— Está me ameaçando ou coisa parecida? – ele se empertigou todo, esperando que Lucas desse a oportunidade de uma briga.

— Não! Apenas te alertando! Vá atrás de Paula, ela não para de te olhar. – Apontou para uma mesa onde uma jovem muito bonita os encarava fixamente. Tiago se virou para o local e, em seguida, fixou seu olhar no do irmão, dizendo com ironia:

— Já entendi por que está tão furioso comigo. O que posso fazer se ela me preferiu? Está morrendo de inveja de mim que eu sei. Boa ideia, vou até lá jogar meu charme. Sinto muito, maninho, mas acho que essa você perdeu! – Lucas pensou em responder, mas decidiu que não valia a pena. Apenas se virou e saiu de perto dele.

Luiza tudo viu e foi até Lucas, pegando em seu braço com suavidade:

— O que ele fez agora? – inquiriu ela.

— Nada, mamãe. Deixa para lá. – E se calou.

— É Paula que o deixou nesse estado? Ou Tiago? – a mãe queria saber o que acontecera.

– Os dois ou, quem sabe, nenhum. Talvez o problema esteja em mim. Quem sabe? – e antes que ele pudesse falar mais alguma coisa, a mãe disse:

– Escute, meu querido, você não tem problema algum e sabe disso. Sei que sua vida jamais foi fácil convivendo com seu irmão. Acompanhei todos os passos dessa longa jornada e posso lhe garantir que jamais conheci alguém tão especial como você. Não vou enumerar as qualidades que possui, pois creio que já saiba todas. Quando era pequeno e Tiago o perturbava, dizia que viera para essa encarnação para ajudá-lo e tudo faria nesse sentido. Sei o quanto foi compreensivo todos esses anos, relevando as maldades que ele praticou contra você. E sei, também, que não suportou em vão, pois tenho certeza de que suas atitudes, além de perturbarem Tiago, foram como sementes jogadas em terreno pouco fértil hoje, mas que amanhã poderão frutificar. Confie no tempo, meu querido! Um dia, ele encontrará o sentido dessa vida e os motivos de estarem juntos nessa caminhada. E, quando eu me for, saiba que estarei sempre por perto cuidando de vocês com todo meu amor! – e a emoção a dominou.

– Não fale assim, mamãe. Tem muito a viver e preciso de você ao meu lado! – Lucas sentiu seu corpo estremecer e uma angústia passou a dominá-lo.

– Foi o calor da emoção! Esqueça o que eu falei! Vamos, a festa continua! – e seguiram juntos para o salão. Encontrou Ronaldo, que queria saber o que havia acontecido.

– Deixe para lá, querido! Aproveitemos essa magnífica festa! Vamos dançar! – ele a beijou e foram para o meio do salão juntando-se aos demais. A festa foi até o dia amanhecer. Exaustos, mas felizes, foram para casa.

Dormiram quase todo dia e no final da tarde, Luiza procurou o marido. Tiago estava na sala e apenas respondeu:

– Saiu! Disse que tinha um compromisso.

— Podemos conversar? — ela olhou o filho com firmeza.

— Qual a bronca dessa vez? — e a mãe perguntou sobre os incidentes na festa, com Raquel e Lucas. O filho a encarou fixamente e perguntou:

— Por que você vive me perseguindo? Por que sou eu sempre o vilão da história? Não tenho culpa se as coisas não acontecem da forma como esperam. Lucas é fraco e jamais serei como ele. Quando vai entender isso? — seu olhar desafiador a perturbou.

— Por que insiste em se maltratar, meu filho? Quando você vai entender que apenas causa sua própria ruína agindo dessa forma tão vil? Deve haver um lugar em seu coração que a sombra não esteja presente e é isso que tenho tentado encontrar em todos esses anos. Não vou desistir de você, pois eu o amo mais que tudo! — se aproximou do filho e tentou abraçá-lo, mas ele se retraiu impedindo-a de tal gesto.

— Não preciso disso, será que é tão difícil entender? Não quero seu amor, quero viver da forma que desejo! Eu sou assim! — havia muita dor em suas palavras que a comoveu.

— Meu menino querido, não se esqueça de que tem muito a aprender, por isso está aqui nesse lar, acompanhado de pessoas que desejam apenas sua felicidade, mesmo que ainda cause o inverso a todos a seu lado. Viva sua vida de forma sensata, procurando fazer o bem e respeitando cada um pelo que é! — havia uma luz intensa envolvendo-a.

— E você, respeita minha própria essência? Aceita que sou diferente de vocês? — a pergunta a desconcertou e ela procurou as palavras certas.

— Respeito quem você é, meu querido, pois o amo! Porém não posso permitir que você invada a vida das pessoas e cause tanta dor a elas, como se fosse algo natural! Sua vida é seu patrimônio, eu sei disso, no entanto não está zelando como deveria. Todas as ações que oferecer ao mundo, a você retornarão. É isso que mais temo nessa vida! Não quero que o sofrimento o acompanhe em sua jornada. Pense nisso, meu filho! Lucas está ao seu lado como seu aliado não como inimigo, compreenda bem isso! Repense suas ações e ofereça sua melhor parte. – Havia lágrimas em seu olhar, mas nem isso o comoveu.

– Sinto não corresponder ao que espera de mim. Tem razão: a vida é minha e cuido dela como aprouver. E você? Tem cuidado de sua vida? – havia certa ironia em suas palavras.

– Por que insiste em me magoar, querido? – a voz dela era controlada.

– Não sou eu que magoo você, mamãe. – E de súbito revelou: – Onde pensa que papai está nesse exato momento? – o olhar de censura que ela lhe endereçou o fez se calar, já arrependido de seu discurso.

– O que pretende insinuar, Tiago? – a mãe estava pálida e o encarava fixamente. – Fale!

O jovem continuou em silêncio. Ela foi até ele e segurou seu braço com firmeza: – O que você sabe que eu não sei? Vamos, diga algo! – e as lágrimas escorreram livremente, já compreendendo o que o filho queria lhe dizer. Há tanto tempo essa dúvida a perseguia, mas não poderia crer que, após todas as promessas de amor, da viagem dos seus sonhos, da felicidade que compartilhara ao lado do esposo, ele fosse capaz de algo tão sórdido! E até podia imaginar onde estaria àquela hora. Sentiu suas pernas fraquejarem e a única coisa que pensou foi sair de lá! Não queria enfrentar o olhar de Tiago! Pegou as chaves do carro e, após lhe direcionar um olhar repleto de dor, saiu de casa.

E jamais voltou! Envolveu-se em um acidente de carro e morreu a caminho do hospital, para desespero de todos os familiares. No velório, Lucas e Raquel não continham a emoção pela separação tão precoce. Luiza os deixou com apenas quarenta e cinco anos! Ronaldo estava inconsolável, remoendo a culpa pelas atitudes indignas com aquela que havia sido seu grande e único amor. Tiago permaneceu calado durante toda cerimônia, sem aproximar-se de ninguém. Ele era sempre diferente no que tangia às emoções! Preferiu o isolamento e o silêncio. Foi um funeral marcado por emoções intensas. Luiza era estimada pelos mais diversos grupos. Seus trabalhos sociais eram dedicados às classes menos favorecidas e era figura benemérita na cidade. Faria muita falta, era o que todos diziam. Rebeca, irmã mais nova de Ronaldo, decidiu que permaneceria na cidade até tudo se acalmar. Foram dias permeados de muita tristeza e dor!

Porém, a vida tinha que seguir em frente e, em alguns dias, a rotina se normalizou. Tiago e o pai retornaram para Brasília, um para os estudos e o outro para os trabalhos como deputado federal.

Lucas retornou às aulas na faculdade, deixando a irmã sob os cuidados amorosos da tia, que assumiu a administração da casa. Deixara os negócios da família aos cuidados de especialistas, decidindo que a prioridade era cuidar dos sobrinhos. Ela se casara quando era jovem, mas o esposo morreu poucos anos após o enlace. Não teve filhos e jamais se casou novamente. Os sobrinhos eram os filhos que a vida colocara em seu caminho. Luiza e Rebeca eram muito próximas o que facilitava o relacionamento entre eles. Os sogros moravam numa das fazendas e eram reclusos, permanecendo por lá a maior parte do tempo. Rebeca vivia na cidade, onde ficavam os escritórios. Era uma bela mulher pouco mais jovem que Luiza. Eram amigas e os sobrinhos a amavam intensamente.

Raquel sentiu-se amparada por ela nesse tumultuado momento. O pai estava distante, Lucas se jogou aos estudos, como forma de aplacar toda a dor que sentia. Ele e a mãe eram muito próximos e a ausência dela perturbou-o significativamente. Tiago continuou sua vida da mesma forma que antes. Poucas transformações foram efetuadas após a morte da mãe. Talvez tivesse ficado ainda mais distante afetivamente de seus familiares. Raquel sentia-se só, apesar dos intensos cuidados da tia.

A família se desestruturara, pois Luiza era o elo forte de todos eles.

E os anos foram passando, cada qual tentando administrar sua própria dor. A alegria custou a retornar a essa família, que tinha tantas posses, mas que o amor era restrito a alguns poucos. Tiago se formou em direito e passou a trabalhar num importante escritório de Brasília, ligado a muitos políticos, entre eles o próprio pai. Sua carreira apenas se iniciara e era um dos maiores salários de lá. Alguns sugeriam que era em função do pai, outros, pela sua competência. Lucas graduou-se na faculdade de medicina, passando a exercê-la num imponente hospital em sua cidade natal. Decidira-se pela cirurgia neurológica, o que custou alguns anos a mais de estudos em sua especialidade. Os dois irmãos eram competentes em suas respectivas áreas, para orgulho do pai. Raquel estudou agronomia, assim como a tia e estava concluindo seu curso. Pensava em trabalhar na gestão do próprio patrimônio, tudo por incentivo de Rebeca.

Ronaldo se reelegera deputado e sua vida amorosa continuava tão instável quanto seu temperamento. Após a morte da esposa, ele se transformara, modificando hábitos e o próprio humor. Mais de oito anos se passara desde o trágico acidente da esposa e ele permanecia sozinho, contabilizando apenas casos amorosos sem maior seriedade. Decidira não se casar novamente, o que não significava estar imune a paixões, especialmente por mulheres bem mais jovens. Rebeca insistia que ele deveria escolher uma futura esposa, para dar maior credibilidade ao cargo que exercia. No entanto, ele assim não pensava!

O relacionamento entre os dois irmãos parecia ter se resolvido, pois, quando se encontravam, a tensão não mais prevalecia, pelo menos não de forma aparente. Cada qual tinha seu propósito nesta vida e a ele se dedicavam. Estavam ambos com trinta anos e Raquel, com vinte e quatro. Lucas e ela eram cada dia mais próximos, porém o mesmo não ocorria com Tiago e a irmã. Ela jamais conseguira estabelecer uma relação de afeto com ele, o que os anos apenas intensificou.

A formatura se aproximou e Lucas questionou a irmã:

— Teremos uma grande festa em comemoração, quero crer! — disse ele vendo uma sombra pairando em seu olhar com a constatação. Ela custou a responder:

— Não pretendo, querido. O máximo que me sujeito é a uma colação de grau. Não quero participar de festa alguma. — Seu olhar estava triste.

— Eu entendo você, mas não acha que é hora de superar isso? Mamãe não está mais aqui fisicamente conosco, mas onde estiver, ela estará feliz com suas conquistas. — Havia o mesmo brilho em seu olhar que a fez lembrar-se da mãe.

— Você é tão parecido com ela, Lucas. Esse olhar que envolve todo local é algo fascinante a se estudar. Não tenho vontade alguma de participar desse tipo de festa. Tudo irá me lembrar daquele momento, você sabe. Foi no dia seguinte a minha festa de debutante. Como vou esquecer? — seu olhar ficou marejado, o que o fez abraçá-la ternamente.

— Não acha que já passou tempo suficiente? E Eduardo, o que pensa disso?

— O que ele pensa é problema dele, você sabe que eu decido sobre minha vida! — disse ela com aquele ar petulante de criança que o fez abrir um sorriso . Eduardo era seu namorado e os dois cursaram a mesma faculdade.

— Continua a mesma criança voluntariosa! Quando vai crescer? — perguntou Lucas.

— Para sobreviver ao lado de Tiago, tive que colocar em ação minhas potencialidades, meu caro. Caso contrário, sucumbiria, e você sabe disso. — Seu olhar ficou sério.

— E eu não estive ao seu lado todo tempo? Irmã injusta! — ela se aproximou e o cobriu de beijos. — Agora tenta me seduzir...

— Não sei o que seria de minha vida sem você ao meu lado! Sabe que jamais conseguirei lhe negar nada. Já sei! Quer dançar comigo! – e deu um rodopio na sala, puxando-o para dançar com ela.

– Sempre! – nesse momento, Rebeca surgiu na sala e sorriu perante a cena.

– Você conseguiu convencê-la a participar do baile? Já tentei todos os argumentos, mas essa menina não cede. Diga a ela que Luiza ficará muito feliz, onde estiver!

– Ela não acredita nisso, Rebeca. Deixe o tempo fazer seu trabalho. – E ambos sorriram de forma cúmplice. A tia frequentava um centro espírita desde jovem e apresentara à Luiza sua doutrina. E quando ela partiu, Lucas queria algo que o confortasse. Rebeca o levou até a casa espírita –, e ele tornou-se um assíduo frequentador. Lucas já lera toda Codificação Espírita de Kardec, que envolvia vários livros. Ainda não tivera tempo para realizar os cursos doutrinários, mas recorria ao centro sempre que sentia suas energias descompensadas. Raquel tinha muito medo desses assuntos que envolviam morte e espíritos, apesar dos insistentes convites da tia para conhecer.

– Tia querida, sabe que não aprecio esses assuntos. O que eu sei é que minha mãe não está mais aqui entre nós, então não pode sentir felicidade ou tristeza. Isso ocorre apenas com aqueles que estão vivos. – disse ela relutante.

– Ela está tão viva quanto você, Raquel. Apenas não possui mais esse envoltório corporal denso que a abrigava enquanto aqui esteve. Hoje sua condição é outra, não necessitando mais dele no lugar onde ela se encontra. Não irei insistir sobre esse assunto. E quanto à festa? Já se decidiu? – havia um lindo sorriso em seu semblante maduro e jovial.

– Ainda não me decidi. Papai tem tentado me convencer há vários meses, mas disse que me recusava a isso. Acreditam que ele se comprometeu a vir sozinho? – e todos riram.

– Difícil é acreditar em suas palavras, minha querida. Faça isso por ele, que ficará muito orgulhoso de mais um filho se formando. Sabe o quanto isso é importante para ele! O que Eduardo pensa acerca disso? – Eduardo e Raquel namoravam desde o início de seu curso na faculdade. Era um rapaz de origem humilde. Seus pais tinham um pequeno pedaço de terra próximo à cidade. Viviam da agricultura e criaram os filhos com o trabalho árduo que desenvolviam em suas terras. Era um jovem educado, gentil, sem muitas ambições, além de oferecer melhores condições aos seus familiares. Todos o apreciavam pelo seu caráter generoso e sincero. Lucas foi o primeiro a conhecê-lo e aprovou o relacionamento. O pai esperava um genro mais abastado, mas os desejos da filha eram mais importantes que qualquer outra coisa, não oferecendo resistência alguma. Já Tiago implicou com o rapaz desde o início, colocando-o em situações constrangedoras sempre que possível. Isso já era esperado, portanto Raquel sequer se perturbou com a opinião dele. Aliás isso foi mais um incentivo a continuar seu romance. Adorava contrariar Tiago!

– Eduardo não irá participar da festa, pois seus pais não conseguiram pagar. Ele virá como meu convidado apenas, pois não aceitaria meu empréstimo. Dinheiro não nos falta, mas ele disse que não era justo. Como o conheço bem, decidi não insistir. Ele quer que eu participe, mas... – havia uma sombra em seu olhar.

Lucas a abraçou ternamente e disse:

– Bem, já que a dúvida impera, permita que eu e Rebeca decidamos. O que acha?

– Está bem, queridos! Vocês venceram! – e a tia a abraçou também.

– Vamos comprar um lindo vestido. Eu a ajudo! – era sempre tão carinhosa que Raquel não pôde deixar de agradecer.

– Combinado, tia. Iremos juntas!

Dois meses depois, a festa ocorreu. Raquel estava linda, cada dia mais parecida com a mãe, o que deixou o pai em profunda emoção. Ronaldo foi desacompanhado e esteve todo o tempo em trabalho de conquistar novos correligionários. Iria candidatar-se ao cargo de governador do estado, galgando um degrau a mais em sua ascensão na carreira política. Era a opção do partido em função de sua grande popularidade no estado e das barganhas que obtinha com seu nome.

Lucas também foi sozinho e a irmã perguntou acerca da sua última conquista.

— Ela estava sempre ocupada, sem tempo para mim. Creio que isso se torna uma constante em minha vida. Os descompassos! — disse ele tristemente.

— E você é diferente, meu irmão? Quando tem tempo para seu coração? — perguntou ela.

— Essa é minha vida, é minha profissão e está em primeiro plano. — disse ele pouco convicto de suas palavras, que fez a irmã sorrir.

— Nem você acredita nisso, Lucas. Você é um homem bonito, charmoso, bom partido, que se não fosse sua irmã, me apaixonaria por você! — e o abraçou.

— Vou acreditar! Agora chega de tanta conversa e dance comigo. Vamos! Eduardo, espero que não se incomode.

— Não, Raquel. Vá tranquila. — disse namorado com um sorriso.

A mesma cena pareceu se repetir enquanto eles dançavam. Tiago a encarava com um sorriso e quando a música estava finalizando, ele se aproximou e disse:

— Dessa vez não vai me negar essa dança! — e a tirou de Lucas que apenas sorriu e saiu de lado ficando a observar os dois irmãos juntos. Raquel parecia incomodada, mas resistiu bravamente. — Você está muito bonita. Lembrou-me mamãe! — e pela primeira vez em sua vida, a irmã pode perceber uma sombra triste em seu olhar. Ele tinha sentimentos!

— Veio sozinho ou trouxe sua nova conquista? — ela viu quando uma jovem se sentou à mesa, deixando Lucas completamente perturbado.

Capítulo 3

REENCONTRO

Raquel viu a expressão de Lucas e se voltou para Tiago que ostentava um sorriso sarcástico e vitorioso. Ela se soltou e o empurrou delicadamente falando baixinho em seu ouvido:

— Você continua um ser desprezível, sabia? Não sei o que o leva a agir assim, mas devo supor que seja uma total ausência de escrúpulos. Tenho tanta pena de você! — E saiu indo em direção de Lucas. — Não faça nada que vá se arrepender, querido. Ele não vale o esforço. Me acompanhe, por favor!

— Não farei nada, fique tranquila. Quero apenas constatar um fato! — e lá permaneceu, encarando o irmão com um olhar que Raquel jamais pudera observar. Tiago ainda teve a ousadia de lhe acenar com um sorriso, abraçando a jovem e beijando seu pescoço.

Lucas caminhou lentamente até o local onde eles estavam e parou na mesa deles.

– Creio que vocês já se conhecem! – a jovem ficou lívida com a presença de Lucas tão próximo e cumprimentou-o apenas com o olhar. – Espero não estar causando nenhum constrangimento, meu irmão. – Tiago pegou a mão da jovem e a beijou deixando-a ainda mais desconcertada.

– Vocês dois se merecem. Aproveitem a noite. – Lucas saiu de lá a passos lentos, procurando um local discreto e distante. Foi até o jardim, onde caminhou por alguns minutos até que toda a raiva pudesse ser controlada. Sentia que a distância entre eles agora era quase intransponível. Por que ele agia assim? Por que ter tanto prazer em causar sofrimento ao outro? O que ele ganhava com isso? Essas perguntas nunca tiveram uma resposta, por mais que ele buscasse por toda sua vida. Ele não era capaz de amar a ninguém, nem mesmo a si próprio. Sentiu profunda piedade por ele, uma criatura infeliz, incapaz de compreender o verdadeiro significado da existência humana. Lembrou-se da mãe e de todas as conversas sobre ele que tiveram ao longo de sua vida, sem jamais compreendê-lo. Era um grande mistério! Acreditava que as pessoas vêm ao mundo com uma tarefa e ficava a imaginar qual seria a de Tiago. Seria para infernizar a ele e a irmã? Não acreditava nisso, julgando que ambos eram apenas suas cobaias, com que adquiria a experiência necessária para lidar com sua própria condição. Era cruel em suas ações, porém o que o motivara a agir dessa forma? Apesar de tudo, sentia-o como um prisioneiro em seu próprio mundo, conduzido por mãos alheias, numa troca incessante de energias deletérias que o fortalecia em sua maldade, mas o desestabilizava em sua tarefa evolutiva. Aprendera algo lendo os livros acerca da Doutrina Espírita e tentava aplicar em sua vida. Mas, no tocante ao relacionamento com o irmão, isso se tornara tarefa inglória.

Mais uma vez ele atropelara sua vida amorosa, roubando-lhe o afeto. Por outro lado, se ela cedeu às investidas dele, talvez não estivesse tão envolvida emocionalmente quanto parecia. Respirou fundo e tentou desanuviar sua mente confusa, com tantos questionamentos distantes de uma solução plausível. Estava caminhando de volta quando viu alguém vindo em sua direção, ostentando um lindo sorriso. Ele parou e ficou a encará-la com o coração acelerado. Não podia crer no que estava vendo! Era Paula! Tanto tempo se passara e ela ainda exercia essa mesma atração sobre ele! Estava mais madura e mais bela, assim ele constatou. Porém o mesmo ar juvenil prevalecia! Foi até ela e a abraçou com carinho, assim permanecendo por instantes que lhe pareceu a eternidade! Ela aconchegou-se em seus braços e ele pôde sentir o coração dela pulsando na mesma intensidade que o seu. Ambos estavam permeados pela emoção!

— Paula, quanto tempo não a vejo! — disse ele ao se desvencilhar do abraço.

— Lucas querido, não imaginava o quanto estava saudosa desse abraço! — havia uma dor contida que ela tentava disfarçar. — Sei que se transformou num renomado médico.

— Renomado ainda não, mas a caminho. Sabe o quanto desejei essa carreira. Era meu sonho de adolescência. Tenho estudado para isso! E você, o que tem feito da vida?

— Meus pais se mudaram para São Paulo, onde lá permaneço. Bem, ainda não sei o que farei da minha vida quando voltar! — e a sombra se estabeleceu de forma intensa. Lucas sentiu que ela tinha emoções conturbadas a velar e, discreto que era, decidiu mudar o assunto. Estava muito feliz em revê-la.

— O que faz aqui? É uma festa de formatura de agronomia. Sei que essa jamais seria sua área, não é mesmo? — brincou ele.

— Sou jornalista e trabalho para um jornal em São Paulo. Tenho uma prima muito querida que está se graduando com Raquel.

Sei de tudo o que aconteceu com vocês. – Ela segurou a mão de Lucas ao tocar no assunto da morte da mãe.

– Faz tempo, mas até hoje não me acostumei à sua ausência. Sinto como se ela estivesse por perto a todo instante. E deve estar! – seu olhar se iluminou novamente. – Bem, então sabe de todas as notícias da família.

– Sei de todas, inclusive a de que continua o solteiro mais cobiçado da cidade. – E ofereceu um radiante sorriso. – Até hoje seu coração continua sem dono?

– Continua esperando uma moradora especial! – e de súbito a envolveu em seus braços.

– Até parece! Depois daquilo... – e analisou se seria adequado relembrar o passado.

– Você sempre continuou embalando meus sonhos! – havia tanta doçura em suas palavras que ela se virou, para que ele não visse as lágrimas que marejaram seu olhar.

– O tempo passou, meu querido. E você merece alguém muito especial que o faça o homem mais feliz deste mundo! – ela estava relutante, mas decidiu perguntar: – Você já me perdoou? – e encarou-o fixamente, quando ele viu muita dor contida.

– Não tenho nada a lhe perdoar, Paula! Você fez o que seu coração ditou, apenas isso. Não posso julgá-la em momento algum. Confesso que, naquela ocasião, fiquei um tanto decepcionado com vocês, mas isso já passou. Tenho por hábito não acumular emoções distorcidas em meu coração, pois a vida segue seu ritmo e tenho que acompanhar. Sei que vocês dois apenas ficaram juntos alguns meses, o que já era esperado. Tiago ostentou essa vitória por muito tempo e tive que lhe dar crédito. Sei que ele é muito mais sedutor que eu e não a culpo por isso. – Segurou suas mãos e a beijou.

– Você continua sendo um cavalheiro, querido! Em questão de sedução, creio que ainda não se deu conta de todo seu poder com as mulheres. Fui uma garota estúpida em excesso, tenho de convir, pois a fama sempre acompanhou seu irmão. E se eu sofri com o rompimento, já era esperado. Sei que ele continua a agir feito moleque, tendo como sua frequente vítima o namorado de Raquel. Sei de todas as histórias. – disse ela sorrindo, iluminando novamente seu olhar.

– Pretende ficar aqui em Belo Horizonte? – questionou ele. Viu que ela ficou pensativa avaliando sobre a pergunta.

– Ainda não sei sobre minha vida. Estou aqui para relaxar um pouco. Meus pais ainda têm aquela pequena fazenda e é lá que vou ficar por umas semanas. Preciso resolver várias questões pertinentes a minha vida pessoal. – E se calou. Não estava pronta para conversar sobre isso. Não ainda!

Lucas a encarou com seus magnéticos olhos verdes, tentando decifrar o que se passava com ela, até que reparou em sua mão esquerda, ostentando uma aliança. Ela se casara?

E não teve dúvidas, fazendo a pergunta:

– Você se casou? – disse segurando sua mão. Ela desviou o olhar e ele percebeu a emoção que passou a dominá-la.

– É uma longa história, querido!

– Tenho todo tempo do mundo para você! Afinal somos amigos ou não?

– Sim, infelizmente apenas amigos. – A dor que ela ostentou o fez abraçá-la. Paula desabou a chorar em seus braços. Ele apenas a acolheu e permitiu que toda dor represada pudesse ser extravasada. Quando ela se acalmou, disse: – Não tenho mais um casamento, nem sei por que ainda uso essa aliança.

– Quer me contar o que aconteceu? – e esperou pacientemente que ela iniciasse.

– Preciso! Na verdade, estou aqui para ficar distante de meu marido.

– Você está fugindo dele? – seu olhar ficou sério.

– Também! – e pelo olhar confuso que Lucas lhe direcionou, ela disse: – Você vai entender. César é jornalista assim como eu e nos conhecemos no jornal onde trabalhamos. No início, fomos muito felizes. Ele era uma pessoa divertida, companheiro dedicado, profissional competente. Até que ele se envolveu numa reportagem sobre drogas, passando a conhecer com profundidade os vícios. E, infelizmente, neles se comprazendo. No início, dizia que era apenas para conhecimento, para que pudesse se familiarizar com o assunto, mas, em pouco tempo, percebi que ele estava apreciando além da conta. Isso aconteceu há dois anos e, desde então, tem sido um suplício estar ao seu lado. O jornal foi solidário e ofereceu gratuitamente um tratamento a ele, em função de seus méritos como jornalista. Porém, meses após sair, ele retornou à mesma condição de antes. Procura fornecedores, compra a droga e quando não tem dinheiro, realiza serviços os quais vou me abster de relatar. Era uma pessoa adorável, mas se tornou um total desconhecido para mim. Tentei de tudo para resgatá-lo desse pavoroso mundo, mas essa decisão não me pertence. Somente ele precisa aceitar os malefícios que o vício causa e tentar se afastar deles. Conseguimos um novo tratamento e ele está internado numa clínica perto de São Paulo, completamente recluso. Será minha última tentativa de salvá-lo. No entanto, aprendi que essa escolha deve partir dele em primeiro lugar. E não sei se ele deseja isso! – as lágrimas escorriam livremente em seu rosto. – É isso! Preciso de um tempo para refletir sobre meu futuro. Não desejo isso para mim, Lucas. Não pretendo viver nessa insegurança constante, imaginando o telefone tocar e a trágica notícia chegar. Fiz todas as minhas tentativas, agora a decisão é dele.

– Você ainda o ama? – a pergunta soou como um raio. Ela ficou pensativa por instantes.

– Não sei mais se o que eu sinto hoje pode se chamar amor. Eu me preocupo com ele, quero que fique bem, mas não sei se tudo voltará a ser como no início. Sinto um imenso vazio em meu peito e decidi me afastar. Pedi uma licença ao jornal e aqui estou, retornando às minhas origens, conversando com meu melhor amigo dessa vida. – Seu olhar fixou-se no dele e o que ela viu a surpreendeu. Apesar de serem amigos, ela sempre soube que ele alimentava algo mais, porém Tiago se antecipou e ela nunca pôde saber a verdade acerca dos sentimentos dele por ela. Sentiu-se acariciada apenas por seu olhar e sentiu-se viva, como há muito não experimentava. Pensou em abraçá-lo, mas se conteve. Cada coisa a seu tempo! E a mesma sensação se passava com Lucas, que pensou em dizer tanta coisa retida por anos em seu coração, mas a declaração que ela acabara de fazer o deixara em suspenso. Não iria confundir ainda mais a vida de Paula. Ela estava vivendo momentos de extrema aflição e não causaria mais nenhum tormento. Não naquele instante!

– As coisas irão se ajeitar, confie! – foi o que ele conseguiu dizer.

– Eu sei, Lucas! E agradeço sua paciência em me ouvir. Precisava desabafar com alguém e não poderia ser com qualquer pessoa. A história renderia muito e você sabe! – ela sorriu, desanuviando seu olhar.

– Sendo assim, a próxima dança é minha! Voltemos para a festa! Vamos? – e se levantou oferecendo sua mão.

– Continua um excelente dançarino? – perguntou enquanto caminhavam.

– Ainda o melhor! – um sorriso maroto se estampou em seu olhar.

– Você é um predestinado, Lucas. Possui hábeis mãos e pés. Está em vantagem!

– Então, vamos confirmar meus dotes! – ao chegarem no salão, foram surpreendidos pela presença de Tiago que os encarou com seu olhar malicioso. Ambos passaram por ele e nem se dignaram a cumprimentá-lo. Ele ficou furioso e foi até o pai, decidindo colaborar na campanha que ele empreendia para se tornar o novo governador do estado. Tiago esqueceu-se completamente da jovem que o acompanhara, para ele, isso era uma constante. Ele ficaria com elas quando desejasse e não o contrário!

A noite foi perfeita, assim concluiu Raquel. Ela e Eduardo aproveitaram cada momento de sua festa. Procurou Lucas com o olhar e o viu dançando com uma jovem que lhe pareceu familiar. Os dois estavam muito felizes e isso bastava a Raquel. Ele merecia toda felicidade deste mundo, assim pensava ela.

Para Ronaldo e Tiago, a noite também foi proveitosa, conquistando vários votos para a sua próxima eleição. Os dois saíram juntos e Tiago sequer lembrou-se da jovem, que, não satisfeita, foi até ele e disse:

— Da próxima vez que desejar causar ciúmes ao seu irmão, procure outra otária. — E saiu sob o olhar divertido do jovem. O pai o questionou com o olhar e ele apenas completou:

— Ninguém que mereça nossa preocupação, papai. Vamos? — e saíram da festa.

Lucas e Paula foram os últimos a sair.

— Foi uma noite memorável, Paula. Há muito não me divertia assim! Só posso agradecer a maravilhosa companhia. — disse ele segurando sua mão.

— Não sabe o quanto me sinto leve. Há muito não sabia o que era isso. Obrigada, querido. Pela paciência, pela compreensão, pelo carinho. Você é especial, sabia? — e beijou seu rosto. Seus olhos se conectaram e ambos viram algo, mas cada um, pelos próprios motivos, não achou conveniente dar vazão ao que ansiavam. Quem sabe numa outra ocasião? Foi o que constataram e ambos sorriram no mesmo instante.

— Pensamos a mesma coisa! Mas... — e beijou sua mão com toda paixão. Desejava muito mais, no entanto, respeitava seu momento.

— E te agradeço, Lucas, por ser essa pessoa maravilhosa. Ficarei aqui por algumas semanas e gostaria de vê-lo novamente. O que acha? – havia uma luz tênue brilhando em seu olhar, talvez por acreditar que tudo poderia ser diferente.

– Vou adorar! Ficarei fora uma semana, num congresso em Brasília, mas devo estar de volta no próximo sábado. Onde está hospedada? – perguntou ele.

– Estou num hotel, não quis incomodar ninguém!

– Vamos, eu te acompanho. – Saíram juntos sob o olhar da irmã que os observava a distância e, sob o olhar de várias entidades espirituais que acompanhavam bem próximas todo o evento da noite. Uma delas era Luiza, a mãe deles, que se encontrava já no plano espiritual em condições de lucidez e paz. Celeste e Clóvis estavam ao lado.

– *Será o momento de os deixarmos seguir seus próprios caminhos? Sinto tanto receio que ele possa fazer mal a eles!* – havia dúvida no olhar de Luiza.

– *Eles estão amparados por companheiros da luz, sabe disso! Lucas é um espírito valoroso e se encontra em condições de seguir por sua própria conta. Na verdade, ele tem superado as expectativas, minha irmã. Mesmo sem conhecer seu passado de muitas vitórias, isso está impregnado em seu ser, irradiando através de suas ações. Seus compromissos com Tiago e Paula devem ser cumpridos em seu próprio tempo. Ele saberá quando for a hora. Quanto a Raquel, ela ainda necessita de nosso amparo, pois precisa ainda fortalecer mais sua fibra espiritual. Confie em seu potencial, Luiza. Você ofereceu as condições iniciais para que eles adquirissem os conhecimentos necessários e os assimilasse. Isso aconteceu por seu mérito e esforço. Deixe-os seguir seus caminhos, realizando as tarefas a eles designadas. Confie em Deus! Ele sempre sabe o que faz por nós e através de nós!* – havia uma luz intensa sobre ela, denunciando sua condição de espírito superior.

– *Sei que está com a razão, nobre companheira, e seguirei seu conselho apaziguando meu espírito! E onde nosso irmão se encontra?* – perguntou Luiza.

– Átila ainda se encontra arquitetando suas ações em esferas inferiores. No entanto, jamais perdeu a conexão com Tiago, o qual é o mandatário infiel de seus planos sórdidos. Ainda crê que poderá exercer seu domínio sobre muitos através de sua mente poderosa. Sabe que tem potencialidades acima da média e acredita capaz de manipular as mentes invigilantes que pululam na matéria. Infelizmente, ele conseguirá o apoio incondicional de muitos, antigos companheiros que se encontram encarnados, ainda em graus de inferioridade moral que lhes facilita essa conexão. Contamos, no entanto, igualmente com irmãos encarnados capazes de minimizar o mal que ele intenta cometer. Lucas é um desses companheiros e esperamos que esteja convicto de sua tarefa, quando assim ela se apresentar. – Celeste ostentava a confiança no olhar que contagiou aos demais.

– Assim esperamos, amiga querida! – disse Clóvis atento à movimentação de Lucas e Paula. – Nossa irmã ainda carece de auxílio, tem passado por momentos de muita complexidade e aflição. Lucas poderá lhe oferecer o suporte necessário.

– Átila já a identificou nessa encarnação? – perguntou Luiza.

– Felizmente sua maior preocupação tem sido Tiago, descuidando-se dos demais participantes de sua derradeira encarnação. Somente ela será capaz de demovê-lo de seus propósitos. Porém não conseguirá realizar essa tarefa sozinha. Conta com Lucas para tanto. Creio que essa aproximação foi mais que providencial. O que o passado não conseguiu conectar, o presente irá garantir o êxito. Precisam apenas estar vigilantes e conscientes de que Tiago sempre irá provocar a perturbação em suas vidas. – E olhou para Luiza que estava com o semblante triste. – Não se responsabilize por não conseguir que ele fosse receptivo às lições que a ele propiciou. Você fez tudo ao seu alcance, minha irmã. Porém aprende as lições aquele que assim se dispõe.

– Sinto que falhei com ele, mesmo que todos digam o contrário. Poderia ter feito mais!

– *Não se esqueça de que quando estamos sob o jugo da matéria, muitos eventos fogem ao nosso controle. Fez o que sabia fazer e conseguiu grande progresso com sua filha mais jovem. Ela ainda se ressente de sua ausência, mas Rebeca tem se dedicado a ela com todo seu amor, tentando suprir sua ausência.* – disse Celeste.

– *Uma amiga verdadeira que o tempo não foi capaz de relegar ao esquecimento. Assim são os verdadeiros afetos, as uniões pela afinidade genuína. Está fazendo um excelente trabalho com meus filhos. E, se Tiago não correspondeu, não é responsabilidade dela. O domínio que Átila impõe sobre ele é magistral. Como consegue estabelecer essa conexão de forma tão poderosa?* – perguntou Luiza.

– *Lei de afinidade, minha cara! Os iguais se atraem e respiram sob a mesma atmosfera, num conluio que apenas firma cada dia mais esse domínio. Não podemos nos esquecer de que Tiago foi o grande aliado de Átila em seus desmandos enquanto encarnados, contraindo assim severas dívidas em conjunto com ele. Essa será a oportunidade bendita de refazer os caminhos equivocados de outrora. Que ele possa fazer valer essa derradeira chance, minha amiga querida. Continue com suas orações, vibrando para que os caminhos de Tiago possam ser permeados por ações dignas e retas. Contemos com o apoio de Lucas, inviabilizando os projetos de Átila sobre ele.* – Havia tanta confiança em seu olhar que ambos voltaram os olhos aos céus em profunda prece de gratidão.

– *Que assim seja, Celeste!*

– *Agora temos que partir! Despeça-se de seus filhos e lembre-se de que ainda não é momento de eles perceberem sua presença.*

– *Eu sei, minha amiga. Não vou me esquecer dessa orientação.* – Aproximou-se de Lucas direcionando todo seu amor, e a Raquel desejando toda paz que seu coração comportava.

Capítulo 4

CAMINHOS OBSCUROS

Na manhã seguinte, um domingo quente e ensolarado, Lucas encontrou Raquel na piscina da casa.

– E aí, minha formanda preferida, gostou da sua festa? – disse ele sentando-se ao seu lado. – Onde está seu noivo?

– Pare de promovê-lo a essa condição, ele é meu namorado e isso é suficiente no momento. Tenho que agradecer a você e a Rebeca por insistirem na minha participação. Foi um momento especial! Agora quero que me confirme se aquela jovem com a qual dançou quase a noite toda era Paula! – perguntou ela curiosa.

– Era ela. Não a via há tantos anos! Disse que uma prima estudou com vocês e lá estava.

– Sei quem é essa garota, mas não sou amiga dela. Eduardo é quem está sempre com ela. – E seu semblante ficou sério.

– Estou sentindo uma pontada de ciúmes. Ela é bonita, ao menos? – e, no mesmo instante, ela jogou a toalha sobre ele.

– Não quero acreditar que até você esteja contra mim! A garota dá em cima do meu namorado e tenho que fazer o quê? Assistir de camarote e aplaudir?

Lucas foi até ela e a abraçou com carinho.

– Pare de se comportar como uma criança mimada! Estou apenas brincando com você! Mas, pelo visto, esse assunto deve estar te perturbando, não é mesmo? – e a encarou fixamente. – E Eduardo, o que acha disso?

– Ele diz que estou vendo coisas que não existem e que me ama!

– E a palavra dele não é suficiente? – perguntou ele com seriedade na voz.

– Pare de me olhar assim! Sei que está certo, mas... – ela silenciou.

– Mas o que, Raquel? Não sabia que era uma jovem insegura. Pare de pensar bobagens e acredite mais no seu namorado, caso contrário por que permanecerem juntos se a confiança não impera na relação de vocês?

– Você está com a razão, mas mudemos de assunto. E Paula? Vocês ficaram juntos ou coisa assim? Me conte tudo! Vi vocês dois saírem e não vi quando você voltou. – disse ela com olhar matreiro.

– Que garota abusada! Me vigiando? Não fiquei com ela da forma que imagina. Apenas levei-a até seu hotel, a deixei lá e voltei para casa. Satisfeita?

– Vou pensar se acredito nessa versão, afinal, vi os olhares de ambos enquanto dançavam. Pode me contar tudo, querido, do início ao fim. – A cumplicidade sempre imperou no relacionamento deles. Lucas contou toda a conversa com Paula, inclusive sobre o casamento. Ao fim do relato, a jovem concluiu: – Creio que ela esteja vivendo momentos de conflitos permeados de aflições, não sei se é um bom momento para vocês.

– Quem disse que eu pretendo algo com ela? – perguntou ele com o olhar desafiador.

– Ora, querido, eu o conheço muito bem. Sei que ela foi sua grande paixão e o tempo não aplacou, pelo que pude perceber. Você ainda sente algo por ela? – perguntou. Ele ficou pensativo por instantes, voltando para o passado, relembrando tudo o que se passou.

– Na verdade, não posso lhe responder. Nunca mais pensei nela, mas, ao encontrá-la ontem, reconheço que algo se reacendeu. – E calou-se. Paula representava um sonho de adolescente, uma paixão jamais concretizada, reminiscências do passado, apenas. – Nem sei se a verei novamente. Minha vida está tão atribulada, talvez ela não se inclua neste momento. Tiago certamente irá fazer algo a respeito, você o conhece.

– Até parece que você o teme! Ora, deixa de arranjar pretextos para seguir sua vida sozinho. Eu quero ter sobrinhos! – disse ela abraçando-o ternamente.

– Tenha seus próprios filhos e se dê por satisfeita. Isso não é minha prioridade.

– Mas será quando encontrar a pessoa que o complete. Não fuja do amor, querido. Nem Tiago, nem ninguém poderá perturbar seus planos de felicidade, sabe disso. Aliás, essa sempre foi sua retórica, Lucas, não minha. Sempre disse que aqui chegamos com programações de vida que devem ser cumpridas, para que nossa existência seja produtiva. Como pode afirmar que não esteja presente nela um casamento e filhos? – a pergunta foi direta como um raio. Ele se questionava sobre isso há muito tempo. Avaliava qual seu papel nessa vida e tudo parecia tão nebuloso. Sempre fora uma pessoa determinada, com objetivos a serem cumpridos gradativamente, programando sua carreira de forma meticulosa. Porém se esquecera de incluir uma vida afetiva, como se isso não estivesse em sua destinação. Além de que todas as vezes que se envolvia emocionalmente com uma mulher,

Tiago se encarregava de perturbar a relação, de um jeito ou de outro. Muitas vezes, tivera vontade de excluí-lo totalmente de sua vida, mas sabia que não poderia resolver dessa forma. Ele era um ser complexo em demasia, infeliz em sua essência, por isso atacava os demais ao seu lado, talvez como forma de aplacar sua dor íntima. Ele deveria ter consultado um psiquiatra logo cedo, assim como a mãe sempre alertara, mas o pai havia sido terminantemente contra essa atitude. Tiago era um ser torturado que precisava de ajuda, isso era fato que ele desconhecia e, portanto, não aceitava. Permaneceria assim até que algo maior o atingisse, fazendo-o reavaliar a forma como conduzia sua vida. Quem sabe quando ele conseguisse se apaixonar verdadeiramente? Era uma possibilidade. Sendo assim, relevava suas ações nefastas contra ele, pensando que talvez isso pudesse lhe auxiliar. Mas agindo assim, estava se afastando cada vez mais da própria felicidade. Tudo era muito confuso! Sentia-se ligado ao irmão de forma ampla, talvez por serem gêmeos, assim pensara. Queria que ele fosse feliz! Entretanto, tinha convicção que da forma como ele gerenciava sua existência, isso ficava cada dia mais distante! A relação entre ambos era desprovida de afetividade desde a infância e se havia algo a ser preservado, devia-se muito mais às posturas adotadas por ele do que por Tiago, que não fazia questão de manter um clima de harmonia. O pai fazia vista grossa, justificando a personalidade do filho, quando, na verdade, era muito mais o caráter duvidoso que prevalecia. Porém, como ele estava seguindo seus passos na política, preferia tê-lo como aliado em qualquer circunstância. Até ele reconhecia que era mais conveniente tê-lo como amigo do que como desafeto. Conforme ele amadurecia, cada dia mais percebia-se a instabilidade de suas emoções e a fragilidade de sua moral. Conveniente era tê-lo por perto, assim poderia se precaver a tempo de suas investidas. Tudo era muito complicado, tinha de admitir. Virou-se para a irmã que o olhava com atenção:

— Quem sabe? Não posso afirmar. — disse ele respondendo à pergunta que ela fizera. — Quem sabe o que a vida irá nos propiciar?

— Bem, resumindo, Paula não está em seus planos, certo?

— Não disse isso, Raquel. Disse que não sei o que pretendo fazer sobre essa questão. Assim está melhor? — disse ele sorrindo.

— Vou convidá-la semana que vem para vir aqui, posso?

— Você nem se lembrava dela, agora vai se tornar sua melhor amiga?

— Lucas, entenda uma coisa, sei que precisa viver algo que deixou de fazer no passado. É como se estivesse pendente, compreende? Quando isso acontece conosco, ficamos presos a ideias e sonhos não vivenciados, impedindo-nos de prosseguir com nossa vida. Paula foi muito importante para você e jamais saberá o que poderia ter acontecido se não vivenciar suas fantasias. Entendeu? — disse ela de forma divertida.

— Entendi! Creio que você errou de profissão. Quem sabe se não seria uma excelente psicóloga? Ainda é tempo! — brincou ele. — Creio que vou considerar sua proposta.

— Ótimo! Deixe comigo que arranjo um bom pretexto. Espero apenas que Tiago já esteja em Brasília, caso contrário poderá prejudicar meu plano. — Nesse momento, Thiago se aproximou e disse em tom sarcástico:

— Creio ter ouvido meu nome! Falavam de mim?

— Não perco meu precioso tempo com você. Isso ficou no passado. — Raquel já estava se levantando para sair, quando ele segurou seu braço e disse:

— Fique, maninha. Já estou de saída! Foi uma noite memorável! Parabéns! — e virando-se para o irmão, questionou-o: — Estou enganado ou aquela jovem era Paula?

— Exatamente. — respondeu de forma lacônica.

— Os anos apenas intensificaram sua beleza. O que ela faz aqui? Sabia que estava em São Paulo. Está de passagem apenas?

– Por que o interesse, Tiago. Não está contente com sua última conquista? – perguntou Lucas encarando-o fixamente.

– Sobre quem você está falando? – disse em tom de deboche. Raquel estava prestes a se envolver na conversa, quando Lucas segurou seu braço contendo-a.

– Sei que você não dá valor algum às pessoas, o que é lamentável. Existe uma lei que impera entre os seres da criação: a lei de ação e reação. Tudo o que você oferece ao mundo retorna a você na mesma intensidade. Então, cuide-se! Apesar de você pouco se importar comigo, o inverso não acontece. Não terei satisfação alguma vendo-o sofrer quando a cobrança chegar. E ela um dia chegará, pode apostar!

– O bom moço falando! Um belo discurso, porém, totalmente desprovido de coerência. Não conheço essa lei, mesmo sendo um competente advogado. Quanto a Leila, pode ficar com ela. Perdi o interesse! – e percebeu o olhar que Lucas lhe direcionou. Há tempos esperava que ele o confrontasse diretamente, mas o irmão não aceitava suas provocações, o que para ele era inconcebível. Sonhava com o dia em que ele iria enfrentá-lo e os dois brigariam como jamais acontecera. Julgava-o um covarde, mas nem assim o chamando, ele se rendia ao desequilíbrio. E já o insultara de inúmeras formas! Não conseguia entender o que se passava em seu íntimo! Não tinha sangue correndo em suas veias?

– Não tenho interesse algum nela, Tiago. – E pulou na piscina. Na verdade, há tempos se controlava excessivamente para não revidar e, especialmente naquele momento, estava prestes a lhe socar, o que era inadmissível aos seus parâmetros de comportamento. Pulou na água para se acalmar, era essa a verdade. Raquel o acompanhou pressentindo que o pior quase acabara de acontecer. – Junte-se a nós, a água está maravilhosa. – E os dois irmãos passaram a brincar como duas crianças.

Tiago ficou a observar a cena completamente irritado. O que precisaria fazer para tirá-lo do seu equilíbrio? Ainda iria descobrir e, sorrindo, finalizou antes de deixá-los:

— Tenho um compromisso logo mais com papai e alguns integrantes do partido. Fica para outra ocasião! Divirtam-se! – e saiu.

— Está mais calmo? Pensei que ia pular no pescoço dele! – disse a irmã.

— É o que você sempre sonhou, não é mesmo? – falou ele já saindo da água. – É o que ele mais deseja desde criança: que eu revide! Portanto isso não irá acontecer. – Respirou fundo e disse: – Sabe quantas vezes eu pulei na água e nadei por vários minutos só para não responder a um insulto dele? Perdi as contas, Raquel. Mamãe sabia quando ele estava a me irritar quando eu assim agia. Dava tantas braçadas quantas fossem necessárias até que eu me acalmasse, só depois saía da piscina e retornava a minha pacata vida. Não sou como ele e jamais serei! Isso é um fato inquestionável. E você, minha cara, ainda aceita suas provocações. Ele se sente superior todas as vezes que consegue atingir seus objetivos e você o estimula a ser cada vez mais competidor. Respire fundo e releve, isso se pretende irritá-lo. – explicou o irmão.

— Mas ele já tem trinta anos, querido, não irá aprender que essa não é a forma apropriada de lidar com as pessoas ao seu redor? Vai ser sempre assim? – ela não aceitava essa postura do irmão, afinal, era sempre sua vítima. – Lembra-se daquela vez que ele te acusou de ter tentado me afogar? Papai colocou você de castigo, pois acreditou nele e não em você. Mamãe brigou com papai nessa ocasião e ele voltou atrás. Ele consegue o que deseja dele, ainda mais agora que ele encontrou um forte aliado na política. As pessoas o veneram e isso me enoja. Ninguém o conhece melhor do que nós!

— Você sabe o quanto ele é sedutor quando quer. Creio que a política é um lugar de pessoas muito semelhantes a Tiago, talvez por isso ele se encaixe perfeitamente no papel. São pessoas dissimuladas e que, como ele, adoram ser aduladas e reverenciadas. Mas isso não me seduz. Se ele se sente feliz, que aproveite seu momento. Acredita que papai será o futuro governador? – perguntou ele.

— Tudo indica que sim. Ele é muito querido e tem forte apelo político, afinal, representa muitos interesses. Alguém sempre obtém alguma vantagem quando a ele se liga. Empresários, criadores de gado, agricultores em geral, todos o idolatram pelas conquistas adquiridas enquanto deputado federal. Ele tem carisma também, não podemos negar. Enfim, creio que seja vencedor nessa disputa. Imagine como Tiago irá se comportar quando isso acontecer? Tenho vontade de vomitar! – e Lucas caiu na risada. – Se ele já é insuportável e pedante, não quero estar presente quando isso acontecer.

— Vai se mudar? – perguntou ele ainda rindo.

— Talvez! – e seu olhar ficou distante.

— O que pretende fazer, Raquel? – perguntou ele ostentando seriedade.

— São apenas algumas ideias, mas ainda não me decidi. – respondeu ela timidamente.

— E quando pensava em me contar? Pensei que não existisse segredos entre nós.

— Não faça isso comigo, já estou me sentindo culpada sem ainda ter feito nada. – disse a jovem constrangida com a situação.

— O que está acontecendo com você? O que foi que eu perdi? – questionou ele olhando fixamente para ela. O silêncio dela persistiu. – Não está feliz? – foi nesse momento que ele viu seus olhos marejados. – Me conte tudo! – e sentou-se novamente, dessa vez segurando suas mãos com carinho.

— Estou tão confusa, Lucas! Preciso entender algumas situações que estão ocorrendo à minha volta. Até lá, não sei se consigo estar feliz. – Havia certa tensão em seu olhar, que deixou o médico em sobressalto.

— Seja mais explícita, minha irmã. Não estou entendendo o que está acontecendo. Até ontem, tudo parecia tão tranquilo, o que a fez ficar assim? Conte-me tudo, eu lhe peço.

A jovem virou a cabeça para o lado, tentando encontrar as palavras certas. Sabia, entretanto, que elas não existiam. Suas suspeitas eram apenas isso, até que se comprovassem. E era exatamente isso que a deixava tão intranquila.

— Você sabe que Rebeca tem cuidado de nosso patrimônio desde que papai ingressou na política. Ela tem mantido os negócios de forma exemplar, com seu olhar apurado e toda sua competência. Sabe que fui estudar agronomia por vários motivos e um deles foi o de aprender tudo que era importante para auxiliá-la. Ela precisa de ajuda e queria alguém com conhecimento sobre o assunto. Você pouco se envolve nesse assunto e entendo que não é tão importante para você, quanto é para mim. Apesar de acreditar que seria interessante você se inteirar de tudo que ocorre na família. — Era uma crítica velada.

— Você sabe que eu jamais me interessei por isso pelos mais diversos motivos. Conversei com Rebeca sobre o assunto e pensei que ela tivesse compreendido minhas razões. Não é descaso, apenas falta de tempo. — disse ele justificando-se.

— E de interesse, querido. No entanto, isso diz respeito a sua vida, assim como a minha.

— Algo que eu necessite saber? — perguntou ele já curioso. Raquel refletia numa forma de contar-lhe sobre suas suspeitas. Era algo complexo demais e a própria tia lhe solicitara que adentrasse nessa questão. Lucas, no entanto, sempre fora avesso às questões empresariais, escolhendo uma carreira diversa e com mínimas chances de se polemizarem. Quando decidira estudar medicina, o pai ficara decepcionado com tal escolha, pois esperava que os filhos se interessassem pelo que ele próprio deixou em segundo plano. Já Tiago escolhendo o direito, tal qual o pai, poderia também se desviar de tal tarefa. A mãe insistira que cada um deveria escolher seu próprio caminho. A sua fortuna era administrada pelos irmãos, sendo apenas beneficiária dos lucros, os quais se utilizava para realizar suas obras de solidariedade com os mais necessitados. Esse sistema pareceu funcionar por toda sua vida. Ele próprio, Lucas, recebia vultosas quantias mensalmente as quais colocava num fundo apropriado. Tinha planos futuros que ainda não revelara a ninguém. As duas famílias eram muito abastadas e os recursos que geravam eram significativos e de solidez. Agora a irmã estava a falar sobre os negócios do pai que Rebeca se incumbira de administrar. Haveria algum problema?

— Sabe que papai utiliza recursos próprios em sua campanha? — perguntou Raquel.

— Acho que isso seja natural, afinal, de onde ele tiraria tanto dinheiro para tal que não seu próprio? Não é assim que funciona?

— Em parte, sim. Vejo que pouco ou nenhum interesse tem pelo assunto. — disse ela sorrindo. — Em campanha eleitoral se utiliza os recursos disponíveis, se você detém uma razoável fortuna, nada mais coerente que usar o que possui. E se gasta muito, caso você não tenha ideia! Papai sempre utilizou seu próprio dinheiro, com o aval de Rebeca e dos pais, os verdadeiros detentores. Tem noção do valor que é gasto? — perguntou ela.

— Na verdade, creio que sejam valores significativos, mas nem posso imaginar. Ele tem gastado além do necessário? — ele já estava mais que curioso para saber onde a conversa iria ter seu desfecho.

— É algo inimaginável aos leigos como nós. Um dinheiro que poderia ser utilizado para outros fins que não esse, mas nossa família sempre o apoiou, mesmo sendo resistente à ideia. Rebeca é solidária a papai e jamais o questionou até o início deste ano, quando novas questões apareceram. — Ela fez uma pausa mais que significativa.

— E? Você está fazendo muitos rodeios, Raquel. Onde pretende chegar?

— Desde que papai foi eleito deputado federal e praticamente se mudou para Brasília, muita coisa aconteceu. Como ele não estava mais em campanha, Rebeca achou que teriam tempos de gastos comedidos. Porém não foi bem isso que aconteceu e as quantias continuaram a sair de nossos bolsos. Ele dizia que eram gastos acumulados de campanha que precisariam ser quitados. Até que, no início deste ano, ela pediu que ele lhe explicasse as vultosas retiradas de nossas contas. Quando inquirido, ele tentou explicar de forma superficial, mas ela o confrontou com uma planilha extensa, desde os tempos em que era candidato a vereador da cidade. Você conhece Rebeca e sabe o quanto ela é meticulosa em tudo. Enfim, papai estava participando de um grupo de deputados que compravam sentenças e outras coisas mais, em benefício de medidas que seriam geradoras de lucros em questões específicas, no caso deles, para favorecer a própria classe. Ela ficou chocada e disse que, para essa finalidade, deixaria de contribuir.

— Você está falando em suborno? Nosso dinheiro utilizado para essa finalidade? – ele já compreendera a preocupação da irmã.

— Sim, querido, infelizmente. Rebeca estava decidida a minar os recursos, mas papai mostrou-lhe um documento em que ele, apesar de distante dos negócios, tem plena liberdade para utilizar o que fosse necessário. E assinado por nosso avô, que, certamente, desconhece as tramas de que indiretamente participa. Enfim, a situação permaneceu a mesma de antes, com o agravante de que Tiago agora é participante desse jogo sujo.

Capítulo 5

TRÁGICO ACIDENTE

— Não estou entendendo! O que isso significa?

— Que nosso estimado irmão é aliado de papai nesse processo delituoso. Rebeca me contou que ele a procurou, dizendo que a partir daquele momento era ele quem cuidaria dos interesses políticos de papai, com o seu aval, naturalmente. Ela o questionou se tudo continuaria como antes, ou seja, se dariam continuidade aos conluios com outros políticos em prol de vantagens. Disse ela que Tiago apenas sorriu, afirmando com todo seu cinismo que essa era a política que sempre existiu, desde os primórdios da civilização. O que podemos concluir que isso irá se intensificar. Rebeca está apreensiva, pois não tem interesse algum em ver nosso nome na lama, caso isso possa ser aventado. Você a conhece tanto quanto eu e sabe o quanto é ética no gerenciamento dos negócios da família. Pode imaginar como ela está tensa no que tange ao futuro.

– E o que você pretende fazer? Vai deixá-la sozinha quando ela mais necessita de você?

– Não foi isso que disse, apenas que estou confusa e preciso de tempo para assimilar tudo isso. Como poderei ajudá-la assim? Além do que não sei se desejo ficar perto dessa podridão ou mesmo se tenho condições emocionais para enfrentar a ira de Tiago, caso assim seja necessário. Não sou você, meu irmão. Não tenho a mesma aptidão para lidar com ele. Sabe o quanto ele é cruel e passional quando se sente afrontado.

– Disse isso a Rebeca? – questionou Lucas.

– Com todas as letras, porém ela insistiu que precisa de alguém como aliada. Disse que iria pensar e depois responderia. Antes necessito de um tempo, daí pensei em passar alguns dias na fazenda. O contato com a natureza sempre me acalma e fortalece. Convidei Eduardo para me acompanhar, assim ele conhece melhor a família. – disse ela com um sorriso matreiro, fazendo o irmão dar uma risada.

– Não acredito que seja tão maléfica quanto Tiago. Sabe que nossos avós são um tanto estranhos e se pensa em firmar um relacionamento, não seria conveniente levá-lo até lá. A não ser que pretenda que um rompimento ocorra. – brincou o irmão.

– Pare de implicar comigo! Infelizmente, ele não aceitou, pois recebeu uma excelente proposta de emprego, iniciando na próxima semana. Mas seria divertido! – ela ostentou um radiante sorriso. – Rebeca pediu que fosse até lá e desse uma olhada em ambos, pois ela não pode se ausentar. Vovô continua genioso e se nega a cuidar de sua saúde, tomando os remédios que o médico prescreveu. Sabe que ele não recusa nada a sua princesinha. – E apontou para si mesmo.

– Já entendi. Faça isso e me ligue caso perceba algo mais sério com ele. Quando pretende partir? – perguntou ele.

– Assim que conseguir reunir meu irmão e sua paixão de adolescência. Até lá, ficarei por aqui planejando esse encontro. Tenho uma ideia infalível! – fazendo ares de sabedoria.

– Posso imaginar o que essa mente criativa está a arquitetar. Onde está Rebeca? – não a encontrara desde cedo.

– Disse que tinha um almoço com alguns amigos. – E ficou pensativa. – Isso tem acontecido quase que regularmente. Não acha estranho?

– Não. Espero que ela tenha um tempo para cuidar de si mesma, visto que passou grande parte de sua vida a cuidar de nós, não acha? Vamos almoçar, tem um restaurante que quero que conheça. Quer chamar Eduardo?

– Ele disse que está indisposto. – Quando estavam saindo, o celular de Lucas tocou. Ele olhou quem era e desligou, sob o olhar atento da irmã.

– Não quero falar com ela, não hoje. Vamos? – e saíram.

– Não gostaria que falasse com ela nunca mais! Ninguém faz isso com você!

– Agradeço a defesa, mas creio que não seja necessário. – E saíram abraçados.

Distante de lá, Tiago e seu pai se reuniam com alguns empresários para um almoço de negócios. Junto ao jovem, uma entidade de aspecto sombrio o envolvia com sua energia maléfica, insinuando-se mentalmente a ele, sendo receptivo aos estímulos que enviava. Ambos pareciam um só tal era a conexão existente, cada qual assimilando a energia que o outro irradiava. Tiago conversava sobre um assunto delicado e complexo, recebendo a inspiração de Átila, que tinha por objetivo estimular a vaidade desses invigilantes companheiros encarnados, com propósitos de disseminar, quanto possível, interesses escusos. Os dois estavam em perfeita sintonia mental e isso era favorável aos planos maléficos da entidade espiritual, que a cada dia dominava mais seu tutelado encarnado:

– Sabia que não iria decepcionar-me! Combinamos que assim seria e continua atento aos sinais que tenho lhe enviado. Quero todo poder que me tiraram! E você irá me propiciar tudo isso, usufruindo todas as glórias que nos serão designadas! Não permita que nenhum desses lhe diga o que fazer, entendeu bem? Siga minhas orientações e obterá o sucesso em todas as empreitadas. – E irradiava ao jovem seus fluidos perniciosos, que ele recebia com satisfação. Uma cena deplorável, acompanhada por companheiros da luz que estavam atentos aos caminhos de Tiago, porém não detectados por Átila, que se encontrava em padrão mental muito inferior aos deles, impedindo assim que ele percebesse essa aproximação, que seria prejudicial aos intentos infelizes desses dois irmãos acorrentados em suas degradantes histórias.

Celeste aproximou-se de Tiago e tentou envolvê-lo em luz, mas ele se encontrava magneticamente conectado a Átila, sorvendo as energias deletérias de forma natural, pela afinidade existente entre eles. Os iguais se atraem! O jovem não estava receptivo ao bem, impedindo que energias salutares pudessem envolvê-lo.

– Ele ainda se encontra refratário ao nosso auxílio. Sabíamos que isso seria uma árdua tarefa, porém não podemos desistir dele. No tempo certo, que ainda está distante, ele entenderá que apenas o bem resiste às influências do mal, seja de que forma ele se apresente. Ainda se ressente do passado, trazendo em seu íntimo a mágoa e a revolta por seu desencarne precoce, porém necessário. Sentiu-se traído, vilipendiado e a dor ainda é sua companheira, levando-o a ações indébitas contra todos aqueles que estiveram envolvidos em sua derradeira encarnação, mesmo que apenas tentassem despertá-lo para a luz, coisa que ele ainda é incapaz de entender. Foi necessário que renascessem juntos novamente, para que, ao sabor das lutas diárias, além de reconhecer aqueles que ao seu lado estiveram, procurasse entender os motivos de tudo que lhe adveio naquela existência. Luiza querida, tenha confiança nos desígnios divinos. Assim que ele conseguir se desligar do assédio maléfico que Átila insiste em causar, poderemos ter acesso ao seu coração ferido. Ele há de despertar para a luz. Confie!

— E quanto a Átila? Como iremos auxiliá-lo? Quando irá cessar de oferecer ao mundo essas ações tão nefastas? Por que ele insiste em cometer os mesmos delitos de quando aqui esteve, manipulando e causando tanto sofrimento? Não percebe que ele é o primeiro a sofrer, quando causa a dor ao outro? – disse Luiza apreensiva.

— Todos têm seu tempo de despertar, minha irmã. Ele ainda necessita do poder que acredita ser merecedor por todos os seus feitos. Quando aqui esteve, essas ideias foram sendo assimiladas de forma intensa, pela própria condição que ostentava, ainda inferior. Recebeu estímulos diversos, daqueles que o seguiam como seu líder, potencializando a ideia que falsamente idealizava acerca de si próprio. Ele se julga poderoso e, como tal, exige que o venerem por seus dotes irreais. É a falsa ideia que muitos fazem de si mesmos, julgando-se capacitados para algo que ainda não conquistaram por mérito próprio. É a ilusão que insistem em alimentar acerca de sua própria essência. Átila se considera um deus, um ser que deve ser obedecido e reverenciado, sem questionamentos.

— E encontrou Tiago que o considera seu líder. É uma situação extremamente perturbadora, Celeste. Não consigo encontrar, neste momento, uma tênue luz que o faça despertar para essa triste realidade. Sei que preciso confiar e todos os meus esforços serão direcionados para isso. No entanto, causa-me profunda tristeza vê-lo nesse conluio com esse infeliz irmão. Eu lhe ofereci tantas oportunidades de aprender o real sentido da existência, mesmo assim ele foi refratário a todas elas. – disse Luiza.

— Porém o impossível não existe para Deus! Ele encontrará um meio de mostrar-lhe os malefícios dessa união com Átila.

Não podemos desanimar! Agora, vamos! Temos outras tarefas a realizar. Deixaremos Clóvis acompanhando à distância todos esses eventos. — E se despediram.

A conversa entre os encarnados prosseguia, com Tiago sendo o centro das atenções. Ele sabia como cativar o interesse de todos. Ronaldo olhava o filho com extrema admiração, constatando que ele era o elemento que faltava. Muitos acordos foram realizados durante o almoço, sinalizando que muito havia a ser feito na obra da disseminação dos interesses coletivos. Saíram de lá com a certeza de que estavam no caminho certo. Infelizmente, não o caminho do bem e da paz!

Os dias se passaram... Pai e filho retornaram para Brasília... Lucas foi para seu congresso... Raquel ficou a refletir sobre seu futuro...

Na noite de sexta, Lucas retornou para Belo Horizonte e, já a caminho de casa, ligou para o número que Paula lhe dera, mas ela não atendeu. Decidiu, então, ir direto ao seu hotel.

Encontrou-a no lobby já com a mala. Quando ela o viu, correu a abraçá-lo com a emoção dominando-a. Ele esperou que ela se acalmasse e perguntou:

— O que aconteceu? Conte-me tudo.

— Cesar morreu! Acabei de receber um telefonema da clínica. Não sabem como ele obteve a droga, mas... — e as lágrimas escorreram livremente.

— Quer que eu vá com você? Tenho o final de semana de folga. — Ela o olhou com carinho e o abraçou.

— Não posso lhe pedir isso, Lucas. Mas agradeço sua preocupação. Terei que resolver tudo sozinha. Estarei de volta em alguns dias, prometo. — Fixou seu olhar no dele por instantes e a conexão novamente se estabeleceu. Sentiu um calor percorrer-lhe o corpo.

— Tem certeza de que não quer que eu a acompanhe? — ele segurava a mão dela com força, como se quisesse retê-la por lá. Sentiu-a tão frágil que a única coisa que desejava era ficar ao seu lado até que tudo se resolvesse. Paula não soltava sua mão, pensando em como a vida estava sendo injusta com eles, mais uma vez. Não sabia o que a esperava em São Paulo e não sabia quando conseguiria cumprir sua promessa. Queria tanto dar uma chance a Lucas, coisa que se arrependera no passado por assim não agir. Agora tudo se complicara com a morte de Cesar. Sabia que o amor já não estava presente há algum tempo, no entanto, o marido ainda era muito especial em sua vida. Estava muito triste pelo que ele fizera a si mesmo, desprezando valores essenciais e já se decidira a não mais viver ao seu lado. Agora, ao saber da notícia fatídica, percebeu o quanto ele fora importante e o tanto que estava triste. Precisava voltar e tomar as providências cabíveis. Os pais dele já não eram mais vivos e ele só tinha a ela como família.

— Agradeço, Lucas, mas tenho que fazer isso sozinha. Voltarei assim que puder. — Ia dizer algo, mas se calou. Aquele não era o momento propício para o que ela tinha a lhe falar.

— Eu a acompanho até o aeroporto, então.

— O táxi já me aguarda. Agradeço seu carinho, mas preciso ir. — Beijou seu rosto e saiu rapidamente, deixando-o parado no meio do saguão. Observou-a até que ela entrou no carro e partiu com um aceno. Voltou ao seu carro e dirigiu até sua casa. Encontrou a irmã na porta, acompanhada do namorado.

— Que cara é essa? Tenho uma notícia que você vai gostar. Marquei um almoço com Paula aqui em casa. Não disse que podia confiar em mim? — brincou ela.

— Infelizmente, terá que remarcar. — E contou o que acabara de saber. Raquel ficou chocada com a notícia e disse:

— Conversamos hoje à tarde. Como isso foi acontecer? Que fatalidade! — Eduardo, ao seu lado, não estava compreendendo nada, questionando-os com o olhar.

— Sem dúvida! Ela acabou de sair para o aeroporto. Aguardemos notícias. Bem, creio que pretendem sair, não vou segurá-los.

– Vamos jantar, venha conosco. Não tem ninguém em casa.

– Estou exausto e nada faminto, pretendo dormir cedo. Divirtam-se! – beijou a irmã. Antes de sair, ela disse:

– Amanhã tenho um assunto a conversar com você. E não teremos visitas indesejáveis. Papai e Tiago estão em Brasília e somente virão para cá na próxima semana. Temos muito a falar e preciso de sua opinião acerca de uma possível decisão. – disse ela fazendo ares de conspiração. Lucas sorriu para a irmã.

– Só você para me fazer rir um pouco. Amanhã nos falamos, então. Bom jantar!

– Quer que eu traga algo para você? – insistiu ela.

– Edu, leve essa jovem embora daqui, por favor? – e fechou a porta.

Lucas entrou na ampla sala, ricamente decorada, sentou-se no sofá e fechou os olhos por instantes, procurando entender sua vida. Depois, olhou em derredor e observou cada peça de antiguidade, cada vaso importado, cada tela de valor inestimável, tanto requinte! E sentia-se tão sozinho! O que ele realmente possuía de seu? O trabalho era seu único bem verdadeiro, fruto de seu esforço e dedicação. Tinha tanto e, ao mesmo tempo, não possuía nada, nem sequer um afeto para poder dividir suas conquistas e seus sonhos. Relembrou sua vida desde a infância e, mentalmente, visualizou cada etapa vivenciada até chegar àquela posição. Amava sua profissão e não a trocaria por nada, mas seu coração estava tão solitário! Quando pensava ter encontrado alguém para dividir seu espaço material e emocional, uma tempestade, chamada Tiago, ocorria, tirando-o novamente de sua zona de conforto. Ele não podia vê-lo feliz, que arquitetava uma investida contra Lucas. E, se o confrontasse, Tiago dizia que o problema era que ele não conseguia manter um relacionamento em bases sólidas, pois era desprovido de recursos para tal. Na maioria das vezes, ele sequer ouvia as críticas, pois sabia que eram infundadas. Entretanto, por que estava sozinho novamente? Talvez Tiago não estivesse tão equivocado assim. No mesmo instante, lembrou-se da mãe e foi como se ouvisse nitidamente as palavras dela:

— Não permita que Tiago conduza sua vida, filho querido! Se você concordar com ele, está lhe dando a outorga de sua vida, para que ele faça o que lhe aprouver! Sua vida é seu patrimônio e somente cabe a você encontrar o melhor caminho a seguir! Escute seu coração! Não se deixe conduzir por frases infelizes, que apenas subtraem suas energias criadoras, fazendo-o refém dele. Confie em seu potencial! Tudo acontecerá no tempo certo, quando as sementes germinarem e derem frutos saborosos! Você é um ser de luz e irradia o mais puro amor! Porém precisa acreditar nisso!

Ela sempre tinha a palavra certa a proferir, quando o assunto era as maldades de Tiago contra ele ou a irmã. Sabia como elevar sua estima, levando-o a acreditar em si mesmo. E, essencialmente, fazendo com que entendesse que ele e o irmão eram diferentes em essência, apesar de tão parecidos fisicamente.

Em meio às divagações, o cansaço venceu-o e acabou adormecendo lá mesmo. Duas horas depois, seu celular o despertou tocando insistentemente. Ele acordou em sobressalto e verificou de onde provinha a ligação. Ao ver que era o hospital, atendeu prontamente. Conforme ouvia a enfermeira posicionando-o acerca de uma emergência, ele se levantou, encaminhando-se para lá. Ela relatara algo como um acidente com uma jovem, que precisava ser atendida com urgência por um neurocirurgião.

Ao chegar no hospital, dirigiu-se para a sala de emergência, onde estava deitada uma jovem com o rosto coberto de sangue. Ele se aproximou e quando se deparou com a jovem, ficou estático. Era Leila, a mulher com quem estava saindo até Tiago interferir na relação recém iniciada. Ela estava inconsciente e constatou que o caso poderia ser grave. Fez uma avaliação inicial, para saber sua real condição. Pediu alguns exames específicos, enquanto tentava monitorar seus sinais vitais. Conforme a examinava, procurava entender o que acontecera com ela. Havia muitos cortes profundos na face e na cabeça, suspeitando que fora um acidente de carro, porém antes de qualquer ação, precisava avaliar a possibilidade de uma hemorragia estar em andamento. Num dado momento, ela abriu os olhos e se deparou com a figura de Lucas. Inicialmente, ela pareceu assustada, até que fixou seu olhar no do médico, acalmando-se.

– É você, Lucas? – perguntou com a voz entrecortada.

– Sou, quem mais poderia ser? Agora fique quieta, Leila. Estamos cuidando de você! – No mesmo instante, os exames chegaram. Conforme ele via os resultados, sua testa se contraía. Precisava ir para a sala de cirurgia imediatamente.

– Não deixe seu irmão se aproximar de mim novamente! – E algumas lágrimas brotaram em seu rosto, misturando-se com o sangue que escorria dos ferimentos. – Me perdoe! Fui tão tola! Não sabia quem ele era! Por favor, me perdoe. – Ela insistiu.

– Não fale mais! Fique tranquila, sou eu que vou cuidar de você.

– Você me perdoa? – sua voz estava cada vez mais fraca. A maca já percorria os corredores rapidamente, com Lucas à frente, tentando acalmar a paciente.

– Não tenho nada que perdoar! Esqueça o que aconteceu, está bem assim? – ele não entendia a urgência dela e o temor que se estampara quando ela abriu os olhos, confundindo-o com Tiago. O que ele fizera?

– Você é tão diferente dele! – e sua voz foi ficando cada vez mais baixa, até que cessou por completo. Ela perdera os sentidos, enquanto os sinais vitais estavam cada vez mais fracos.

A cirurgia se iniciou rapidamente, mediante a gravidade que se apresentava. Lucas e sua equipe moveram todos os esforços para salvar a vida de Leila, mas, infelizmente, algumas complicações ocorreram e ela não resistiu. Todos ficaram consternados e deixaram a sala de cirurgia cabisbaixos, especialmente Lucas, sem antes despedir-se dela com todo carinho. Uma forma de respeitar os que finalizam sua existência material.

O que teria acontecido com ela? Havia pequenos pedaços de vidro em seus ferimentos, daí ele deduzira que sofrera um acidente de automóvel.

Curioso, assim que a deixou, retornou à sala de emergência, questionando sobre a jovem que chegara momentos antes. Um dos atendentes, um jovem médico residente, foi o primeiro a recepcioná-la quando adentrou ao hospital.

– Uma ambulância foi chamada para o endereço dessa jovem. Disseram que foi um acidente doméstico. – O semblante de Lucas ficou tenso.

– Alguém acompanhava a jovem? Quem fez a ligação? – perguntou ele.

– Parece que um vizinho ouviu um barulho e encontrou a porta entreaberta. A vítima estava no chão inconsciente e uma mesa de vidro espatifada no chão.

– Tinha alguém em casa? – insistiu ele.

– O vizinho que ligou para emergência se identificou. Seu nome está nos registros. Quer que eu verifique? Você a conhecia? – perguntou ele também curioso com o interrogatório.

– Era uma amiga muito querida. Agradeço se puder me trazer os registros. – disse ele secamente.

– Sinto muito, doutor, não tinha conhecimento.

Capítulo 6

REFLEXÕES

— Verifique isso para mim. Espero em minha sala. — E saiu pelos corredores do hospital refletindo sobre o trágico acidente com Leila. O que teria ocorrido? Lembrou-se de que ela ligou no domingo anterior e ele não atendeu o telefone. Naquele momento, não tinha o menor desejo de falar com ela. Agora estava morta e jamais saberia o que ela queria lhe dizer. Sentiu uma angústia em seu peito. E agora nada mais poderia ser feito!

Sentou-se lembrando das palavras da jovem sobre não permitir que Tiago se aproximasse dela. Pensou se ele teria alguma responsabilidade sobre aquele fatídico evento, mas Raquel dissera que ele e o pai estavam em Brasília. Não deveria ter nada com isso! Mesmo assim, as palavras da jovem não saíam da sua mente, como a lembrá-lo de que algo acontecera e precisava ser investigado. Minutos depois, o jovem médico trouxe os registros que ele solicitara. Lucas anotou os dados que o interessavam e devolveu o prontuário ao residente .

Ligou para o número que estava anotado e ninguém atendeu. Insistiu, até que uma voz masculina sonolenta disse contrariado:

— Sabe que horas são? Espero que não seja um trote.

— Me desculpe, aqui quem fala é Dr. Lucas do hospital que o senhor chamou para sua vizinha, está correto? — e contou tudo o que acabara de acontecer. O homem, já desperto, disse o quanto estava desolado com a notícia. Uma fatalidade lá ocorrera! — O senhor sabe o que aconteceu com Leila? Ela recebeu alguma visita? Como ocorreu um óbito, essas informações serão relevantes. — O homem ficou calado por instantes:

— Não costumo me envolver com questões que não sejam a mim pertinentes e a vida dessa jovem deve ser preservada. Não sou indiscreto e cada um sabe da sua própria vida. Ela era uma jovem muito discreta, trabalhava excessivamente e, raramente, alguém a visitava. — Denotando o quanto ele conhecia acerca da vida de Leila. E prosseguiu: — Nessa noite, ela recebeu uma visita, porém minutos depois, quando ouvi um barulho estridente de algo se quebrando, fui até lá. Não havia mais ninguém, apenas a pobrezinha estava caída no chão sangrando.

— Ouviu vozes, ao menos?

— Nada que fosse ostensivo. O doutor acredita que não tenha sido um acidente?

— Os ferimentos eram graves, mas pode ter sido causado pela queda. Não tenho como afirmar algo diverso. Aguardemos as investigações. Me perdoe o horário. Tem como avisar os familiares? — perguntou Lucas já se sentindo pesaroso.

— Falarei com minha esposa. Ela deve saber de algo.

— A polícia irá procurá-lo, quis apenas deixá-lo de sobreaviso. Desculpe o transtorno. — E desligou. Ficou refletindo sobre o que acabara de ouvir do homem. Ela efetivamente recebera uma visita. Teria sido ou não um acidente? Sentiu-se enjoado e só naquele momento se lembrara de que estava sem comer há muitas horas. Mas estava sem apetite algum, ainda mais depois de tudo que acabara de vivenciar. Trocou de roupa e saiu do hospital. Vagou pela cidade vazia, em plena madrugada. Queria ficar sozinho, sem falar com ninguém. Seu coração estava apertado e algumas lágrimas brotaram, permitindo que elas fossem liberadas. Sentiu pela vida tão precocemente ceifada! Era uma jovem com tanto a viver! Mesmo que não fosse ao seu lado!

Chegou em casa com o dia já amanhecendo. Entrou silenciosamente, não queria dividir sua tristeza naquele momento. Foi até seu quarto e deitou-se do jeito que estava. Teria que voltar ao hospital mais tarde, porém precisava descansar. Dormiu por apenas três horas, quando seu celular o despertou. Como imaginara, a polícia queria conversar com o médico que a atendera. Prontificou-se a estar lá o mais rápido que pudesse.

Quando estava saindo, Raquel o segurou pelo braço e o inquiriu:

— Sabe o que aconteceu com Leila? — disse a jovem apreensiva. Pelo olhar que o irmão lhe direcionou, percebeu que ele já tomara conhecimento da fatalidade ocorrida.

— Fui eu que a atendi no hospital. Fizemos de tudo para que ela sobrevivesse, mas... — e se calou, tomado pela emoção. — Ela estava em minhas mãos, porém não consegui salvá-la. — A irmã viu a aflição em que ele se encontrava e tentou acalmá-lo.

— Tenho certeza de que fez o melhor que poderia. Mas você não é Deus! — não sabia como adentrar ao assunto tão delicado. — Sabe o que estão dizendo acerca disso?

— Que foi um acidente, quero crer. Ainda é precoce dizer algo diferente. É uma investigação que cabe à polícia realizar. — A jovem mostrou-lhe uma notícia de um site pouco confiável, que aventava a hipótese de um crime brutal. Ele leu toda a reportagem com atenção, imaginando como eles teriam acesso tão rapidamente ao fato. Certamente, alguém ficava de plantão no hospital aguardando uma notícia desse teor. E tivera a sorte na noite passada! – Tudo isso é especulação, não se pode dizer que tenha sido ou não algo passional. A polícia irá investigar. Estou indo até o hospital para responder a algumas perguntas. – Estava a sair quando ela falou algo que o deixou tenso.

– Se a polícia investigar a vida de Leila, saberá do envolvimento de vocês. De alguma forma, isso pode causar-lhe complicações?

– O que está tentando insinuar? Estávamos apenas nos conhecendo, saímos algumas vezes até que Tiago, como sempre, invadiu nossas vidas. – E se calou, refletindo sobre o que acabara de dizer. Os dois irmãos envolvidos com a mesma mulher poderia ser algo para a polícia investigar com critério. Ter seu nome implicado num escândalo era a última coisa que pretendia e o mesmo dizia respeito ao irmão. Esperava que tivesse sido um trágico acidente, apenas. Seu olhar se fixou no de Raquel: – Não posso sequer imaginar uma barbaridade dessa! Espero que tenha sido apenas um acidente. Ou acredita que possam pensar que um de nós tenha ligação com isso?

– Pare de pensar bobagens. Estou apenas a dizer que irão investigar, caso se comprove que tenha sido um crime. Fique preparado para isso. Quanto a Tiago, espero que ele esteja mesmo em Brasília, caso contrário, eu mesma sou capaz de imaginar que ele tenha algum envolvimento com isso . Você o conhece tão bem quanto eu! – os dois irmãos estremeceram, como se suas percepções aguçadas lhe dissessem para estarem atentos e vigilantes.

– Por isso tenho certeza de que ele jamais seria capaz de colocar-se em evidência por um motivo torpe. Ele gosta de holofotes, mas não de escândalos, ou qualquer situação que possa lhe constranger. Quanto a isso, não tenha receios. Bem, preciso ir. Mais tarde nos falamos. – Saiu da casa, enquanto Raquel observava sua silhueta se afastar com o coração oprimido. Não estava com bons pressentimentos, essa era a verdade. Na noite anterior, a notícia da morte do marido de Paula, hoje, a de Leila. Não se sentia confortável quando o tema era a morte. Não sabia lidar com isso!

Ficou refletindo alguns instantes e decidiu agir. Ligou para o pai e contou sobre o que ocorrera. A ligação tinha um objetivo e era constatar se Tiago estava lá, como o pai dissera na noite anterior. A conversa foi curta e objetiva, exatamente como previra. Ao desligar, sentiu o coração em descompasso. O pai dissera que o irmão havia comparecido a uma festa e não tinha notícias dele desde então. Ficou a imaginar inúmeras cenas grotescas e maquiavélicas, tendo como figura principal o irmão. Onde ele estivera toda a noite? Teria como comprovar que não saíra da cidade na noite passada?

Sentiu-se culpada por pensar coisas tão tenebrosas acerca de Tiago, mas ele era assim mesmo, pelo menos era o que conhecia por todos os anos que viveram juntos. Sempre cruel e dissimulado, jamais enganou a ela ou a Lucas, suas vítimas em potencial. Por mais que Lucas dissesse que ele não seria capaz de se expor a uma situação tão delicada, ela acreditava que sim. Isso se Leila fosse uma ameaça a seus propósitos. Não entendeu por que esses pensamentos infelizes não saíam de sua tela mental. Se a mãe estivesse por perto, certamente a censuraria por pensar coisas tão deploráveis acerca do irmão. Mas ela não mais estava ao seu lado e isso jamais se alteraria. Respirou fundo, tentando afastar essas ideias absurdas de sua mente. Queria tanto ver apenas coisas boas sobre as pessoas, porém não era assim. Pensava se não se diferenciava tanto do irmão quanto pensava. A diferença era que tudo ficava apenas em seus pensamentos, já Tiago expandia sua maldade a quem o contrariava. Jamais pensara dessa forma! Talvez fosse semelhante a ele, apenas conseguia controlar seus impulsos.

— Não sou como ele! — acabou dizendo em voz alta. Rebeca apareceu ao seu lado e perguntou:

— Como quem? Anda falando sozinha, querida? — brincou ela, percebendo a tensão no olhar da sobrinha. Algo acontecera e iria saber. – O que houve para deixá-la assim? – e a jovem relatou todo o ocorrido, vendo o semblante da tia se contrair.

– Que coisa horrível foi acontecer com essa jovem! Não era a mesma com quem Lucas estava saindo? Que acidente terrível! Como seu irmão está?

– Administrando a notícia, especialmente, pois foi ele quem cuidou dela no hospital. A polícia irá investigar sobre esse acidente. Se é que foi realmente um! – sabendo que a tia iria verificar nos jornais, antecipou. – Sabia que eles não estavam mais juntos?

– Até algumas semanas atrás tudo parecia bem entre eles. O que aconteceu?

– Tente imaginar! Não viu o que aconteceu no meu baile de formatura?

– Me perdoe, querida, estava tão entretida com alguns amigos que confesso não observei nada de anormal. – Seu olhar estava curioso.

– Tiago apareceu no caminho dela, algumas semanas atrás. Pode imaginar a conclusão?

Rebeca não aprovava as atitudes de Tiago desde muito jovem. Seu irmão Ronaldo, no entanto, sempre relevou suas condutas inadequadas reafirmando, sempre que possível, que ele era ainda jovem e isso iria se resolver com a maturidade. Acontecera assim com ele também, por esse motivo casara-se tão jovem, evitando maiores complicações. Porém a irmã insistentemente lhe alertava sobre as posturas destituídas de moral e de bom senso que Tiago apresentava. Quando Luiza, a mãe, morreu, a situação apenas se firmou ainda mais. Parecia que o irmão estava cego, ou, quem sabe, enfeitiçado pelo filho. Seu temor era se ele algum dia iria reivindicar sua participação na administração dos bens da família. Porém isso dava muito trabalho, além do que precisava de todo tempo livre para se estabelecer como advogado e, quem sabe, seguir os passos do pai.

Por um bom tempo, Rebeca esteve tranquila, até que Tiago apareceu em seu escritório dizendo que, a partir daquele momento, era ele que cuidaria da carreira política do pai, necessitando de total aval para os futuros investimentos em sua campanha eleitoral. E passou a exigir cada vez mais fundos, cuja destinação ele não revelava à própria tia, a mantenedora de todos esses gastos. Ele apenas dizia que isso retornaria de outra forma, precisava apenas ter paciência. Ronaldo acompanhou o filho no início, mas percebendo a sagacidade dele para gerir esses negócios, deixou tudo em suas mãos. Cabia a ele apenas manter os amigos fiéis aos seus propósitos e a sua candidatura. E isso ele sabia como fazer! Nada como alguns favores especiais favorecendo-os! Era o famoso dar para receber, tão comumente utilizado na política.

— Infelizmente posso imaginar! — disse ela respondendo à pergunta. Foi nesse momento que ela se deu conta de que a jovem em questão, que os dois irmãos disputavam, era a vítima desse acidente. — Onde está Lucas? Não o vi desde que chegou?

— Voltou para o hospital.

— Qualquer notícia me avise! Quanto à viagem, já se decidiu?

— Não sei se é um bom momento, não quero deixar Lucas sozinho.

— Sabe que estou aqui em qualquer situação. — disse a tia segurando a mão da jovem.

— Eu sei, porém não se esqueça de que sua vida também está tumultuada. Encontrou as respostas que buscava? — perguntou Raquel. Viu o ar de preocupação que ela ostentou.

— Ainda não, estou esperando a resposta de alguns contatos. Mas saberei em breve.

— Não vai me dizer o motivo dessa investigação? — a jovem estava curiosa.

— Não quero perturbar você. Aliás, seu projeto foi muito bem avaliado. Vá até a fazenda e verifique outras alternativas. Poderemos implantar no ano seguinte, antes da safra, o que acha? — disse ela animada, fazendo Raquel esquecer sobre o assunto.

— Eu irei, Rebeca. Peço apenas alguns dias até confirmar que tudo está bem com Lucas.

— Sabia que você seria a única que cuidaria dos negócios no futuro. Está no seu sangue, minha querida. Pelo menos você! — e a abraçou com carinho.

— Quer almoçar comigo e Eduardo? — perguntou a jovem.

— Agradeço o convite, mas já tenho compromisso para o almoço.

— Espero que seja de um homem apaixonado! — brincou a sobrinha, fazendo-a enrubescer.

— Deixe de brincadeiras! Na minha idade? — fingindo ares de ofendida.

— Você é uma linda mulher! E uma pessoa incrível e maravilhosa, por que não se rende ao amor? Permita-se esse sentimento.

— Você diz assim, pois me ama. Não sou tudo isso, minha querida. Mas agradeço. Prometo pensar na sua proposta. Hoje, no entanto, será apenas um almoço de amigas que não se encontram há muitos anos.

— Só mulheres? — perguntou fazendo um muxoxo. Rebeca se divertia com a sobrinha.

— Quem sabe? — e saiu deixando a dúvida no ar.

No hospital, Lucas recebeu o investigador em sua sala para os questionamentos necessários. A autópsia estava sendo realizada e o homem queria apenas fazer as perguntas habituais. No final, a derradeira questão:

— Doutor, acredita que possa não ter sido um acidente?

— Difícil dizer. Creio que sua perícia irá encontrar as respostas, juntamente com o laudo da autópsia. O que posso dizer é que os ferimentos eram condizentes com uma queda brusca. Sabia que grande parte dos acidentes com ferimentos graves são os domésticos?

— O senhor não entendeu a pergunta. Vou refazer: ela pode ter sido vítima de um ataque premeditado? Há indícios? — ele olhava o médico com interesse.

— Sinto muito, mas apenas posso afirmar que os graves ferimentos, que provocaram a hemorragia que levou a jovem a óbito, foram causados por uma queda. Se foi um acidente ou se alguém a jogou com fúria ao chão, ela caiu sobre uma mesa de vidro, que se quebrou e causou as lesões profundas que pude constatar durante a cirurgia. Infelizmente, não foi possível conter a hemorragia a tempo e ela veio a falecer.

— Ela disse algo antes de ir para a cirurgia. Conversei com a enfermeira e ela contou que a jovem conversou com o senhor e que parecia conhecê-lo. — ele estava sendo direto. Lucas avaliou se deveria falar ou não sobre a relação que existira entre eles, pensando se isso não iria lhe ser prejudicial. Decidiu revelar antes que pensasse que ele teria algo a ocultar.

— Eu a conhecia, sim. Tivemos um relacionamento por alguns meses, mas tudo já finalizara. — Ele viu como o semblante do policial se alterou. Era isso que ele queria ter evitado, mas, infelizmente, já não era mais possível.

— Então o senhor a conhecia bem profundamente. Por que não disse antes?

— O senhor não me perguntou e não achei que fosse relevante. Creio que está aqui para me questionar sobre os procedimentos médicos, afinal, fui eu que a atendi e a operei.

— Poderia me falar sobre ela, então?

— O que quer saber acerca dela? — perguntou o médico exasperado. — Se foi um acidente, essas questões pouco importam, não acha?

— Se foi um acidente! Ainda não sabemos. Alguém pode tê-la agredido e causado sua queda, o que significa que não foi um mero acidente.

— Creio que as questões que deveria responder já terminaram, certo? Algo mais que queira saber sobre o estado que ela apresentava quando aqui chegou?

O homem se levantou e guardou suas anotações. Não tinha mais por que insistir com aquele médico. Assim que tivesse um laudo oficial o procuraria novamente.

– Por enquanto, é só. Agradeço sua atenção. – E saiu da sala, deixando Lucas pensativo. Decidiu permanecer lá até saber maiores detalhes sobre Leila, o que sua influência e seu conhecimento lhe propiciaram no final da tarde. O laudo havia sido inconclusivo e não poderiam atestar que fora um acidente, muito menos algo premeditado. Respirou aliviado, deixando de lado todas as suas pressuposições. A única que poderia dizer o que realmente acontecera não se encontrava mais aqui, infelizmente. Estava triste e lembrou-se de uma amiga em comum, telefonando-lhe para saber sobre o funeral. Leila era de uma cidade do interior de Minas Gerais e, certamente, ela iria para lá. Conversou por alguns instantes com a amiga e, ao desligar, sentiu-se ainda pior.

No mesmo instante, uma enfermeira entrou em sua sala requisitando-o para uma emergência. Respirou fundo e a acompanhou. Tarefas o aguardavam.

Os dias se passaram, as investigações foram concluídas e tudo parecia voltar à rotina de sempre. Raquel, sentindo que Lucas estava mais sereno, decidiu empreender sua viagem para resolver várias questões, inclusive matar as saudades dos avós, coisa que os próprios filhos pareciam não se preocupar.

Lucas continuou com seu trabalho no hospital e com a clínica que participava apenas alguns dias na semana, juntamente com um companheiro de faculdade.

O pai ainda atuava como deputado federal e permanecia em Brasília ao lado do irmão, que se dividia nas questões profissionais e na futura campanha para o governo no ano seguinte. Tiago ainda não encontrara Lucas após a morte de Leila. Isso só foi acontecer duas semanas após o incidente.

Haveria uma grande festa e todas as pessoas influentes lá estariam, um excelente palanque para Ronaldo iniciar sua campanha. Muitos políticos e empresários foram convidados, enchendo os olhos de Tiago, desejoso de iniciar seus projetos futuros. Sentia que nascera para isso! A política exercia forte atração sobre ele e sabia que um dia seria alguém muito mais poderoso que o pai! Átila assim lhe falava a todo instante, instalando essa onda mental com intensidade, impulsionando-o a agir conforme seus ditames. E ele sabia o que falar, como falar e a quem falar! Ambos estavam em tal comunhão de pensamentos e ideias, podendo se afirmar que um só pensamento imperava.

Pai e filho chegaram no sábado pela manhã, sendo recepcionados por Rebeca e Lucas que tomavam seu café da manhã.

— Bom dia, filho. — Ronaldo foi até o jovem e o abraçou carinhosamente. — Estava saudoso! Tem trabalhado demais, hoje nos acompanhará a uma festa. Rebeca, querida, recebeu o convite? Quero todos vocês ao meu lado. — disse o pai com bom humor.

— Me desculpe, pai, mas não sei se irei. — disse Lucas encarando friamente o irmão.

— Tudo bem, Lucas? — disse ele enfrentando o olhar. — Algum problema? Acabei de chegar e já está tentando implicar comigo?

— Ficou sabendo sobre Leila? — a pergunta foi direta.

— Não! O que ela aprontou? — disse ele de forma leviana.

— Você não respeita ninguém, não é mesmo? Ela morreu ou vai dizer que não sabia? — inquiriu-o com firmeza. Tiago tentou demonstrar que ficara consternado com a notícia, mas era tudo fingimento, como sempre. Apenas o pai ainda acreditava em suas balelas. Ou fingia que assim procedia...

— Não sabia que isso aconteceu com Leila. Sinto muito. — E baixou o olhar.

Capítulo 7

REENCONTRO FELIZ

— Quem é Leila? — perguntou o pai.

— Foi uma namorada de Lucas. Ou quase isso! Espero que esteja bem, meu irmão. — disse ele com todo cinismo.

— Dispenso sua preocupação. As notícias correm tão depressa, estou surpreso que não tenha sido informado. Aliás, era sua última conquista, pelo que me consta.

— Suas informações estão defasadas, nem sequer me lembrava mais dela. Sabe que quando uma nova paixão acontece, as demais ficam no esquecimento. Porém sinto muito que isso tenha acontecido. Ela era uma bela mulher! Como foi? Um acidente? A última vez que a vi estava esbanjando saúde.

— A forma como você se refere às mulheres me enoja, Tiago. Não tem o mínimo respeito por elas. Só espero que se apaixone algum dia por alguém e veremos se essa forma de tratamento irá persistir. Leila sofreu um acidente. Bem, isso é o que consta. Mas... – Lucas viu o olhar tenso que o irmão apresentou e decidiu continuar com seu jogo. – Talvez não tenha sido um acidente, mas um crime. – Deixando todos boquiabertos.

– Como assim? – perguntou o jovem tenso com o que acabara de ouvir.

– Exatamente o que você ouviu. Pode ter sido um crime passional. A polícia está investigando e não tem ainda um suspeito.

– Que horror! Se assim aconteceu, que esse criminoso seja encontrado e punido. Bem, titia, podemos conversar mais tarde? – Lucas viu o olhar que ela endereçou ao irmão e não gostou do que viu.

– Só se for mais tarde. Tenho um compromisso agora. – Ela se levantou apressada, sob o olhar atento de Tiago. O pai a acompanhou, dizendo que precisava descansar um pouco. Os dois irmãos ficaram se encarando, como se estivessem se desafiando.

– O que mais quer me dizer? Não tem mais ninguém aqui, pode falar.

– Fui eu que a atendi quando chegou ao hospital e ela disse algo que não consigo me esquecer. – disse sem desviar o olhar do irmão.

– O que ela pode ter dito que me importa? – falou com todo desprezo.

– Ela pediu que jamais deixasse você se aproximar dela novamente. O que você lhe fez para que ela agisse assim? Do que ela tinha medo? De você? – a pergunta foi direta.

Tiago continuou encarando-o com seus olhos escuros e sombrios, refletindo nas suas palavras. Teria ela dito algo mais sobre ele? Se empertigou antes de responder.

– Não faço a menor ideia do que ela queria dizer a meu respeito. Deveria estar delirando ou coisa assim! Não posso lhe responder algo que não sei. Aliás, ela era um tanto complicada, temos de convir. O pouco tempo que convivi com ela me fez decidir afastar-me rapidamente. Era pegajosa, insegura, um emocional muito instável. Ainda bem que nós dois nos afastamos dela, não é mesmo, maninho? – era nítido que ele se perturbara com o que Lucas lhe falara e tentava desconversar.

– Não era essa a imagem que fazia dela. Creio que estamos falando da pessoa errada. Definitivamente, Leila não era assim. Porém ela não está mais aqui, então vamos respeitá-la. É o mínimo que podemos fazer por ela. – E se levantou: – Tenho um paciente me esperando. Até mais!

– Até! – disse com um sorriso forçado.

Quando Lucas já estava no carro, lembrou-se de algo e voltou até seu quarto. E não pode deixar de ouvir o irmão ao telefone, falando asperamente com alguém:

– Seu idiota! O que fez? Era apenas para dar-lhe um susto e você fez o quê? – o outro deve ter respondido algo, pois Tiago falou com a irritação crescente: – Você diz assim, desse jeito, que foi um acidente? Você a empurrou ou o quê? – novo silêncio, sinal de que o outro estava a explicar alguma coisa: – Ela falou a meu respeito a quem? Ao cretino do meu irmão. Bem, menos mal! O que ele poderá fazer contra mim? – novo silêncio. – Não, não quero que faça mais besteiras. Fique quieto e procure ser discreto daqui para frente. É uma ordem, entendeu? Não quero que apareça no hospital fazendo perguntas, nem tampouco no apartamento dela. Deixe a poeira baixar. Só depois volte lá e encontre essa maldita gravação. Só pode estar lá! Ou quem sabe com alguém próximo a ela. Verifique isso e depois me ligue. Mas seja discreto, entendeu bem? – e desligou.

Lucas ouviu tudo e nada entendeu. Passou rapidamente e saiu, sem que ele percebesse sua presença. Que gravação seria essa? Implicaria alguém? Seu irmão estava envolvido no acidente fatal que vitimara Leila. Seu coração ficou em descompasso, suas mãos estavam frias, sua cabeça latejava. Não podia acreditar que aquilo fosse verdade! Leila estava com medo dele, agora compreendia. Porém o que ela fizera para que isso acontecesse? A motivação era uma gravação, pelo que ele compreendera. O que continha de tão grave que fizera o irmão pressioná-la? Só poderia ser algo de tamanha complexidade, envolvendo seu irmão, talvez seu pai, quem sabe?

Dirigiu até o hospital refletindo no que acabara de presenciar. Tudo era confuso demais!

O dia passou célere e quando voltou para casa, encontrou o pai, o irmão e a tia o aguardando:

— Vamos, Lucas, só falta você. Quero chegar com toda minha família. Ou, pelo menos, quase toda. Raquel disse que não chegaria a tempo. Uma pena! Minha princesa é sempre uma presença imprescindível. — disse o pai com um sorriso triste. Tiago direcionou-lhe um olhar de censura e acrescentou:

— Ela em nada nos auxilia, papai. Deveria valorizar-me um pouco mais, quem realmente está do seu lado em qualquer circunstância. Bem, apresse-se, Lucas, não tenho todo tempo do mundo.

— Podem ir, não estou com disposição para festas. — disse ele com seriedade.

— Não aceito recusas, meu filho. Nunca lhe peço nada, mas, especialmente hoje, eu preciso de vocês ao meu lado. Não me negue isso! — disse em tom de súplica, que Lucas não conseguiu recusar.

— Fica me devendo essa, papai. — E saiu para seu quarto. Minutos depois, ele estava de volta e seguiram para a festa.

O local estava repleto de celebridades dos mais diversos setores e, rapidamente, o pai e o irmão eram o centro das atenções. Lucas e Rebeca ficaram sozinhos numa mesa admirando tudo o que lá se passava. O jovem médico observou que a tia estava com o semblante triste e perguntou:

— Não parece muito animada com a festa. Gostaria de estar agora refastelado no sofá da sala, apreciando um bom filme. E você? — perguntou ele segurando sua mão.

— Sua ideia é interessante, querido. Porém, se aqui estamos, vamos nos divertir. – disse ela tentando parecer tranquila, mas algo a preocupava, era nítido.

— O que aconteceu para que essa ruga tenha surgido? – brincou ele.

— Problemas contornáveis, mas ainda não consegui descobrir a melhor maneira.

— Você irá descobrir. É sempre competente em suas ações. Aposto que essa mente ágil não parou de pensar um minuto desde que aqui chegou. Agora eu vou lhe pedir que relaxe um pouco, pelo menos por essa noite. Amanhã verá o problema com outro olhar. Aliás, sabe com quem aprendi essa lição? – perguntou ele com um sorriso. Ela segurou sua mão com carinho e disse:

— Luiza deve estar tão feliz pelos filhos que deixou aqui! Você e sua irmã foram os melhores presentes que Deus me emprestou! Sou muito grata por estar ao seu lado todos esses anos, meu querido. Aprendo uma lição nova a cada dia!

— E eu com você! Mamãe sabia em quem confiar, tinha certeza de que realizaria o trabalho que ela teve que abdicar. – Ele ficou pensativo por instantes e disse: – Há tempos não tenho sonhado com ela. Estará bem? Sinto tantas saudades! – a emoção pairou em seu olhar.

— Eu também! Foi a pessoa mais generosa e compreensiva que conheci em toda minha vida. Vocês dois são muito parecidos, já lhe falei isso?

— Já, mas gosto de ouvir novamente! Não quer dançar? – perguntou ele.

— Não, mas alguém está se aproximando e creio que veio com essa intenção. – Ele se virou e se deparou com a figura esguia e elegante de Paula, ostentando um lindo sorriso.

— Boa noite! Não quero interromper essa conversa íntima, mas posso tirar o rapaz para dançar? – perguntou ela com doçura.

– Pode, minha querida. Cuide bem dele, é meu tesouro mais precioso. – Piscou para Lucas, que beijou a mão da tia com carinho. Os dois deram as mãos e seguiram para o salão.

– Surpreso com minha presença? – perguntou ela.

– Não telefonou uma vez sequer, achei que tivesse me esquecido.

– Essas semanas foram intensas e dolorosas. Tinha tanta coisa a avaliar e tantas decisões a tomar. Foi tudo muito extenuante, Lucas. Pensei muitas vezes em não mais voltar para o jornal, colocando em dúvida até minha profissão. Agora, efetivamente, estou de férias e preciso desse tempo para reorganizar minha vida. Vou ficar uns dias na fazenda, não quer vir comigo? – perguntou ela com a emoção na voz.

– É tentador, mas não sei se posso me ausentar tanto tempo.

– Você nunca tira férias? – seus olhos brilhavam enquanto conversavam.

– Uma pergunta difícil! – e ofereceu um radiante sorriso. – Bem, às vezes, isso é possível. Porém sabe como funciona a vida de um médico?

– Não, mas gostaria muito de saber. Senti saudades! – disse ela encarando-o fixamente.

– Eu também! Por que não me ligou? – ele a trouxe mais para perto de seu corpo.

– Precisava de um tempo para alinhar minhas emoções. Precisava encerrar um ciclo, só assim poderia iniciar outro. Uma paixão de adolescência estaria ainda a me esperar? – ela colocou a mão em seu rosto com carinho. – Você sempre foi tão bonito assim?

– Vai me deixar encabulado, sentindo-me o adolescente apaixonado daquela época. Bem, pelo menos consegui tirá-la para dançar. – disse em tom sério.

– Fui eu que tirei você! – e ambos riram descontraídos. – Sempre fui mais destemida que você. Era assim que se lembrava de mim? – perguntou Paula.

— Você era uma garota linda e divertida. Difícil não me apaixonar por você.

— Por que permitiu que seu irmão furasse a fila, me conquistando antes que você? Pensava que você era apenas meu amigo e não tinha outros interesses além da amizade. Quando seu irmão se aproximou de mim, tive a certeza disso. Mas Tiago só queria brincar com meus sentimentos. Derramei muitas lágrimas por ele. Vocês são tão diferentes! Apenas se assemelham no físico. Bem, não estamos aqui para falar dele nem das minhas decepções amorosas, concorda?

— Plenamente! Quando vai me deixar novamente? — perguntou ele com o semblante triste. — Não está pensando em ficar mais dez anos distante, está?

— Já lhe convidei para me acompanhar até a fazenda. Não é luxuosa como a sua, mas é bem confortável. Meus pais vêm frequentemente para cá, então tudo deve estar em ordem. Não me responda agora, pense com carinho em minha proposta! Ainda tenho esperanças de convencê-lo. — ela se aproximou ainda mais dele.

— Isso é golpe baixo, mocinha. Sou um médico com uma reputação a zelar. Os homens estão todos morrendo de inveja de mim. — Ele estava feliz, como há muito não acontecia.

— Deixe todos morrerem de inveja! Sabe, Lucas, tenho pensado em tudo que me aconteceu nesses anos todos e cheguei a algumas conclusões. A vida é um bem precioso, uma concessão de Deus para que o aprendizado possa acontecer a cada criatura que aqui se encontra. Podemos valorizar ou não a oportunidade, fazer boas obras ou desperdiçar as chances de aprender. É escolha individual e ninguém pode realizar pelo outro. Tentei de todas as formas despertar em Cesar o desejo de ser feliz, cuidando da própria existência, equilibrando suas emoções, saindo do vício. Mas não consegui, pois era eu que assim desejava e não ele! Bastava o querer profundo, capaz de transformar sua vida, mostrando os caminhos que precisaria seguir. Porém ele não conseguiu encontrar a motivação para prosseguir lutando. Seu querer não era tão profundo! – as palavras saíram acompanhadas de algumas lágrimas. – Mas eu quero viver essa oportunidade de encarnação em toda sua plenitude, oferecendo ao mundo a minha melhor parte. E gostaria muito que você estivesse comigo! Quero te conhecer melhor e, depois, quem sabe? – havia esperança em seu olhar que o contagiou na mesma intensidade. Todas as preocupações de momentos antes se dissiparam totalmente, como se mais nada existisse a não ser os dois naquele salão. Uma energia intensa os uniu e ambos ficaram calados, apenas se olhando fixamente.

– Eu também quero te conhecer melhor, Paula. Quer sair comigo amanhã? – perguntou ele segurando sua mão e a beijando.

– Aceito o convite! – e saíram do salão de mãos dadas em direção a um amplo jardim.

Antes de saírem, foram observados atentamente por Tiago. Havia uma ruga em sua testa denunciando sua irritação ao ver o irmão tão feliz. Não acreditava que pela manhã ele o inquiria sobre Leila, podendo ver toda a tristeza estampada em seu olhar. Agora, estava novamente enrabichado por um rabo de saia! Que criatura odiosa! Por que ele sempre conseguia tudo que queria? Por mais que tentasse roubar-lhe os momentos de felicidade, todos os seus planos iam à bancarrota. Sempre! Como o odiava! E suas emoções em desalinho eram potencializadas por Átila, que nutria por Lucas idêntico sentimento, de menosprezo e raiva. Por tudo que ele já provocara em sua última existência! Por tudo que ele não conseguira conquistar, pois ele o privou de tudo! E de forma intencional! Ele já decidira que Lucas não teria um instante de paz nesta atual encarnação. Porém por que ele se encontrava tão distante de suas garras maléficas? Por que não conseguia atingi-lo como pretendia? Por que o sofrimento não acompanhava seus passos, como aconteceu com ele? Eram perguntas para as quais não obtinha respostas, mas ele persistia em seu assédio constante. Em algum momento, suas barreiras seriam derrubadas. Ele e Tiago estavam convictos da vitória! E jamais desistiriam! Se necessário fosse, ceifaria sua vida e, frente a frente, venceria o mais forte!

Outros companheiros espirituais acompanhavam também o panorama que se apresentava no mundo material. Celeste e companheiros observavam atentamente as ações que esse irmão das sombras intencionava realizar contra Lucas. Contavam, porém, com a fibra espiritual do jovem, testada tantas vezes nos mais acirrados combates entre o bem e o mal. Ele mantinha-se resoluto em seus projetos de vida, aproveitando a oportunidade da encarnação para efetuar novos aprendizados.

— *Está tudo sob controle, amigos! Deixemos nosso amado irmão realizar a obra que lhe compete. A aproximação com Paula será providencial, além de conseguir quitar débitos contraídos com ela em outras encarnações. Mantenha-nos informado, Clóvis.*

— *Assim será, Celeste.* — Se despediu dos demais, ficando a uma distância razoável para que sua energia não pudesse ser detectada por Átila.

A noite foi favorável aos mais diversos interesses. Ronaldo saiu satisfeito com os resultados obtidos, com os contatos proveitosos efetuados através de Tiago. Enfim, foi uma noite memorável para eles. Tiago, no entanto, não estava tão satisfeito, vendo a felicidades estampada no rosto do irmão. A inveja o corroía!

Rebeca, por sua vez, encontrou vários amigos, conseguindo momentos de descontração. E Lucas e Paula ficaram todo o tempo juntos conversando.

Na hora de se despedirem, Lucas fez a pergunta que persistiu toda a noite:

— Você ainda não me disse com quem veio à festa?

— Vim sozinha. Tenho meus informantes e sabia que o encontraria aqui. – disse ela sorrindo de forma travessa. – Poderia te ligar e viria assim mesmo, porém gosto de fazer as coisas do meu jeito. – E mostrou um convite especial destinado à imprensa. – Tenho uma credencial comigo, querido! Como estava na cidade, decidi arriscar.

– Veio como jornalista, então? O que de tão interessante esperava encontrar aqui?

– Quer mesmo que eu lhe responda, querido? Não consegue imaginar o que essa profusão de políticos e empresários unidos num só objetivo são capazes de proporcionar de notícias. Sei, por exemplo, que seu pai obteve apoio de muitos nesta noite para sua candidatura. Sei que seu querido irmão tem revolucionado a arte da política. Mas não me peça para contar como isso ocorreu, pois a noite foi tão maravilhosa, que não pretendo estragar com assuntos tão densos. – Passou uma sombra em seu olhar, mas voltou-se para Lucas, completando: – Você é uma pessoa especial! – disse isso beijando delicadamente seu rosto.

– Posso te acompanhar até seu hotel? – disse ele segurando sua mão.

– Acho melhor não! Precisamos nos conhecer melhor! – disse com um sorriso sedutor.

– Acho que está sendo deveras cruel comigo, não permitindo sequer que eu a leve até seu hotel. – E com suavidade beijou seus lábios.

– Não entendeu ainda, tolinho? Vamos com calma, eu preciso que tudo aconteça no momento certo. Foi uma noite incrível, Lucas. Nos vemos amanhã? – disse ela entrando no táxi. – Você ainda tem meu número?

– Sim! Está no mesmo hotel? – perguntou ele.

– Exatamente! Boa noite, querido! – e o carro partiu, deixando-o parado na calçada, pensando em tudo que vivera naquela noite.

Tiago observava a cena e se aproximou dele:

– Novamente a paixão de adolescência reapareceu. Paula estava deslumbrante. Viu como os homens a olhavam? – ele sempre tentava tirar o brilho da sua felicidade.

– Vi e percebi que você também a observava. Viu o que desperdiçou com suas atitudes mesquinhas no passado? Poderia ser você ao lado dela. Infelizmente, para você, fui eu. – E ofereceu um sorriso como resposta à provocação.

– Quem disse que tenho algum interesse nela? Se quando ela ainda era jovem e pura, eu não me interessei, não será agora, meu caro. Fique com ela e faça bom proveito. Mas tenha cuidado, pois ela não é exatamente quem você pensa ser. Não é apenas uma jovem de férias na cidade. É uma jornalista e se aproximou de você por algum motivo. – Ele sempre tinha uma fala negativa e insidiosa.

– Talvez pelos meus olhos verdes. – E sorrindo, entrou no carro que já os aguardava.

Tiago se encheu de cólera por não ter conseguido seu intento: provocar a ira do irmão. Lucas já se acostumara com seus discursos com ênfase à maledicência e provocação, e, especialmente naquela noite, não deixaria que ele o desestabilizasse. Estava muito feliz e nem ele roubaria o brilho daquela noite.

O pai, eufórico, relatou a Lucas o progresso obtido com seus adeptos, que incluía políticos e empresários da região. Disse ele que tudo culminaria na sua vitória na eleição seguinte. Ele era um político de carreira e isso era o que mais importava.

Durante o trajeto de volta, Tiago manteve-se calado, talvez arquitetando um novo plano infalível que colocasse o irmão de volta ao mundo sombrio e infeliz. Lucas, no entanto, parecia inatingível, o que o irritava profundamente. Mas tudo poderia mudar...

Capítulo 8

SONHOS DE ADOLESCÊNCIA

Os jornais do dia seguinte falavam sobre a festa e sobre a candidatura de Ronaldo. Alguns enalteciam a figura política dele, enumerando seus feitos enquanto deputado estadual e federal. Mas sempre havia aquele que, além de citá-lo como candidato, oferecia um relato honesto e verdadeiro acerca do político em questão, mostrando determinadas situações que poderiam ser esquecidas.

Ronaldo e Tiago leram todos os jornais, já tecendo comentários desastrosos acerca de um jornalista em especial, conhecido por seus artigos contestadores e contrários a ele.

– Precisa tomar uma atitude, pai. – disse o jovem advogado já se preparando para enfrentá-lo legalmente. – Verei o que posso fazer para que esse jornal fique em situação delicada. Deixe comigo! – ostentando toda fúria.

– Não quero que faça nada contra o jornal. O proprietário é meu amigo. Eu pessoalmente falarei com ele. Não pode prejudicar um jornal apenas por um funcionário.

– Se ele escreveu a matéria, foi com o aval dele. Você acredita em amigos fiéis? Ele deve ter outros interesses a zelar. E, pelo que acabamos de ler, deve estar apoiando outro candidato que não você. – A fala era controlada e firme. Após alguns minutos de discussão, Tiago convenceu o pai de que estava com a razão. Um sorriso diabólico se estampou em seu rosto, prenúncio de ações indébitas a caminho. – Fique tranquilo, papai. Resolverei essa questão no tempo certo. – Antes que o pai pudesse argumentar novamente, ele saiu de casa.

Rebeca presenciou toda conversa com o semblante contraído. Assim que Tiago saiu, falou com o irmão sobre o assunto do dia anterior:

– Ronaldo, creio que essa situação esteja se complicando. O que Tiago pretende fazer não é correto e sabe disso. Por que permite que ele o manipule tanto? Ainda não percebeu que ele tem sede excessiva de poder e é capaz de qualquer ato para conseguir seus intentos? O que antes era contornável, não mais será se ele continuar no controle de sua campanha. Ele é sórdido, meu irmão. Me perdoe por ser tão direta e honesta acerca de seu filho, meu sobrinho! Porém preciso alertá-lo de que você está se comprometendo cada vez mais e não vejo um panorama favorável para o futuro.

– Por que diz isso? – ele olhava a irmã com descaso, sem se perturbar.

– Ninguém é inatingível e você sabe disso. A corda sempre arrebenta no lado mais fraco, nunca se esqueça. Tiago tem se colocado em evidência sobre algumas delicadas questões e você sabe que ele representa seus interesses, desprezando condutas éticas em seus acordos com determinadas pessoas. Seja mais cauteloso em suas associações e verifique se nada foge ao padrão. – Ela o encarava fixamente.

— Não sei onde você quer chegar! Se tem a intenção de regular o dinheiro, saiba que ele também me pertence e posso fazer o que melhor me aprouver. — Ele se irritara.

— Além de seu, o dinheiro é meu e de seus filhos. E não se esqueça de que nossos pais ainda estão vivos. Tenho administrado nosso patrimônio com mãos firmes e jamais neguei auxílio às suas campanhas. No entanto, seu filho tem quase que me coagido a entregar parte da nossa herança, para um fundo o qual ele irá administrar sozinho, sem minha interferência. Disse que precisa de maior liberdade de ação. Avisei-o com todas as letras que isso definitivamente não irá ocorrer, enquanto eu viver. — E fez a pergunta que a perturbava: — Você sabia da ideia de seu filho?

Ronaldo sequer esperou para responder.

— Naturalmente que sabia. Aliás, uma ideia excelente, assim teremos maior liberdade para agir. Alguns negócios acontecem subitamente e, com o controle do nosso dinheiro, isso facilita os possíveis acordos. Não sei por que ficou tão chocada com a ideia, afinal, facilitaria sua gestão. O dinheiro é meu também! Espero que reflita sobre isso e concorde com nossa sugestão. — Ele falava isso com tanta naturalidade que Rebeca não se conteve:

— Jamais imaginaria que fosse capaz disso, meu irmão. Estou não apenas chocada, mas decepcionada com sua conduta. Você diz que o dinheiro também é seu e não posso negar, apesar de que pouco contribuiu para que ele crescesse, não é mesmo? — a voz dela estava tensa. — Decidiu pela política ainda tão jovem e sequer se preocupou um dia de sua vida em saber se precisávamos de seu auxílio. No entanto, recebia regularmente sua mesada, que gradativamente foi se elevando até chegar às quantias exorbitantes de agora. E, até então, nada lhe foi negado. Mas, a partir do momento que tenho que vender uma propriedade para honrar nossos compromissos com funcionários e fornecedores, isso precisa ser reavaliado. Fechar as torneiras em anos de eleição, pode imaginar isso?

O olhar dele se enfureceu. Foi nesse momento que Lucas entrou na sala e viu o clima efervescente que lá estava.

– Bom dia a todos! Que está acontecendo? – perguntou ele.

– Colocando a real situação a seu pai, que parece viver em outra realidade. – Rebeca estava em pé frente ao irmão em incontestável confronto.

– Nem pense em fazer o que acabou de pronunciar! Não sei do que seria capaz! – ele se levantara e encarava a irmã com toda fúria.

– Vamos acalmar os ânimos? Não sei do que se trata, mas certamente isso não é atitude a ser considerada. Vocês precisam conversar com serenidade, só assim as questões serão resolvidas. Papai, jamais o vi falando assim com minha tia. – Havia uma crítica velada em suas palavras e o silêncio se instalou no ambiente. – Seja o que for que tenha acontecido, a moderação é sempre a melhor companheira.

A tia sentou-se em sinal de rendição e o mesmo aconteceu com o pai. Ambos precisavam de um tempo para refletirem sobre o ocorrido. Rebeca foi a primeira a se pronunciar:

– Peço desculpas aos dois. Não costumo agir assim, todos me conhecem. No entanto, tenho estado apreensiva, Ronaldo. – disse ela dirigindo-se ao irmão. – Sei que esse cargo ao qual está pleiteando é muito importante para sua carreira pública e não medirei esforços para que vença essa eleição. Você é meu único irmão e o amo. Porém não posso deixar de lado minha ética e fechar os olhos a tudo que Tiago tem procurado fazer. Não serei conivente com ele e minha decisão está tomada. Não cederei parte da herança que ainda nem se efetivou para criar esse maldito fundo. Se insistir nisso, creio que terei que tomar outras medidas. Pense nisso! Quanto ao financiamento de sua campanha, fique tranquilo que não faltarão recursos, desde, é claro, que se destinem exclusivamente a ela e não para outros fins. – Encarou o irmão com firmeza, mostrando-lhe que tinha ciência do que estava acontecendo.

— Se é sua última palavra, nada posso fazer, por hora. — E saiu da sala com passos firmes. Teria muito a conversar com o filho. Deveria haver uma maneira de convencê-la a mudar sua decisão. A criação desse fundo era imprescindível às suas pretensões.

Lucas percebeu o clima tenso que lá permaneceu. Jamais interferiu nos negócios da família, pois seus objetivos eram diferentes. A medicina era sua verdadeira preocupação e assim viveu todos esses anos. Porém algo muito grave parecia estar ocorrendo e, novamente, o irmão estava metido nisso. Foi aí que se lembrou do que ouvira no dia anterior a respeito de uma gravação de Leila. Estaria ele envolvido com algo escuso e perigoso? Pensou em falar para a tia, mas ela já estava perturbada demais com outros assuntos. Esse, em questão, Lucas quis conhecer.

— O que estavam discutindo de forma tão acintosa? O que Tiago fez dessa vez?

— A história é longa... — e começou a contar os detalhes que ele jamais teve interesse em conhecer. Contou sobre as campanhas anteriores do pai e tudo o que a família disponibilizara nesses anos todos. Se o retorno existiu, foi através das vitórias conquistadas, pois o dinheiro propriamente dito jamais voltou para a família. Mas isso fazia parte do jogo. Quando eleito, muitas medidas beneficiaram o ramo produtivo que a família se dedicava, enriquecendo-os por tabela. Até que, neste ano, Tiago passou a cuidar pessoalmente de tudo e ela percebeu que vultosas quantias eram solicitadas, mesmo sem ser ainda ano eleitoral. Procurou saber a que se destinava e o irmão disse que era assunto confidencial, que dizia respeito apenas ao pai. Para finalizar, Tiago solicitou que ela liberasse parte da herança para um fundo que ele gerenciaria dali em diante. Tudo era um tanto estranho e suspeito. Por quê? O que ela não poderia tomar conhecimento? Seria algo escuso? Conversando com alguns amigos influentes, recebeu uma resposta que a deixou mais apreensiva do que já se encontrava. O dinheiro poderia estar sendo utilizado para pagamento de propina ou coisa mais aviltante ainda. Por esse motivo, decidira se manter firme em sua decisão. Toda quantia liberada deveria ter uma destinação e essa informação deveria acompanhar a remessa feita. Era esse o assunto que Tiago esteve a conversar com ela no dia anterior.

— Agora entendi por que estava com o semblante nebuloso. E por que não dizer sombrio. A situação irá se complicar, pois Tiago é muito insistente e determinado. Encontrará a brecha para conseguir o que deseja. Sempre foi assim! – seu olhar ficou melancólico.

— Dessa vez será diferente, Lucas. Não vou compactuar com algo que sequer tenho ideia do que seja. Ele pode estar colocando a reputação de nossa família em risco. Por que meu irmão não consegue enxergar isso?

— Um dia saberemos, Rebeca. Não sofra por antecipação. Viva um dia de cada vez, certo? Lição aprendida tempos atrás. — E a abraçou.

— Chega de problemas e me conte algo alentador. A jovem em questão seria quem estou pensando? – havia um brilho em seu olhar.

— Era Paula. Reencontramo-nos após todos esses anos e ainda não sei no que vai dar. Sei apenas que pretendo viver esse momento intensamente. Talvez eu me afaste alguns dias. Bem, são suposições apenas.

— Ora, ora, o que o doutor está pretendendo fazer? – perguntou ela sorrindo.

— Preciso de uns dias de férias e pensei em aproveitá-los em boa companhia. O que acha da ideia? – inquiriu ele.

— Uma ideia excelente, meu querido. Você merece uma pausa em sua rotina extenuante. Sempre lhe falo isso, mas insiste em me desobedecer.

— Porém agora tenho um motivo justo. Como disse Raquel, preciso seguir com minha vida sem amarras do passado. Jamais saberei se ela era a paixão da minha adolescência se não experimentar. Talvez não seja ou quem sabe? Sei apenas que preciso passar alguns dias com ela longe de tudo.

— E longe de Tiago, não é mesmo? — ela se arrependeu do que disse, pois ele ficou sério.

— Infelizmente, é verdade. Nesse momento, onde ele está? Pode apostar que ele arranjou um pretexto para ir até o hotel de Paula e promover um encontro casual com ela. E tudo nas minhas costas, como ele sempre costuma agir. Já abri mão de tanta coisa nessa vida por ele! Dessa vez será diferente!

— E você merece, querido. — Fez uma pausa antes de dizer: — Peço que mantenha a discrição sobre tudo o que te contei. Não o afronte, Lucas.

— Fique tranquila quanto a isso. Quero viver em paz! E por falar nisso, preciso ir. Tenho um compromisso marcado há muito tempo. — Beijou a tia e saiu sorridente.

Paula ligara por volta do meio dia convidando-o para almoçar. Marcaram um encontro em seu próprio hotel. Quando ele lá chegou, sua previsão se confirmou. Teve que sorrir perante o que presenciou: o irmão conversando com Paula. O que ele iria justificar? Estava curioso para saber e se aproximou, percebendo que ela parecia aborrecida com a presença de Tiago. O médico cumprimentou a jovem com um beijo.

— Oi, Paula, me atrasei? — acenou com a cabeça para o irmão.

— De forma alguma, querido! — ela o beijou dessa vez com paixão. — Senti sua falta!

Lucas queria sorrir, mas se conteve e entrou no jogo da jovem.

— E eu a sua. Vamos? — e virando-se para o irmão. — Agradeço-lhe por cuidar dessa bela jovem em minha ausência. — Pegou-a pela mão e saíram abraçados feito um casal apaixonado.

— Ele a estava incomodando? — perguntou já fora do hotel.

— Como sempre, ele consegue ser desprezível. — Havia raiva em seu olhar. Lucas parou e segurou seu rosto com carinho.

– Esqueça-o, não vale a pena permanecer em sua sintonia. O beijo foi apenas para provocá-lo? – perguntou ele curioso.

– Não, foi porque estava realmente sentindo sua falta. Cada dia me convenço de que vocês dois não podem ser irmãos. Jamais vi dois gêmeos de personalidades tão diversas. Isso é surpreendente! Você é luz e ele é sombra, capaz até de me causar arrepios. Sua presença é detestável. Sinto muito dizer tudo isso, pois, afinal, são irmãos, quer eu acredite ou não! Ele me encontrou no saguão e me disse que finalizara uma reunião de negócios. Perguntou se gostaria de almoçar com ele. Obviamente, que recusei, foi quando ele disse que sabia quem eu era e para quem trabalhava, me oferecendo favores, tais como exclusividade em algumas matérias e outras coisas desprezíveis, que nem cabe enumerar para não comprometer nossa paz. Estava prestes a responder quando você chegou e me salvou. Não sei o que seria capaz de fazer se a conversa persistisse naquele rumo. Ele consegue ser um homem tão bonito e tão execrável, tudo ao mesmo tempo. Tem momentos que ele parece um ser tão abominável que me causa calafrios. Bem, mas chega de falar dele. Pensou sobre minha proposta? – perguntou ela já no carro.

– Confesso que é tentadora e estou avaliando as possibilidades. Talvez não possa ficar fora mais do que uns quatro dias. O que acha?

– Bem menos do que desejaria, mas já me contento. Quero ficar com você longe de tudo! Não me pergunte os motivos, pois não saberia responder. Sei apenas que quero te conhecer melhor, acho que ambos merecemos esse tempo a sós. Liguei para a fazenda e está tudo preparado. Ninguém irá nos incomodar, prometo!

– Quando partimos?

– Então já decidiu? – ela estava radiante.

– Preciso apenas de dois dias para resolver as pendências. Me espera?

– Só se me garantir que ficará até o final da semana! – ele fez alguns cálculos mentais e, sorrindo, disse:

— Sua insistência me venceu! Podemos ir na terça-feira?

— Perfeito! Onde vai me levar para almoçar?

— Surpresa! Confie em mim! — levou-a a um local que costumava ir com a irmã, onde a comida era excelente e o atendimento impecável. Ao fim do almoço, os dois pareciam se conhecer por toda a vida, dada a intimidade que se instalou quase que instantaneamente. Paula era uma jovem espirituosa, com muitas histórias para contar, deixando o ambiente leve e acolhedor. Lucas não se lembrava de como ela era uma companhia agradável. Conversaram animadamente todo tempo e apenas quando o garçom timidamente anunciou que precisavam fechar, perceberam que já era tarde.

— Na próxima vez que viermos, não nos deixarão entrar! — brincou ele, se desculpando com o jovem que trouxe a conta.

Os dois saíram abraçados embalados pela alegria que os conectava. No caminho de volta, Lucas disse a ela:

— Estou realmente me sentindo um adolescente que não quer deixar a garota ir embora. Ficaria com você a noite toda apenas conversando, só para ter o prazer de tê-la por perto. Onde você andou todo esse tempo?

— Aprendendo a viver! O que sou hoje é decorrente de toda uma longa caminhada, repleta de percalços, de aprendizado e de alegrias. Algumas lágrimas também estiveram presentes e hoje aqui estou, pronta para seguir em frente. E você, meu querido, onde estava? — viu a sombra momentânea em seu olhar, seguido de uma energia intensa que a envolveu por inteiro.

— Fazendo exatamente o mesmo! E é isso que tenho em mente a cada dia de minha existência: seguir em frente. — Ele ficou olhando com ternura para a jovem e disse: — Fica comigo essa noite? — havia tanta doçura em suas palavras que a comoveu. — Prometo que não vou fazer nada que não queira fazer. E, se ficarmos apenas abraçados no sofá vendo um filme, estarei com você e isso é o que mais importa! Não quero ir para minha casa depois desse dia maravilhoso que vivi! – já haviam chegado ao hotel.

Paula estava com os olhos repletos de emoção. Não entendia por que ele provocava essa emoção nela todas as vezes que se encontravam. E um desejo de não se apartar dele assomou. Tinha tanto receio de estar precipitando algo! Desde que Cesar se envolvera com o vício, não houve mais afeto, carícias, momentos de paz! E como necessitava sentir-se outra vez amada! No entanto, receava se entregar novamente a alguém! Não seria cedo demais? Quem poderia afirmar, senão ela mesma! Sua razão lhe dizia: cautela. Seu coração: vá em frente. Nesse conflito, Lucas aguardava pacientemente que ela se pronunciasse:

– Sei que pode parecer cedo demais e vou compreender se me mandar embora agora. Sei, também, que você quer tanto quanto eu que fiquemos juntos. E se não for hoje, vou entender! Não quero ver essa tensão em seu olhar, portanto vou embora. Quero que tudo aconteça no tempo certo e ele existe, acredite. Vamos, me dê um beijo de boa noite! Vou me contentar! – e a puxou para perto de si, beijando-a com toda suavidade. – Agora saia daqui, caso contrário não vou responder por mim. Nos falamos amanhã?

– Passo no hospital para te ver, posso? – brincou ela.

– Não pode! Preciso de concentração em meu trabalho e você faz exatamente o contrário quando está ao meu lado. Durma bem! Amanhã passo aqui para te ver e jantamos juntos. O que acha da ideia?

– Só espero que seu irmão não arranje um novo pretexto para vir aqui. Se isso acontecer, eu não respondo por mim. – disse ela fazendo uma careta. – Não está decepcionado comigo? Preciso de tempo para administrar minhas emoções. E como você é uma pessoa especial, merece uma mulher por inteiro! Durma bem! – Dessa vez, foi ela que o beijou com toda paixão. Lucas se separou dela e disse:

– Pare com isso, mocinha! Vá dormir! Sonhe comigo!

– Você também! – e saiu do carro.

Lucas não estava acreditando no que estava acontecendo. Há tempos não sentia essa energia correndo por seu corpo. O que significava isso? Estava feliz e assim chegou em casa, no momento exato em que a tia e Tiago discutiam a altos brados. Palavras ofensivas eram pronunciadas e Rebeca era o alvo delas. Lucas não se conteve e interveio:

– Abaixe o tom, Tiago. Com quem pensa estar falando? Ela é sua tia, cuidou de você com todo amor quando mamãe se foi. Como tem coragem de falar assim com ela?

– Saia daqui! Você não tem nada a ver com isso. – disse o jovem rubro de raiva.

– Tenho tudo a ver com isso, quando uma pessoa tão especial como ela é alvo desse tipo de agressão verbal. Acalme-se e procure resolver seus problemas na base do diálogo.

– Era o que eu tentava fazer desde o início. Porém ela fechou as negociações! – e encarava Rebeca com a ira estampada no olhar.

Capítulo 9

NOVOS ACONTECIMENTOS

Com a presença de Lucas, o pai decidiu intervir na discussão.

– Acalme-se, Tiago. Não é dessa maneira que se resolvem as coisas. Seu irmão tem razão. Rebeca não merece esse tratamento descortês. Seja ponderado.

– Ela que necessita usar de ponderação! – ele se mantinha exaltado. – Você precisa repensar sua decisão, Rebeca. – O tom era cortante.

– Farei o que tiver que fazer, já lhe disse. Não estou me opondo a abrir as comportas, apenas disse que estamos em momentos de crise e preciso ser cautelosa. Use você de ponderação, Tiago. – Ela tentava manter a calma, mas sabia que a qualquer momento isso se tornaria impossível. Tentava argumentar com elementos sólidos, porém ele não queria compreender a real situação. – Vá dormir, querido. Repense tudo o que falei e utilize seu bom senso. Vamos manter como está. No próximo ano, retornamos a essa conversa. Assim está bem? – tentando encerrar a discussão, entretanto o olhar que ele lhe direcionou dizia que se não fosse conforme seus desejos, então não estava bem. Tiago decidiu se calar e pensar em outra estratégia, visto que a arte do convencimento não estava sendo favorável com a tia.

– Peço o mesmo a você: repense o que conversamos. – Virou-se para Lucas com seu olhar frio e perturbador. – E você procure colocar ideias sensatas na cabeça dela, como bom sobrinho que é. Aliás, sabe com quem Paula conversava quando cheguei ao hotel?

O semblante de Lucas se contraiu, já pressentindo uma ofensiva contra ele. Manteve-se firme e encarou o irmão com a força de seu olhar:

– Isso pouco me importa! Ela é livre para se relacionar com quem ela desejar. Além do mais, isso não é da nossa conta, certo?

– Talvez sim, talvez não. Bem, pergunte a ela e depois voltamos a conversar. – Ele adorava semear a discórdia e a intriga era sua arma principal. Lucas já conhecia todos os seus recursos e esse era mais um deles. Tiago viu que ambos estavam se envolvendo afetivamente, e tudo faria para perturbar essa relação que mal se iniciara.

– Não sou você, Tiago. Será que não percebeu que encaro a vida de outra maneira? Pouco me interessa com quem Paula tenha conversado. Ela é uma jornalista, deve ter muitos contatos. Aposto que ela falava com um oponente seu e isso o perturbou. Vou lhe dar um conselho: esqueça-a! Pare de ser infantil e cuide de sua vida, deixando a minha seguir conforme meus planos. Preciso ser mais claro? – dessa vez, era dele o olhar cortante. Tiago respirou fundo, tentando assimilar as palavras do irmão, porém não perdeu o equilíbrio e devolveu a ameaça:

– Peça a ela para não se meter em minha vida! Qualquer reportagem infame e mentirosa que ela produzir terá que responder perante a lei. Dê esse recado a ela! – e saiu da sala, com os ânimos alterados. Adorava confrontar Lucas, sempre comedido e passivo. Entretanto não foi isso que acabara de presenciar. Ele estava sendo corajoso em excesso! Aquela jovem seria capaz de instigar nele essa conduta? Seria ela tão importante assim? Conforme caminhava, sua mente ardilosa planejava uma ofensiva, visando desestruturá-la emocional e profissionalmente. Não os queria unidos, essa era a única certeza. Teria que ser cuidadoso com a situação. Pegou seu carro e saiu. Tinha algo em mente e colocaria em ação. Mas antes, precisava de mais informações sobre ela.

Na sala, Lucas encarava o pai com tristeza. Ele ainda se submetia aos caprichos e delírios do irmão! Quando iria despertar? O pai viu o olhar de crítica que ele enviou e baixou sua cabeça. Às vezes, Tiago passava dos limites, isso era fato, pensava ele. No entanto era um jovem sagaz e capacitado nas funções que executava, além de cuidar de seus interesses com maestria. Jamais iria ficar contra ele, será que era tão difícil sua família entender? Ao lado dele, se tornava imbatível. Hoje, o governo e, depois, quem poderia prever? Ele queria o poder mais que tudo! Sentia estar sem Luiza ao seu lado, pois ela o apoiaria como sempre fez. Se necessário fosse, falaria com Rebeca e a convenceria do seu jeito, contemporizando a situação. Era hábil como ninguém! Sentia tanta falta dela em sua vida! Porém tinha que seguir em frente e Tiago era agora seu maior incentivador. Não poderia recusar-lhe nada. Rebeca era sua única irmã e a amava por tudo que fizera por ele e seus filhos. Era figura importante em sua vida e mantenedora de seus projetos. Teria que utilizar de maior tato com ela. Decidiu que o mais conveniente por hora era refrear seus ânimos, deixando que o tempo amenizasse o mal-estar causado. Usaria de outros artifícios para convencê-la a agir conforme seu desejo. Teria, apenas, que conter Tiago. Era hora de apaziguar!

– Rebeca, sinto muito a forma ofensiva como meu filho lhe falou. Isso é inadmissível e não posso permitir essas atitudes com você ou com quem quer que seja.

– Deveria ter falado isso na frente de Tiago, não acha? No entanto, permitiu que ele assim agisse. Ronaldo, não é dessa maneira que irá me convencer a mudar de ideia. Sou uma mulher de negócios e sempre procurei ser competente em minhas tarefas. Estou cuidando de nosso patrimônio e é isso que precisa compreender. – disse ela.

– Você tem razão. Peço perdão pela minha insistência e vou conversar com Tiago. Não quero que fique magoada comigo, Rebeca. – Foi até ela e a abraçou.

– Espero que isso seja sincero, meu irmão! Ou apenas uma encenação? – Alfinetou ela.

– Você me constrange falando assim. Não sou um político dentro de minha própria casa e minhas ações são desprovidas de interesses. – disse ele parecendo ofendido.

– Me perdoe também. Fiquemos em paz, assim todos estaremos amparados por Deus. – disse ela sentindo que energias sutis estavam sendo derramadas no ambiente. Percebeu que se excedera em seus limites na mesma proporção que o sobrinho, por isso precisava reaver o equilíbrio perdido. E mentalmente, durante a discussão, pediu que amigos espirituais intercedessem naquele lar tão conturbado, comprometido por interesses mesquinhos e puramente materiais. E a ajuda veio! Sentiu-se abençoada! A paz retornou ao seu coração novamente. Olhou Lucas, pressentindo uma entidade bem próxima a ele envolvendo-o num abraço repleto de amor. Era Luiza, assim pensou. A cunhada, sempre que lhe era permitido, os visitava. Não tinha a vidência[1] propriamente, mas uma percepção muito aguçada, percebendo as energias provenientes do Plano Maior.

Lucas, por sua vez, experimentou a mesma sensação que ela, sentindo-se banhado em luz. Assim, foi possível alinhar seus

---

[1] Exprime a capacidade de ver Espíritos ou cenas do plano espiritual. "O médium vidente acredita ver pelos olhos, mas na realidade é a alma que vê." (LM, Cap. XIV, item 167)

pensamentos em desalinho, extirpando de seu coração emoções desconexas e inferiores. O irmão era um ser necessitado de amparo e compreensão, não de críticas e julgamentos definitivos. O mesmo podia se dizer do pai, um fantoche nas mãos de Tiago, submetido a uma prisão por seus desejos de poder, que o filho poderia lhe propiciar. Mas tudo tinha um preço! Lucas sentiu-se um ser de luz, irradiando seu mais puro amor. E ele era assim! Seu coração não comportava emoções inferiores! E o irmão não iria modificar sua essência, por mais que tentasse. Eles não eram iguais! Essa certeza o acompanhara por toda sua existência, mas não para se vangloriar de sua superioridade, apenas para que ele se conscientizasse de que precisava tolerar e compreender, pois já aprendera lições preciosas. Aquele que sabe vem na condição de professor, procurando transformar almas que se perderam ao longo das sucessivas encarnações. Sempre se sentiu como protetor de Tiago e, por mais que ele o insultasse, o prejudicasse, sabia que sua tarefa era compreender, relevar e auxiliar. Muitas vezes era tarefa quase impossível, mediante as atitudes levianas e cruéis que ele praticava, porém ataca aquele que está ferido. Sua mãe sempre lhe dissera essas palavras. E quem está ferido sofre muito mais causando sofrimento a outrem! Olhou o pai e sentiu o quanto ele precisava, também, de ajuda.

— Pai, procure não ser conivente com as atitudes insidiosas de Tiago, eu lhe peço.

O pai sentiu-se envergonhado, sem entender o motivo e olhou para o filho com os olhos marejados.

— Sua mãe faz uma falta imensa, Lucas. Certamente, ela saberia administrar melhor essa situação. Saberia o que falar a Tiago e ele se renderia a ela, como sempre. Era uma mulher excepcional em todos os sentidos e sinto tanto sua ausência!

Luiza lá se encontrava e seu coração rendeu-se à emoção, sendo repreendida por Celeste:

— *Irmã querida, os entes queridos que aqui permaneceram ainda têm uma longa trajetória a percorrer no sentido de aprender lições preciosas. Por isso ainda se encontram em tarefa. Envolva-os em seu amor sempre que possível, apaziguando seus corações atormentados. Somente assim a paz retornará, abrindo caminho para o real aprendizado. Não foi assim com todos nós, minha querida?*

— Porém, se aqui estivesse, tudo poderia ser diferente! Sinto tanto não poder auxiliá-los em suas angústias!

— Acredita que poderia tirar o fardo que a eles compete? Não, minha irmã. Sua tarefa se encerrou quando deixou esse envoltório denso que se chama corpo físico. A deles ainda não se encerrou. Você lhes deixou amplos ensinamentos, que cabe a cada um colocar em ação mediante a necessidade do caminho. O mais cabe a eles próprios! A tarefa que pertence a um ser somente poderá ser executada por ele! Em qualquer situação! Você não poderia aliviar a carga desses amados companheiros, apenas a sua própria. E isso você fez com louvor! Agora, se pretendes ajudá-los, não permita que a emoção possa conturbar suas ações. Envolva-os em seu mais puro amor, Luiza. É isso que eles mais necessitam neste momento! Só o amor cobre a multidão de pecados[2] disse o Mestre Jesus. É só o amor que se torna luz quando as trevas nos acompanham os passos. Ronaldo se encontra em sombras e a luz ainda está distante de seu caminho. O tempo se encarregará de lhe mostrar que o poder, a riqueza são apenas recursos para promoção do bem a uma coletividade, não apenas para usufruto pessoal. No tempo certo, irá perceber o quanto a infelicidade acompanha seus vacilantes passos. Mas essa descoberta, ele próprio terá que efetuar. Essa tarefa lhe pertence, não a você, cara irmã!

— Perdoe minhas fraquezas, Celeste. Tem razão em tudo que disse! Preciso reencontrar a própria paz, só assim poderei realizar minha real tarefa com eles! O que preciso fazer? – perguntou ela ansiosa.

---

[2] 1 Pedro, 4:8 – "O amor cobre multidão de pecados".

— *Pode vibrar por eles para que a paz retorne a esse lar em desarmonia! O restante entregue nas mãos do Pai.* — E sorriu amorosamente para ela.

— *Assim farei, Celeste. Voltarei quando estiver com essa mesma paz abrigando todo meu ser.* — e devolvendo o sorriso, abraçou cada um dos entes lá presentes. Em seguida, ambas deixaram o local.

Lucas tivera a sensação de que a mãe passara por lá e disse ao pai.

— Mamãe está bem, papai. E onde ela estiver, cuidará de nós! Sua tarefa aqui se encerrou quando daqui partiu. Outras tarefas devem ter surgido, mas jamais nos esquecerá.

— Você e Rebeca com essas ideias espíritas! A única coisa que sei é que ela não está mais aqui ao meu lado. Não me importa onde ela possa estar! — a mágoa estava em suas palavras. Ele ainda não aceitava, depois de tanto tempo, sua partida.

— Essas ideias sempre me confortaram, papai. E acredito nelas! — disse ele convicto.

— Muito me admira que pense assim. É um médico e acredita nessas baboseiras?

— Ronaldo, não fale acerca do que desconhece. Posso entender seu ceticismo, porém não aceito que fale dessa forma tão leviana sobre um tema que nada conhece. Como pode falar sobre algo que sequer estudou? — perguntou Rebeca. — Ser materialista, posso até conceber, mas não aceitar que existe um poder que a tudo e a todos comanda é inadmissível. Já lhe convidei para conhecer a casa que frequento, um local sério e respeitável, porém sempre se recusou. Creio que deva temer os espíritos, acreditando que se encontram na categoria do sobrenatural. — Ela sorriu ante a ideia. O irmão olhou com temor e finalizou:

— Essa conversa me perturba e não vou ficar aqui ouvindo sua explanação acerca de sua crença. Já ouvi demais! Boa noite a vocês! — e saiu de lá.

– Um dia ele irá se render, minha tia. Tudo tem seu tempo de germinar! – disse sorrindo.

– Você parece feliz. O motivo é Paula? – viu que o semblante dele se iluminou ainda mais.

– É! Decidi passar uns dias fora. Vamos para a fazenda dela não muito distante daqui. Espero que nenhuma tragédia aconteça até eu voltar. – Referindo-se ao problema em questão.

– Fique tranquilo e aproveite para relaxar um pouco. Está bem interessado nela pelo que estou percebendo. Fico feliz por você, meu querido! Quando viaja?

– Nesta terça-feira. Tenho algumas pendências no hospital e só depois estou liberado. Ficarei fora apenas alguns dias. E Raquel disse quando volta?

– No final da próxima semana. Alguns problemas inesperados que solicitei que resolvesse, já que está lá. Ela está se saindo uma excelente gestora. Jamais me enganei quanto a sua competência. Com alguns anos de experiência, conhecerá todos os procedimentos e poderá me substituir quando decidir me aposentar.

– Ora, Rebeca, você ainda é jovem, tem energia suficiente para muitos anos. E Raquel tem ainda muito a aprender antes de assumir seu posto. Isso se ela assim se propor.

– Eu e sua irmã temos conversado muito nestes últimos meses. Sei que ela é a pessoa apropriada para cuidar dos negócios. Além do que tem imenso amor a sua profissão, assim como eu. Ela seguiu meu caminho e me orgulho dessa escolha. Ao menos um integrante da família decidiu seguir meu rastro.

– Os demais fizeram outras escolhas. Espero que ela seja feliz tanto quanto você! Bem, amanhã tenho uma cirurgia logo cedo, vou dormir. Boa noite! – e beijou-a com carinho.

– Boa noite, Lucas. E obrigada por sua intervenção. Espero que Tiago repense tudo o que conversamos. – Mas não estava convicta de que isso ocorreria.

– Eu também!

Rebeca ficou acordada até Tiago chegar. Ele parecia muito satisfeito e entrou sorridente, como se nada tivesse ocorrido naquela noite.

— Ainda acordada? — perguntou assim que entrou.

— Estou sem sono. E você, está mais calmo? — ela estava intrigada com a conduta dele.

— Nada como uma noite proveitosa para esquecer os problemas, não acha?

— Fico feliz que esteja bem! A noite foi interessante, pelo que posso perceber.

— Mais do que imagina. Bem, estou cansado e vou dormir. Boa noite! — e saiu sob o olhar curioso de Rebeca. Algo não estava se encaixando nesse quebra-cabeças que era Tiago.

Na manhã seguinte, Lucas retornou a sua rotina exaustiva no hospital, entre consultas, emergências e cirurgia. Por volta das três horas da tarde, saindo do centro cirúrgico, uma enfermeira estava a sua procura com um envelope.

— Doutor, deixaram esse envelope e pediram que o entregasse pessoalmente.

— Do que se trata? — perguntou ele curioso, verificando que não havia nenhuma indicação de remetente. O envelope possuía apenas seu nome. — Quem entregou?

— Uma mulher pediu que lhe entregasse e depois foi embora, antes que pudéssemos perguntar-lhe algo. — Viu que o médico estava tenso. — Não sei mais nada!

— Obrigado! — virou-se e foi em direção a sua sala curioso com o pacote. Abriu e tirou de lá um bilhete com uma pequena chave, que parecia de algum armário. Leu o bilhete e ficou lívido. Dizia que aquela chave abriria um armário onde ela guardara um telefone. O que mais o surpreendeu foi saber a quem pertencia o telefone: Leila. Só importava saber que era amiga dela e não iria se identificar, pois temia as implicações disso.

Lucas segurou a chave nas mãos e ficou a imaginar do que se tratava! Não tinha a menor ideia do que era aquilo e porque chegara as suas mãos. Olhou novamente o bilhete e ele dizia que a chave era de um armário de uma rodoviária. Muito estranho! Por que Leila guardaria um telefone num local tão absurdo? De quem ela pretendia se esconder? Ficou a refletir alguns minutos sobre o que poderia ser aquela entrega e o que lhe interessaria saber acerca de um telefone. Guardou o envelope numa gaveta e saiu para outra cirurgia, esquecendo-se totalmente daquilo.

No final do dia, voltando ao seu consultório, lembrou-se do envelope e pegou-o novamente nas mãos. Seu celular tocou, tirando-o de suas divagações. Era Paula.

— Como estamos, doutor? Já liberado para nosso jantar? — perguntou ela.

— Sim, estava apenas fazendo algumas anotações. Não se esqueça de que ficarei fora alguns dias e preciso deixar tudo organizado. Mas precisarei vir amanhã cedo para resolver algumas pendências. Podemos viajar no final do dia?

— O que posso fazer? Se esse homem tão ocupado requer esse tempo, não posso recusar. Vou aproveitar a manhã e verificar um apartamento de meus pais que está vago. Verei se ele está em condições de receber uma moradora itinerante.

— Então tem a pretensão de permanecer mais tempo na cidade, o que é bem interessante. E seu emprego no jornal? — perguntou ele curioso.

— Posso fazer meu trabalho daqui mesmo. Preciso ficar um tempo distante de São Paulo, apesar de adorar viver nessa metrópole. As lembranças ainda me assombram, se é que me entende. — Ela se calou

— Acho essa ideia formidável, assim terei mais tempo para tê-la ao meu lado. Já está pronta? Passo aí em instantes.

— Estou te esperando. — Ele percebeu a voz carregada de emoção. Tudo ainda era muito recente e isso se justificava.

Pegou suas coisas e estava deixando a sala quando se lembrou do envelope. Segurou nas mãos e guardou-o em sua maleta.

Saiu em seguida, tentando entender o que aquilo significava. No trajeto até o hotel de Paula, lembrou-se da conversa do irmão ao telefone acerca de uma gravação. No mesmo instante, uma suspeita assomou.

Durante o jantar, por mais que a companhia fosse espirituosa e interessante, não parava de pensar sobre aquele estranho pacote. Paula percebeu que algo o preocupava:

— Creio que a companhia não está tão agradável, pois ainda não consegui extrair um só sorriso. Algum problema sério? Amanhã viajamos, se precisa ir embora, vou entender. — Ela segurava sua mão com carinho. Lucas sorriu:

— Você está deslumbrante como sempre e peço que me perdoe. Nada a ver com você. Aconteceu algo curioso e ao mesmo tempo estranho. Não sei o que pensar!

— Não se esqueça de que sou uma jornalista e a curiosidade é minha ferramenta mais afiada. Agora terá que me contar tudo. — Ela cruzou os braços esperando que ele falasse.

Lucas iniciou a narrativa, contando sobre a entrega suspeita do envelope.

— E o que tinha nesse envelope?

— Um bilhete explicativo e uma chave de algum armário. — Os olhos dela ficaram atentos.

— Quem entregou o tal envelope? Alguém conhecido?

— Sem remetente! O mais intrigante é que o bilhete dizia que o tal telefone pertencia a Leila, uma conhecida minha que morreu de um trágico e infeliz acidente dentro de sua própria casa. Por que ela me enviaria um telefone? Qual o intuito?

— Você disse que ela morreu de um acidente? Como assim? — Lucas explicou sobre o incidente que culminou com sua morte.

— Disse que era uma conhecida, mas minha intuição diz outra coisa. Pode me explicar melhor quem era ela de fato? — Lucas sorriu e disse:

— Não consigo esconder nada de você. É muito perspicaz, mocinha!

Capítulo 10

UM POUCO DE PAZ

— Vou contar tudo desde o início. Está com tempo e paciência para me ouvir? — ela sorriu e olhou com carinho para o médico.

— Para você, sim! — ele contou sobre o caso com Leila, a interferência do irmão, e o reencontro naquela noite numa emergência. Paula ouviu atentamente o relato, tentando fazer as ligações, se é que elas existiam ou se aquilo fora somente uma fatalidade. Ao término, Lucas estava com a aparência sombria, pressentindo algo nebuloso em toda aquela história. Tudo era muito suspeito, tinha de admitir. — E o que pretende fazer? Pegar o tal celular?

— Não sei. Talvez assim o faça, mas não agora. Tenho uma viagem com uma pessoa incrível e não quero que nada perturbe esse momento especial. — Segurou as duas mãos de Paula olhando-a com ternura.

— Você não é nem um pouco curioso? – perguntou ela, encarando-o fixamente.

— Você é uma jornalista e isso faz parte da sua natureza, é compreensível. Eu sou um médico e não penso como você. Quando voltar, verei o que fazer em relação a isso. Além do que não deve ser nada importante. Não creio que os fatos ocorridos tenham alguma ligação. Por que ela me entregaria algo? Não tínhamos mais nada, por que agiria assim? Talvez essa amiga pensasse que ainda estávamos juntos. Deixemos esse assunto para depois. Agora quero apenas estar aqui ao seu lado, usufruindo dessa companhia tão especial! – seus olhos brilhavam.

— Prometa que resolverá isso quando voltarmos. Minha intuição diz que deve verificar isso. O que vai lhe custar?

— Fique tranquila, mantê-la-ei informada, assim está melhor?

— Vou confiar, doutor. Mas não pense que não voltarei a esse assunto.

Lucas decidiu omitir sobre o telefonema que ouviu do irmão, talvez nada tivesse a ver com aquele evento. Paula, no entanto, já estava de sobreaviso com Tiago e iria potencializar ainda mais a desconfiança sobre ele. Depois da conversa com a tia naquela noite, percebeu que havia muitos assuntos que ele desconhecia sobre as condutas praticadas. Talvez precisasse se inteirar do que ela lhe falara acerca das atitudes do irmão e dos gastos excessivos. Sempre fora avesso a tudo que se referia à política, porém a tia falara em propina e atos ilícitos, sendo o pai conivente com essas ações. Seria hora de se aprofundar? Talvez. No entanto, deixaria Paula fora desses assuntos, afinal, ela era uma jornalista e isso seria altamente explosivo.

Ficaram mais alguns instantes conversando, em seguida ele a levou até o hotel.

— Te aviso quando estiver liberado! – trouxe-a para bem perto de si, beijando-a.

— Boa noite, querido! – e entrou. Lucas estava tão distraído que não reparou na presença de um homem a observá-lo atentamente.

Nem se deu conta disso e foi embora, sendo acompanhado a uma distância segura pelo homem em outro carro.

Chegou em casa e foi direto para seu quarto. Teria que arrumar uma mala para uma viagem de férias e há muito tempo não fazia algo semelhante. Sorriu ante a visão que se delineava a sua frente. Alguns dias longe de tudo, inclusive das preocupações. Era do que mais necessitava no momento.

Tiago estava em seu quarto ainda acordado quando seu celular tocou. Ouviu por alguns momentos e, em seguida, suas feições se contraíram:

– Não posso crer que isso seja verdade. Explique-se melhor. – E novamente a pausa que significava que apenas o outro falava. Em seguida, perguntou: – Tem certeza de que meu irmão estava com o tal envelope? E o que tinha nele? – outra pausa. – Como não sabe? Ela falou ou não com meu irmão? Descubra se isso aconteceu e depois me contate. Repito, seja discreto, entendeu? – e deligou o telefone.

Por que o irmão se intrometia em seus assuntos? Isso era tão irritante! A política jamais lhe interessou, por que agora isso acontecia? Precisava afastá-lo de seu caminho assim que possível. Deitou-se, mas as preocupações eram muitas, custando a conciliar o sono. Quando isso aconteceu, se viu ao lado de seu corpo[1] e Átila a sua frente.

– *Não vai deixá-lo novamente perturbar nossos planos de poder, entendeu bem?* – disse ele com a fúria no olhar.

– Ele não sabe de nada. É totalmente inofensivo! – disse Tiago com um sorriso cínico.

– *Era assim também naquela ocasião e viu o estrago que causou! Impediu a concretização de nossos planos e saiu vitorioso,*

---

[1] EMANCIPAÇÃO DA ALMA: Quando o corpo repousa, o Espírito se desprende parcialmente do corpo físico, torna-se mais livre, mais independente ou mais emancipado, e, por si, presencia ou participa de acontecimentos em ambas as dimensões da vida, e então consegue entrar em contato com Espíritos, encarnados e/ou desencarnados. (LE, Cap.VIII, perg. 401)

todos o aclamando! Isso não se repetirá! E você, que está aqui, pode resolver isso de uma tacada só. Impeça-o de qualquer jeito. Se ele descobrir, irá denunciar-nos novamente e tudo irá se perder! – havia preocupação e temor em suas palavras, deixando-o tenso também. Ele era seu irmão, apesar de tudo. Até onde poderia agir contra ele e não sofrer represálias de todos que o auxiliavam? Ele sabia quanta ajuda ele recebia, caso contrário já o teria vencido e não conseguira isso até o momento. Mas ele não era imbatível e descobriria seu ponto fraco.

– Vou resolver esse problema o mais breve possível. Confie em mim!

– *Eu confio, por isso estamos juntos nessa empreitada. Você aí e eu aqui!* – um sorriso tenebroso se delineou em seus lábios.

Na manhã seguinte, Tiago não se recordava do encontro com Átila, apenas sabia que não poderia deixar o irmão se intrometer em seus assuntos. Esperaria pacientemente a ligação de seu empregado e depois decidiria o que fazer.

Voltaria para Brasília ainda aquele dia e teria muito trabalho a fazer por lá. O pai já estava lá e ligara pedindo seu auxílio.

Lucas, por sua vez, passou a manhã tão ocupado que se esqueceu totalmente do tal envelope e só se lembrou dele quando estava prestes a sair do hospital. Decidiu deixar guardado em sua gaveta, trancando-a por garantia. Resolveria quando retornasse, agora estava ansioso demais por alguns dias de férias.

Encontrou Paula sorridente já o esperando. Recebeu-o com um beijo apaixonado.

– Estou adorando a ideia de viajar com você. Confesso que estou me sentindo uma adolescente ansiosa por um encontro. – disse ela.

– Não estou muito diferente disso. Adolescência tardia, já ouvi falar disso. Vamos?

A viagem não foi muito longa e, antes do anoitecer, eles chegaram à fazenda. A casa era muito confortável e foram recebidos por uma criada muito prestativa, Rosa.

– Bem-vinda, Dona Paula. Sua mãe me avisou que traria visitas e arrumei o quarto de hóspedes. – disse ela solícita. – Se precisar de algo, é só chamar. – Cumprimentou Lucas com um sorriso cortês e levou a bagagem de ambos para os quartos.

– Ficarei no quarto de hóspedes, então? – disse ele com um sorriso sedutor.

– Deixe-a assim pensar. – Disse com a expressão travessa. – Venha, vou lhe mostrar um lugar especial antes que anoiteça. – E puxou a mão dele para fora da casa, andando por um estreito caminho durante alguns minutos. A casa já ficara distante quando ela o apresentou a uma pequena queda d'água e um pequeno lago. Um local de natureza exuberante e acolhedora. O barulho da água era ritmado e constante. Ela sorria como uma criança que se depara pela primeira vez com algo inusitado.

– Não é lindo, Lucas? Adorava ficar deitada aqui ouvindo apenas o barulho da água caindo. Jamais senti tanta paz em outro lugar. Esse será sempre meu local especial. – E sentou-se na relva, colocando a mão na água fria.

– Tenho um lugar assim também! Me traz muitas recordações afetivas. – Sentou-se ao seu lado, segurando sua mão com carinho. – As suas lembranças são felizes?

– Daqui sim! – seu olhar se entristeceu. – Cesar veio algumas vezes aqui comigo, mas jamais compartilhou o mesmo que eu. Não conseguiu ficar aqui mais que alguns minutos. Dizia que isso era pacato demais para ele. Hoje até entendo o que ele desejava. Bem, não quero falar de coisas tristes. Não vim aqui para isso. Tenho outros planos e isso só será possível se me ajudar.

– O que pretende, mocinha? Seu olhar diz que não planejou apenas ficarmos aqui como o faríamos numa colônia de férias! Estou certo? – brincou ele.

– Acertou, doutor. Tenho planos duvidosos com você. Talvez tente seduzi-lo, isso vai depender de sua disponibilidade. – disse ela se achegando para perto dele, colando seu corpo no dele.

— Bem, sendo assim, creio que serei seduzido! – e a abraçou com paixão beijando-a.

Assim ficaram até anoitecer, conhecendo-se ou seria reconhecendo-se? Os dois sentiam que tudo aquilo parecia tão natural, como se já tivessem vivido anteriormente. Por que isso não acontecera dez anos atrás? Certamente, não era o momento...

Foram caminhando de volta para casa já totalmente iluminada. Havia uma mesa repleta de iguarias, que eles famintos se deliciaram.

Rosa, a criada, apareceu várias vezes para saber se precisavam de algo.

— Pode se recolher, Rosa querida! Amanhã teremos um dia cheio de atividades. Vá descansar. Boa noite! – a criada se despediu com um sorriso, imaginando se aquele moço bonito era só amigo de Paula, como a mãe falara. Era muito mais que isso, bastava olhar a cumplicidade entre eles. Ela merecia a felicidade, após tantos sofrimentos ao lado daquele homem com quem se casara, que só a fizera derramar muitas lágrimas.

Os dois ficaram na varanda da casa observando a noite enluarada, com o céu recoberto de estrelas como não se via na cidade. Era um espetáculo de raro esplendor! Os dois estavam abraçados conversando sobre a vida e, de súbito, Paula viu uma estrela cadente, fazendo seu olhar se iluminar ainda mais.

— Isso significa boa sorte, bons augúrios, assim diria minha avó. Vou fazer um pedido! – fechou os olhos por instantes sob o olhar divertido de Lucas, que a cada instante se encantava mais com ela. Sentia-se com vinte anos e estava adorando essa oportunidade.

— O que você pediu? – perguntou ele curioso.

— Se eu lhe contar, o pedido não se realizará! – disse ela com o olhar sério.

— E você acredita na sorte ou no azar?

– Não, mas sou supersticiosa com algumas coisas. Essa é uma delas! Não me obrigue a contar meu segredo, doutor! – ele a puxou para mais perto de si e a abraçou.

– Fique tranquila! Ainda mais que tenho a intuição que se refere a minha pessoa. – brincou ele. – Deve ter pedido que esse médico ao seu lado jamais a deixe! E se depender de mim, não irá acontecer. Quero muito ficar com você! – ao dizer isso, percebeu que ela se retraiu. – Falei algo errado? – perguntou ele.

– Não faça promessas que não poderá cumprir! – e soltou-se dele caminhando pelo jardim em frente à casa. Lucas a acompanhou e a segurou pelo ombro, fazendo-a se virar e encará-lo.

– Por que ficou triste, Paula? Sei que tudo é muito recente e talvez ainda não confie em mim. Entretanto quero que saiba que jamais uma mulher me perturbou tanto quanto você, a ponto de não querer deixá-la distante um só instante. Você foi cruel comigo naquela noite, não permitindo que eu ficasse com você, mas posso compreender. Não estou cobrando absolutamente nada, entenda. Quero que saiba que, ao seu lado, me sinto tão seguro, como jamais me senti ao lado de outra mulher. Não sei se acredita em reencontros, aliás nem sei qual a sua crença ou filosofia de vida. Com base naquilo que acredito, tenho a convicção de que já a conheço de outras vidas. Já nos encontramos em algum momento que denominamos eternidade. Quando éramos jovens, isso já me sinalizava, mas a minha timidez impediu aproximar-me de você. – Ela o ouvia com curiosidade. – Bem, me desculpe, não quero assustá-la com minhas teorias acerca da existência humana. Resumindo, quero que confie em mim, mocinha! Não tenho intenção de fazê-la sofrer e apenas quero viver essa relação com você pelo tempo que for permitido. – E segurando seu rosto a beijou.

Ela se aninhou em seus braços e disse:

– Eu posso imaginar sua crença, Lucas, e devo confessar que uma grande amiga me falou sobre ela quando Cesar estava em sua maior crise. Me convidou a conhecer uma casa espírita onde eu poderia recarregar minhas energias através do passe. Fui lá algumas ocasiões, depois a situação se tornou mais complexa e houve tantos contratempos, que não tive mais tempo de retornar lá. Era um lugar onde eu me sentia em paz, do que eu mais necessitava. Não sei muito sobre a doutrina espírita. E você?

— Minha tia Rebeca me incentivou a conhecer melhor essa doutrina quando minha mãe morreu. Foram momentos muito dolorosos, devo admitir. Eu e minha mãe éramos muito ligados e senti muito sua ausência. Entre tantos questionamentos que fazia, um dia ela me levou até o lugar que frequentava e conversei com uma senhora muito amorosa, que me explicou tantas coisas. Pareceu que tudo começava a se encaixar. Desde então, vou regularmente ao centro espírita tomar passes. Leio um pouco e prometi a Rebeca que algum dia levarei a doutrina com mais seriedade, passando a fazer os cursos que a casa oferece. Até lá, serei apenas um curioso sobre o assunto. — Havia paz em suas palavras.

— Interessante você falar acerca de já nos conhecermos de algum lugar no tempo e no espaço. Sinto a mesma sensação. No entanto uma dúvida sempre paira e não consigo achar uma explicação plausível. Você não me deu motivos para duvidar de você. Porém... — havia certa insegurança em suas palavras que o deixou apreensivo.

— Confie em mim! É só o que eu lhe peço! Não vou fazê-la sofrer! — Os dois se olharam fixamente e algo aconteceu, como se a mesma cena se repetisse, as mesmas palavras, porém não cumpridas. Lucas sentiu um aperto no coração, teria ele feito alguma promessa que não conseguira cumprir? E a abraçou com toda força, dizendo em seu ouvido: — Vou te fazer a mulher mais feliz desse mundo! Nada mais será como antes!

Paula sentiu-se estremecer, apertando-o ainda mais forte, com as lágrimas aflorando e a emoção conectando-os de forma plena! Dessa vez, ela iria confiar em suas palavras. Era o voto de confiança que ela lhe oferecia! Mais uma vez! Eles ficaram mais um tempo caminhando na noite enluarada, deixando as emoções fluírem intensamente.

– Vai ficar muito bravo se eu te pedir que fique no quarto de hóspedes? – perguntou ela timidamente.

– Vou! E talvez não a perdoe jamais! Porém não vou apressar nada. Quero que confie em mim primeiramente! – seu olhar comportava tanta compreensão que ela o abraçou.

– Preciso desse tempo, Lucas! Deve estar cansado e pretendo te mostrar a fazenda pela manhã. Venha comigo! – e o deixou na porta do quarto, que ele entrou resignadamente.

– Qualquer coisa, me chame! – oferecendo seu sorriso sedutor.

– Agora é você que está jogando sujo, doutor! Controle-se ou não respondo por mim!

– É tudo o que eu mais desejo!

Lucas adentrou ao quarto confortável e jogou-se na cama. Não se lembrava mais de como era dormir na fazenda, pois há muito não fazia isso. O silêncio era intenso, podendo se ouvir apenas os sons da natureza tão presentes. Dormiu em instantes.

No meio da madrugada, sua porta se abriu e Paula entrou chorando, jogando-se em seus braços.

– O que aconteceu? Fique calma, estou aqui com você! – disse ele abraçando-a, enquanto ela continuava num pranto convulsivo.

– O mesmo sonho novamente! Ele chega perto de mim e diz que não quer ficar sozinho! Acordo com a sensação de que ele me toca! É aterrador! Não consigo mais dormir em paz! – as lágrimas escorriam livremente.

– Foi apenas um sonho! Deite-se aqui, eu fico acordado até você dormir, combinado assim? – disse ele com a voz terna e acolhedora.

– Tenho tanto medo! – e abraçava-o com todas as forças. – Não o deixe vir aqui!

– Não vai acontecer nada, confie em mim! Estou com você! – ela deitou-se na cama aconchegando-se nele. Lá ficou até adormecer! Ele a observava com todo carinho. Entendia agora o que ela vivenciava. Apesar da leveza, da descontração, ela ainda trazia marcas intensas de seus dramas. Tinha um longo caminho a percorrer e, nessa insegurança ainda tão latente, tinha razão em não dar vazão as suas emoções. Mais do que nunca, agora, respeitaria seu próprio tempo de se entregar ao amor.

Ficou acordado por muito tempo, velando seu agitado sono. Continuava abraçando-a e assim acordou na manhã seguinte. Paula ainda dormia quando ele se levantou. Porém ela acordou e o encarou fixamente:

— Desculpe-me a entrada tão intempestiva em seu quarto. Estava realmente apavorada. Esse sonho está me perturbando cada dia mais! Ele se repete quase toda noite. O que eu faço? — seus olhos ficaram marejados.

— Isso vai passar, ainda é muito recente. Sua perda trágica deixou marcas profundas, que só o tempo será capaz de minorar. Respeite seus limites, Paula. — E brincou: — No entanto penso que não queria passar a noite sozinha, decidindo vir aqui com esse pretexto. — Ela pegou o travesseiro e jogou nele.

— Você é maldoso e cruel! Se eu quisesse vir até seu quarto não precisaria arranjar um pretexto, seu tolinho! — ela levantou-se e ia saindo quando ele a puxou para si:

— Na próxima vez, venha sem um pretexto. Vou estar esperando! — e a abraçou.

— Vamos tomar café! Voltará com alguns quilos a mais, os quitutes de Rosa são irresistíveis. Vou me vestir adequadamente e o encontro lá.

Lucas se vestiu com uma bermuda e camiseta, peças de vestuário raras que pouco utilizava. Estava adorando a experiência. Sentia-se leve como há muito não acontecia.

A mesa estava como Paula dissera, com bolos, pães, geleias e muito mais.

— Sirva-se, doutor. — brincou ela.

— Definitivamente, isso é uma tortura!

O dia foi repleto de aventuras, finalizando com o banho de cachoeira, que Paula jamais se privava. Dizia que recuperava todas as energias despendidas, e era uma grande verdade. Os dois brincaram na água fria como dois adolescentes, rindo como se nada mais os preocupasse além deles mesmos.

Na hora de dormir, Paula foi direto para o quarto de Lucas e deitou-se na cama.

– Que pensa estar fazendo? Essa cama é minha e estou cansado. Vamos, deixe de ser uma criança medrosa e volte para seu quarto, mocinha! – ela já estava a se levantar, quando ele disse: – Estou brincando, fique comigo! – e a beijou com toda paixão represada, sendo correspondido. A noite foi aquela que ambos planejaram e quando acordaram na manhã seguinte, Lucas disse:

– Foi uma noite maravilhosa, Paula!

– Como há muito não vivenciava. – E com os olhos brilhando de emoção, disse: – Você é um homem muito especial! Amei estar aqui com você!

– Temos todo o tempo do mundo para nós, Paula! E quero muito que essa noite se repita infinitas vezes! Não vou mais te deixar ir embora!

– Isso não vai acontecer, querido! – ela estava se sentindo amada e isso era tudo o que esperava viver.

Foram dias de muitas descobertas e, ao final da semana, ambos pareciam se conhecer por toda existência. Beijos e carícias não faltaram e Rosa estava radiante com a possibilidade de Paula se envolver com outro homem. Aquele, em especial, parecia ser um bom rapaz e mostrava estar apaixonado por ela.

Capítulo 11

INTRIGA NO AR

Quando voltaram, já no final do domingo, estavam mais unidos que nunca. Jamais alguém o arrebatara dessa forma, pensava Lucas.

— Não vou conseguir dormir uma noite sequer longe de você. O que vou fazer? – disse ele.

— Tenha mais um pouquinho de paciência. O apartamento dos meus pais está quase habitável e pretendo me mudar em alguns dias. Não consigo mais viver num hotel. Aí, quem sabe, eu possa aceitar um hóspede regular. – Paula ostentava um sorriso de paz.

— Vou dizer algo que não falo há muito tempo. Estou apaixonado por você! – nos olhos de Paula uma sombra assomou.

— Sinto algo tão confuso em alguns momentos. Como se isso tivesse tempo para terminar e eu não desejo de forma alguma que isso aconteça! Não quero te perder! – abraçou-o com todas as forças. Lucas sentiu que a emoção invadiu ambos, procurando afastar qualquer ideia menos digna de sua mente.

– Pare com ideias absurdas, pois isso não vai acontecer! Agora que eu a reencontrei, não vou deixá-la ir embora novamente! – essas palavras soaram como uma sentença e Lucas sentiu-se envolvido numa luz intensa que o acalmou. – Vamos, me dê um sorriso.

– Amanhã nos vemos? – ela parecia angustiada com algo. Abraçou-o novamente e lá permaneceu aninhada em seus braços.

– Jantamos juntos, combinado? Aí você me conta como passou o dia longe de mim! – ele procurava brincar com ela, porém a sombra em seu olhar lá permaneceu. – Vá dormir e sonhe comigo! – beijou-a e foi embora.

Chegou em casa e todos estavam reunidos na sala a esperá-lo. Raquel foi a primeira a cumprimentá-lo com a expressão tensa.

– Saudades de você, Lucas! Tudo bem? – ele abraçou-a e perguntou:

– Alguma data especial que eu tenha perdido? Boa noite a todos! – Rebeca foi a primeira a se manifestar.

– Temos problemas, querido. Sente-se! – Lucas começou a ficar preocupado com a recepção fria que recebera. Observou as feições de Tiago e podia se ver um certo ar de satisfação em seu rosto. O que acontecera dessa vez?

– Podem me contar o motivo dessa reunião? – o pai aproximou-se com um envelope e de lá tirou algumas fotos, entregando a ele. Eram fotos dele com Paula, o que lhe pareceu estranho, afinal, o que aquilo significava? Na sequência, seu rosto ficou lívido. Eram de Paula com um homem suspeito lhe entregando algo. Outras, dela com o marido, assim ele acreditara, com o mesmo homem, também na mesma postura. Levantou o olhar e todos o fitavam. – O que isso significa?

– Eu faço a mesma pergunta. Sabe quem é essa mulher que o acompanha nessas fotos? – perguntou o pai.

– É Paula. Não estou entendendo o que isso significa. Estou sendo espionado? Pela minha própria família? Minha vida é meu patrimônio e não devo explicações a ninguém, nem mesmo a você, meu pai. – A fúria assomou e seu semblante se contraiu. A irmã estava ao seu lado e pegou seu braço com carinho.

– Acalme-se, eu lhe peço. Procure ouvir o restante da história. – Tentando apaziguar os ânimos, que já haviam se exaltado sobremaneira.

– Não quero ouvir mais nada! Ninguém tem o direito de se intrometer em minha vida! Eu posso até justificar as fotos, mas não vou me dar ao trabalho. – E se levantou, desejando ir embora de lá.

– Fique, Lucas, eu ainda não terminei. Pode me escutar? – disse o pai.

Lucas olhou o irmão que o observava com o mesmo sorriso de sempre. Só poderia ser obra dele para atrapalhar seu novo romance, mas isso não iria acontecer.

– Por que é tão sórdido, Tiago? O que pretende obter com essas ações vis? Só pode ser obra sua essa intriga deplorável! – sua vontade era dizer todas as ofensas possíveis, mas se colocaria no mesmo patamar que ele. Respirou fundo e perguntou: – Por que estava me espionando? Não me envolva em seu jogo sujo.

– Não sou eu que sou sujo, meu irmão. Você se envolve com as mulheres sem ao menos saber sobre sua integridade moral. Isso é lamentável! Aposto que não sabia que sua nova namorada é uma viciada. – Seu olhar era mordaz.

– Não fale o que não sabe! Já entendi onde pretendem chegar. Devo apenas alertá-los que desconhecem essa jovem. Não conhecem sua vida e nada acerca dela, portanto essas fotos, que tentam ligá-la a algum ato ilícito, podem apenas gerar alguma dúvida. O que elas provam? – calou-se e depois continuou: – Por que a estavam investigando? Pelo que pude perceber antes mesmo de me interessar por ela, já era visada por vocês? – a curiosidade assomou. O pai, então, explicou:

– Ela é uma jornalista como você já sabe e trabalha para um jornal de São Paulo de extrema direita. Sabia que ela é um dos componentes de um grupo que pretende moralizar a política? Como se isso fosse possível! Ela investigava um companheiro nosso de partido, cuja integridade moral é inabalável, mas que supostamente era tido como um corrupto. Algo injustificável, afinal, ele é um dos pilares de nosso país. Muitas inverdades foram escritas a seu respeito, sem provas cabíveis, o que custou um processo ao jornal. No entanto o ataque persistiu por parte dela e de outros jornalistas ignóbeis, que acreditam poderem difamar e desmoralizar um ser íntegro que apenas se preocupa com o bem-estar de seus eleitores. Uma grande injustiça! Ela e outros estavam sendo investigados há algum tempo, não você. Jamais permitiria que sua vida fosse violada por alguém, quero que fique bem claro! Você é meu filho e o conheço bem! Já sua ligação com essa jovem pode me causar problemas frente ao meu partido. Seria conveniente que você se afastasse dela, meu filho! Tenho uma eleição para vencer e não pretendo ser a próxima vítima desse jornal, invadindo minha privacidade, inventando fatos abomináveis que podem me prejudicar perante meu eleitorado. Por que acha que ela está aqui? Tiago já havia me alertado quando a viu no hotel, porém não liguei os fatos e jamais poderia supor que era com ela que estava se envolvendo. Ela é perigosa, Lucas. Afaste-se enquanto é tempo. Deve estar ao seu lado visando obter conhecimentos acerca de nossa família, para depois usar contra nós. – Lucas estava lívido ouvindo as barbaridades que ele lhe falava. Sentiu-se enjoado e enojado com o que acabara de ouvir do próprio pai. Queria sair de lá correndo, mas seus pés estavam fincados no chão. Suas mãos estavam geladas e seu coração acelerado. Sentiu-se zonzo, parecia que alguém pressionava sua cabeça. Foi quando ouviu uma voz próxima ao seu ouvido: – *Vai pagar caro por tudo que me fez! Vai rastejar aos meus pés!* – começou a suar frio e Raquel percebeu que ele não estava bem:

– Lucas, o que está sentindo? Está pálido! – segurou as mãos dele e viu o quanto estavam frias. – Vou pegar um copo d'água. – E saiu a buscar. Rebeca se aproximou e, ao pressentir energias de baixo teor próximas ao sobrinho, entrou em profunda prece.

Tiago estava se deleitando com a situação, em especial com o que o irmão sentia. Ele adorava vê-lo sofrer! Um sorriso maquiavélico assomou em seu rosto. Descobrira seu ponto fraco, agora tudo ficava mais fácil. O pai estava preocupado com Lucas e sentou-se ao seu lado.

– Me perdoe falar todas essas coisas, meu filho, mas era necessário. Ela o está enganando e não posso permitir que faça isso com você. Precisava lhe contar sobre a real situação e espero que possa refletir em tudo que acabei de relatar para que possa tomar as atitudes cabíveis. Afaste-se dela! – e voltou a insistir na retórica.

Lucas tentava manter-se incólume, mas isso era tarefa impossível. Apesar de seu pai falar tudo aquilo, era custoso admitir que ele poderia estar certo em suas suposições. Paula não estava ao seu lado para se utilizar de informações confidenciais. Ela não faria isso com ele! Não o manipularia dessa maneira! Ou não queria acreditar que aquilo fosse possível! Pegou as fotos novamente e viu que uma delas datava de dias atrás, quando já estavam saindo juntos. Quem era aquele homem que lhe entregava algo? Sua cabeça doía intensamente, sua boca estranhamente seca e quando a irmã lhe trouxe a água, sorveu de um só gole. Em seguida, guardou as fotos no envelope e levou consigo para seu quarto, sem antes dizer: – Paula não é esse crápula que acabou de descrever. Vou averiguar tudo e voltamos a conversar. Quero apenas deixar claro que minha vida não está à venda. Ninguém vai determinar o que devo ou não fazer! Nem você, papai! Quanto a você, Tiago, quero-o distante de mim e de Paula, entendeu? – e saiu a passos lentos de lá.

Raquel encarou Tiago com um olhar gélido e seguiu Lucas.

Rebeca permaneceu na sala, precisava saber tudo o que os dois conversariam na sequência. Ronaldo foi o primeiro a falar:

— Ele não acreditou em nenhuma palavra. Rebeca, fale com ele. Essa jovem é uma bomba ambulante, não a quero por perto de minha família. Pode causar danos inimagináveis. Ela o enfeitiçou! E ainda por cima está ligada a um traficante! Não quero Lucas envolvido com gente dessa laia. Os meus adversários irão festejar um escândalo desse porte. Pode inviabilizar minha campanha. Vejo até as manchetes de jornal: "Filho de candidato ligado ao tráfico de drogas". Tudo é potencializado e pode me prejudicar. Quero Lucas distante dessa jornalista! — o pai estava exaltado.

— Se quiser... — e deixou o restante no ar. Tiago queria ele próprio cuidar do assunto. Rebeca interferiu nesse exato momento.

— Você não vai fazer nada, Tiago. Deixe que Lucas resolva isso do jeito dele. Se eu descobrir que teve sua mão em alguma ação indébita, responderá por isso. — As feições dela estavam sérias denotando que aquilo era uma grave ameaça.

— Ouviu sua tia, Tiago. Não faça nada por enquanto! Seu irmão tem prioridade na solução dessa questão. Entendeu? — disse com energia.

— Queria apenas ajudar, mas se assim prefere...

— Assim que eu estou mandando! — disse ele sob o olhar atento de Rebeca, que não colocou muita fé nessas palavras. Estaria a observar, como sempre! Qualquer gesto indevido de Tiago, ela mesma entraria em ação.

— Bem, a noite foi tensa e vou dormir. Tenho uma reunião logo cedo. — disse Rebeca e se recolheu. Ficaram apenas os dois na sala.

— Pai, acho conveniente continuar investigando essa jornalista, o que acha?

— Isso eu permito. Encontre algo ainda mais cabeludo, só assim seu irmão vai acreditar que essa ameaça é real. Amanhã você fica e cuida disso. Viajo no final do dia, e se já tiver concluído sua tarefa, venha comigo. Temos algo urgente a acertar e podemos conversar durante o voo. Boa noite, filho!

— Boa noite! — Tiago sentou-se no sofá com a expressão de vencedor, afinal, aquilo fora ou não o início da derrocada de Lucas? Já sabia como atingi-lo! E se comprazia em suas emoções de baixo teor, acompanhado de Átila, que conseguira pela primeira vez que Lucas o ouvisse. A vingança estava sendo arquitetada!

No quarto, o médico caminhava de um lado a outro, em total descompasso. Não podia acreditar que algum daqueles fatos sórdidos pudesse ser verdade. Ela parecia tão envolvida com ele! Estaria ao seu lado por puro interesse?

— Acalme-se, querido, senão vai ter uma síncope. — disse a irmã preocupada com ele.

— Você ouviu o mesmo que eu? Como posso ficar calmo? Eles disseram coisas horríveis sobre ela, descrevendo-a como uma dissimulada e interesseira. Não é essa mulher com quem eu passei esses dias maravilhosos! Não consigo conceber a ideia de que algo possa ser verdadeiro acerca de suas condutas. — Ele estava sofrendo.

— Lucas querido, você conhece Tiago e sabe do que ele é capaz. Ela pode estar incomodando seus planos de poder, criando uma história até que verossímil, porém destituída de verdade. Sei que está apaixonado, pois suas ações assim estão afirmando. Porém o que realmente conhece sobre ela? Sabe que é uma jornalista, mas qual o motivo de ela estar aqui e não em São Paulo? Ela lhe contou algo? E sua ligação com esse traficante, que explicação ela lhe daria?

— Não sei tudo sobre seu passado, essa é a verdade. Porém ela não me parece uma profissional isenta de escrúpulos, sendo assim, não iria me manipular, coisa que descarto. No entanto essa foto dela com esse suspeito foi tirada aqui na cidade, apenas alguns dias atrás. Qual a ligação com ele? — suas ideias estavam confusas. Gostaria de ir até lá falar-lhe pessoalmente sobre isso, porém não iria confrontá-la nas condições em que se encontrava. Essa conversa teria que ser quando seu equilíbrio emocional retornasse. Estava tenso demais e não seria uma conversa produtiva. Olhou a irmã e perguntou-lhe: – O que eu faço?

– Agora, não fará nada. – Pegou um remédio da gaveta do irmão e lhe ofereceu: – Tome, isso vai relaxá-lo, doutor. Amanhã será um longo dia! – ele aceitou e ingeriu o medicamento.

– Tentarei dormir, Raquel. Obrigado! – seus olhos estavam tristes, diferentes de quando chegou em casa.

– Não gosto de vê-lo assim! Paula deve ser uma mulher muito especial!

– E é! Estou apaixonado e, independente do que ouvi nesta noite, meus sentimentos não irão se alterar. Preciso apenas saber como lidar com eles! – disse ele, lembrando-se dos temores de Paula quando se despediram. Seria isso um aviso? Quem pode dizer?

– Agora procure dormir! Amanhã conversamos. Sei que não é o momento, mas não se fie em tudo que papai e Tiago falarem, entendeu? Não quero causar mais dissensões, mas a situação é mais complexa do que aparenta ser. Boa noite, querido!

– Tenho a mesma percepção. Preciso esclarecer tudo isso e tem que ser rápido.

A noite foi tensa e repleta de pesadelos. Lucas despertou com a sensação de ter duelado por toda a noite, tão cansado que estava. E teria que retomar suas funções no hospital. Daria conta de tudo? Essa era a questão que o afligia. Tomou seu banho e se dirigiu ao hospital. Lá chegando, a rotina o consumiu durante todo dia. Foi extenuante! No final do dia, ligou para Paula que atendeu prontamente.

– Como passou o dia sem mim? – disse Lucas tentando parecer natural.

– Saudosa! Nos vemos mais tarde? – ele respondeu com apenas uma palavra. – Está tudo bem, querido? Parece tenso!

— Apenas cansado. Passo aí mais tarde e conversamos! Tenho que desligar, surgiu uma emergência. Até mais! – e desligou.

Ao sair, lembrou-se de levar as fotos. Ao ver o envelope nas mãos, recordou-se do que deixara trancado em sua gaveta. Pegou-o e ficou a refletir sobre o que faria com ele! Devolveu-o à mesma gaveta, trancando-a. E se dirigiu ao hotel de Paula. Ela teria que dar muitas explicações sobre as fotos.

Quando a encontrou no saguão, ostentando um radiante sorriso, suas preocupações desapareceram. Beijou-a com carinho e disse em seu ouvido:

— Você está linda! – ela olhou o envelope em suas mãos e perguntou:

— É aquele envelope que conversamos? – estava curiosa. Foi quando Lucas se conscientizou de que seria complicado demais o que faria dali em diante.

— Precisamos conversar. Podemos subir? – sua voz estava controlada.

— Qual é o assunto misterioso de que precisa falar num lugar discreto? – seus sentidos ficaram em alerta. Não estava gostando daquilo...

— Algum problema subirmos? – ele pegou sua mão e se encaminharam para os elevadores. Já no quarto, ele entregou o envelope a Paula, que o abriu rapidamente. Seus olhos percorriam cada foto, primeiro com curiosidade, depois, com indignação. Jogou-as no chão e, olhando fixamente para Lucas, perguntou:

— O que significam essas fotos? Estava me espionando? – havia muita dor em suas palavras o que o deixou transtornado também. – Pensei que estivesse me envolvendo com um homem decente, honesto, sensível. No entanto me equivoquei. Você é exatamente igual a tantos caras ricos, mimados, prepotentes, que enganam, fingindo ser o que não são! – as lágrimas escorriam por seu rosto. Lucas tentou abraçá-la e foi barrado pelas mãos de Paula. – Não se aproxime de mim!

— Não torne as coisas piores do que são. Vou explicar tudo, porém quero apenas que me fale sobre uma foto. — e pegou aquela em que ela estava recebendo algo de um homem suspeito, provavelmente um traficante: — Quando foi isso? Quero apenas que se acalme e saiba que jamais faria isso com você. Contarei tudo se você quiser ouvir. Porém, antes, preciso que me fale se o que esse homem lhe entregou é alguma droga ilícita. — E mostrou-lhe novamente. Paula pegou a foto e as lágrimas escorreram abundantes. Em seguida, foi até sua bolsa e pegou algo entregando a Lucas.

— Como médico, deve saber do que se trata. Não deixa de ser uma droga, porém não aquela que suspeitava. Não sou viciada, Lucas. Depois de ter convivido com um por tanto tempo, jamais me submeteria a esse pesadelo. Pensou isso de mim? Sabe como um dependente se comporta? Passou pela sua cabeça que eu pudesse ser um deles? — ela estava tão decepcionada.

— Escute, jamais pensei isso de você! Posso explicar tudo como aconteceu? Me conceda essa chance, eu lhe peço. Se depois do que lhe falar, ainda estiver com raiva de mim, vou-me embora, prometo! — o olhar que ele oferecia era carregado de tanta paz, que ela se sentou na beirada da cama e passou a ouvir suas explicações. Ele narrou toda a conversa que teve com seu pai na noite anterior, sem interrupções. Ao término da explanação, ela o olhou fixamente e perguntou-lhe:

— O crápula do seu pai lhe afirmou que eu estava aqui para obter informações. E você, Lucas? Em algum momento duvidou de mim? — a pergunta súbita o perturbou e ele manteve seu silêncio. — Essa é sua resposta? Se for, creio que é melhor você ir embora.

O médico foi até ela e a beijou com todo seu amor. No início, ela tentou afastá-lo, mas aos poucos foi cedendo.

— Essa é minha resposta. Não vou perdê-la novamente, eu já lhe disse isso. Qual parte você ainda não entendeu? Eu apenas me preocupei com você, no quanto estaria sofrendo pela morte de seu marido, precisando até recorrer a algo para suportar sua dor. Foi com isso que realmente me preocupei, Paula! Confie em mim, não vou decepcioná-la! – e abraçaram-se com todo amor. Quando se desvencilharam, ele perguntou:

– Ainda mantém contato com esse homem. Deve ser o que fornecia as drogas a seu marido, certo? Por que recorrer a ele ainda hoje?

– Cesar devia uma quantia significativa a esse homem e ele me procurou, sabendo que estava aqui. Veio para receber seu pagamento. Vendi meu carro em São Paulo e entreguei parte da quantia a ele. Era isso ou ele iria até meus pais. Não queria causar mais transtornos do que os já causados todos esses anos. Eu recorria a remédios para dormir, porém tinha parado depois que Cesar se foi. Mas os pesadelos constantes me fizeram voltar a eles. Essa foto foi tirada no instante em que ele me deu esses remédios, como cortesia. – Seus olhos ficaram marejados novamente. – Essa é a verdade!

Capítulo 12

UMA NOVA QUESTÃO

— Você recorreu a esses remédios na fazenda? — perguntou ele.

— Não foram necessários. Tinha alguém especial ao meu lado! — o primeiro sorriso da noite. — Não tomo regularmente esse remédio, doutor, não precisa se preocupar. Quanto ao restante da conversa com seu pai, o que ele disse tem fragmentos de verdade, porém ele adulterou grande parte da história. Sabe que sou uma jornalista, não escondi esse fato de você. Estou aqui por dois motivos. Um deles, o mais importante, foi sair daquela cidade que tantas recordações infelizes me traz. O segundo, e também não ocultei de você, é que continuaria com minhas matérias para o jornal, apenas não especifiquei o tipo de assunto que escrevo. Dei umas dicas naquela festa, quando falei sobre seu pai e seu irmão. Dizer que não sabia que ele era seu pai e Tiago, seu irmão, seria algo infantil, afinal, eu os conheço desde jovem. Sua família talvez não me conhecesse, julgando-me uma oportunista que se aproximou de você apenas para obter informações relevantes sobre as vilezas que eles praticam. Meu jornal tem feito investigações surpreendentes, porém alguns afirmam ser caluniosas, ofensivas, contrárias à ética e aos bons costumes. Isso será sempre a resposta desses políticos. Nós os perseguimos injustamente! Não comentei com você, porque não tinha a menor intenção de misturar minha vida profissional com a afetiva. São coisas distintas e assim vou continuar tratando. Diga a seu pai e a seu irmão que você deveria ser o menor dos problemas, pois as informações que me passaria seriam irrelevantes. Você, pelo que notei, nada entende de política e pouco interfere nas decisões de sua família. Tenho fontes mais seguras, com dados atualizados e altamente sigilosos, que nem você imagina de onde provêm. Tampouco eles! – e ela deu um sorriso matreiro.

– A política jamais me seduziu! – disse ele. – Não tenho interesse nesse jogo sujo e corrompido. Não importa o caráter e sim o quanto irá lucrar. Para mim, é abominável!

– Respeito sua opinião, Lucas. Fique com sua profissão salvando vidas, enquanto a política apenas faz corromper e perder vidas. – Seu olhar se tornou sombrio. – Quanto a estar aqui neste momento, condiz com uma matéria que eu e outro jornalista estamos escrevendo sobre algumas empresas e sua ligação com alguns políticos. E toda sujeira que existe por trás desses conluios. Não vou chatear você com isso. Seu pai é tão egocêntrico que acredita que o mundo gira ao seu redor. Existem outros políticos importantes que possuem obras a serem enumeradas e caráter tão duvidoso quanto o de seu pai. E peço perdão pela minha franqueza. Talvez eu devesse ter fugido naquela noite, naquele baile, assim não me aproximaria de você. Foi casual, eu posso afirmar. No entanto quem irá acreditar numa jornalista um tanto quanto impetuosa e cheia de coragem? Se quiser se afastar por um tempo, Lucas, vou compreender. Quem tem me espionado deve ter devassado minha vida. Essas fotos dizem o grau de complexidade dessa minha tarefa. Não quero que se indisponha com sua família, portanto é sua decisão ficar ao meu lado ou não.

— Temo por sua integridade, Paula. Se estão investigando você, são capazes de algo mais efetivo. E se atentarem contra sua vida? – o temor se instalara em seu íntimo.

— Jamais fariam isso, pois deporia contra eles mesmos. Não tenho medo!

— Mas deveria ser mais cautelosa em suas ações. Essa foto foi algo infantil, que depôs contra você. Que mais coisas eles podem aventar?

— Minha vida é um livro aberto, querido. Todos no jornal conhecem a minha história, afinal, Cesar era também um jornalista. Meus pais têm uma vida discreta e sabem tudo o que já aconteceu comigo. Nada tenho a ocultar. Por que esconderia algo de você, a pessoa que mais me importa nesta vida?

— Já me perdoou? – disse ele se aproximando e beijando-a ternamente. – Quanto a me afastar, não julgo que seja possível, pois já estou conectado a você. E só irei embora quando você mandar.

— Vai ser assim, então? Sou eu que decido? Então respondendo a sua pergunta apenas vou perdoá-lo se ficar comigo esta noite. E amanhã! E depois! – e ficaram juntos, mais uma vez, o que ambos desejavam e cujos caminhos estavam traçados para que assim ocorresse. Rever o passado, reavaliar posturas, quitar débitos, essa é a nossa tarefa! E a de nossos companheiros, por mais difícil que seja...

Lucas acordou cedo e saiu antes dela despertar. Tinha ainda que passar em casa antes de ir para o hospital. Estava tão apressado que não observou o homem que o vigiava e tirava fotos suas, assim que deixou o hotel.

Não encontrou o pai ou o irmão, o que o fez sorrir. Não estava com disposição para uma nova inquirição. Sua vida lhe pertencia e faria dela o que melhor aprouvesse.

A irmã encontrou-o quando já estava saindo:

– Não dormiu em casa, querido? Fui conversar com você e não o encontrei.

– E creio que isso será uma constante daqui em diante. – Ostentando um sorriso jovial.

– Resolveu seu problema com Paula? – questionou Raquel.

– Conversamos depois. Passe no hospital e almoçamos juntos. Disse que queria falar comigo. Posso te esperar?

– Às treze horas, então! – disse Raquel. Havia uma inquietação que ele percebeu.

– Algo a preocupa em demasia! Quer falar agora?

– Almoçamos juntos e conversamos, querido. Vá trabalhar! – e se despediram.

No horário combinado, Raquel lá estava. Os dois saíram para um local discreto, assim ela solicitou, deixando-o cada vez mais apreensivo.

– O que mais aconteceu? – perguntou ele de forma direta.

– É um assunto delicado, mas não posso mantê-lo mais distante de tudo que está ocorrendo tão próximo de nós. Se antes imaginava que fossem apenas suposições, hoje comprovamos que não. – Seu olhar ficou sério.

– Comprovamos? Você e Rebeca, quero crer. – Ela assentiu e passou a relatar fatos que ele desconhecia, acerca de posturas adotadas por Tiago e seu pai. Conforme ela falava, ele se lembrava das matérias sigilosas que Paula escrevia e da gravidade do problema. Raquel ficou por mais de quinze minutos contando tudo o que ela e a tia haviam descoberto através de investigações realizadas e por alguns contatos. A expressão séria de Lucas deu lugar a de apreensão. Tudo era muito delicado! O que eles faziam não estava dentro dos padrões éticos e isso era de extrema gravidade. Todo dinheiro que, aparentemente, visava ser destinado às campanhas tinha outra destinação. Tratava-se de um jogo sórdido da política, infelizmente, uma prática usual, consentida por muitos, desejada por todos aqueles com vistas à conquista desse poder tão efêmero. Nessa categoria, seu pai e irmão se encaixavam, inebriados por esse jogo de interesses, corrompendo e instigando a outros a assim agirem. – Você tem ideia da gravidade do que acaba de me relatar? Ambos estão mancomunados com pessoas da pior índole! Não se preocupam com essa exposição tão declarada? Não perceberam que são visados por pessoas que desejam que a corrupção seja extirpada definitivamente?

– Não, querido, são destemidos e creem que jamais poderá se comprovar algo sobre suas ações ilícitas. Tudo está bem amarrado, no palavreado grosseiro desses abjetos seres. E, infelizmente, nossa família envolveu-se diretamente nisso. Precisava que você tomasse conhecimento. Não sabemos o que fazer, apenas não queremos mais ser coniventes com essas ações indébitas. No entanto você conhece muito bem Tiago. – Ela pôde ver as sombras em seu olhar. – Ele não permitirá que o reprimamos, Lucas. Investirá contra nós com toda truculência. Ele é um ser pervertido, temo por sua retaliação.

– Não podemos nos submeter a ele em nenhuma hipótese. Rebeca já falou com papai sobre os riscos que estão correndo, com a perspectiva de colocar nosso nome na lama?

– Ela tentou por inúmeras vezes e ele desconversou. Rebeca já sinalizou que vai limitar a contribuição para sua campanha e Tiago aventou a possibilidade de criarem um fundo com essa finalidade. Ele é um advogado e conhece profundamente a lei, o que o torna ainda mais nefasto. Tiago irá encontrar uma maneira de obter o que pretende com o aval de papai, que está completamente inebriado com a perspectiva de poder. Prometi a nossa tia que a auxiliaria a resolver essa intrincada questão, porém não consigo ver uma saída sem entrar em confronto com

Tiago. – Ela estremecia com essa possibilidade. Havia sido assim desde criança. A convivência com ele sempre fora um emaranhado de situações conflitantes e perturbadoras, em que a crueldade era sempre sua arma favorita. Jamais vira tanta maldade em um só ser! Agora já adulto, essa condição apenas se intensificara. E ela desconhecia grande parte de eventos de que ele participara de forma ativa e comprometedora. Se tivesse conhecimento...

– Primeiro, precisamos pensar objetivamente, avaliando todas as possibilidades. Não é um assunto que me interessa, além de muito distante das minhas atuais preocupações. – Foi quando se lembrou do tal envelope que supostamente havia sido enviado por Leila. Ele começou a ligar os fatos e passou a refletir se essa gravação teria a ver com as ações de Tiago. Sentiu um estremecimento e olhou fixamente para a irmã. – Quero dividir algo com você também. – Contou-lhe sobre o envelope, vendo as feições da irmã se contraírem conforme falava. – Ainda não tive tempo para ir até essa rodoviária e pegar o telefone. Tenho receio do que irei encontrar. – Seu semblante ficou sombrio. – Mas tem algo mais que me preocupa. – Contou acerca do telefonema que casualmente escutou de Tiago, referindo-se a uma tal gravação.

Enquanto ambos conversavam, companheiros da luz acompanhavam atentamente. Foram eles que intuíram Lucas acerca do envelope.

– *Infelizmente para Tiago, que ainda se compraz em agir de forma contrária às leis divinas, esse fato precisa ser revelado. Todas as ações praticadas são observadas pelo Pai Maior, as justas e as indevidas. Assim, também, as cobranças serão igualmente efetuadas. A cada um segundo as suas obras, disse o Mestre[1]. Ele terá que responder por todos os atos praticados, principalmente sejam eles os causadores do desequilíbrio e da*

---

[1] Paulo, Romanos 2:6 – "Deus dará a cada um segundo as suas obras".

desarmonia. Ninguém viola impunemente a lei! Seus atos ilícitos, motivados pela ganância excessiva e o desejo de conquistar o vil poder, serão revistos, se possível, na atual encarnação. Não poderá seguir com essa postura por mais tempo e Lucas será nosso aliado nessa ação. Novamente irão se confrontar e já podemos antever as consequências desse embate. Clóvis, meu bom amigo, cabe a ti acompanhar cada passo dessa jornada com especial atenção aos eventos vindouros.

— Assim farei, Celeste. Sei que não podemos interferir na programação de Tiago, pois, se assim fosse possível, limitaríamos sua ação letal.

— Ele sabe que está infringindo a lei e, mesmo assim, continua permitindo a interferência de Átila, que só faz incentivar seu orgulho excessivo. Sabíamos que seria uma encarnação dolorosa, mesmo que repleta de oportunidades de reencontrar o verdadeiro caminho da luz. As trevas, no entanto, insistem em fazer morada em seu coração. Nem as presenças amorosas de Luiza e Lucas foram capazes de fazê-lo rever suas escolhas equivocadas de outrora, redimindo-se perante a lei que sempre é implacável com aquele que a transgrida. — Afirmou Celeste.

— Temos ainda um trunfo em mãos. — disse Clóvis com os olhos repletos de esperança.

— Exatamente, meu amigo. Confiemos no Pai Maior que jamais desampara a um filho que segue seu caminho semeando o amor. — Ambos envolveram os dois irmãos em muita luz e partiram para outras esferas.

— O que isso pode significar? — perguntou a irmã com certo temor. — Acredita que esse telefone seja alguma prova contra Tiago ou algum dos seus aliados?

— Como posso afirmar se desconheço o conteúdo desse telefone? Pode não ser absolutamente nada relevante.

— Por esse motivo, temos que buscá-lo. — disse ela resoluta. — Onde está a chave?

Lucas sorriu ante a ideia a sua frente.

– Quer bancar a detetive, Raquel? – zombou ele.

– E por que não? Vamos, me dê. – E estendeu a mão.

– Calma, querida. Se assim pretende, você irá apenas com uma condição. – Esperou alguns instantes e falou: – Vai trazer esse telefone da forma mais discreta possível e veremos isso juntos.

– Combinado! – disse ela com um sorriso.

– Então terminemos nosso almoço. E me acompanhe ao meu consultório. Até conhecermos o conteúdo desse telefone, quero que mantenha toda a discrição. Não sabemos quem está por trás disso. E se for algo escuso, deve ter muitos a sua procura.

Retornaram ao hospital e ele lhe mostrou o envelope e a tal chave. Ela leu com atenção e, ao concluir, disse:

– Só você para não se interessar por esse tal aparelho! A mensagem é clara! A pessoa que entregou isso está aterrorizada com alguém. Não quero acreditar que Leila ocultou algo que não fosse uma prova cabal de algo. – Seu semblante se contraiu. – Vamos resolver isso rapidamente. Volto daqui a uma hora! – pegou a chave e se despediu.

– Se cuide, Raquel.

Um homem observava todos os movimentos de Lucas, mas sequer suspeitava que aquela jovem era sua própria irmã e pouca atenção deu ao fato.

Já na rodoviária, Raquel encontrou o tal armário e, quando o abriu, encontrou apenas um celular. Pegou-o e voltou para o hospital. O irmão estava numa cirurgia e somente o encontrou algumas horas depois.

– Demorou, maninho! – disse ela ansiosa, mostrando o celular.

– Alguém aqui trabalha! – Lucas pegou o objeto em suas mãos e ligou-o. Minutos depois, após examinarem cuidadosamente, descobriram algo gravado. Quando ouviram o conteúdo da mensagem, perceberam o motivo de sua importância. Os dois se entreolharam com suas feições lívidas. Era nitroglicerina pura! Se caísse em mãos erradas, tudo se complicaria para o pai e irmão. E muitos mais, afinal, era um grupo, assim alguém se referia. Não conseguiu identificar as vozes da conversa gravada, exceto a de Tiago, que parecia liderar a reunião. Tudo poderia se agravar se a isso fosse ligado algo tão brutal como a morte de Leila. Teria sido um acidente? Agora, mais do que nunca, Lucas teve suas dúvidas.

— O que pretende fazer com isso? — perguntou Raquel muito apreensiva.

— Ainda não sei. Precisamos descobrir outras informações além das que você e Rebeca já possuem. Disse que havia alguém confiável que lhe alertou. Você sabe de quem se trata?

— Não, foi Rebeca que me falou acerca de um funcionário de um órgão público que lhe devia alguns favores. Não me pergunte quais seriam, pois tudo agora me parece conspiração ou ato ilícito. — Ela tentava descontrair o ambiente já tenso. — Vai falar com Tiago? — era essa pergunta que ela mais temia. Viu a expressão grave do irmão, percebendo que esse seria um momento delicado e ele o evitaria ao máximo.

— Não vou confrontá-lo agora! Vamos esperar um pouco mais! Quando papai e ele retornam? — perguntou Lucas.

— Neste final de semana. Esqueceu-se de que é o aniversário dele? Teremos uma grande festa daquelas abomináveis, repleta de políticos interesseiros e suas esposas carregadas de joias exuberantes. Rebeca cuidou de tudo! Nossa presença é imperiosa, caso não queiramos ser excomungados. — disse rindo.

— Não sei se irei comparecer. Vou correr o risco! — rebateu ele solene.

— Se pretende trazer um tempero extra, venha com Paula. Eles irão adorar! Quero ver a cara deles quando você entrar com ela na festa!

— Você gosta mesmo de uma provocação! Não sei se vou expô-la dessa forma! Mas seria interessante, tenho de convir. —

Ficou pensativo por instantes e depois finalizou: – Não quero nenhum problema e isso causaria sérios transtornos, afinal, eles supõem que ela seja uma viciada. Uma presença indesejável num ambiente tão casto! – a ironia das suas palavras fez com que a irmã perguntasse:

– Você conversou com ela sobre a foto?

– Ela não está ligada a nenhum vício a não ser eu! – seu olhar se iluminou ao falar dela.

– Nunca vi você assim tão apaixonado! Espero que tenha feito a escolha certa e que não permita que outra pessoa perturbe seu relacionamento. Dessa vez! – e enfatizou as palavras.

– Eu também! Onde guardaremos esse celular? – perguntou ele segurando-o nas mãos.

– Em algum lugar seguro! Isso é um recurso valioso se um dia dele necessitarmos. – Ela pensou alguns instantes e depois sugeriu: – Existe um lugar onde possamos esquecê-lo definitivamente e ninguém pensará em procurar? – Lucas ficou a refletir onde seria esse lugar protegido de todos:

– O cofre de um banco. Sei que é óbvio, mas pelo menos estará seguro. Amanhã cedo farei isso. Hoje será impossível! Deixe que eu cuido disso. E nem darei mais informações a você, caso ele a confronte, conheço seus métodos de persuasão. – disse com o olhar contraído. – Agora vá para casa e não comente nada disso com Rebeca. Será uma grande decepção das muitas que papai está lhe causando. Vamos poupá-la por enquanto.

– Concordo, Lucas. Pense sobre a festa! – e saiu sorrindo perante a ideia.

– Prometo analisar com carinho essa proposta! – assim que ela saiu, Lucas ficou a refletir no que acabaram de descobrir. Tudo era muito sério, tinha de convir. E não poderia dividir suas preocupações com Paula, afinal, ela estava em busca de algo semelhante para desmantelar esse grupo, expondo-os aos olhos de seus eleitores. Ela mesmo lhe afirmara que não costumava misturar sua vida profissional com a afetiva. Que ficassem apartadas, pelo tempo que fosse possível. Visitou alguns pacientes e, depois, foi vê-la no hotel. Jantaram juntos e o assunto sequer foi ventilado. Talvez ela tivesse esquecido sobre o envelope e não seria ele a lembrá-la disso.

Paula estava radiante com a perspectiva de se mudar para o seu apartamento. Estivera lá por toda a tarde e contou a Lucas:

— Querido, até o final de semana estarei me mudando. Terei que ir até lá na hora do almoço, quando irá chegar algumas coisas que comprei. Não quer conhecer nosso apartamento? – perguntou ela com o olhar repleto de amor.

— Só se almoçar comigo antes! – segurou as mãos dela com carinho. Ela ficou pensativa alguns instantes e depois respondeu:

— Tenho uma visita com um informante logo cedo, mas devo estar livre até a hora do almoço. — Marcaram num restaurante conhecido de ambos.

— Com quem será esse encontro? Devo me preocupar? – perguntou o médico sério.

— Apenas alguém que me deve algo e decidi cobrar. Infelizmente, assim é nossa profissão, querido. Mas não precisa se afligir, pois não é meu tipo. – Deu uma risada.

— Mesmo assim, continuo achando isso muito perigoso. Ele é de confiança? Não poderá estar levando-a para uma cilada?

— Lucas, pare com isso! Está vendo muitos filmes policiais! A vida real é um pouco diferente. – Assim pensava ela...

Capítulo 13

INCIDENTE PERTURBADOR

No dia seguinte, Lucas foi ao banco conforme combinara com a irmã. Ao se desvencilhar do celular, ele se sentiu mais tranquilo. Trabalhou até a hora do almoço, em seguida dirigiu-se até o restaurante. Paula ainda não chegara e assim foi por mais de uma hora. Estava a sair quando ela chegou apressada, com as feições sérias:

— Desculpe-me o atraso, querido! Já pediu? — perguntou ela sentando-se.

— Não posso ficar mais muito tempo. Vamos apenas almoçar. — Chamou o garçom.

Paula parecia contrariada e Lucas percebeu:

— O encontro não foi o que esperava? — perguntou ele.

— Não! — sua voz foi taxativa. — As coisas podem se complicar e talvez perca esse informante. Custei a encontrá-lo e quando estava pronto para contar tudo o que sabia, alguém o pressionou a fazer o contrário. – Havia raiva em suas palavras.

– Encontrará outro, pode ter certeza. – disse ele tentando acalmá-la.

– Não é assim tão simples, Lucas. – E se calou, não estava disposta a muita conversação.

O almoço foi silencioso a maior parte do tempo e já estavam finalizando quando Lucas pegou a mão dela entre as suas.

– Não conhecia essa faceta sua. Preferiu remoer sua raiva ao invés de aproveitar a companhia mais que agradável. – Ela olhou fixamente para ele e disse:

– Não estou sendo a companhia que merece, tem razão. Posso tentar novamente à noite?

– Vou pensar e depois respondo. – Fingindo ares de ofendido.

– Doutor, perdoe essa jornalista mimada e pretenciosa, que só pensa em sua profissão ao invés de cuidar de quem realmente se importa com ela. – Dando-lhe um beijo.

– Isso muda o quadro. Vou perdoá-la se me prometer mais beijinhos.

– Muitos mais! – ambos já estavam descontraídos novamente.

– Quer que eu a deixe no seu apartamento?

– Vou aceitar. – Saíram abraçados, novamente observados por um homem próximo ao restaurante.

Lucas trabalhou toda a tarde e, no final do dia, recebeu um telefonema estranho. Alguém perguntando se ele recebera um envelope.

– Quem está falando? – perguntou ele curioso. Silêncio do outro lado, ouvindo apenas a respiração ofegante de alguém. – Quem é você e por que me enviou aquele celular?

– Então já sabe do que se trata? – nova pausa.

– O que isso tem a ver com Leila? – sua curiosidade o incentivava a fazer perguntas.

– Minha tarefa se encerrou quando você pegou o celular de Leila. O que fará com isso é com você! E com sua consciência! Ela me pediu que lhe entregasse e assim fiz!

– Você sabe o que tem na gravação? – novo silêncio.

– E o que importa? Agora terei que desaparecer e ninguém mais saberá de mim! Ela confiava em você, não a decepcione! Adeus! – e desligou o telefone.

Parecia a voz de uma mulher profundamente assustada. Jamais saberia quem era ela!

Ficou sentado em sua sala refletindo sobre os últimos eventos e a possibilidade de ver o próprio irmão envolvido em atos ilícitos. Por que tinha que ser assim? Sentiu-se impotente uma vez mais na vida. Desde criança, via o irmão como um ser profundamente infeliz, que agia de forma desleal e cruel por não conseguir encontrar a paz dentro de seu mundo íntimo. Ele era tão torturado! Queria tanto poder ajudá-lo! Mas isso ele jamais permitiu, preferindo o isolamento a qualquer aproximação! E por mais que fosse a vítima de suas armadilhas constantes, não conseguia odiá-lo em nenhum momento. Sentia-se responsável por ele e tudo faria para retirá-lo desse mundo sombrio! Algumas lágrimas afloraram e sentiu a ausência da mãe ao seu lado. Ela saberia o que fazer! Respirou fundo, pegou sua maleta e saiu ao encontro de Paula. Queria muito que a mãe a conhecesse! Sabia que gostaria dela!

Quando a encontrou, a primeira coisa que ela fez foi entregar-lhe algo.

– Veja o que acabei de receber! – conforme ele lia, um sorriso se delineou em seu rosto.

– Ora, ora, o que isso significa? – questionou ele ainda incrédulo.

– Que fui convidada para uma festa em sua casa. Sabia disso? – perguntou Paula.

– Estou tão surpreso quanto você! Eu jamais poderia supor que ele agisse de forma tão dissimulada! O que ele pretende? – uma sombra pairou em seu olhar.

– Exatamente isso que você está pensando. Se não consegue enfrentar seu inimigo, junte-se a ele. No caso, mantenha-o por perto!

— Existe algum interesse em sua presença nessa festa e, sinto lhe dizer, as intenções não são as mais favoráveis. Não gostaria que você se expusesse dessa forma. Estarão presentes muitos políticos, alguns não tão amigáveis como meu pai. — Ele ainda não compreendera o motivo de Tiago convidá-la.

— E estarão presentes muitos jornalistas também. Querem mostrar que são imparciais e que nada têm a esconder. Uma tática interessante de que não julgava que fossem capazes. Mas nada mais me surpreende na atual conjuntura. Temos apenas que estar atentos a cada jogada que perfazem. Que mal pode acontecer a uma petulante jornalista comparecer a uma festa? — perguntou ela envolvendo-o num abraço.

— Apenas porque não pretendo que outros homens coloquem seus olhos em você! Um dos meus defeitos é ser ciumento, acho que ainda não dei mostras.

— É um bom motivo, mas sinto lhe dizer que não perderei essa festa por nada nesse mundo. Vai ficar muito bravo comigo?

— Vou, mocinha. Não quero que Tiago lhe faça qualquer ofensa e por isso gostaria que repensasse esse convite. Podemos fazer outro programa, que acha da ideia? — ele tentava demovê-la de seus propósitos.

— Seu pai ficaria muito triste se você não comparecesse. Não vou decepcioná-lo. Vamos a essa festa, querido. Vai ser muito divertido, eu prometo! Bem, podemos decidir depois. Agora quero que me acompanhe a um lugar. — E saíram de mãos dadas. — Vou mostrar-lhe o caminho. Ela foi dando as orientações e, em alguns minutos, eles chegaram a um imponente prédio.

— Esse é o apartamento simples que seu pai lhe emprestou? — ela apenas sorriu.

O apartamento era em estilo clássico, com uma ampla sala decorada com móveis modernos e aconchegantes. Uma sacada que podia observar a cidade toda iluminada.

— Meus pais não moram aqui há alguns anos e precisei redecorar o lugar. Gostou?

– Uma decoração de muito bom gosto. Quando pretende se mudar? – perguntou ele sentando-se no confortável sofá.

– Faltam alguns detalhes, mas logo estará pronto. Aí não precisaremos ficar no hotel, que acha da ideia? – Paula o beijou com carinho.

– Adorei a ideia, desde que controle um pouco mais seu gênio indomável. Você estava intratável durante o almoço.

– Posso compensar agora, o que acha? – disse ela jogando-se sobre ele.

– Não é assim que funciona, Paula. – Ela se retraiu percebendo que ele estava falando sério. – Estou gostando muito de você, já lhe disse isso inúmeras vezes. Nossa vida profissional é intensa e estamos todo tempo sujeito a problemas de toda ordem. Você me disse outro dia que não gosta de misturar o lado profissional e o afetivo. Concordo plenamente. Hoje estava frustrada com algo referente a seu trabalho e tornou-se uma companhia não muito agradável, tenho de admitir. Imagine se a cada revés do meu trabalho, eu decidisse envolver você em minhas emoções? Não é isso que imagino para minha vida. Você é uma mulher sedutora e sabe como conquistar minha atenção com essas armas. Porém não gosto de me sentir manipulado. Me perdoe se a conversa não está no tom que desejaria.

Paula estava silenciosa, ouvindo cada palavra e assimilando a mensagem que ele lhe enviava. Sabia que ele estava certo em cada frase, por mais que desejasse negar.

– Você pegou fundo, doutor. Não conhecia essa sua habilidade! Me perdoe hoje à tarde, não tive a intenção de aborrecê-lo com meus problemas. Você estava lá apenas para me ver, me desculpe! Quanto a te seduzir, jamais me senti tão apaixonada assim! Só de pensar em te perder, sinto algo sufocando meu coração. Não é só desejo, é muito mais que algo puramente físico. Sinto tanto medo de que algo possa comprometer nossa relação que é recente, pelo pouco tempo que estamos juntos, mas que é intensa na conexão que se estabeleceu, provando que é algo que temos que fortalecer para jamais se perder. E quando estamos juntos, sinto-me protegida e amada. Não quero que isso se perca, jamais! – seus olhos estavam marejados e num impulso ele a abraçou. Sentia-se exatamente da mesma forma, só de imaginar a possibilidade de perdê-la, seu coração ficava em descompasso. Ficaram abraçados por muito tempo, até que ela lhe perguntou:

– Não quer mesmo que eu vá à festa de seu pai?

– Vamos falar disso amanhã, pode ser? Ainda não sei qual a intenção desse convite e preciso descobrir isso antes. – Nesse momento, seu celular tocou. Uma emergência no hospital e ele era requisitado. Ele disse que estaria lá em alguns minutos. Olhou para Paula, que sorriu e disse:

– Pode ir, doutor. Eu chamo um táxi. Vou ajeitar algumas coisas que chegaram de São Paulo e depois volto para o hotel. Vai salvar alguém! – levou-o até a porta quando seu próprio celular tocou. Ao ver quem era, atendeu prontamente, pedindo que Lucas esperasse um pouco. Enquanto ouvia a mensagem, foi ficando lívida com os olhos marejados. Ao final, perguntou: – Sim, sou sua amiga. Em que hospital ele está? – ao ouvir, seu olhar direcionou para o médico. – Sim, sei onde fica, estou indo para aí. – Desligou, pegou sua bolsa e disse: – Imagino que tenha sido chamado para uma emergência e posso imaginar quem seja. Posso ir com você? Como não existem coincidências na vida, creio que está indo pelo mesmo motivo que eu. – Lucas não estava compreendendo nada que ela falava, mas a aflição em que ela se encontrava o fez se calar. Deixaria as perguntas para depois.

– Vamos, no caminho você me conta. – Saíram apressados em direção ao hospital.

Um grave acidente ocorrera e a vítima necessitava de cuidados de um cirurgião. Lucas fora chamado para atendê-lo, mas sua surpresa foi saber de quem se tratava.

– Eu lhe disse que trabalho com outro jornalista, quem efetivamente investiga os fatos. Ele é muito competente no que faz e sempre trabalhamos juntos. Ele está aqui desde a semana passada investigando uma denúncia anônima envolvendo nomes da alta hierarquia política. O encontro frustrado da manhã refere-se a esse mesmo assunto. Faltavam algumas peças para entender esse quebra-cabeça e o informante da manhã nos traria essa peça. Porém desistiu de nos ajudar. – Fez uma pausa, pois as lágrimas já eram abundantes. – Júlio é um grande amigo, espero que não seja grave.

Lucas continuou calado, pois a informação era de que o caso apresentava extrema complexidade, por isso o chamaram. Decidiu não contar essa parte, para não a deixar ainda mais aflita. Nada é definitivo, assim aprendera ao longo da sua profissão. E seus conhecimentos acerca da Doutrina dos Espíritos confirmavam essa ideia. Cada criatura tem seu tempo de permanência aqui, visando realizar a programação que lhe cabe, fruto de suas escolhas. Sendo assim, somente partimos quando finalizamos nossas tarefas. Isso lhe auxiliava a compreender por que casos considerados simples levavam a óbito e outros, mais complexos, conseguiam ser tratados com eficiência.

Chegaram rapidamente ao hospital e Lucas foi direto ao centro cirúrgico, onde já o aguardavam. Pediu a Paula que ficasse calma e assim que possível, lhe traria notícias. Uma enfermeira se aproximou, fazendo algumas perguntas acerca da vítima.

Soube através dela que ele havia sofrido um grave acidente e foi trazido para lá. Paula perguntou acerca das coisas dele e ela informou que apenas sua carteira e celular o acompanharam até o hospital, daí a ligação feita a ela, pois era o único contato na cidade. A jovem enfermeira viu o quanto ela estava angustiada e perguntou se ele era seu namorado. Paula sorriu pensando que, em algum momento de sua vida, poderia ter sido. No entanto escolhera Cesar para seu companheiro. A amizade perdurou e trabalhavam bem juntos. Ele se casara e acabara de ter um filho. Teria que avisar Renata do acidente. Mas o que falaria a ela? Não sabia o que poderia acontecer. A jovem aguardava sua resposta:

— São namorados?

— Não, ele é apenas um colega de trabalho. Vou ligar para a esposa dele.

— Qualquer notícia, venho lhe informar.

— Agradeço! — fez a ligação para Renata e, dessa vez, não conseguiu controlar a emoção.

Ligou para o jornal, para que tomassem conhecimento e cuidassem do que fosse possível.

Seu chefe ouviu a notícia com desalento e fez a pergunta que ela relutava em aceitar:

— Acredita que possa não ter sido um acidente? — a tensão envolveu-os.

— É cedo para afirmar, Lobato. Esperemos que Júlio nos conte como tudo aconteceu. Ele está nas mãos do melhor cirurgião daqui. Qualquer notícia, eu te ligo.

As informações chegaram quatro horas após essa conversa. O próprio Lucas apareceu na sala, onde Paula já estava em total desespero.

— Como ele está? — perguntou ela vendo a expressão séria que ele oferecia.

— Seu caso é bem grave, mas conseguimos estabilizá-lo. Vamos aguardar que ele reaja favoravelmente. Vá descansar, ficarei por aqui e qualquer novidade eu te informo.

— Não, vou ficar aqui até que ele acorde. — Seus olhos estavam marejados.

— Isso pode demorar, querida. — E a abraçou, quando ela deu vazão a sua emoção. — Quer tomar um café? — perguntou ele. Paula assentiu e foram até a lanchonete, vazia àquela hora. Ela queria fazer tantas perguntas...

— Quando poderei vê-lo? Ficará bem? — ela olhava fixamente para ele.

— Ele está sedado e não posso lhe afirmar quando irá acordar. Temos que esperar, Paula. Vá descansar, será tolice permanecer por aqui. Fizemos tudo ao nosso alcance. Ele é jovem e tem todas as chances de se recuperar. — Tentava acalmá-la.

— Não vou conseguir dormir sabendo que ele está entre a vida e a morte. Vou ficar aqui pelo tempo que for preciso.

— Não confia em mim? — ele a olhava com a expressão séria.

— Em você, sim. Mas... — e de súbito se calou.

— O que está pretendendo me dizer? — dessa vez foi ele a ficar curioso.

— A enfermeira me disse que ele sofreu um acidente de carro. Júlio é um cara muito cauteloso, além de ser um motorista habilidoso. E se não tiver sido um acidente?

— Acidentes ocorrem inclusive com bons motoristas. Ele estava utilizando cinto de segurança, corroborando a ideia de ser cauteloso. O que acredita ter sido? Um atentado ou coisa assim? Dessa vez serei eu a dizer que está assistindo a muitos filmes policiais, mocinha.

— Você ainda não tem ideia de quem são esses que estamos investigando e do que são capazes de fazer. Por acaso crê que todos sejam inocentes? — perguntou ela.

— Não, mas entre supor isso e que sejam criminosos, creio que exista uma grande distância, não acha? Pare com essas ideias, querida. Você precisa relaxar um pouco. Vou pedir que fiquem atentos e que não deixem ninguém, senão eu, entrar na unidade de terapia intensiva. Ficarei por perto, prometo. Agora, vá descansar.

— Só se me prometer que me dará notícias assim que as tiver.

— Promessa feita. Vamos! — e levou-a até a saída. Ela o beijou e saiu.

O quadro do paciente inspirava muitos cuidados e Lucas permaneceu por perto. Estava acostumado a ficar acordado pelo tempo necessário. Ficou no seu consultório e pediu que o chamassem caso ele acordasse. Passava do meio dia quando um residente o procurou.

Contra todas as expectativas, o paciente estava acordado.

Lucas encontrou-o com os olhos abertos e ele pode ver o temor estampado em seu olhar.

– Júlio, está se sentindo melhor? – perguntou enquanto examinava-o.

– Em que hospital eu estou? Preciso que chame alguém para mim! – disse ele com a voz ainda fraca. Conforme falava, contraía o semblante. – Parece que choquei com um caminhão. Tudo dói!

– Além de algumas fraturas, você perdeu muito sangue, então sentir-se assim faz parte do quadro. Estava em alta velocidade? – perguntou casualmente.

– Estava tentando fugir de alguém. – E se calou. – Sou um jornalista e preciso falar com uma pessoa. Pode pedir que ela venha aqui?

– Ela estava aqui até poucas horas atrás. Está se referindo a Paula, não? – perguntou Lucas encarando-o firmemente.

– Sabe quem é ela? Chame-a para mim, por favor. Tenho que lhe revelar algo. – Os sinais começaram a se alterar.

– Peço que fique calmo, para seu próprio bem. Vou chamá-la se me prometer não se exaltar. Seu caso ainda é delicado, Júlio.

– Como sabe quem eu sou?

– Paula, depois, te explica. – Com um sorriso, saiu de lá. Ligou no mesmo instante para ela, pedindo que fosse até lá. Meia hora depois, os dois jornalistas estavam conversando sob a supervisão atenta de Lucas.

– Júlio querido, como isso foi acontecer?

– Onde estão minhas coisas? – foi a primeira pergunta. E, pela expressão de Paula, percebeu que realmente o perseguiam naquela estrada. Olhou o médico com desconfiança, mas ela sorriu:

152   SEMPRE EXISTE UM CAMINHO

– Não se preocupe com Lucas. Nele você pode confiar. Depois, eu te explico. – E olhou com carinho para o médico. – Quando aqui cheguei, me entregaram seus pertences: sua carteira e celular. Perguntei se havia algo mais, mas disseram que encontraram apenas isso com você. O que realmente aconteceu? – ele relatou todos os fatos do dia anterior.

Lucas ouviu atentamente, sentindo seu corpo estremecer conforme o relato prosseguia. Júlio retornava para Belo Horizonte quando se viu perseguido por outro carro, que tentou jogá-lo para fora da estrada. Ele não se lembrava de mais nada!

– Seu computador? – questionou ela apreensiva.

– Já era, Paula. – Mas ela pôde ver um sorriso em seu rosto. – Porém nem tudo está perdido. Antes de sair, enviei para Lobato todos os dados que eu coletei. Pensei em te enviar, mas seria colocá-la em perigo também. – Com um olhar vitorioso, concluiu: – Eles pensam que são muito espertos! A essa hora, devem estar cantando vitória. E você, Paula, será melhor fazer uma pausa nas investigações. Deixe que pensem que todos os dados foram perdidos. Sei que Lobato saberá o que fazer com o material. Agora, cuide-se, menina! Não quero que nada de mal lhe aconteça, entendeu bem? – disse segurando a mão dela com carinho.

– Agradeço sua preocupação, Júlio. E acabei de falar com Renata. Ela o intimou a ficar bem e voltar para casa, senão ela mesma vem aqui te buscar.

– Agora, vamos deixá-lo descansar. – Lucas e Paula saíram do quarto.

Capítulo 14

LEMBRANÇAS DO PASSADO

Assim que saíram do quarto, Lucas disse a Paula:

– Você ouviu o que ele falou? Afaste-se por um tempo dessa investigação. Se o que ele disse é verdade, você também corre perigo. – Fez a pergunta que tanto temia: – Meu pai está envolvido nessa investigação?

– Não me faça perguntas difíceis, querido. Eu não posso afirmar categoricamente que ele não esteja. Disse que se tratava de um grupo de políticos e seu pai pode estar entre eles. Estou sendo honesta com você, pois se eu tivesse provas de que ele estivesse encrencado, eu lhe diria. Porém as investigações caminharam para um determinado foco, num ramo diverso de seu pai. Estamos ainda no início dessa investigação, Lucas. Aliás, creio que Lobato irá fazer uma pausa estratégica enquanto planeja novas ofensivas. Ele é obstinado e não desiste facilmente de seus projetos.

– Então agirá de acordo com o que ele propôs? – ele sabia que Paula era tão tinhosa quanto o chefe e temia pela sua integridade física.

– Vou avaliar com critério! – ela sorriu, deixando no ar a resposta.

– Não seria mais conveniente e seguro permanecer no hotel? – perguntou o médico.

– Já lhe disse que sou cuidadosa, Lucas. Não se preocupe comigo. Quero apenas lhe pedir um favor. – Ficou em silêncio e o encarou fixamente antes de prosseguir: – Agora mais do que nunca, pretendo ir a essa festa. Você se opõe a que eu vá? – perguntou.

– Com qual intuito? O de afrontar os que lá estarão? Você não precisa usar desse subterfúgio, Paula. – Havia tensão em sua voz, como se pressentisse que seria perigoso essa exposição.

– Não pretendo afrontá-los, apenas confrontá-los. Existe uma grande diferença, Lucas. Quero que saibam que não os temo. Apenas isso. Prometo me comportar e não o deixarei sozinho um instante sequer. Você poderá comprovar que estou indo por diversão. Meu único intuito, querido. – Ofereceu um sorriso maroto.

– Vou tentar acreditar nessa sua tese. Agora, preciso voltar às minhas tarefas e depois preciso de uma confortável cama. – Estava exausto e sem dormir desde o dia anterior.

– Eu também. Nos vemos amanhã, combinado? De qualquer forma, amanhã venho visitar nosso paciente. – Beijou-o e foi embora.

Quando Lucas chegou em casa, teve uma surpresa. O pai e o irmão lá se encontravam.

– Ninguém trabalha mais em Brasília? – perguntou de forma mordaz.

– Também estou feliz em te ver, filho. Está com uma cara horrível, precisa dormir de vez em quando. Trabalha demais. – disse o pai abraçando-o com carinho, como se a última conversa não tivesse existido.

— Tudo bem? A propósito, ainda não consegui entender o motivo de convidar Paula para sua festa. Em nossa última conversa, você a descreveu como uma pessoa desprezível, uma viciada ou até uma traficante. Por que a convidou para sua festa se assim a considera? – a pergunta foi direta.

— Creio que lhe deva desculpas, Lucas. Fui um tanto quanto leviano em falar todas aquelas coisas acerca dessa jornalista. Não conheço sua vida pessoal e não posso aventar coisas sobre ela as quais são apenas rumores. Jamais fui inconsequente em minhas avaliações e sinto que dessa vez extrapolei. Posso não aprovar seus métodos como jornalista, mas não posso denegrir sua imagem dessa forma. As fotos que foram tiradas no passado referem-se ao marido dela morto há algumas semanas de overdose. Um fato lamentável e o qual apuramos nesta semana. Sugerir que ela tenha as mesmas condutas seria irreflexão de minha parte. Procuro pautar minha vida dentro da verdade e da sobriedade. Por esse motivo pedi a seu irmão que a convidasse. Sei que está saindo com ela e por que não oferecer um gesto de paz? Faço isso por você, meu filho. Não posso falar sobre alguém que desconheço, então será uma boa oportunidade para conhecê-la, não acha? – o pai parecia sincero em suas colocações, mas sentia algo estranho que ainda não conseguia detectar. Tiago estava silencioso, apenas observando.

— Vou confiar em você, pai. Só espero que não seja uma oportunidade de colocá-la em meio aos leões. Saiba que estarei ao seu lado todo instante e qualquer sinal de uma exposição indevida, ficarei muito contrariado.

— Não confia em seu pai? – o abraçou com carinho. Às vezes Lucas pensava se aquelas demonstrações afetivas eram sinceras! Ele era um político, acostumado a agir conforme a situação exigia.

— Vou confiar! – olhou o irmão com firmeza. – Boa noite, Tiago. Quanto a você, espero que se mantenha distante dela. – Antes que ele respondesse, saiu da sala, sem ouvir a sua resposta:

— É o que veremos! – havia um brilho estranho em seus olhos.

— Não quero problemas nessa noite, compreendeu? Será um grande evento e não quero que nada o macule. Ela estará por perto e podemos conhecê-la melhor, isso é o que importa. Não se esqueça de que seu irmão está apaixonado por ela. Talvez possamos trazê-la para nosso lado. Quem pode saber? Ela e o outro jornalista não podem chegar mais perto do esquema do que já chegaram. Não consigo entender por que agem assim! Estamos fazendo um grande bem para o país e, no entanto, pretendem que sejamos acusados de criminosos! Uma grande injustiça! Não disseminamos o mal em hipótese alguma, apenas obtemos ou proporcionamos algumas vantagens! Que mal há nisso? É natural aquele que beneficia alguém, receba algo como recompensa. Será isso um sacrilégio? – ele realmente acreditava em seu discurso, como contrariá-lo?

— Fique tranquilo, papai. Nada farei para colocar essa jovem em situação constrangedora, a não ser que você me sinalize. – Fixou seu olhar no do pai. – Talvez uma discreta conversa não seja assim tão aviltante.

— Não faça nada que não seja necessário. Que isso fique claro!

O final de semana se aproximou e os ânimos pareciam calmos. Rebeca organizou a festa com toda dedicação juntamente com uma equipe. Tudo deveria estar perfeito.

Júlio se recuperava lentamente do acidente e sua esposa já estava na cidade, aguardando seu quadro melhorar para que pudesse ser transferido para São Paulo. Paula visitara-o questionando-o sobre o material que enviara a Lobato. Por mais que ele lhe solicitasse distância dessa investigação, Paula dizia que saberia ser discreta, mas que daria continuidade. Já conversara sobre isso com o chefe que lhe dera o aval necessário.

A festa seria no sábado, quando ela decidiu mudar-se para seu apartamento. Fechou a conta no hotel e disse a Lucas que a buscasse em seu novo endereço.

Quando a viu, não pôde deixar de fazer o comentário:

– Está deslumbrante! Será a mulher mais linda da festa! – e a abraçou, dizendo em seu ouvido: – Mas é minha!

– Exatamente, querido! Não esqueci o que lhe prometi. Vamos!

Raquel foi a primeira a cumprimentar Paula.

– Seja bem-vinda, Paula. É um prazer tê-la aqui nesta data especial. Rebeca, essa é Paula. Lembra-se dela?

– Faz muito tempo, mas continua uma jovem linda. Fique à vontade! – neste momento, Ronaldo se aproximou e disse-lhe:

– Seja bem-vinda, minha jovem. Sinta-se em sua casa. Espero apenas que esta noite seja voltada somente para o lazer e diversão. Deixemos do lado de fora da casa nosso trabalho profissional! – beijou delicadamente sua mão.

Paula entendeu a mensagem e sorriu:

– Parabéns, senhor deputado. Desejo felicidades e paz em seu caminho! É uma noite de festa! Não devemos conturbá-la com problemas alheios a isso.

– Fique à vontade, Paula. Lucas, cuide para que nada lhe falte. Com licença! – e saiu a cumprimentar outros convidados.

– Sei de quem herdou todo esse charme. Seu pai é encantador! – brincou ela.

– Está sendo irônica ou o quê? – perguntou o médico.

– Estou falando a verdade, entendo agora o que um político necessita possuir. Carisma! E isso seu pai tem! Além de um forte poder de sedução!

– Até exagera nesse quesito. Veremos quem será a jovem candidata a aspirante a sua esposa! Já foram tantas que já perdi a conta. Minha irmã o intimou a ser mais seletivo na escolha da sua futura esposa e parece que ele atendeu a seu pedido. Vamos, quero que esqueça seus problemas nesta noite. – Levou-a para o jardim, onde uma música suave deixava o ambiente em perfeita harmonia.

Os políticos desfilavam próximos a eles e Paula comentava sobre cada um que passava por perto. Num dado momento, Lucas a interrompeu:

— Paula querida, não me interessa quem eles sejam, se são honestos ou desonestos, se cumprem o que prometeram. Todos responderão, um dia, por suas ações favoráveis ou não. Se esquecerem seu propósito maior que é cuidar do povo, também irão arcar com o ônus de suas escolhas. Na verdade, ninguém sai impune, apesar de acreditarem nessa possibilidade. Podemos ocultar de todos a nossa real essência, mas jamais esconderemos de Deus quem realmente somos. Apesar de você acreditar que tudo isso é uma grande injustiça aos nossos olhos imperfeitos, tudo está nos planos Dele . Sua justiça jamais falha. Talvez por isso essas questões são para mim insignificantes. Veja bem, não estou desconsiderando seu trabalho em momento algum. Sei da importância de interromper esse ciclo de corrupção que hoje impera, impedindo que o bem prevaleça. Porém tudo tem seu tempo certo aos olhos do Pai Maior. Essa urgência em ver cada um quitando suas dívidas perante a sociedade não seria desacreditar na Justiça Divina? — ele falava pausadamente envolto numa luz intensa. Paula ficou a observá-lo atentamente. Sabia que sua tese não era totalmente sem fundamento, no entanto era idealista e acreditava na justiça dos homens, mesmo considerando que um poder superior a tudo comandava.

— Você é uma pessoa pura e admiro suas posturas nobres. Tenho ainda um longo caminho a percorrer no sentido de minha evolução. Você está muito acima de mim, querido! Quem sabe ao seu lado eu consigo aprender um pouco mais? — Havia tanta admiração em seu olhar que ele se emocionou. — Tenho tanto a aprender com você! — e o beijou.

— Pare de falar assim! Não sou nada disso, apenas aprendi a valorizar as coisas que são importantes realmente. Não espero algo que o outro ainda não tem condições de oferecer. Eu sou assim e muitos vão dizer que sou simplório, tolo. Talvez seja! – e deu uma risada.

– Não é nada disso! Você é um homem como poucos! Adorável e inteligente! E agora vou cessar os elogios, pois não pretendo envaidecê-lo ainda mais! – ele a abraçou e disse-lhe:

– Você é uma mulher como poucas, devolvo o elogio. E estou cada dia mais apaixonado por você! – Tiago, à distância, observava o casal apaixonado. Paula não podia ser dele! Tentava controlar a raiva, mas era uma tarefa inglória. Isso ainda iria se modificar, de uma forma ou de outra!

Raquel estava atenta a Tiago, pensando naquela gravação. Prometera a Lucas que nada faria por enquanto. Eduardo estava ao seu lado e perguntou:

– O que se passa nessa cabecinha? Não deu um sorriso para mim, parece que não sentiu saudades minhas. Fiquei fora duas semanas, depois você viajou também e agora que podemos ficar juntos, simplesmente me ignora.

– Querido, tem tanta coisa que gostaria de te contar, mas ainda não é o momento.

– Quanto mistério! Vai esconder até quando de mim? – disse ele sério.

– Edu querido, não quero envolvê-lo em questões familiares. Além do que é para sua própria segurança não saber o que se passa sob nossos olhos. – Ela temia o que o irmão poderia fazer contra ela e o namorado. – Vamos dançar? – puxou-o para a pista improvisada no gramado.

Em dado momento, Ronaldo chamou Lucas:

– Vou precisar dele apenas alguns minutos, Paula. Já o trago de volta! – ela sorriu e continuou sentada à mesa. Foi neste momento que Tiago apareceu.

– Está gostando da festa? – perguntou ele sentando-se ao seu lado. Paula sentiu-se desconfortável com a presença, mas sorriu procurando se controlar.

– Tudo está maravilhoso! São excelentes anfitriões. – disse gentilmente.

– Minha tia Rebeca cuidou de tudo com excelência, tenho de admitir. Quer dançar? – ele a encarava com aqueles olhos profundos, que a deixou impaciente.

– Agradeço, Tiago, mas prefiro esperar Lucas. – Tentava disfarçar seu desagrado com a presença dele ao seu lado. – Tem muitas mulheres disponíveis, tenho certeza de que muitas estão apenas esperando seu convite.

– Não quero dançar com ninguém, senão você. – E pegou sua mão. Paula tentava se desvencilhar, mas ele a segurava com força. – Do que tem medo?

– Peço que solte minha mão. E não tenho medo de você, se é o que pensa. Apenas não quero estar ao seu lado. Creio que isso você não poderá impedir. – Ela se soltou bruscamente. – Agora, se me permite, vou ao toalete.

– Ainda não terminei, Paula. Quero apenas te dar um aviso: eu já tirei você dele uma vez e posso fazer isso novamente. – Continuou encarando-a fixamente. – Espero que tenha entendido o recado. – Neste momento, algo estranho ocorreu e ela pressentiu já ter vivido isso anteriormente, sentindo seu coração em total descompasso. Era uma outra época, um outro tempo, mas era ele a sua frente com o mesmo olhar desafiador, tentando dissuadi-la de algo. Ficou com as pernas bambas e se apoiou na cadeira para não cair. O que ele estava tentando fazer com ela? Intimidá-la? Queria fugir dali o mais rápido possível, porém a força do olhar dele a retinha ali, sem ação. Num gesto de autocontrole, respirou fundo, sentindo-se novamente no comando. Foi quando ele finalizou: – E cuidado com o que fala, tenho ouvidos por toda a parte.

– Não tenho medo de ameaças. Fique longe de mim! – ele pegou sua mão novamente e beijou-a com delicadeza.

– Aproveite a festa! – saiu deixando Paula completamente sem ação. Foi assim que Lucas a encontrou.

— Está tudo bem? Vi Tiago por perto, ele a perturbou? – seu semblante estava contraído e a jornalista percebeu que seria mais prudente nada relatar do ocorrido.

— Ele estava insistindo para dançar comigo, apenas isso. E, logicamente, não aprecia uma recusa. Quero apenas dançar com o melhor bailarino da festa. Vamos? – ele não estava satisfeito com o que acabara de ouvir, mas decidiu não se abalar com Tiago.

— Vamos! A noite está apenas começando e você está deslumbrante! Quero que todos sintam inveja de mim! – disse ele rindo.

— Que coisa deplorável ouvir isso de você! Jamais esperei essa atitude de sua parte! Causar inveja? Estou decepcionada! – disse ela beijando-o apaixonadamente.

— Com você, me esqueço de quase tudo! Vamos?

A noite foi perfeita para todos. Ou, pelo menos, quase todos. Para Ronaldo, que conseguiu alguns acordos interessantes visando sua futura candidatura. Para Lucas e Paula, que dançaram por quase toda a madrugada, finalizando a noite no apartamento dela. Para Rebeca, que, discretamente, conversou com alguns amigos empresários, descobrindo coisas importantes. Apenas não foi para Tiago!

Ele estava exasperado, com o olhar sinistro, como se a festa tivesse sido repleta de eventos calamitosos. Terminou a noite sentado sozinho no jardim, segurando uma taça de vinho. Todos já haviam se recolhido e ele permaneceu lá até o dia amanhecer. Precisava refletir em tudo que estava sucedendo. A presença de Paula o incomodava sobremaneira e não conseguia entender se era apenas pelo perigo que representava. Algo em seu olhar o atraía e o perturbava! Jamais sentira-se assim em frente a uma mulher! Uma voz em sua cabeça o alertava a todo instante de que ela era perigosa, mais do que podia conceber. Vê-la ao lado do irmão, ambos de olhares apaixonados, o fazia querer destruir essa relação existente. Não queria que o irmão o sobrepujasse em hipótese alguma! Não iria permitir que isso acontecesse!

Ele tiraria Paula dele, era apenas questão de tempo! De um jeito ou de outro! No entanto a simples ideia de usar artifícios escusos contra ela não o deixava confortável. Estaria ele se tornando um fraco?

Aquela voz martelava em sua cabeça insinuando que ele não poderia falhar! Em alguns momentos não compreendia o que se passava. Jamais teve escrúpulos, usando de todos os recursos para conseguir o que almejava. E por que aquela voz lhe dizia para não falhar? Uma fúria assomou e jogou a taça com toda força ao chão! Levantou-se e pulou na piscina do jeito que estava. A água fria àquela hora da manhã teve o efeito de reequilibrar seus pensamentos tão confusos. Não poderia colocar tudo a perder, não agora que já tinham conquistado tantas vitórias!

Átila, jungido a ele, procurava de todas as formas mantê-lo conectado aos seus pensamentos. Tiago não poderia fraquejar justamente agora! Não permitiria! Aquela jovem estava tentando atrapalhar seus planos e teriam que rever seus passos. Quem era aquela mulher tão poderosa? Ela também lhe parecia familiar, mas quem era ela? Por que não conseguia se lembrar? A fúria de Tiago atingiu a ele também! A maldade estampou-se em seu olhar e ele decidiu voltar ao seu mundo!

Clóvis chamara Celeste para que pudessem reavaliar os caminhos a seguir. A situação poderia se tornar mais complexa com a proximidade de Paula. Lucas a protegeria das garras de Tiago até quando?

— *Meu amigo, não podemos interferir na dinâmica da vida. Esse encontro estava previsto tempos atrás. Todos os personagens daquele fatídico evento teriam que rever suas condutas de passado, visando o reequilíbrio das emoções tão desgastadas. Infelizmente, a postura de Átila recusando-se a retornar nas condições estabelecidas comprometeu muito mais a ele próprio.* — disse Celeste pausadamente.

— *Seria humilhante os termos a ele oferecidos, mesmo compreendendo que era a única maneira dele responder ao tribunal da vida. Sabíamos que essa condição imposta não seria aceita por ele. A vinda dos dois irmãos juntos já foi fato surpreendente.*

— Tiago aceitou com a condição de se ver livre do pagamento por sua leviandade, causadora dos trágicos eventos. Porém ele se dispôs a atuar de forma ética dessa vez, o que não vem ocorrendo, muito mais pela sua fraqueza moral do que pela presença ostensiva de Átila ao seu lado. Ele está fraquejando em sua tarefa, e essa condição o está perturbando. Sua consciência clama por reparação, mas suas mazelas morais o impedem de observar o mundo com os olhos da humildade. Seu orgulho ainda prevalece e supera todas as iniciativas íntimas de se reformular. A presença familiar, que poderia conduzi-lo a caminhos menos sombrios, é desprezada por ele! Um quadro difícil, meu amigo! Porém, como nada é impossível aos olhos do Pai, aguardemos os novos eventos que estão fadados a acontecer. Ele será testado e seu poder temporário, colocado em xeque. Infelizmente, muitos irmãos almejam esse atemporal poder! — os dois espíritos saíram de lá levando a esperança em seus corações.

Capítulo 15

JOGO SUJO

A semana iniciou contabilizando alguns problemas para Ronaldo e Tiago. Antes de viajarem para Brasília, o domicílio de ambos, Rebeca os chamou para uma conversa. Raquel estava presente na sala, quando eles chegaram.

— A partir de agora, Raquel estará ao meu lado na administração de nossos bens. Ela tem se mostrado interessada nas questões que nenhum de vocês esteve à frente: cuidar das fazendas e dos interesses ligados a elas. Sua formação já foi efetuada com essa finalidade, demonstrando seu real interesse pelo que somos. Abstrair as ideias de nossos antepassados, os verdadeiros geradores de nosso patrimônio, jamais esteve em meus planos. No entanto, vivemos tempos competitivos e isso precisa ser encarado com seriedade e certa flexibilidade. Raquel ainda é uma novata, mas tem sido uma aluna atenta aos meus ensinamentos.

Suas viagens sempre foram propositais, visando cuidar de algum entrave ou resolver qualquer pendência específica. E ela se portou de forma eficiente. – Fez uma pausa e direcionou um olhar carregado de afeto. – Sei que Luiza entenderá, mas Raquel se parece demais comigo e tenho por ela o amor de uma filha legítima. E sendo assim, estou comunicando que ela fará parte do conselho administrativo, coisa que ambos se recusaram no passado e que Lucas pouco interesse tem. Estou passando a ela todo meu conhecimento, pois será a nova gestora quando eu não mais aqui estiver. Com relação a criação do fundo que ambos solicitaram, no momento é inviável, pois estamos descapitalizados em decorrência das altas quantias cedidas durante este ano. Analisando a questão de forma profissional, ainda aguardo os relatórios referentes à destinação desse valor, coisa que Tiago se prontificou a me ceder, não é meu querido? – o olhar frio que ele lhe direcionou mostrou a Rebeca a insatisfação perante o discurso realizado. Ele encarou-a e apenas assentiu. – Portanto, meu irmão, sugiro que recorra a outras fontes se necessita dessa quantia com urgência.

Ronaldo estava furioso com as palavras da irmã, revendo as contribuições tão necessárias. O dinheiro era utilizado para comprar apoio e outras medidas tão comuns em seu meio político. Conversara com alguns companheiros de partido e a situação estava complexa para muitos deles. Diversas investigações estavam sendo realizadas pela justiça e isso fez com que muitos temessem as possíveis implicações de seus nomes. Mesmo assim, alguns eram audaciosos, desprezando o perigo eminente, persistindo em suas posturas. Consideravam-se superiores às leis, ignorando os sinais que elas estavam oferecendo. Nada temiam e, por esse motivo, acreditavam que a justiça jamais os atingiria. Ronaldo era um dos que assim pensava e manifestou seu apoio a esse temerário grupo. Sabia, no entanto, que essa situação de míngua de recursos seria algo fatal para seus planos. Teriam que rever estratégias e Tiago seria requisitado para colocar todos os seus interesses como prioridade do partido. Rebeca estava sendo intransigente em excesso. Ela parecia ter conhecimento de algo. Olhou para o filho que mentalmente sinalizou que deveriam ficar em silêncio.

— Bem, se essa situação é incontornável no momento, nada posso fazer senão acatar sua decisão, lembrando-a de que ainda represento nossa família e os interesses dela. Caso necessite de recursos extras, iremos nos reunir novamente. — E dirigindo-se à filha, seu olhar se enterneceu. — Fico feliz por seu empenho, Raquel. Reconheço seu valor, peço, apenas, que faça um excelente trabalho. Mire-se em Rebeca!

A jovem agradeceu a confiança do pai e dirigindo-se ao irmão:

— Espero que isso não o tenha perturbado além da conta. Foi você que sempre recusou um trabalho normal, cuidando dos interesses da sua família.

— Não sei a que você se refere. Caso pensa que a advocacia não se integra no rol das funções normais? Sou um representante da lei e exerço meu trabalho da mesma maneira que você ou Lucas! — ele estava profundamente irritado. Raquel aprendera com ele todas as táticas para enfurecer ao outro.

— Quis salientar que você tinha tanto a ver com a administração do nosso patrimônio quanto eu, mas preferiu, assim como o papai, a política. Porém essa escolha lhe pertence e nada tenho com isso.

— Exatamente! Não me envolvo com seu trabalho e você, com o meu. Assim, podemos viver em harmonia. — Ofereceu um sorriso mordaz.

— Certamente! — ela devolveu no mesmo tom.

— Bem, creio que tudo ficou esclarecido e agora preciso ir para o trabalho. Desejo-lhes uma proveitosa semana. Vamos, Raquel, tenho muito a lhe passar. — As duas saíram, deixando os dois homens silenciosos na sala.

– Isso poderá complicar meus planos. – disse o pai.

– Não, se eu puder evitar. Não queria usar esse recurso, mas...

– No que está pensando? – perguntou o pai curioso. – Não quero que faça nada que possa ser considerado aviltante. Recorrer a minha parte da herança, definitivamente, não pretendo. Não colocarei meus pais nessa situação. Encontre outra maneira! – o olhar de Tiago estava sombrio e isso o assustou.

– Calma, papai. Nem tudo necessita ser a base da força. Não se esqueça de que tenho parte da herança de mamãe. Conversei com o advogado da família, o mesmo que tem depositado quantias mensais para nós três. Sei que existe uma cláusula que pode ser negociável. Não estaremos usurpando a herança de meus irmãos, nem tampouco efetuando nada ilícito. Apenas antecipando algo. Resta apenas um irmão de mamãe, que, pelo que sei, tem feito tudo para dilapidar o que temos. Esses fatos me foram relatados por esse advogado que está passando por um momento difícil. – Seu olhar se iluminou. – Ele me procurou aventando a possibilidade de interditar meu tio, para que ele se contenha. Essa informação valiosa tem um preço e eu aceitei pagar. – Havia triunfo em seu olhar. – Tio Alfredo será destituído de sua condição de cuidar dos nossos interesses, passando esse papel para mim, um advogado honesto, respeitável e, principalmente, rico. Que interesse teria em não cuidar, com eficiência, do patrimônio dos meus irmãos?

Ronaldo olhava o filho com admiração. Ele era muito sagaz, tinha de admitir.

– Então estamos novamente reabastecidos pelo que acabou de me contar. – disse o pai com um sorriso de satisfação.

– Resta apenas seguir alguns trâmites legais que podem levar algumas semanas. Tio Alfredo será notificado para dar as explicações cabíveis para os excessivos e abusivos dispêndios à justiça. Seu sobrinho, eu no caso, foi notificado e decidiu fazer uma intervenção legal. Tudo dentro dos padrões normais.

Como herdeiro, eu tinha que fazer algo! – um sorriso sarcástico se delineou em seu rosto.

– Avise-me quando tudo estiver solucionado. Alfredo não irá aceitar sua interdição e precisamos estar preparados para sua ofensiva. – Havia certa tensão no olhar. Não queria indispor-se com o cunhado, mas talvez fosse a única alternativa possível.

– Eu já cuidei de tudo, papai. Não se preocupe com isso! – decidiu não relatar sua estratégia para que juiz algum pudesse negar seu pedido.

Os dias se passaram...

Lucas praticamente se mudara para o apartamento de Paula, que continuava, de forma discreta, com a investigação que seu companheiro interrompera. Júlio já se transferira para um hospital em São Paulo e, a pedido de Lobato, o editor-chefe, decidiu não fazer uma denúncia sobre o ocorrido. A polícia conversou com ele sobre o acidente e o jornalista apenas fez ocorrência sobre o roubo do computador, coisa difícil de se apurar. Bem, pelo menos foi a resposta dos investigadores. Júlio, no entanto, tinha uma forma de saber o paradeiro de seu objeto de trabalho. Mas antes, conforme a orientação de seu chefe, precisava se recuperar. Seria uma pausa estratégica, para que os agressores pensassem que tudo estava seguro. Assim teriam mais tempo para prosseguir com as investigações. A impunidade era algo que eles não poderiam mais admitir! E tudo fariam para denunciar os envolvidos! Com muita discrição e cautela, Paula continuou o trabalho que Júlio iniciara meses atrás. Preferiu não relatar a Lucas, pois ele lhe pedira que se afastasse do problema e ela, aparentemente, acatara.

Dias depois, Rebeca recebeu uma ligação que a deixou transtornada. Pediu a presença dos dois irmãos, que estavam curiosos com a repentina convocação.

– O que aconteceu dessa vez, minha tia? – perguntou Lucas com a tensão na voz.

— Recebi um telefonema de seu tio Alfredo, irmão de sua mãe. O que ele me contou deixou-me em pânico. — Suas feições estavam carregadas.

— Fale logo, titia, estou começando a ficar apavorada. — Raquel lembrava-se da gravação que estava em poder do irmão. Teria ela descoberto algo?

— Seu tio foi destituído de suas funções como administrador dos bens de sua família. Obra de Tiago. — Neste momento, os dois irmãos se entreolharam.

— Qual a alegação de meu irmão? — questionou Lucas.

— A de que ele estava comprometendo o patrimônio, que também lhes pertence, com gastos desmedidos. E a ação foi deferida pelo juiz, passando a seu irmão a administração dos bens de hoje em diante. — Rebeca estava muito abalada com a notícia.

— E isso realmente estava ocorrendo ou foi uma armação de Tiago? — Lucas estava muito contrariado. — O que tio Alfredo lhe contou?

— Você o conhece melhor do que eu, querido. Sabe de sua vida de luxo e gastos com mulheres. Tem sido assim desde a separação de Claudia. Porém não creio que nada tenha sido excessivo. Uma armação? Não posso afirmar. Alfredo está deprimido com essa resolução e me ligou relatando o fato. Queria saber se esta decisão havia sido em comum acordo entre os irmãos. Vocês tinham conhecimento das intenções de seu irmão?

— Não! — disse Lucas de forma taxativa. — Não entendo nada de leis, mas ele poderia ter destituído tio Alfredo de suas funções sem nos consultar?

— Ele disse que seu advogado o havia alertado sobre essa possibilidade, mas que ele julgava impossível de ocorrer, afinal, ele é o único herdeiro direto. Tal foi a sua surpresa, quando ontem tudo foi decidido. Achou célere demais e julga ter sido assim por algum motivo, que, eu creio, seja desnecessário falar. — Havia um grande pesar em suas palavras.

O silêncio imperou por alguns instantes, quando Raquel perguntou:

— Isso pode ser revertido se alegarmos não concordar?

— E de que isso valeria? Reverter a decisão do juiz não deve ser algo fácil de se obter, especialmente quando temos Tiago como oponente. Esse menino está cada dia tornando sua vida mais difícil. As cobranças por seus atos ilícitos hão de chegar! — referindo-se ao sobrinho. — Tenho tentado de todas as formas alertá-lo quanto as suas ações, mas a política o seduziu de tal forma que nada mais lhe importa a não ser o poder. Mas qual a legitimidade desse poder quando se utiliza métodos pouco ortodoxos? Não tenho tido bons pressentimentos quanto ao futuro. E não pretendo ter nosso nome ligado a eventos de natureza ilegal. O cerco tem se fechado! — havia algo subentendido em seu discurso, que os dois irmãos novamente se entreolharam, pensando se deviam ou não contar a ela sobre a gravação. Raquel esperou o aval de Lucas, que não aconteceu, decidindo permanecer calada.

— Então o que faremos mediante o que acabou de nos contar? — perguntou o médico.

— Não sei, meus queridos. Infelizmente, é uma situação delicada que teriam que tomar ciência. Nada posso fazer para resolver essa questão. Peço apenas que falem com seu tio, que deve estar muito abalado com tudo, mesmo ele afirmando que Tiago o acalmou dizendo que apenas ele cuidaria das finanças dali em diante. Receberia a quantia necessária para todos os seus gastos e nada se alteraria. Disse que seria generoso como ele havia sido com eles, filhos de sua irmã. No entanto senti muita mágoa em sua voz, talvez por ser tudo realizado na surdina por Tiago e o próprio advogado que o assessorava. Deve estar sensibilizado pela traição de que foi vítima. Mas conhecemos seu irmão! Nada que uma considerável quantia não pudesse comprar o tal advogado. O jogo que ele costuma fazer! Isso me deixa enojada, principalmente por Tiago estar envolvido nessa tramoia. Bem, era esse o assunto que me fez chamá-los.

— Acredita que não possamos afrontar Tiago quanto a essa atitude? – perguntou Raquel.

— E o que obteríamos? – devolveu a pergunta.

— Rebeca, ele precisa acordar para responsabilidades que hoje recusa aceitar. Quando isso irá parar? – era Lucas quem agora questionava. O olhar da tia estava distante e ela apenas disse:

— Quando a hora dele chegar! – a resposta encerrou a conversa.

Assim que a tia os deixou, os dois irmãos ainda estavam concentrados no problema que ela lhes apresentara. Haveria algum ponto solto em sua estratégia para tomar o controle da fortuna? Valeria a pena investigarem isso? Era o que eles discutiam.

— E a gravação, continua bem guardada? – perguntou a irmã.

— No mesmo lugar! O que faremos com ela? Isso tem me atormentado, ainda mais que Paula sabia do envelope e perguntou outro dia o que eu havia feito. Ela é insistente e irá me inquirir novamente.

— Você contou a ela sobre o tal celular? Seja cauteloso quanto ao que lhe fala, não se esqueça de que ela é uma jornalista e parece que os políticos são seu alvo principal.

— Não contei nada sobre a gravação. Seria a manchete de seus sonhos! Não creio que seja prudente que ela saiba sobre isso, não por enquanto. Vou desviando sua atenção sempre que ela tocar nesse assunto. Verei o quanto consigo resistir! – e sorriu.

— Está mesmo apaixonado por ela, não? – disse a irmã menos tensa.

— Ela é uma mulher maravilhosa! E cada dia sinto que nossa relação vai ficando mais séria. Em alguns momentos tenho a impressão de que já vivemos tudo isso. – E de súbito seu olhar ficou sério. – Tenho a sensação de que já a perdi em algum momento e que agora é nossa chance de viver o que não foi possível. Parece loucura, mas é assim que eu me sinto. Tenho tanto medo de perdê-la! – percebeu seu corpo estremecer.

– Não pense bobagens! Imagino que esse temor tenha um nome: Tiago! Ele infernizou você a vida inteira, querido. É natural que se sinta assim. Peço apenas que não se descuide um instante sequer de sua amada. Vi os olhares que Tiago enviou a Paula naquela noite na festa. Eu observei que eles conversaram alguns instantes e depois você chegou. Mesmo à distância, podia-se ver um clima de tensão entre eles. Deve ter dito algo que ela desaprovou, pois, em dado momento, ela se levantou bruscamente. O que ela te contou sobre isso?

– Nada. Tentei saber, mas ela não me falou. Deve ter feito algum comentário indecoroso, o que já sabemos ser comum. Decidi deixar para lá, pois se me perturbar com todas as afrontas que ele me direciona, passarei metade do meu tempo discutindo com ele. Tenho mais o que fazer, maninha! Aliás, tenho que voltar para o hospital. O dever me espera! – beijou seu rosto com carinho e disse. – Cuide-se! – e saiu.

– Pode deixar!

Naquele final de semana, tanto Ronaldo como Tiago não voltaram para casa, alegando excesso de trabalho. Talvez quisessem evitar encontrar com eles, pois teriam que oferecer justificativas plausíveis para a atitude desleal de Tiago com o tio.

No meio da semana seguinte, uma notícia nos jornais abalou a família. A reportagem era de autoria de Paula, que falava sobre a corrupção no âmbito federal de vários políticos de grande influência. Citava o nome de várias empresas, com seus respectivos gestores e suas infrações. Ela não citava, em momento algum, o nome do pai de Lucas, porém era fato notório sua ligação com grande parte dos envolvidos.

Assim que chegou ao hospital, Lucas recebeu a ligação do pai furioso:

– Você já viu o que sua namorada escreveu? – perguntou ele secamente.

– Bom dia, papai. Não, ainda não vi as manchetes. O que foi? – perguntou o filho.

– Veja por si mesmo! Estava sendo tolerante e compassivo com ela até então, em consideração a você. A partir de agora, irei tratá-la como aos demais jornalistas abutres, que só sabem divulgar notícias duvidosas, manchando a reputação e o caráter de nossos políticos. Foi lamentável a atitude dela! Peço que tenha cautela sobre os assuntos familiares ao se reportar a ela. Muitos companheiros terão suas vidas devastadas em função do que ela escreveu. – O pai estava indignado.

– Já terminou? – perguntou Lucas. – Pois, então, quero que saiba que não sei nada acerca do que está me relatando. Com relação ao meu relacionamento com Paula, é estritamente afetivo, não discutimos nosso trabalho quando estamos juntos. Creio, apenas, que ela seja uma profissional idônea e jamais escreveria uma inverdade. Ela deve ter provas de tudo que o jornal noticiou. Sei que defende seus amigos até em última instância, mas a pergunta que gostaria de lhe fazer é: você confia em todos os seus companheiros de partido? Sabe se eles cometem abusos em nome do cargo que ocupam? – o silêncio imperou do outro lado da linha. – Acalme-se e conversamos depois. Há muitas coisas que gostaria de entender, papai. – Ele permanecia calado. – Estará em casa neste final de semana?

– Sim, Lucas. Creio que seja momento de conversarmos. Peça a ela que seja cautelosa em suas ações. Apenas isso!

– É uma ameaça, papai? – a pergunta soou direta.

– Não estou envolvido diretamente nessa sujeira, mas muitos companheiros estão. Caso não saiba, todos estão furiosos por verem seus nomes envolvidos em questões ilícitas.

– Entendi, papai! Eles nada têm a ver com esse assunto, mas irão se defender com as armas ao seu alcance. Seria mais ou menos isso que pretendia me dizer? Que ela seja cautelosa em quê? – Lucas já estava irritado.

– Cuide-se, meu filho. No sábado conversamos! Bom dia! – e desligou subitamente.

Lucas ligou para a irmã e pediu esclarecimentos sobre o que pautava a reportagem. Raquel explicou rapidamente a questão e ele ficou cada vez mais preocupado.

– Você não disse que ela estava afastada dessa investigação? – perguntou ela.

– Disse e, pelo que pude comprovar, ela mentiu para mim. – Ele estava decepcionado. – A coisa é tão séria quanto papai falou? Isso pode chegar até ele e implicá-lo de alguma forma? – Raquel ficou calada por instantes e depois disse:

– Lucas, a verdade é que ele está envolvido até o pescoço em tudo isso. Não adianta taparmos mais o sol com a peneira. Assim tem sido desde que ele entrou para a política. Conversei muito com Rebeca sobre o assunto. E a iniciativa dela de limitar as contribuições foi mais em função de não ter nosso nome metido nisso. É um jogo de compadres, uma mão lavando a outra. Isso sempre existiu bem abaixo dos nossos olhos. Como, por exemplo, a compra de sentenças que beneficiem um determinado grupo empresarial, o que implica muitos juízes corruptos, abrandamento na cobrança de impostos, coisa abusiva, mas que muitos políticos usufruem. E muito mais que sequer podemos imaginar, pois desconhecemos como tudo se processa. Papai está há trinta anos na política e conhece muito bem esse jogo, querido. Ele sempre foi uma raposa nesses assuntos, mas, com a presença de Tiago, ele se superou. Em algum momento, chegarão até ele!

Capítulo 16

UMA VIDA EM RISCO

— Você acredita que Paula esteja correndo algum perigo? — Lucas estava tenso.

— Ela sabia onde estava se metendo, querido. Gosta da adrenalina e do perigo. Estou gostando cada dia mais dela. Sua profissão deve ser emocionante.

— E perigosa! Lembra-se do que aconteceu com Júlio, o jornalista que trabalhava com ela? Ele disse que só perdeu a direção porque o estavam perseguindo, querendo tirá-lo da estrada. Ele quase morreu! — sua voz estava carregada de preocupação.

— Então peça a ela que se cuide! Que seja discreta nos próximos dias e fique atenta a cada passo que der. Não sabemos exatamente com quem estamos lidando. — Ela se calou pensando se Tiago seria capaz de algum ato bárbaro. Estremeceu só em pensar.

— Só podem ser bandidos! Falarei com ela mais tarde. Pedi a papai uma conversa definitiva sobre esse assunto no sábado. — Ouviu a risada da irmã.

— Lucas, você é ingênuo mesmo ou apenas se faz? O que espera que papai lhe conte? A verdade dos bastidores ou a história que ele acredita fielmente? Ele vai te contar uma história repleta de fatos aparentemente verdadeiros, insistir na teoria de que o mundo da política não é o que dizem, que ele jamais se utilizou de métodos escusos e outros contos da carochinha. Pura perda de tempo!

— Menina, quando ficou tão esperta assim? — brincou ele do outro lado da linha.

— Já lhe disse que crescer com vocês dois ao meu lado foi algo excepcional. Um aprendizado dos mais intensos sobre os dois lados da moeda. No meu caso, aprendi o que é certo e o que é errado, pude escolher qual caminho seguir. Preferi o caminho do meio. Então não sou ingênua feito você, pois aprendi desde cedo que não se pode confiar em tudo que está a sua frente. Um grande aprendizado de como sobreviver! E, quando se vive em meio a tantos entraves, o mais prudente é aprender a discernir qual o caminho que conduz ao equilíbrio, sem a companhia da dor. Não sou boa como você, meu irmão, porém não quero ser má, pois não pretendo ser igual a Tiago. O caminho do meio!

— Você é uma jovem maravilhosa, sabia? E eu a amo mais que tudo! Quanto a não ser como Tiago, você jamais será! São tão diferentes! Bem, nos vemos depois!

— Beijo, querido! Te amo também! — desligou com a sensação de que algo podre e sujo ainda estaria por vir. Pensou em sua mãe e o quanto ela fazia falta! Ao lado dela, sentia-se tão segura no mundo. Nem as maldades do irmão a atingiam! Onde ela estaria?

Esse pensamento foi acatado por Luiza que veio até ela e a abraçou com todo seu amor.

— *Estou sempre por perto, filha querida! Acalma teu coração e lembre-se de que nada irá acontecer que não esteja nos planos de Deus. Continue forte e guerreira, como sempre foi, e esteja por perto quando Lucas precisar.* — Entrou em profunda prece, irradiando de seu coração bênçãos de amor e paz. Raquel sentiu-se subitamente bem, confiante e seguiu com suas tarefas.

No final do dia, Lucas foi até o apartamento de Paula, que o recebeu com um caloroso beijo. Ela percebeu que suas feições estavam sérias e já se antecipou:

— Eu posso explicar, querido! Essa ruga em sua testa é pela reportagem? — conduziu-o até o sofá, fazendo-o sentar-se. — Eu posso explicar.

— Por que mentiu para mim? — foi apenas o que perguntou.

— Se eu te contasse faria tudo para me demover da ideia. Depois do que aconteceu com Júlio, sabia que ficaria preocupado. No entanto esse é meu trabalho, Lucas. Não posso simplesmente esquecer minha tarefa em função do perigo que possa correr. Tenho tido a máxima cautela, quero que saiba. Lobato indicou outro jornalista que está me ajudando com as informações necessárias, fico apenas na apuração das informações, pouco tenho saído daqui. Não quero que se preocupe em demasia.

— Papai me ligou logo que viu a notícia. — O olhar que lhe direcionou era profundo.

— Não fiz nenhuma referência a seu nome. Apesar de... — e se calou.

— Apesar de que a maioria dos citados estão ligados direta ou indiretamente a ele. Obviamente que ele sabe que será também investigado.

— O que eu não posso impedir! Se ele deve algo, mais do que lógico que apurem, não acha? — ela o encarava fixamente.

— Ele é meu pai, Paula. O que espera que eu faça?

— Não sei. Mas me questionar acerca do meu trabalho não é a melhor alternativa. Você sabe quem ele realmente é? — a pergunta saiu como um raio.

— Sei que é meu pai e eu o amo. Sua vida sempre foi a política e ele, sem ela, se assemelha a um peixe fora d'água, se é que me entende.

— Sou exatamente assim na minha profissão. Prezo demais meu trabalho e não me submeto a outros apenas para livrá-los da responsabilidade que lhes compete. Se o seu pai deve algo, eu ou outro jornalista iremos apurar. Entretanto, se ele estiver limpo, ou seja, se todas as intrigas são meras falsidades sobre ele, tudo ficará esclarecido, e ele não tem por que se sentir tão ultrajado.

— Terei uma conversa franca com ele nesse sábado.

— E o que espera que ele vá lhe contar? Ora, não seja ingênuo. Ele irá negar até a morte seu envolvimento e vai reafirmar que eu sou uma jornalista leviana que escreve inverdades, denegrindo a imagem dos pobres e honestos políticos!

— Por que tinha que ser você a investigar? Tudo poderia ser diferente!

— Poderia, mas não é. E se isso o incomoda tanto, só posso dizer: sinto muito! – havia lágrimas em seus olhos. – Veio aqui apenas para me dizer isso?

— Não! Vim para dizer que estou preocupado com você e temo por sua segurança. Depois do que aconteceu com Júlio, acredita que eles deixarão você em paz?

— Não sei! E não vou me preocupar com isso, caso contrário nada farei. – Paula o encarava com pesar: – Algo mudou entre nós? – as palavras francas dela o sensibilizaram.

Lucas, até então contido, foi até ela e a abraçou com todo amor.

— Não, meu amor! Pare com isso! Não quero perdê-la, entenda! O cerco está se fechando para eles e temo as consequências desse seu gesto. Você tem provas de tudo que noticiou?

— Claro, querido. Essa é minha proteção. Tenho que ser fiel ao que prego. Jamais escreveria sobre algo que não tivesse como provar. No entanto, estamos apenas no início das investigações. Há muito mais a ser observado e isso leva tempo. Aquele que preciso preservar ao máximo, daí toda minha cautela. Sei o terreno em que estou pisando. Porém não quero que fique assim a cada reportagem que sair no jornal. E vou entender se preferir ficar distante! – a emoção já assomara.

– Não quero ficar distante de você, entendeu? Quero cuidar de você!

– E seu pai? – ela já estava aconchegada nele.

– Dane-se a política! – e a beijou.

Lucas saiu de lá na manhã seguinte, indo direto para o hospital. Não percebeu que estava sendo vigiado desde que lá chegara. O homem fez uma ligação de seu celular:

– Ele acabou de sair. O que eu faço agora? – perguntou.

– Aquilo que combinamos! – a voz fria e cortante do outro lado do telefone desligou em seguida. O homem entrou no prédio em direção ao apartamento de Paula.

Quando Lucas chegou ao hospital, lembrou-se de que deixara lá sua maleta e ligou para Paula. Talvez ela pudesse lhe levar. O telefone, no entanto, só dava caixa postal. Insistiu mais um pouco, já com o coração em descompasso. Não estava com bom pressentimento. Decidiu retornar ao apartamento de Paula, sentindo uma inquietação latente.

Chegou lá em instantes e, ao abrir a porta, viu Paula caída ao chão.

Correu para ela e tomou seu pulso, que estava muito fraco. Ao lado dela havia uma seringa e, nesse momento, pensou o pior. Não soube como fez tudo tão rápido, mas a vida dela estava em jogo, e não era momento de especulações. Sua respiração estava quase imperceptível e estava lívida. Pegou-a no colo e levou-a para o hospital.

Ao chegar, correndo com ela nos braços, movimentou toda a emergência.

– O que aconteceu, doutor? – perguntou o residente de plantão. Lucas teve a lucidez de trazer a seringa que estava ao lado dela. Mostrou-a ao médico que iniciou os procedimentos.

– Quem ela é? – perguntou ele.

– Minha namorada! Precisa salvá-la. – Ao mesmo tempo, o residente lhe pediu:

– Doutor Lucas, agora é por nossa conta. – Empurrou-o delicadamente.

– Vou ficar! – ele insistiu com firmeza.

– Não é adequado! – enquanto falava, a examinava e descobriu a picada recente no antebraço, a mesma que causara a overdose. – Não vejo outras marcas. – disse ele.

– Ela não é uma viciada! – sua voz já estava embargada. – Faça tudo que puder!

Por mais de duas horas, a equipe lutou para salvar a vida de Paula, para desespero de Lucas que ficou apenas observando a atuação eficiente do residente, que não descuidou um instante sequer da jovem. Após esse tempo, ela, já estabilizada, foi transferida para a unidade de terapia intensiva, acompanhada por Lucas e Henrique, o jovem residente que salvara a vida de Paula.

Foi quando o jovem médico conversou com Lucas:

– Doutor, ela vai ficar bem, não se preocupe. O que realmente aconteceu?

– Esqueci algo lá e voltei para buscar. Apenas isso! Quando entrei, a encontrei caída no chão e, ao seu lado, a seringa vazia. Ela não é uma viciada, Henrique! Eu sei! – havia tanta dor em seu olhar.

– Eu também sei! – Lucas o encarou fixamente esperando que ele falasse algo. – Quando ela chegou, tudo foi muito rápido e não pude perceber. Só quando a levamos para UTI, percebi que havia algo estranho. Examinei-a novamente e pude detectar uma protuberância no alto da sua cabeça, que pode ter sido um golpe, mas não seria obtido após uma queda, por exemplo. Não, alguém pode tê-la atacado pelas costas e forjado a cena para que ela morresse de overdose. E isso fatalmente ocorreria se você não tivesse chegado a tempo. Vamos aguardar os exames, mas certamente a dose era para ser letal.

Ela é uma jornalista, não é? Amiga daquele outro que esteve aqui dias atrás? O nome que eu daria seria queima de arquivo. – As feições de Lucas se contraíram.

– Tem como provar isso? – perguntou ele.

– Ela própria poderá nos contar. Não se esqueça de que ela está viva, doutor.

– Fez um bom trabalho, doutor. – Lucas apertou a mão do jovem residente.

– Obrigado! Agora, vamos aguardar até ela acordar. Vai ficar aqui ao lado dela?

– Vou. Não desgrudarei dela um só instante. E, mais uma vez, obrigado!

– Voltarei mais tarde para vê-la. – Com um sorriso, se despediu.

Lucas entrou na UTI e olhou Paula deitada na cama, repleta de aparelhos, ainda adormecida. Estava muito pálida. Ele se aproximou e pegou sua mão. Nesse momento, sentiu suas forças o abandonarem, rendendo-se ao pranto. Poderia tê-la perdido naquela mesma manhã! A indignação assomou, pensando que alguém poderia ter feito isso com ela, desejando sua morte. Tanta frieza e insensibilidade! Não tinha valor algum a existência humana! A reportagem já rendera frutos! Pensou em seu pai, em Tiago, em todos os crápulas que visam apenas seus próprios interesses materiais. Uma vida humana, que não fosse a deles próprios, não tinha valor a ser considerado. Descontentes com a propaganda que a reportagem lhes conferiu, decidiram calar a jornalista responsável por tamanha impropriedade. Simples assim!

Paula ainda dormia e ele tinha tantas perguntas a fazer. Ficou ao lado dela até o meio da tarde, quando ela abriu os olhos lentamente.

– Fique bem quietinha, mocinha! – ele beijou sua mão e ela sorriu.

– Ela me disse que ainda não era meu momento de partir. Disse que tenho muito a viver. E que você vai sempre cuidar de mim! – sua voz ainda era fraca.

– Quem disse isso a você? – ele perguntou ternamente.

– Ela disse que é sua mãe. Era tão linda! Conversamos algum tempo e ela me explicou algumas coisas. Promete que não vai me deixar nunca?

– Nunca, meu amor! Você vai ficar bem! Vou cuidar de você, agora durma um pouco. Vai acordar melhor! – as lágrimas escorriam por seu rosto.

– Alguém entrou em meu apartamento, pensei que fosse você, mas não tive tempo de me virar. Senti uma pancada e tudo ficou escuro. Não me lembro de mais nada. – Lucas fechou as mãos com raiva. Henrique estava certo. Havia sido mesmo um atentado. Paula nem tinha ideia do que acontecera e que quase perdera a vida pelo mesmo motivo do marido. Contaria para ela em outro momento. Não queria perturbá-la ainda mais.

– Eu vou ficar aqui cuidando de você. Agora, durma mais um pouco. – Os olhos dela se fecharam e ela adormeceu.

Quando uma enfermeira entrou para ministrar alguns medicamentos, ele solicitou que ela permanecesse lá, não permitindo a entrada de pessoa não autorizada. Ela assentiu e ele saiu. Precisava contar para Raquel o que acontecera. A situação estava tensa!

– Paula está no hospital. Quase a perdi! – ao dizer isso, a emoção foi incontrolável.

– Calma, Lucas, conte-me tudo que aconteceu. – Ele narrou todos os fatos, inclusive sobre a tentativa de provocar uma overdose. Ela estava atônita, sem conseguir acreditar no que ele lhe revelava. Era podridão demais! Eram capazes de atos vis! Paula estava na lista negra deles, agora era fato evidente, não se poderia mais negar! Ela corria perigo! Teria sido apenas um aviso?

— A intenção era clara, queriam Paula definitivamente fora de ação. Se eu não tivesse voltado para lá, a essas horas... — e não conseguiu concluir a frase.

— Querido, acalme-se! Quer que eu vá para aí? Você está muito nervoso!

— Como você estaria em meu lugar? — questionou ele.

— Muito pior do que você está agora. Só peço que não faça nada, querido.

— Fique tranquila! Minha fúria está contida e sabe para quem! — sua voz se tornara fria.

— Me aguarde, Lucas. — E desligou. Ligou para Rebeca contando os últimos acontecimentos. A tia ouviu atentamente o relato e, em seguida, disse:

— Creio que agora teremos que tomar alguma atitude. Não podemos mais permanecer omissas perante essa barbaridade. É uma afronta a todos nós! Temos muito a conversar!

Fique com Lucas, minha querida. Ele está precisando de você. Diga-lhe que estarei ao seu lado em qualquer situação. Pedirei a um amigo que investigue esse atentado e que procure Lucas no hospital. Peça que o atenda e dê todas as informações de que ele necessite. Não podemos mais nos calar!

Raquel foi até o hospital e quando ele a viu, a abraçou com carinho.

— Como ela está?

— Ainda dormindo. Mas seu quadro já é estável. — Nesse momento, Henrique apareceu e cumprimentou os dois.

— Podemos conversar a sós? — perguntou ele.

— Me perdoe, não fiz as apresentações. Essa é minha irmã Raquel. Pode falar na sua frente. Não temos segredos. — A jovem sorriu para o médico.

— Se é assim, vamos lá. O resultado saiu e era o que esperávamos. Uma dose letal de heroína. Se não fosse atendida a tempo, não resistiria. – A tensão imperou, assim como o silêncio. – A polícia já foi acionada e espero que tudo se resolva. Conte comigo no depoimento a favor dela. – E saiu.

– Não conhecia esse médico. Muito eficiente. – disse a jovem olhando-o ir embora.

– Ele é novo aqui. Está há apenas alguns meses, mas tem demonstrado grande competência. E pare com esse olhar, esqueceu-se de que é uma jovem comprometida?

– Mas muito viva, Lucas. – E os dois descontraíram um pouco. Ela contou que Rebeca pediu a um policial amigo que fizesse a investigação. Era de toda confiança e não se renderia a nenhum tipo de corrupção.

Enquanto se falavam, um policial se aproximou e pediu para conversarem. Raquel foi até a UTI ficar com Paula. Lucas achou que era o enviado de Rebeca, mas o rumo da conversa mostrou que não.

– O senhor conhecia a jovem? Sabia de seu passado?

– Ela é minha namorada e a conheço bem. – Foi a resposta lacônica.

– Sabia de seu vício em heroína? – a pergunta tomou-o de assalto.

– Ela não tem vício algum, creio que esteja desinformado.

– Creio que o senhor esteja. Li o relatório e foi uma overdose de heroína. Ela era depressiva ou coisa assim? – ele parecia convicto em sua ideia do vício.

– O senhor está fazendo suposições acerca da vida dessa jovem. Eu a conheço muito bem e posso afirmar que ela preza demais a vida, jamais atentaria contra a sua.

– Talvez o senhor não queira ver a realidade, mas infelizmente tenho informações sobre ela e seu passado. Ela e seu marido eram viciados. Ele já se foi e parece que ela iria pelo mesmo caminho. Sinto muito! Disse ser namorado dela, certo?

A indignação começou a tomar conta e a vontade de Lucas era acabar com a conversa naquele mesmo momento. Porém não era conveniente destratar um investigador.

– Vou contar como tudo aconteceu e depois tire suas próprias conclusões. – Muniu-se de toda a paciência e iniciou seu relato. Ao término, o policial disse:

– Dessa vez é o senhor quem está fazendo suposições. Teremos que averiguar essa possibilidade, mas sinto lhe dizer que isso é uma história fantasiosa.

Neste momento, um homem apareceu e chamou o investigador de lado. Mostrou-lhe suas credenciais e, a contragosto, ele foi dispensado. O homem dirigiu-se até Lucas e, sorrindo, disse:

– Um pedido de Rebeca é uma ordem. Desculpe a demora. Sou Artur e conheço sua tia há muitos anos. Jamais lhe negaria algo. Ela me contou o que aconteceu com sua namorada, Paula, uma jornalista que muitos pretendem que desapareça. Tem causado muito estrago. – E sorriu com simpatia. Lucas gostou imediatamente do homem sentindo confiança nele. – Pode me contar tudo o que aconteceu? – e sentaram-se.

Novamente, Lucas relatou todos os eventos ocorridos desde a manhã. Ao término, ele olhou com seriedade para o médico:

– Creio que a situação de Paula é bastante complexa. Sua fama aliada à sua competência tem perturbado alguns caciques, se é que me entende. A sorte dela foi você ter chegado lá e tê-la salvado. Os resultados poderiam ser adversos. O ideal seria ela permanecer no anonimato por algum período, até a poeira baixar. Você sabe que eles próprios não sujam suas mãos, quem o faz são pessoas inescrupulosas, que, por mísera quantia, são capazes de atrocidades sem conta. Sinto lhe dizer, mas ela ainda corre perigo. Como ela está?

– Em recuperação, mas deve ir embora assim que seu quadro se estabilizar. Não conseguirei retê-la mais tempo. Ela desconhece o que lhe ocorreu.

– Conte tudo a ela. Não esconda nada. Ela precisa ter ciência da gravidade de sua situação. Uma jornalista investigativa conhece os riscos que corre ao enfrentar pessoas graúdas e destituídas de caráter. Seria conveniente ela estar sob segurança. Acha que ela aceitará? – perguntou Artur.

– Eu a convencerei. Mas ainda tenho outras cartas na manga. Se é para jogar de forma desleal, também tenho meus trunfos.

– Gostaria de falar com ela, será possível?

Capítulo 17

O PREÇO DA CORAGEM

Quando ambos entraram no quarto, encontraram Paula acordada. Ela olhou Artur com curiosidade e foi logo esclarecida.

— Este é Artur, um policial amigo de minha tia. Ele cuidará dessa investigação. Foi um atentado contra sua vida. Se não tivesse retornado ao seu apartamento, você estaria morta a essa hora. — As palavras duras de Lucas causaram forte impacto na jovem.

— Como assim? — perguntou ela.

— Injetaram uma dose letal de heroína em você. Queriam que morresse, essa é a verdade.

Paula estava estarrecida com a notícia, encolhendo-se no leito. Algumas lágrimas assomaram e ela perguntou:

— Encontraram algum indício em meu apartamento?

— É o que pretendo fazer assim que sair daqui. Tenho uma equipe a postos. Ele deve ter deixado algum rastro e vamos encontrar. Lembra-se de alguma coisa? – perguntou ele.

— Estava no computador, de costas para porta e, quando a porta se abriu, pensei que fosse Lucas que estivesse esquecido algo. – E direcionou a ele um sorriso. – Lembro-me de ter chamado seu nome e, como não ouvi resposta, ia me virar quando tudo escureceu. Depois, tudo ficou nebuloso. Lembro-me de alguns fragmentos daquele sonho tão vivo com sua mãe. – Algumas lágrimas escorreram. – Se não fosse você...

Lucas a abraçou com todo carinho.

— A situação é bastante delicada, Paula. Sugiro que permaneça sob proteção até que a investigação seja concluída. Espero que seja compreensiva e apoie nossa iniciativa. Não preciso dizer que sabe com quem está lidando. – O olhar de Artur denotava seriedade.

— Não vou me submeter aos desmandos deles, escondendo-me tal qual uma criminosa que não sou! – Paula estava indignada com a situação.

— Ninguém está lhe pedindo isso, Paula, apenas que permaneça distante por medida de segurança. Isso será provisório, eu lhe garanto. – Havia tanta certeza no olhar de Lucas que ela se acalmou.

— Quando sairei daqui? – perguntou a jornalista.

— Assim que os médicos atestarem que está fora de perigo. Ficarei aqui com você! – Ele lhe direcionou um sorriso repleto de paz, sensação que estava tão distante dela.

— Quero ir para casa! – afirmou.

— Não antes que façamos uma busca por evidências. Até lá, fique num lugar seguro. E, se me permitir, terá uma pessoa a lhe proteger todo tempo. Pode parecer invasivo, porém é a única forma de preservar sua integridade, minha jovem. – Artur era convincente e suas palavras serenas a persuadiram.

— Que isso não se estenda, eu lhe peço! — foi neste momento que ela se lembrou do seu computador e suas feições se contraíram. — Será que todo meu trabalho foi roubado?

— Talvez não, afinal, pretendiam que parecesse um suicídio, não um roubo. Verei pessoalmente e lhe comunico, fique tranquila.

— Não sei como lhe agradecer, Artur. — disse Lucas acompanhando-o até a porta. Ele ofereceu um sorriso sincero e apenas disse:

— Um dia irá entender meus motivos! — e saiu.

Paula permaneceu no hospital somente aquela noite e, na manhã seguinte, Lucas a acompanhou para o mesmo hotel em que estava hospedada. As investigações de Artur prosseguiam e, conforme ele previra, nada havia sido roubado e o computador de Paula estava intacto. Artur designara um policial à paisana para cuidar da proteção da jornalista, o qual se apresentara a ambos ainda no hospital.

Assim que viu as manchetes no jornal e nos sites de grande repercussão, Raquel telefonou para Lucas, contando o que vira. As feições dele ficaram tensas e ele pouco falou. No caminho, contou a Paula o teor das notícias. Ela ficou lívida e as lágrimas não puderam ser contidas. Fechou os punhos com força e com a voz carregada de ódio disse:

— São infames e mentirosos! Como ousam colocar uma notícia dessas? Isso tudo é uma grande mentira!

— É o jogo sujo deles! Não aceite essa provocação e, quando estiver recuperada, dê a sua versão dos fatos. Artur disse que talvez tenha encontrado algum vestígio de uma invasão em seu apartamento. Os fatos irão corroborar sua versão. Não adianta se afligir, nem perder seu equilíbrio, pois é isso exatamente que eles pretendem. Querem te atingir em sua fibra, não permita, meu amor! — as palavras de Lucas surtiram o efeito e, ao chegar no hotel, foi recebida com certa apreensão pelo gerente, que já tomara conhecimento da notícia. E antes que ele falasse algo, Paula se antecipou:

– Ficarei apenas alguns dias. E pode se tranquilizar, pois não pretendo morrer neste hotel, a não ser que tentem me matar aqui. Caso ainda não saiba, sofri um atentado contra minha vida, apesar das versões sensacionalistas alegarem uma inverdade. – O homem ficou atônito, sem nada entender, e ela continuou: – Espero que este local seja seguro, pois ainda tenho muitas matérias a escrever. Mas caso se oponha a minha permanência, fale agora! – sua voz firme o intimidou e ele apenas disse:

– Seja bem-vinda, sra. Paula. O mesmo quarto? – disse ele tentando ser cordial.

– Pouco importa, ficarei apenas alguns dias. Até que meu apartamento seja examinado.

Ele conhecia a jornalista e sua influência, não desejava que o hotel fosse exposto de maneira indigna. Se as notícias eram falsas, tudo seria esclarecido.

Já no quarto, ela teve acesso às notícias divulgadas acerca de sua conduta atentando contra a vida. Seu nome havia sido ligado a vícios para denegrir sua imagem até então laureada com méritos, com a finalidade de ver sua credibilidade comprometida. Quem iria acreditar numa jornalista cuja dignidade foi abalada, reduzida a pó? As lágrimas vertiam de forma incontida. Como eram capazes de jogar de forma tão vil?

Só agora se dera conta do perigo que estava correndo. Esse havia sido o aviso derradeiro para que ela controlasse sua língua ácida e se voltasse para outros interesses que não os deles.

– Tudo está perdido! – disse ela com a voz embargada. – Todas as informações obtidas podem ser comprometidas com essa matéria falsa e imprópria. Todo um trabalho pode ter sido desqualificado por isso! Como tiveram acesso a esses fatos?

– E depois diz que eu sou ingênuo! É natural que você estivesse no foco, após Júlio se afastar da investigação. Devem ter colocado alguém vigiando seus passos e ao menor descuido... – ele sabia que a vida dela corria grande risco e se esforçava para que ela se conscientizasse da situação. – Será conveniente que você também se afaste. – disse ele pesaroso.

– Não será preciso, pois já fizeram isso por mim. Tudo que originar de mim, após essa notícia desprovida de verdade, poderá cair em descrédito.

– Tudo será explicado. Sua versão deve ser divulgada. – Tentava encorajá-la.

– Porém o estrago já está feito. Por mais que os fatos comprovem a verdade da minha palavra, sempre poderão contestar minha ligação com esse passado que me assombra e do qual não consigo fugir. – A dor era evidente.

– Que tal uma viagem para a fazenda de seus pais? Não seria conveniente seu afastamento? Assim você descansa e analisa essas questões de forma mais racional. Pedirei a Artur que designe alguém para acompanhá-la. O que acha da ideia?

– Podem pensar que estou fugindo e não darei essa satisfação! – havia coragem em seu olhar o que perturbou Lucas. Definitivamente, ela não iria fugir da sua tarefa. Esse era o grande risco que ela corria.

– Você sabe o que faz, mocinha! Eu preciso retomar meu trabalho, que releguei a segundo plano desde ontem. Vai ficar bem?

– Vou tentar! – havia dúvida em seus olhos, deixando Lucas sensibilizado.

– Tudo isso vai passar, acalma seu coração. Sei que está desapontada com o rumo que as coisas seguiram, mas tudo tem um propósito que talvez ainda esteja oculto.

– O único propósito que consigo enxergar é o de me afastarem dessa investigação pelo motivo mais sórdido possível. – A amargura a acompanhava.

– Talvez necessite se afastar mesmo. Assim consegue observar fatos que hoje, envolvida que está, ainda não consegue visualizar. Não seja tão pessimista! Procure ver sob um novo enfoque. A causa que abraçou é muito mais ampla do que hoje você antevê. Deixe as particularidades de lado e saia do contexto em que, hoje, está imersa até o pescoço. Só assim poderá encontrar os detalhes de que necessita para finalizar esse quebra-cabeça. Você já ouviu algo sobre "pausa estratégica"? Muitas vezes, é essencial se afastar do problema para poder obter a resposta apropriada. Assim acontece com alguns casos de extrema gravidade, em que as chances de sobrevida são reduzidíssimas e uma cirurgia precisa ser muito bem planejada e avaliados os riscos. Normalmente, costumo fazer uma pausa, quando saio do meu ambiente profissional, limpo minha mente por alguns instantes e, só depois, retorno ao caso em questão. Sempre consigo observar algo que antes estava inacessível. – Havia tanta serenidade em suas palavras que a contagiou.

– Você é sempre assim? – perguntou ela mais calma.

– Assim como?

– Tão persuasivo em suas colocações? – disse ela abraçando-o.

– Não é uma qualidade que você aprecia? – e a puxou para bem perto dele.

– Realmente, você é um ser especial. Obrigada por estar em minha vida, aliás, por me salvar. Ficarei te devendo isso!

– E eu irei cobrar! Mas não agora! – despediram-se e ele saiu. Na porta do hotel, conversou com o policial que faria a segurança de Paula.

– Cuide dela como se fosse seu próprio tesouro! – o jovem policial assentiu e Lucas saiu.

Retornou ao hospital e, novamente, havia um homem a vigiar seus passos. Ele pegou o telefone e fez uma ligação.

– Ficarei aqui até quando?

– Até quando eu mandar! Quero saber de todos os passos dele, ouviu bem? Por enquanto, nada faremos contra ele. Sabe quem ele é, não sabe?

– Sei. – Foi a resposta seca.

– Então observe, apenas. Está sendo muito bem pago para isso. E a jornalista que era para você ter tirado de circulação? – a voz áspera e dura o atemorizou.

– Já está de volta. A culpa não foi minha, sabe disso!

– O que eu sei é que ela ainda está viva! Ele não gostou nada disso!

– E está agora sob proteção. Seu acesso será mais difícil. Por que deseja que eu o vigie? O que ele pode fazer? – a curiosidade imperava.

– Simplesmente, porque assim tem que ser. Faça seu trabalho! – e desligou. Tiago ainda estava em Brasília, porém deixara alguém cuidando dos problemas gerados por aquela odiosa jornalista. O que ela teria contado ao irmão sobre a investigação? Não esperava chegar a tal ponto, mas era por uma boa causa. No entanto tudo dera errado! Muitos confiavam nele e agora tudo se complicara! E sentia que os problemas ainda se avolumariam!

Junto a ele, Átila lhe enviava petardos mentais, com a finalidade de agravar ainda mais a dissenção já existente entre os dois irmãos. A cada momento, sentia a raiva mais presente contra Lucas, como se ele fosse o responsável por todas as desditas que lhe ocorria. Aliado a isso, a inveja corroía suas entranhas, fazendo com que o ódio apenas se potencializasse. Em sua concepção, se Lucas não era seu aliado, era seu inimigo e assim deveria tratá-lo, como a todos que se indispusessem contra ele. O companheiro espiritual, trazendo em seu âmago o mesmo sentimento contra Lucas, apenas contribuía para a manutenção desse estado de ânimo. Ambos, unidos pelos mesmos objetivos menos dignos, eram capazes de causar muitas perturbações na dinâmica dos eventos já previamente programados. E tudo estava sendo observado atentamente pelas equipes da luz.

As investigações de Artur, apoiadas por seus superiores que prezavam a lei, a ordem e a veracidade dos fatos, continuaram. Na sexta-feira, ele apareceu no hospital pedindo para falar com o médico.

– Tenho notícias! Podemos conversar num lugar reservado? – Lucas o conduziu até sua sala iniciando seu relato. Ao término, Artur disse: – Fizeram um trabalho minucioso, com a intenção de não gerar provas substanciais. Mas como não existe um crime perfeito, sempre se deixa um fio solto. Uma das câmeras da entrada do hall, conseguiu uma imagem pouco nítida, que estamos tentando encontrar. Vamos aguardar! Nada foi mexido no apartamento e tudo permaneceu intacto. O homem foi bem instruído quanto a não deixar rastros. Vamos apoiar sua namorada e continuar com a investigação. Quanto a ela, espero que seja ainda mais cautelosa em suas ações.

Lucas refletia sobre a possibilidade de falar sobre a gravação guardada, mas ainda estava inseguro quanto a isso. Pretendia ele mesmo falar com Tiago, após os últimos acontecimentos. Olhou com gratidão ao policial a sua frente e disse:

– Agradeço seu empenho nessa busca. – Neste mesmo instante, o celular tocou. – Oi, tia, ele está aqui ao meu lado. As investigações irão prosseguir, ele me deu sua palavra. Passo em casa mais tarde e conversamos. – E desligou. – Era Rebeca perguntando de você. Não sei exatamente como se conheceram, mas ela tem muita confiança em você.

Os olhos de Artur voltaram para o passado, num complexo momento vivido e a figura maternal de Rebeca fez toda a diferença na condução de sua existência. Tinha profundo respeito e admiração por ela, sentindo-se com uma extensa dívida de gratidão. Ele sorriu para o médico e disse:

– Devo tanto a ela! Quem sabe um dia eu possa retribuir tudo o que ela fez por mim. – Ele viu uma emoção contida no olhar do policial, porém preferiu não fazer perguntas.

– Quem sabe qualquer dia você me conta sua história! – ambos trocaram aperto de mãos. Uma sólida amizade acabara de se iniciar. Companheiros de ideais e índoles semelhantes se atraem! Essa é a dinâmica da vida! A ela, ninguém pode contestar!

Quando Lucas chegou em casa, deparou-se com a presença do pai e do irmão.

– Não lhe disse que essa jovem lhe traria problemas, meu filho? – quando pretendia abraçá-lo, ele o conteve.

– Creio que o senhor esteja desinformado. – Foi apenas o que respondeu, tal a indignação que o consumia.

– Eu lhe disse que ela estava ligada às drogas, porém não se fiou em meu julgamento. – Ele insistia na versão sensacionalista sobre a possível overdose da jornalista.

– Pai, não desejo discutir com você, mas devo orientá-lo de que está ouvindo notícias falaciosas. Precisa usar de bom senso na escolha das leituras, caso não saiba, e pretendo esclarecer de uma vez por todas. Paula foi vítima de um atentado e isso está sendo investigado pela polícia. Injetaram uma dose letal de heroína em suas veias e sua morte ocorreria, se eu não tivesse chegado a tempo. – Suas feições estavam contraídas.

– E você acredita em tudo que ela diz? – a ironia do pai começou a lhe causar grande irritação. – Ela está te manipulando, Lucas. É esperta em demasia. Agora, tudo que eu desejava impedir, está acontecendo sob meus olhos. E nada posso fazer, pois você desacredita de tudo que falo. – Ele parecia surdo ao que o filho lhe falava.

No auge da irritação, Lucas respirou fundo e disse:

– Não vou discutir com você, pois creio que já tenha problemas demais em seu caminho, após tudo o que ela divulgou naquela matéria. Calá-la, agora, será desnecessário, pois ela ou outro darão prosseguimento ao caso. Se nada deve ou teme, não tem por que se preocupar, pois nada dessa sujeira irá lhe atingir. Espero, do fundo de meu coração, que nenhum de vocês esteja envolvido nesse ultrajante atentado, pretendendo desacreditá-la perante todos, pois irei denunciar se assim ocorrer. Não me afastarei dela em hipótese alguma, muito menos agora. Se não deseja ver meu nome ligado ao seu, diga agora e saio de vez de casa. Há muito tenho pensado nessa possibilidade, mas como vocês ficam praticamente distantes por toda semana, ainda aqui permaneço. Aliás, creio que esse tempo já passou. – Calou-se por alguns instantes e retomou: – Quero alertá-lo de que não apoiarei você, caso exista uma evidência, tênue que seja, comprovando seu envolvimento nesse esquema ou em qualquer outro que possa ser descoberto. Não compactuo com esse tipo de ação e ficarei deveras decepcionado em vê-lo ligado a algo escuso. – O olhar firme e duro fez com que o pai baixasse o olhar. – Deixe Paula em paz! Tudo que atingi-la, daqui em diante, saiba que é a mim que também estarão atingindo. – Voltou-se para o irmão que permanecia calado. – Preciso falar com você!

– Não pense que vai utilizar desse discurso puritano e me envolver! Pode falar assim com ele, mas comigo a história é bem diferente! – seu olhar agressivo parecia querer que uma ação direta ocorresse.

– Não pretendo convencê-lo de nada, Tiago. Não vou perder meu tempo, pois o conheço com toda profundidade e sei a qual classe você pertence. – As palavras ofensivas de Lucas o atingiram em cheio. Rebeca, até então calada, decidiu intervir:

– Olhem a compostura, meus queridos! Tudo pode ser esclarecido de forma civilizada. Não é assim que iremos resolver essa grave situação. – Olhou Ronaldo que estava silencioso, tentando administrar as duras palavras proferidas pelo filho médico. – Faça algo, meu irmão! Foi a política que causou toda a desarmonia reinante! É sua a responsabilidade de trazer a ordem novamente a essa família!

– Sinto muito, meu filho, por não corresponder ao que esperava. – disse isso e saiu da sala cabisbaixo. Jamais se sentira assim desde que Luiza se fora. Um vazio imenso se estabeleceu em seu peito, oprimindo-o, tornando-o infeliz. Talvez Lucas tivesse razão, talvez não. A política era sua vida, apenas essa era sua verdade a ser preservada. Não iria discutir com o filho naquelas condições de ânimos alterados.

Rebeca o acompanhou, direcionando a Lucas um olhar terno, como a dizer que fosse sensato na escolha das palavras. Ele retribuiu o olhar, aceitando seu conselho. Virou-se para Tiago e disse:

— Vamos ao escritório. O assunto é delicado. — Seguiu com ele e, assim que estavam sós, fechou a porta dizendo:

— O que eu vou lhe perguntar espero que a sinceridade prevaleça.

— Vamos, fale logo que não tenho tempo para bobagens. — E sentou-se.

— Isso é de seu total interesse. Lembra-se de Leila? — o olhar dele permaneceu impassível.

— O que ela tem a ver com algo que possa me interessar?

— Vou recapitular os eventos que se passaram com ela antes da sua morte. Apesar de tudo ter sido encarado como acidente, alguns pontos permaneceram divergentes. Quando a atendi no hospital, inicialmente, ela me confundiu com você e se assustou. Depois que me reconheceu, fez um pedido um tanto quanto estranho. — Lucas conseguiu a atenção do irmão. E prosseguiu: — Segurou minha mão e me implorou que não deixasse você se aproximar dela. Não entendi a que ela se referia e pensava esclarecer tudo após a cirurgia. Porém isso não aconteceu, pois ela morreu naquela mesa. Tudo ficou confuso e misterioso. E ainda mais depois do envelope que eu recebi. — Ele viu as feições de Tiago se contraírem.

Capítulo 18

DUELO EM FAMÍLIA

– O que esse envelope tinha a ver com Leila? – a pergunta saiu de forma direta.

– Não sabia até ler o conteúdo da mensagem. – Fez uma pausa no relato, esperando que ele ficasse ainda mais curioso. – Havia um bilhete estranho com uma chave de um armário. – Continuou com o suspense.

– O que isso pode me interessar?

– Muito, Tiago. Ainda mais depois de ouvir o que estava gravado. – Olhou friamente para o irmão com a reprovação estampada. – Ouvi sua voz nessa gravação e o seu conteúdo pode implicá-lo em algo mais sério.

Tiago ficou lívido, mas controlou seus gestos e palavras.

– Não sei do que está falando e quero ver essa gravação. Como pode comprovar que é minha a voz que lá se encontra? Pode ter sido forjado.

— Pouco entendi do que ouvi, mas percebi que se tratava de algo ilegal e, talvez, essa gravação possa ter sido a causa da morte de Leila. — Lucas encarava o irmão com a mesma intensidade.

— Quero ver essa gravação! Onde ela está? — questionou-o.

— Num lugar seguro! Talvez seja minha proteção e de Paula. — Tiago lhe direcionou um olhar carregado de ódio.

— O que pensa estar fazendo? Tentando me intimidar? Não sei do que trata essa gravação, nem tampouco se ela me diz respeito. Fique com ela!

— Havia pensado em negociá-la, mas, após o atentado contra Paula, tudo se modificou.

— Ela sabe sobre essa gravação? — seu olhar era duro.

— Sim, mas desconhece o conteúdo. Eu guardei-a num lugar seguro. Apenas uma outra pessoa sabe sobre ela, afinal não sou tão tolo quanto pareço. — Isso fez Tiago sorrir.

— Será? Por que está me dizendo tudo isso? O que espera que eu faça? Que eu diga que sei do que se trata? Ora, Lucas, não seja tão ingênuo. Se essa fita me interessa, naturalmente, tudo farei para reavê-la. Se interessar a outros, esses que vocês atribuem o atentado contra Paula, farão o mesmo também. Você se colocou em evidência em qualquer dessas situações, não acha? — disse com um sorriso mordaz.

— Estou falando com meu irmão! Creio que isso seja algo a considerar, não?

— Agora é meu irmão! Interessante essa conotação tardia! No jogo da política e dos interesses, isso não é algo tão importante assim! Bem, qual a sua real intenção em me inquirir sobre esse fato? O que quer que eu faça? — o ar debochado dele sempre o perturbava.

— Espero que esteja vigilante sobre tudo que conversamos. Posso levar essa gravação a quem realmente possa ter um sério propósito. Quis apenas te alertar de que tenho algo contra você, caso isso lhe interesse. Sei o quanto valoriza o jogo da política e deve estar atento às implicações que isso possa causar sobre vocês, que, por mais que negue, sei o quanto estão envolvidos até o pescoço nesse esquema sujo. Conheço você mais do que pensa, esqueceu-se de que somos gêmeos idênticos? O que nos difere apenas é a cor dos olhos e o caráter, naturalmente. Afinal, somos espíritos imortais e cada um traz em si mesmo a bagagem conquistada ao longo das sucessivas encarnações. Somos iguais na aparência e totalmente diversos na nossa moralidade. Essa vida é sua chance de se redimir das mazelas do pretérito, porém insiste em acumular mais débitos nesta atual encarnação, comprometendo-se ainda mais! – o olhar de deboche foi substituído pelo de total alienação, sem entender o que ele estava a lhe dizer.

– Você está completamente perturbado! Os últimos eventos o transtornaram, quero crer. Como médico que é, deve também ser cauteloso quanto ao que fala, para não ser levado ao descrédito. Somos muito diferentes, Lucas, essa é a única coisa certa que pronunciou. Jamais serei como você! Não aprecio ameaças, portanto vou desconsiderar seu discurso ofensivo. Quero apenas garantir-lhe que nada temo! Saberei encontrar recursos legais para me defender, caso queira me denunciar. Sou um advogado! E dos bons! Caso tenha finalizado, peço licença para me retirar. – Ia sair e virou-se: – Os demais não são tão complacentes quanto eu, cuide-se!

Lucas encarou-o com tristeza. Ele estava se perdendo cada dia mais! Suas alianças eram cada vez mais perigosas, e não tinha limites para conquistar o poder. Saiu do escritório com a sensação de tudo ter sido improfícuo. Voltava à estaca zero! Paula ainda corria riscos e agora ele também se colocara na mira dos poderosos. Tiago sequer consideraria os laços sanguíneos, se isso o comprometesse de alguma forma.

Sentiu-se profundamente cansado, como se carregasse imenso fardo sobre os ombros. Não via perspectiva alguma de modificar o quadro a sua frente. Tudo parecia nebuloso, confuso e queria que a situação se transformasse. O pai estava inebriado pelo poder que a política lhe conferira e esse panorama iria persistir, isso era fato. De que valia uma conversa acerca de suas preocupações, se ele manteria sua postura de inocência perante todo o esquema investigado? Jamais iria se render aos fatos e alegaria a eterna perseguição que os honestos cidadãos do mundo sofriam ao se predispor a cuidar do povo, esse tão ingrato. Já ouvira o discurso inúmeras vezes!

Talvez devesse distanciar-se deles até que tudo se esclarecesse. Rebeca estava preocupada com a perspectiva de ser envolvida, mesmo que de forma indireta, nesse conluio. Sabia das armações do irmão há tempos, mas isso fazia parte do jogo. Tirar o irmão desse mundo corruptível e sujo seria a única opção, a qual ele sequer considerara. O que ela mais temia era a exposição indevida, porém, agora, percebia que esse era o menor dos seus problemas. Vidas estavam em risco e isso a deixava em profunda consternação.

Ronaldo e Tiago saíram após a conversa, talvez em busca de solução para os impasses que o próprio filho estava criando. Lucas havia sido claro com ele e isso o atormentara. Precisava de um tempo para digerir as ideias expostas. Tiago se incumbiria de alocar cada coisa em seu lugar. Sua mente sagaz sempre assim agia. Teriam muito a confabular, ainda mais após a revelação dessa gravação. O pai tinha conhecimento superficial sobre o assunto e tampouco supunha que o filho se utilizasse desse tipo de persuasão para obter o que desejava. Ou não queria ver! Afinal, ele era fiel aos seus interesses e não permitiria que nada comprometesse seus planos. Até então, os métodos empregados pelo filho não se compunham de violência ou afins.

O acidente do jornalista investigativo foi apenas uma fatalidade, assim queria crer. Ele precisava interromper essa investigação e o destino colaborara com eles. Em sua visão distorcida e tendenciosa dos fatos, isso assim ocorrera. O mesmo aconteceu com a namorada do filho, que o passado comprovava sua ligação com drogas ilícitas. Qual a responsabilidade de seu grupo nesse evento? O que o filho estava dizendo era fantasioso, não poderia crer nessa possibilidade de atentado contra a jovem. Os amigos envolvidos nesse esquema, o qual ele se incluía, jamais aprovariam qualquer tipo de violência explícita. Seria mesmo?

A situação era de extrema gravidade, principalmente porque Lucas dissera que a polícia estava investigando a possibilidade de um provável crime. No caso do primeiro jornalista, nada foi adiante. No entanto, agora a participação do próprio filho, fazendo ilações a esse respeito, sugerindo que um atentado tivesse ocorrido, mudava o panorama em questão. Perguntou ao filho quem estava cuidando da suposta investigação. Tiago disse que um grupo graúdo, com o qual não valeria a pena se indispor. E já estava cuidando do caso.

— Mas tudo foi uma fatalidade, quero crer! Se essa jovem quis se exceder, como podem atribuir a isso um crime? – o pai ainda não percebera a real situação.

— Pai, isso não foi simplesmente uma fatalidade. – E olhou friamente para o pai.

Ambos estavam acomodados num restaurante discreto, distante dos holofotes.

— O que pretende dizer, Tiago? – as feições do pai se endureceram.

— Ora, meu pai, a ingenuidade jamais foi sua companheira. Isso não foi um mero acidente, assim como o do outro jornalista. Fomos nós que cuidamos de tudo. – Havia certa satisfação em suas palavras, como se ele se comprouvesse com isso.

— Não compactuo com a violência e deixei isso bem claro. Como ousa sobrepor-se a minhas orientações? Jamais quero estar ligado a esse tipo de ação, sabe disso. Quem aprovou essa ideia? – o filho disse o nome de um dos principais políticos envolvidos no esquema, deixando Ronaldo atordoado.

– Eles estavam chegando perto demais. Essa jornalista mexeu com gente poderosa, pai. Essa foi a resposta a sua matéria, denunciando nomes e esquemas. Ela sobreviveu, infelizmente, porém o aviso já foi dado. Se ela for inteligente, entenderá a mensagem. Com relação ao jornal, este está sendo também investigado e será desacreditado em questão de dias. Tudo tende a se acomodar, acredite.

– Não está considerando os documentos entregues à justiça. Como eles obtiveram as provas é a questão inicial. A outra é que tudo está nas mãos de alguém. Se o caso for apurado como se pretende, teremos problemas. – As palavras eram permeadas de tensão.

– E você acredita que isso tende a seguir adiante? Ora, papai, estamos falando da morosidade dos processos que aqui neste país prepondera. E ainda temos que considerar alguns desvios que podem ocorrer. – As feições de Tiago se iluminaram.

– Você tem tanta certeza disso? – perguntou o pai.

– Mais que tudo. Quanto a essa preocupação, não se aflija. Não é exatamente nisso que precisamos focar agora. Preste atenção ao que vou lhe contar e use de toda compreensão que puder. Não quero críticas ou julgamentos, mas não posso mais lhe ocultar esse fato ocorrido com Leila. Ela participou de uma reunião em sua empresa, a mesma que está ao nosso lado, gravando algo comprometedor. Ela mesma me procurou, questionando nosso envolvimento naquele esquema, dizendo que isso era de extrema gravidade. Naturalmente, neguei, dizendo que não sabia de nada. Procurei me aproximar dela com o intuito de entender qual seria sua participação nisso, e os motivos dela me inquirir. Ela parecia estar com a consciência em crise, pois afirmou com todas as letras que iria denunciar o tal esquema e que tinha uma gravação em seu poder, comprovando o que lá ocorria. Tentei pelos métodos tradicionais, alertando-a para o perigo que corria, mas ela estava decidida a entregar a gravação para a polícia. Antes iria se demitir da empresa. Nesse meio tempo, algo trágico, infelizmente, ocorreu. Posso lhe garantir que esse foi um acidente o qual não contávamos. Ela caiu e bateu a cabeça numa mesa de vidro. E pasme, adivinha quem cuidou dela? – o pai estava lívido. Percebia a frieza do filho ao relatar os eventos e isso o assustou.

– Lucas, seu irmão. – disse apenas.

– Exatamente. E, agora, ele está de posse dessa gravação. – disse enfático.

– E o que pretende fazer? – estremeceu ao pensar nas possibilidades.

– Nada farei, por enquanto. Jamais vi essa gravação e não sei se existe algo tão letal como ela queria que acreditássemos. Talvez seja algo inofensivo, ou não! Não temos como saber se isso pode afetar o esquema.

– A jornalista teve acesso a essa gravação?

– Lucas disse que não. Porém até quando isso irá persistir? Não podemos ficar nas mãos dele, que desconhece todo trabalho que tivemos para chegar a esse estágio. Temos que reaver essa gravação e destruí-la. – O pai se assustou com as palavras dele.

– O que pretende fazer? Não se esqueça de que se trata de meu filho, seu irmão. Não vou permitir nenhuma violência contra ele, fui claro? – ele encarava friamente o filho.

– Naturalmente que não iremos apelar para esse recurso, meu pai. Talvez você o convença a entregar de forma pacífica. Isso pode ser um entrave aos nossos planos. Terei que relatar a Pacheco o que ocorreu.

– Cuidado com o que vai falar, Tiago. Lembre-se de que, antes de tudo, Lucas é meu filho. Deve prezar pelos meus interesses em qualquer situação. Fui eu quem o introduzi nesse mundo, alimentando seu vício pelo poder. Não se perca! – havia uma advertência velada.

— Reconheço todo seu trabalho, meu pai. — E continuaram sua conversa.

Rebeca encontrou Lucas no jardim.

— Acalma teu coração, meu querido. Isso ainda não terminou e teremos muita tempestade até que a calmaria advenha. Sei o quanto está desapontado com seu pai e sinto lhe dizer que não vejo uma mudança possível. As coisas são dessa forma . Seu pai só pode dar aquilo que tem, não espere nada que não esteja em suas posses. Não o julgue com excessivo rigor. Encare-o como um ser deficiente de algumas virtudes, que ainda se compraz com bens puramente materiais e efêmeros. Ele teve a chance de aprender muito com Luiza, mas desprezou a oportunidade. Sinto tanto estar te dizendo todas essas coisas, afinal, é do meu irmão de quem estou falando. Mas não posso me calar sendo conivente com seus erros. Estou do seu lado, é o que quero que saiba. E tudo farei para que isso se modifique. Vejo tormentas pela frente, porém, também, vejo que a luz jamais nos abandonou em momento algum. Todas as ações benevolentes que praticamos terão seu retorno em forma de paz íntima. E do que mais necessitamos para encarar os desafios da jornada? — havia tanta luz sobre ela que Lucas se emocionou.

— Em alguns momentos, sinto-me tão distante deste mundo real, não coadunando com nenhuma das ações ao meu redor. Como se fosse um perfeito estranho! Não quero dizer que seja melhor do que eles, mas tenho plena convicção de que não sou como eles. Não consigo conceber um mundo tão desprovido de ética e moralidade. Isso é tão inerente ao meu ser que me atemorizo só em pensar que possa, um dia, me assemelhar a eles, em condutas e posturas. Como meu pai chegou a esse ponto? — havia amargura em suas palavras. — E meu próprio irmão? Como podemos ter sido gerados pela mesma mãe?

— Nesse ponto, a minha doutrina é bem consistente em suas explicações. Ambos são espíritos únicos, com suas infinitas experiências, nas quais houve ou não um aprendizado. Lembre-se de que aprende aquele que deseja! Essa é uma verdade irrefutável, Lucas! Aceite isso e se sentirá mais sereno. Você está ao lado de Tiago com um propósito, seja o de aprender alguma lição, seja para ensinar. Porém, na condição de professor, precisa estar ciente de que a tolerância, a paciência e a compreensão são as características essenciais para que o aprendizado seja assimilado por aquele que necessita. Essa passagem do Evangelho de Jesus, "os sãos não precisam de médicos" é providencial neste momento pelo qual está passando. Não é você que carece de ajuda, meu querido, é seu irmão. Reconheça seu papel na obra a que se programou realizar. Sei que a situação é complexa, porém reconheço que possui aptidão para resolver os entraves que irão surgir pelo caminho. Confia em sua intuição, que jamais te conduzirá a despenhadeiros dolorosos. Ainda você duvida de que a luz te acompanha? – o sorriso que ela lhe direcionou era tão radiante que ele se sentiu confiante.

— O que faria de minha vida sem sua presença? – e a abraçou com todo seu carinho.

— É o filho que qualquer mãe sentiria orgulho de ter! Agradeço a Luiza todos os dias por poder partilhar com vocês a possibilidade de ser mãe, mesmo que apenas pelo coração. — E neste momento, Lucas viu Rebeca em outra veste corporal, ao seu lado, guiando seus passos, comprovando a ideia de que ela já fora sua mãe em algum momento no tempo. Tudo aconteceu muito rápido, mas a conexão foi tão intensa que ambos se emocionaram e permaneceram no abraço. Nada precisaria ser dito, apenas permitiram que o amor se expandisse e apaziguasse seus corações. Dois espíritos que se reuniram novamente para que, juntos, dessem continuidade às jornadas evolutivas. Essa consciência os impulsionaria, cada dia mais, a conquistar o aprendizado, fortalecendo ainda mais os laços já existentes. A paz já retornara a ambos e Lucas fez a pergunta que há alguns dias o perseguia:

– Rebeca, quem é Artur? – ela sorriu e, com os olhos repletos de lágrimas, disse:

– O filho rebelde de outros tempos, que o Pai Maior permitiu que o trouxesse de volta para o caminho da luz. Bem, assim eu senti desde a primeira vez que o encontrei, em situação de completo abandono. Você sabe que faço alguns trabalhos beneficentes com pessoas desprovidas de todos os recursos imagináveis. Artur era um garoto de doze anos, que estava já no caminho das drogas, abandonado pela mãe, também viciada. E para poder sobreviver, vivia da venda de drogas. Numa dessas nossas visitas, o encontrei chorando num canto, muito machucado pelas surras que o chefe lhe aplicara. Num impulso, me aproximei dele e fiz-lhe a seguinte pergunta: "quanto tempo ainda lhe resta de vida?". Sua resposta me comoveu: "há muito não tenho mais vida, resta-me apenas rastejar por migalhas". Naquele momento, percebi seu pedido de ajuda e não me contive. Peguei sua mão e o tirei de lá. Levei-o para casa de uma amiga que nos presta esse tipo de auxílio, pedindo que cuidasse dele como se fosse meu filho. Esse foi o início de uma grande amizade. Um reencontro de almas, hoje tenho plena convicção. Consegui que ele saísse do vício, estudasse, se tornasse um homem de bem. Levei-o para a doutrina de Kardec e ele absorveu os ensinamentos necessários para moldar seu caráter, lembrando-se de quem ele realmente era. Ele fez faculdade de direito, assim como seu irmão, e se tornou delegado. Ele não é um simples policial, mas um integrante de uma força-tarefa dentro da polícia, que investiga os crimes que, normalmente, seriam varridos para debaixo do tapete, se é que me entende. Você pode confiar nele em qualquer circunstância, meu querido. E o mais importante, ele não está sozinho nessa luta tão desigual. Pois você pode acreditar que ainda existem pessoas honestas e dignas, que representam a lei neste país. Artur representa a fidelidade aos princípios que hoje parecem mercadoria rara. Ele se tornou uma pessoa especial em minha vida. Essa é a história dele. E, mesmo que não aceite a outorga, ele me julga sua salvadora, não recusando jamais um pedido meu. É um bom garoto! – e sorriu.

– Ele deve enfrentar muitos entraves nessa sua luta. E grandes perigos, também.

– Como eu lhe disse, ele não está só. É protegido pelos seus superiores encarnados e pelos nossos companheiros da luz. Sua tarefa é de grande relevância para o futuro da nossa pátria. E possuindo a determinação como sua companheira, ele será vitorioso, assim como todos que compartilham a mesma batalha. O bem contra o mal! Isso é tão antigo quanto a criação da raça humana e ainda a contenda está distante de terminar! – uma sombra passou por seu olhar, mas logo deu lugar a um sorriso radiante. – Temos que vibrar para que essa situação não persista e o bem encontre espaço para se expandir cada instante mais. Crer para ver! Se não acreditarmos na vitória contra as sombras, já estamos favorecendo-as. Não podemos permitir que o desânimo prevaleça sobre nossa energia criadora, nossa fé racional capaz de mover as montanhas da dúvida. Assim tenho aprendido, Lucas. Aliás, há tempos não nos visita. Muitos têm sentido sua falta. E, agora, mais do que nunca, precisa se fortalecer.

– Tem razão, Rebeca. Preciso cuidar do espírito imortal, alimentando-o de energias mais sublimes. A tensão está imperando em minha vida e, cada dia, ela se avoluma, pois um fato novo surge, requisitando minha atenção. Onde está Raquel?

– Em missão secreta. Assim disse ela. – Ambos sorriram mais descontraídos. – Fez uma rápida viagem por minha solicitação. Amanhã cedo estará de volta. E acredite, ela está se saindo muito bem nas tarefas. Jante comigo, querido? Ando me sentindo só.

– Naturalmente. – Tudo estava sendo observado por Átila.

Capítulo 19

NOVOS INDÍCIOS

Após o jantar, Lucas se dirigiu ao apartamento de Paula, que já havia sido liberado. Encontrou-a dormindo. A tensão dos últimos dias devia tê-la exaurido. Ele sentou-se na sala e ficou pensando nas possíveis condutas que poderia ter no que se referia à gravação. Pensou até na possibilidade de falar com Artur e ouvir sua opinião, certamente mais abalizada. No entanto, seria fornecer material mais que suficiente para colocar o irmão em evidência. Nesse duelo mental que travou, adormeceu. Em instantes, viu-se fora do corpo e se deparou com a figura aterradora de Átila a sua frente. Fixou seu olhar no dele e reconheceu-o. Sentiu-se perturbado com sua presença e, mesmo sem entender como isso acontecia, passou a falar com ele:

— O que faz aqui? — perguntou Lucas com energia. — Pensei que isso já tinha se encerrado há tempos. Ainda está ao lado de meu irmão? — o sorriso sarcástico emoldurou o rosto da entidade.

— *Certamente, seu crápula! Precisava de um forte aliado e eis que seu irmão estava disponível. Portanto não queira me afrontar novamente, pois agora estou desse lado e sei coisas que você desconhece.*

— Não me importo com sua presença. Pois, se já o venci uma vez, posso fazê-lo novamente.

Não tenho medo de você!

— *Pois deveria.* — Deu uma gargalhada pavorosa. — *Não sabe o que realmente está acontecendo? Continua um oportunista, que se aproveita da situação e adquire vantagens. Só que dessa vez não terá mais um púlpito. Nem tampouco aqueles daquela época lhe darão ouvidos. Os tempos mudaram e eles não são mais tolos, oferecendo-lhe um poder do qual não puderam usufruir. Hoje eles estão do nosso lado. Nos seguirão até o final dos tempos, pois lhes prometi algo que você não lhes concedeu. Você enganou a todos muito bem! Menos a mim e a seu irmão, que aceitou vir ao seu lado apenas para o derrotar. E, dessa vez, seremos vitoriosos. Acredite!* — conforme ele falava, uma energia deletéria era irradiada sobre Lucas, que mesmo no controle da situação, sentiu suas forças fraquejarem. Átila percebeu e deu nova gargalhada. — *Viu como está fraco? Como pensa nos vencer? Aceite a derrota, pois serei misericordioso, o que não foi comigo.*

— Eu lhe ofereci ajuda, mas você preferiu a ruptura plena com tudo que eu representava. Não poderia lhe conceder o que me pedia. Seria a traição máxima com os meus princípios. E, principalmente, trair todos aqueles que juramos servir. Você era um dos nossos, Átila! — Lucas sequer entendeu como sabia o nome daquele ser à sua frente. Nem tampouco a razão de seu discurso sobre o passado, que parecia ter sido intenso e devastador para ele. — Você e meu irmão decidiram seu destino! Não pude evitar o que aconteceu! Nada foi premeditado, entenda! Não se conquista o poder eterno com ações ilegítimas, nem utilizando as armas da violência. Não se combate o ódio instigando ódio. Não se pretende a paz utilizando a guerra. Não é nisso que eu acredito e você sempre soube!

— *Sempre foi um fraco! E um traidor! Jamais esquecerei o que fez contra mim! Eu confiava em você e fui execrado por todos. Eu acabei sendo o traidor, quando, na verdade, foi você quem traiu nossas crenças! Nossa luta seria vitoriosa!*

— Não seria e tem consciência disso, apenas não quer aceitar. Vocês dois foram perseguidos por discordarem da única alternativa viável. Jamais pude conceber a ideia de viver aquele pesadelo, vendo seus corpos atirados ao chão. — Lágrimas eram vertidas.

— *Não me comove com esse discurso dramático. A única coisa que me importa desse passado é saber que você traiu nossas crenças, impedindo-nos de usufruir desse poder que lhe foi conferido injustamente. Quero a desforra! E a vingança é a única possibilidade que posso ver! Seus dias estão contados! E quando aqui chegar, eu mesmo estarei à sua espera.* — Um sorriso mórbido se delineou no rosto de Átila.

— Sinto muito que assim tenha decidido. Não quero mais o poder, se é que ainda não percebeu. Você não tirará de mim aquilo que não possuo. Perde seu tempo! Não tem remorsos do que fez a ela? Era sua própria irmã! — a simples menção da irmã, o fez atirar-se sobre ele com toda fúria.

— *Eu vou te matar!* — tentava apertar o pescoço de Lucas, que despertou no mesmo instante. Sentia ainda a pressão em seu pescoço e o ar lhe faltando. Havia tido um pesadelo, só podia ser isso. Estava suando e suas mãos tremiam. Deve ter falado algo, pois Paula estava ao seu lado com a preocupação estampada:

— O que aconteceu, querido? Estava falando dormindo, mas era tão alto que pensei que havia mais alguém aqui com você. Você está bem? — Lucas respirava pausadamente tentando acalmar-se.

– Foi um pesadelo! Me perdoe se eu a acordei! – abraçou-a, sentindo-se pacificado nesse doce abraço. – Volte para cama, querida. Eu já vou.

– Não, ficarei aqui com você. Quer conversar? – pegando um copo d'água.

– Não, quero apenas que essa sensação pavorosa vá embora. Tenho tanto medo de que algo lhe aconteça e isso parece me perseguir até em sonhos.

– Não vai me perder, meu querido. Agora que o encontrei, ninguém mais irá nos separar.

– Quero tanto acreditar nisso! – Uma sombra pairou em seu olhar. Lembrou-se de Rebeca e sobre retornar ao centro espírita para tomar um passe. Sentia-se esgotado física e espiritualmente. Precisava de uma transfusão de energias, para revigorá-lo. Na próxima semana, encontraria um tempo para isso. Neste momento, seria essencial!

Após uma leve conversa, ambos foram se deitar, mas Lucas não conseguiu conciliar o sono. Aquela sensação de alguém querendo sufocá-lo não lhe saía da mente. Apenas conseguiu relaxar seu corpo físico, também necessitado de um descanso. Levantou-se cedo e foi para o hospital, pois tinha uma cirurgia pela manhã. Sentia-se cansado e tenso e isso persistiu por todo o dia. Lembrava-se dos desafiantes plantões que fizera em sua residência, chegando a passar muitas horas acordado, sem sentir sono. Agora sentia-se diferente, o cansaço parecia consumi-lo. No final da tarde, Artur lhe telefonou querendo conversar com ele e pediu que fosse até o hospital.

Ao se encontrarem, Artur sentiu-se desconfortável, seu coração ficou em total descompasso e sabia o que aquilo significava.

– Você está bem? – foi a pergunta que ele fez assim que entraram em seu consultório.

– Para dizer a verdade, não. Tem algo estranho acontecendo, tirando meu foco. Pela manhã, quase passei para outro médico a condução de uma cirurgia, sentindo que minha mão não respondia ao comando de meu cérebro. Não costumo ser impressionável, mas isso se deu após um pesadelo. Bem, me desculpe falar essas coisas. Sei que é espírita, assim como Rebeca, mas não quero perturbá-lo com minhas histórias.

— Não está me perturbando em hipótese alguma. Senti algo assim que apertei sua mão. Há quanto tempo não toma um passe, Lucas? – a pergunta foi direta.

— Há algum tempo, e sinto que deixei por tempo demais. Na próxima semana, irei até lá. Estou necessitando mais que nunca. – Um sorriso meigo se apresentou.

— Todos necessitamos, Lucas. Em alguns momentos mais do que outros, mas somos seres ainda muito imperfeitos e esquecemos lições básicas de como manter o equilíbrio. Faça uma prece sincera àquele que hoje está lhe assediando, pois já deve ter percebido que é isso que está ocorrendo. Peça perdão tantas vezes forem necessárias, porém com o coração puro, isento de qualquer sentimento inferior. Só assim ele sentirá que a sinceridade o acompanha. Sou eu agora que peço que me perdoe a invasão. Não é minha postura habitual, mas sei que entende o que estou a lhe dizer. Além do mais, gostei de você desde que o encontrei pela primeira vez. Naturalmente que sendo sobrinho de quem é, já era fato que iria ajudá-lo com todo empenho. Senti franqueza em suas palavras e isso me cativou desde o início. Sabe que pode contar comigo em qualquer situação.

— E eu agradeço sua dedicação a essa causa. Rebeca me contou confidencialmente seu trabalho e admiro pessoas como você. Me faz ainda ter fé no ser humano.

— Ela contou acerca da minha vida? – perguntou ele

— Eu e minha tia somos muito unidos e jamais existiu algum segredo entre nós. Ela tem muito orgulho de você, se é que ainda não sabe.

– Ela representa o papel materno, sempre tão ausente em minha existência. Como ela sempre diz, um reencontro de almas. – Seu olhar se encheu de gratidão.

– Ela usou essa mesma expressão. Tem uma amiga por toda eternidade.

– Jamais poderei esquecer tudo o que ela fez por mim. – Seus olhos ficaram marejados e distantes. – Bem, vamos ao assunto que me trouxe aqui.

– Estou curioso sobre o que tenha descoberto. Algum fato novo?

– Sim. Conseguimos identificar o possível agressor de Paula. Um velho conhecido da polícia, que vive desse tipo de tarefa ilícita, porém conta com o apoio de um padrinho importante da política. No entanto nada temos contra ele. Pode alegar qualquer coisa, inclusive que foi visitar algum amigo. Vamos continuar investigando-o até encontrar algo palpável, que possa ser utilizado contra ele. – E fez uma pausa.

– Apenas isso? – Lucas percebeu um certo desconforto na postura dele. – O que mais o perturba?

– A pessoa que o acompanha. Alguém muito próximo seu e que pode estar envolvido diretamente em tudo que aconteceu com Paula. Uma hipótese que se sustenta pela quantidade de ligações trocadas entre eles. – Artur percebeu a lividez do médico. – Sinto lhe dizer assim, mas essa possibilidade está sendo apreciada. Tiago pode estar mais do que envolvido nesse esquema.

– E meu pai? Descobriram algo concreto? – o temor estava em suas palavras.

– Tiago, pelo que sabemos, trabalha num escritório de advocacia em Brasília dos mais aclamados pelos poderosos da política. Sua ligação mais consistente é com um dos sócios desse escritório, um velho conhecido nosso, Pacheco. Vem de uma família abastada do Nordeste, onde sua família tem força atuante na região. E outras ações que não vale a pena salientar. Bem, esse homem preside um grupo de políticos, aos quais fornece assessoria jurídica além de cuidar dos interesses de todos, evitando que seus nomes sejam citados ou ligados a esquemas ilegais. A história é mais complexa do que supõe e ainda estamos no início da investigação. Tiago tornou-se seu assessor, se é que assim podemos denominá-lo, responsável pelas ações que requerem alto grau de inteligência e sagacidade. Infelizmente, seu irmão possui esses atributos que poderiam ser explorados de melhor forma em outras questões. Não vou outorgar-me a condição de juiz implacável dos atos alheios, pois cada um responderá no tribunal de suas consciências. No entanto sua potencialidade está sendo direcionada para via contrária ao do correto, digno e justo. O que é lastimável, tenho de admitir. Mas, voltando à ligação com aquele homem, Salvador, seu irmão tem se comunicado excessivamente com ele, o que apenas nos faz supor que ele está sendo utilizado para fins ilícitos. O acidente do jornalista, o atentado a Paula e, talvez, algo mais esteja sendo arquitetado. Todo cuidado é pouco em tempos de guerra, pois assim consideramos. Vivemos tempos difíceis, em que a cada instante um fato novo surge, comprometendo, de forma indireta, aqueles mais desprovidos de recursos. Cada montante destinado à corrupção é algo retirado de algum serviço essencial, porém esse fato pouco importa a eles. Quanto a seu pai, temos indícios leves, entretanto continua sendo alvo de nossas investigações. Já havia alertado Rebeca quanto a isso. Sinto decepcioná-lo, Lucas, mas nem tudo é como gostaríamos que fosse.

— Minha tia já conversou com meu pai e ele, simplesmente, nega qualquer envolvimento nisso. É lamentável ter conhecimento desses fatos e nada poder fazer. Sinto-me impotente, essa é a palavra. Receio que tudo possa desandar e nada consigo fazer, pois as advertências já foram dadas. — Havia tristeza em sua voz.

— Sinto o mesmo. No entanto esse é meu trabalho e cuido de encontrar evidências que possam inserir todos eles nesse contexto. O tempo, infelizmente, nem sempre é nosso aliado e não pudemos evitar que esses graves acidentes ocorressem, o que poderia ser fatal para eles. – Neste momento, as feições de Lucas se contraíram, lembrando-se de Leila, que não teve a mesma chance que os demais. Artur percebeu o desconforto, mas nada disse. Sabia que Lucas lhe ocultava algo, mas esperava que o médico se dispusesse a cooperar com mais informações. Talvez temesse envolver ainda mais o irmão, assim ele pensou. Respeitaria sua vontade até o instante em que não opusesse contra sua investigação. Olhou-o fixamente e Lucas se sentiu observado. – Bem, era isso que tinha para lhe dizer, muito mais com o intuito de alertá-lo quanto ao perigo que Paula ainda corre. – Fez uma pausa e, em seguida, perguntou: – Tem algo que queira me dizer?

Lucas olhou diretamente em seus olhos e disse:

– Ainda não é o momento. São apenas suposições, creio eu. Nada muito concreto, mas preciso me certificar antes de qualquer coisa.

– Se assim deseja. – Antes de sair disse: – Não pense que eles não estão dispostos a ações indébitas contra quem quer que seja, inclusive você já deve estar no topo da lista. Cuide-se, Lucas, essa é minha orientação. Não gostaria de que nada lhe ocorresse. Boa noite! – e saiu deixando o médico com a sensação de que deveria ter contado sobre seus temores.

Mas isso implicaria o irmão além da conta. Tentaria nova investida, só não sabia como fazer. Sua cabeça começou a doer intensamente e decidiu que precisava descansar.

Ao sair do hospital, a mesma sensação após o pesadelo persistia. Sentia-se oprimido, o ar lhe faltava, a cabeça latejava, tudo o perturbava. Começou a andar vagarosamente pelo estacionamento, tentando chegar ao seu carro. Foi quando um carro passou rente a ele com toda velocidade, quase atingindo-o. Com o susto, ele retomou o controle e observou o veículo se distanciando na maior rapidez. No mesmo instante, ele ouviu uma gargalhada sinistra, fazendo-o olhar para todos os lados. Não havia ninguém por lá. Sentiu seu corpo estremecer e suas mãos ficaram geladas. A muito custo, chegou até seu carro e, ao sentar-se já respirando pausadamente, atentou para o que acabara de acontecer. Teria sido um aviso? Só de pensar na possibilidade de o irmão ter algo com esse incidente o deixou transtornado. Seria ele capaz de atentar contra o próprio irmão?

Estava prestes a sair de lá, quando, à sua frente, uma figura assustadora se apresentou encarando-o com seu olhar aterrador. Parecia irreal, como se uma névoa a envolvesse, dando-lhe um ar ainda mais sinistro. Fixou seu olhar no daquele ser e pode ouvir suas palavras:

– *Eu vou te destruir!* – subitamente, tudo se desfez. Lucas ficou estático, tentando entender o que lá se passara. Sua imaginação estaria a lhe pregar peças? Estava tão suscetível assim? Permaneceu imóvel por alguns minutos que lhe pareceram uma eternidade. De repente, um fato longínquo, perdido nas suas lembranças, surgiu. Certa vez, despertara em pânico por um pesadelo e teve a nítida impressão de que aquele ser, que tanto o atemorizara em seu sonho, lá se encontrava, bem a sua frente, com o mesmo olhar sinistro. Gritou pela mãe e, em instantes, ela lá estava para acalmá-lo, dizendo ter sido apenas um sonho mau. Porém ele insistiu que o mesmo personagem estava em seu quarto e não era a primeira vez que o via. A mãe ficou calada por alguns momentos e lhe disse algo que jamais se esquecera:

"– Lucas querido, não estamos sós neste mundo. Aqui chegamos, vivemos e partimos para dar continuidade ao nosso aprendizado. Jamais morremos! Nosso espírito é eterno, ora está no mundo material, ora no mundo espiritual, mas sempre vivo e interagindo com todos, desse plano e do outro. Algumas pessoas podem ver esses companheiros, por uma sensibilidade mais apurada que possuem. Não se assuste e lembre-se sempre de que eles, que estão no outro lado da vida, não podem lhe fazer mal, apenas assustá-lo, que é o que tem acontecido. Você possui essa habilidade, mas não tenha medo das tarefas que, futuramente, estarão destinadas a você!"

E ele jamais tivera medo novamente, assim como as visões cessaram também. A mãe lhe questionara sobre isso meses depois e ele dissera que, agora, que não temia mais, eles não mais o visitavam. Ela sorriu e disse que o chamamento já ocorrera, agora bastaria esperar o momento adequado de colocar em ação essa potencialidade. Tudo ocorreria no tempo certo. Ele esquecera de vez o assunto e seguiu com sua vida. Agora, tudo parecia ter voltado com toda intensidade. Aquela visão sinistra lhe trouxera todas essas lembranças. Seria ele capaz de entrever essas duas realidades? Teria ele visto um habitante do mundo espiritual? Tinha a sensação de já tê-lo encontrado antes e a ameaça parecia ser bem real. O que ele pretendia dizer com aquilo? Sentiu um calafrio percorrer seu corpo e, novamente, seu coração acelerou num ritmo intenso. Queria sair dali, mas o corpo não respondia ao seu comando. Respirou profundamente, tentando retomar seu controle e só assim começou a se acalmar. Não se lembrava de como chegara ao apartamento de Paula, que o recebeu assustada com o que viu:

— Parece que viu um fantasma? — tentou brincar.

— E foi exatamente isso que eu vi. — O silêncio se instalou no ambiente. A jovem o olhava com espanto, nada entendendo. — Esqueça, não quero que pense que eu seja um louco.

— Jamais pensaria isso de você, querido, mas que é estranho, tem de convir.

— A história é longa e se tiver interesse em conhecer...

— Posso antes acender as luzes. Sempre tive medo de histórias de terror.

— Não brinque com algo sério, Paula. E não se trata de história de terror, mas de algo muito real, que acontece ao nosso redor e sequer percebemos, pois nossos embotados sentidos deixam de observar. Posso dizer que se trata da história de todos nós, que ora estamos encarnados, ora desencarnados, porém vivos e habitando a realidade espiritual. E nem por isso deixando de interagir com as duas realidades, física e extrafísica. Quando se morre, pelas nossas crenças oriundas do catolicismo, tudo termina, e estaremos aguardando o dia do juízo final para que a seleção se faça. Pela minha visão, baseada na Doutrina dos Espíritos, apenas o corpo físico aqui permanece, já com a vida extinta, deixando, portanto, de ter serventia. Porém existe algo mais que é o corpo espiritual que nos acompanha na jornada eterna. Não vou entrar em mais detalhes, pois isso não importa agora e se desejar, indico um livro excepcional para que possa entender melhor. Bem, quando morremos, ou seja, quando nosso corpo perece, nossa alma permanece viva, nosso corpo espiritual segue vivo, sendo exatamente o mesmo quando aqui habitava. Leva consigo os mesmos pensamentos, as mesmas ideias, os mesmos sentimentos que conduziram sua vida na matéria. "A morte não modifica ninguém", o que é verdadeiro. Esses habitantes do mundo espiritual, os fantasmas como muitos dizem, estão ao nosso lado, compartilhando conosco as mesmas realidades. E alguns, dotados de uma sensibilidade mais apurada, podem detectar suas presenças, seja pela visão, ou por outra ferramenta mediúnica que possua. A esses companheiros dotados dessas faculdades dá-se o nome de médiuns, que significa intermediários, medianeiros entre as realidades material e a espiritual. Fácil, não é mesmo? – a outra estava acompanhando com atenção as explicações.

– Você os vê? – foi a pergunta que ela fez.

– Parece que, agora, essa sensibilidade está sendo colocada em ação novamente. – Ela estava curiosa. – Vou te explicar como tudo começou. – E contou sua história.

Capítulo 20

FATALIDADE

— E, desde então, jamais tive outras experiências semelhantes. A de hoje, foi a primeira após tantos anos. Era tão real! – guardava a imagem em sua mente.

— Isso pode acontecer novamente?

— Talvez, não sei. Desde aquele pesadelo, me sinto estranho, talvez mais sensível. E algumas sensações físicas desagradáveis têm me acompanhado. Estou tão cansado!

— Não quer comer alguma coisa? – perguntou ela.

— Quero apenas dormir, me perdoe a péssima companhia. – Seus olhos se fecharam lá mesmo recostado no sofá. Paula ficou a observá-lo com atenção e carinho, cuidando para que se sentisse o mais confortável possível.

— Vou cuidar de você, como cuidou de mim! Descanse, querido! – como se ele a ouvisse, esboçou um sorriso. E deitou-se ao lado dele, adormecendo em instantes.

Assim que se viu fora do corpo, Lucas deparou-se com a figura radiante de Luiza, sua mãe, que lhe sorria com ternura:

— *Vem comigo, filho.* — disse ela pegando sua mão. Ele estava atônito com a presença dela, que não conseguiu falar uma só palavra.

Em instantes, ambos caminhavam por um lindo jardim. Sentaram-se em um banco:

— Mamãe, tenho tantas saudades de você. — Ele segurava as mãos dela entre as suas.

— *Eu sei, meu querido. Eu também! Sei que sua vida está muito agitada, os problemas não cessam de surgir e sente que não dará conta de solucionar todos eles.*

— Sim, tudo está tão complicado! Pensávamos que poderíamos auxiliar Tiago, mas ele está refratário a nossa ajuda. Sozinho não conseguirei o que me propus. — Seus olhos ficaram marejados. — Ainda mais agora que ele surgiu em minha vida. — Referindo-se a Átila, a entidade maléfica que o perturbava. — Ele jamais me perdoou, minha mãe. Você sabe que fiz o que era necessário, visando um bem maior. Era a única opção a fazer!

— *Nós sabemos, não precisa se justificar, como se a responsabilidade pelo desfecho fosse sua. Foram eles que assim determinaram que ocorresse. Foi obra deles, não se atormente! Sabemos o quanto tentou dissuadi-los de suas ações indébitas, mas foram inflexíveis. Era inevitável o que ocorreu, ninguém poderia mudar os planos deles.*

— Juraram vingança contra mim e é isso que ambos estão empenhados desde então. A presença de Átila ao lado de Tiago sempre foi evidente, em vista das atitudes que ele empreendia, principalmente contra mim, seu alvo maior. Porém, agora, tudo parece mais ostensivo e estão tão enredados que não vejo possibilidade de mudanças. Sinto tanto falhar em meus propósitos, mas talvez seja esse o desfecho. — disse ele baixando o olhar.

— *Pare com isso, eu lhe peço. Precisamos de você, de sua força e de sua fibra espiritual, construída às custas de tanto empenho e dedicação. Não acredite na derrota, apenas na vitória, pois ela será edificada com a força de sua coragem e da sua fé inabalável na justiça. Tem ainda muito a fazer e não pode contar com o desânimo, pois ele o levará aos porões da desesperança. Precisamos de você, filho querido! Confia em seu potencial criador, força atuante capaz de transformar as vicissitudes do caminho! A tempestade ainda não cessou e terá ainda que lutar com todas as suas forças para não sucumbir. Terá a companhia da luz, que dissipa todas as trevas. Muitos precisam de você, em especial seu irmão e Átila. Não os decepcione! Eles ainda desconhecem qual o verdadeiro propósito da existência humana e são crianças espirituais que temem a luz por desconhecerem seus benefícios. Acalme-se e renove as suas energias. Busque uma transfusão de energias que o passe proporciona, isso irá revigorá-lo. Cuide-se e não descuide da vigilância constante. Muitas pedras terão que ser removidas e apenas você poderá realizar essa tarefa. Artur e Rebeca poderão lhe ajudar a desvendar esse mistério. Conte com eles! Cuide de nossa família, meu querido! Conto com você!*

— Você estará sempre por perto? — ainda segurando suas mãos.

— *Sempre, meu menino. Não foi isso que combinamos?* — o sorriso dela o contagiou.

— Foi, minha mãe. Não me deixe esquecer minhas tarefas! — e a abraçou com carinho.

— *Agora vá! Meu amor o acompanhará!* — levou-o de volta ao apartamento de Paula, fazendo-o retornar a seu corpo.

Lucas despertou quando o sol já estava alto, sentindo um aroma de café.

— Meu belo adormecido, deseja um café? — brincou Paula.

— Dormi aqui a noite toda? — perguntou ele sentindo-se refeito. — Há tempos não dormia assim. Tive até um sonho lindo com minha mãe, do qual pouco me recordo. Mas uma sensação de paz agora está presente.

– Fico feliz que tenha descansado. Pois hoje tenho planos para nós dois e você não me escapa. Está um lindo domingo ensolarado e quero dar uma volta. Essa prisão está me enlouquecendo. Vamos sair um pouco? – perguntou ela.

– Não acha perigoso? Artur solicitou que permanecesse distante da mídia e das pessoas. Acho que é cauteloso ficar mais uns dias reclusa. – Mas o olhar que ela lhe direcionou dizia que ninguém a convenceria a mudar seus planos.

– Se preferir ficar, esteja à vontade. Não fiz nada errado, não temo nada nem ninguém, então faço da minha vida o que mais me aprouver. Gostaria muito que me acompanhasse, porém se insistir em ficar...

– Me dê um café, não consigo pensar antes disso. É uma mocinha muito teimosa, sabia? Não percebeu ainda o perigo que está correndo? Sei que está cansada de viver assim, mas isso é temporário. Artur me procurou ontem e encontraram o seu possível agressor. – Os olhos dela se iluminaram.

– Um bom motivo para comemorar. Já o prenderam?

– Infelizmente, ainda não e talvez isso não ocorra. As provas são superficiais. Não havia indício algum dele em seu apartamento, portanto uma prisão não se sustentaria. Precisam de algo mais palpável.

– Talvez um corpo possa acelerar sua prisão. E esse seria o meu! – havia indignação em sua voz. – Até quando eles darão as cartas?

Lucas não tinha essa resposta. Sabia, no entanto, que um dia aquilo que estava oculto seria colocado à vista de todos. E, nesse dia, tudo seria esclarecido. Porém não agora!

– Acalme-se. Já lhe disse que ele está sendo mantido sob vigilância, não vai se aproximar de você. No entanto toda cautela será providencial, não acha?

– Pode ser, mas agora vou sair. Vem comigo? – ela estava decidida.

— Preciso passar em casa antes. Você será sempre assim indomável?

— Quem pode afirmar? — sorriu com ares de vencedora.

Estava realmente um lindo domingo. Lucas não pretendia encontrar os dois e entrou rapidamente, trocou-se e já estava na porta quando encontrou a tia.

— Posso falar rapidamente com você? — seu olhar parecia tenso.

— Se for breve! Paula me espera no carro.

— Por que ela não entrou? — perguntou Rebeca.

— Acho que pode fazer uma ideia. Mas fale o que aconteceu?

— Conversei com Artur ontem, meu querido. Fiquei preocupada com o que ele me relatou.

— A situação é bem grave, minha tia. — Ela o encarava com atenção e fez a pergunta:

— Lucas, você está escondendo alguma informação importante? — Lucas ficou inquieto.

— Por que está perguntando isso?

— Artur é um excelente investigador, conhecendo o ser humano e suas emoções. Se ele diz que você está escondendo algo, isso efetivamente está ocorrendo. Disse que conversou com você e sentiu que oculta algo. Isso é verdade? — Lucas ficou pensativo por instantes.

— Rebeca, não posso me esquecer de que Tiago é meu irmão. Existe algo que ainda não decidi contar, pois não me sinto seguro. Preciso refletir um pouco mais. Outra hora lhe conto, prometo. Por esse motivo, resolvi guardar comigo essa informação. Não fale nada a Artur, eu lhe peço. Preciso de alguns dias! Confie em mim, tia!

— Sabe que confio, mas não faça nada que possa prejudicá-lo, eu lhe peço. Se for alguma informação concernente ao caso, repasse a ele que saberá o que fazer.

— Fique tranquila! — beijou-a e saiu. O que ambos não perceberam foi a presença de Tiago próximo a eles, ouvindo toda a conversa.

— A gravação ainda está com ele, como supunha! Veremos até quando! – foi até seu quarto e fez uma ligação de seu celular.

— Escute bem, ele ainda mantém a gravação. Vigie-o mais do que tudo. Quero saber todos os lugares em que ele vai e com quem vai. Cada passo deve ser-me relatado, entendeu? Eu o conheço muito bem e sei que a próxima ação dele será ouvir novamente a gravação. Ele a pegará nas próximas horas, ouviu bem? Não podemos permitir que o seu conteúdo seja divulgado. Nem ele nem ninguém irá me colocar na mira da justiça! Vamos, fique na sua cola e não o deixe sozinho um instante sequer. – Desligou com um sorriso vitorioso.

— Dessa vez, você não me vencerá!

Realmente, ele conhecia Lucas muito bem. Após a conversa com a tia, a ideia de ouvir a gravação novamente não saía de sua mente. Pensou em dividir sua preocupação com Paula, mas não queria envolvê-la nisso. Passara por momentos dolorosos e não desejaria levar mais problemas a ela. O dia passou rápido para eles que, efetivamente, se divertiram, esquecendo as questões dominantes.

No dia seguinte, Lucas ainda não se esquecera de seus propósitos e pensou em ouvir novamente a gravação. Decidiu reaver o celular, indo até o banco onde lá depositara. Tudo sob o olhar atento de Salvador, que o seguia desde a orientação de Tiago. Não desgrudara dele um instante sequer e relatava todos os passos ao seu patrão. Ao contar sobre a visita dele ao banco, Tiago lembrou-se de que a família usava desse sistema de cofres, e que talvez o irmão assim o fizesse. Abriu um sorriso de satisfação:

— Como você é tolo! É lá que mantém a gravação! – deu algumas orientações específicas ao homem. – Quero essa gravação comigo esta noite, entendeu? Faça o que for necessário para obtê-la. Não quero falhas dessa vez! Use os recursos que tiver, mas consiga isso para mim! Não posso permitir que esse conteúdo seja passado a frente, pois pode comprometer nosso esquema, ouviu bem? – o homem falou algo do outro lado da linha, que fez Tiago assim concluir: – Pacheco quer isso em suas mãos, o método que você vai utilizar não me interessa. Meu irmão não compactua conosco, portanto considere-o nosso inimigo. – Suas feições estavam destituídas de emoção. – Peça ajuda, se achar necessário. Creio que a ordem está bem clara! – o outro apenas respondeu com um monossílabo. Em seguida, desligou, preparando sua abordagem junto a Lucas, que desconhecia o perigo que estava correndo.

Passou o dia com a gravação, ouvindo inúmeras vezes o seu conteúdo, tentando encontrar a resposta as suas dúvidas. Decidiu que entregaria a Artur, após muito refletir. Não queria comprometer o irmão, mas talvez fosse esse o momento de ele despertar para sua existência, repensando suas atitudes. Quanto ao pai, sentiria muito se algo pudesse ser impositivo para sua eleição, mas as regras éticas deveriam estar em primeiro plano. Após decidir-se, ligou para Artur, porém ele não atendeu, então deixou um breve recado.

Já era noite e resolveu guardar a gravação em sua gaveta. Saiu caminhando calmamente pelo estacionamento já deserto àquela hora, completamente absorto em seus pensamentos, que sequer percebeu a aproximação de um carro ao seu lado, o qual parou e dois homens dele saíram. Foi quando Lucas percebeu o que estava acontecendo. Procurou manter a calma e disse:

– Levem o que quiserem. – disse apenas.

– Queremos algo específico. – Salvador se aproximou de Lucas encarando-o fixamente.

– Não sei do que está falando. – Lucas não desviou o olhar.

– Você está com algo que nos pertence. E vai nos entregar. – Seu olhar frio mostrava que ele tinha um único propósito, que era recuperar a gravação em seu poder.

– Não sei do que está falando. Não o conheço, por que eu teria algo seu? – ele tentava mostrar-se seguro, mas seu coração já estava em total descompasso. Aquele homem era capaz de tudo e isso era fato.

— Pare de brincadeiras, pois meu tempo é precioso. Preciso ser mais claro? Eu quero a gravação. Entregue-me e vamos embora imediatamente. Caso contrário...

— Vai fazer o quê? Me matar? Não tenho medo de você, nem dos seus. — disse ele enfrentando-o, dando um passo à frente.

— O doutor é corajoso, mas sinto decepcioná-lo. Não vou te matar, se é o que pensa, mas posso mandar alguém fazer uma visita a sua namorada. Falhei da última vez, porém nada que não se possa resolver. É só eu dar um telefonema e ela... — um sorriso mórbido se fez em seu rosto. Lucas estremeceu só em pensar na possibilidade de Paula estar em perigo novamente. — Creio que agora chamei sua atenção. Vamos, eu tenho pressa. Dê-me a gravação, agora.

— Não está comigo. Podem me revistar. — Levantou seus braços. O outro se aproximou e examinou-o, constatando que ele falava a verdade.

— Não está com ele. — E se afastou, ainda mirando o revólver para o médico.

As feições de Salvador se contraíram. Não poderia retornar sem a gravação, assim havia ordenado Tiago. Ele recuperaria o celular a qualquer custo. Ficou a pensar onde ele poderia ter ocultado em tão pouco tempo. Depois de ir ao banco, viera apenas para o hospital e de lá não saíra. Só poderia estar lá. Sorriu e encarou novamente Lucas.

— Creio que essa brincadeira está na hora de terminar, doutor. Decida logo ou faço uma ligação. — As palavras duras tinham a intenção de intimidá-lo, mas Lucas manteve-se firme em seu propósito de não entregar.

— Ela está segura no mesmo lugar em que a coloquei. — Tentava mostrar-se confiante.

— Impossível! Sabemos que está com você! — o homem estava perdendo a calma.

– Quem deu essa informação se equivocou. – disse apenas, sentindo que conseguira perturbar seu agressor.

– Não brinque conosco, eu já lhe disse que sua namorada está em nossas mãos, tem alguma dúvida?

Neste instante, sem saber o que o impulsionou, Lucas jogou-se sobre o homem, tentando dominá-lo. No entanto, ele se esquecera de que o outro estava bem próximo e um tiro foi ouvido. Lucas sentiu uma fisgada nas costas e soltou Salvador, que se levantou furioso:

– Veja o que fez! Seu idiota! – viu a marca de sangue na camisa de Lucas, que permanecia caído ao chão inerte. – Você estragou tudo! Vamos embora! Terei que relatar como tudo ocorreu! – e correram de lá. O tiro poderia alertar a presença deles. E assim foi! Em instantes, uma movimentação intensa aconteceu. Estavam no estacionamento de um hospital, como isso pudera ocorrer? Era a pergunta que alguns se faziam. Não havia mais segurança em lugar algum!

Lucas, ao sentir a fisgada nas costas, percebeu que fora atingido. Uma dor lancinante o acometeu, impedindo-o de respirar. Procurou ficar calmo, mas a dor só aumentava. Tentou se levantar e o máximo que conseguiu foi sentar-se recostando-se num carro estacionado. Sentia o sangue escorrer por suas costas, percebendo que a bala se alojara em alguma costela, pela dor insuportável que sentia. Foi quando viu uma mulher se aproximar e pediu ajuda. Rapidamente, ele estava na emergência sob o olhar atônito de Henrique, o médico residente.

– Não pergunte nada, faça apenas seu trabalho. – A voz começou a ficar fraca. – Leve-me direto para cirurgia. – Foram as últimas palavras até que desmaiou.

Henrique e a equipe foram rápidos e, em poucos minutos, Lucas estava sendo operado. Sua situação era delicada. A bala atingira um dos pulmões e se alojara numa costela, como Lucas dissera. Foi um trabalho árduo até que ele se estabilizou. Ao término de três horas, Henrique sorriu satisfeito pelo resultado obtido.

Precisava contatar sua família, que, certamente, desconhecia o que havia ocorrido. Só poderia ter sido um assalto, era o que ele pensava. Porém sua intuição lhe dizia que coisas estranhas estavam ocorrendo com ele e com pessoas ligadas a ele. Fez a ligação para Rebeca, que ficou lívida. Ela e os demais familiares estavam dormindo quando o telefone tocou insistentemente. Ronaldo, já ao seu lado, viu o estado em que ela se encontrava:

– O que aconteceu, Rebeca? Vamos, fale algo. – Ela se sentara com as lágrimas escorrendo por seu rosto.

– Foi Lucas! – apenas o que conseguiu dizer.

– O que aconteceu com meu filho? – disse em completo desespero. Tiago chegou na sala no mesmo instante em que ouviu o pai perguntando sobre Lucas. Ronaldo olhou o filho com as feições contraídas: – O que você foi capaz de fazer? – e agarrou-o com força.

Tiago recebera a ligação de Salvador momentos antes e já sabia do ocorrido, mas não poderia mostrar ao pai que tivera algo com isso.

– O que está falando? – virando-se para a tia perguntou: – Aconteceu algo com Lucas?

– Ele levou um tiro e estava em cirurgia. O caso é grave, pelo que o médico relatou.

Ronaldo olhava o filho com a tristeza estampada em seu rosto, convicto de que aquilo era obra dele. Relembrou todo o passado e as ações indébitas que Tiago praticara, mas jamais poderia supor que ele fosse capaz de fazer algo contra o próprio irmão, sangue de seu próprio sangue. Só agora percebeu que ele acobertara incessantes vezes as atitudes errôneas do filho, justificando-o em qualquer situação. Todos insistiam na tese de desvio de caráter, porém ele não queria acreditar nisso. Cada dia a frieza imperava, a maldade se intensificara, sua sede de poder o inebriava e ele compactuou com essa conduta desregrada, sendo omisso na maior parte das vezes. Criara um monstro, agora incontrolável e indomável! E sentia-se responsável por permitir que isso ocorresse, nada fazendo para evitar seus arroubos. Olhou o filho mais uma vez, com a dor corroendo suas entranhas. Lucas o alertara tantas vezes! Rebeca e Raquel também! E, simplesmente, permitiu que ele agisse assim, contrariando regras, ética, moral, tudo por um sonho: a política! No entanto ele extrapolara todos os limites! Não iria mais permitir que isso persistisse! Iria impedi-lo de qualquer forma! Nem que, para isso, tivesse de entregá-lo à justiça, mesmo sabendo que também seria implicado!

Enquanto esses pensamentos permeavam sua mente, algo aconteceu! Uma estranha dor no meio do peito fez o ar lhe faltar. Sentou-se, pois a dor foi se intensificando mais a cada instante.

– Ronaldo, o que está sentindo? – Rebeca ficou ao seu lado aflita com o estado do irmão.

– Não sei! Dói demais! – e colocou a mão ao peito. Estava pálido e ofegante e, subitamente, tudo pareceu diferente. As pessoas ao redor foram sumindo, sentindo-se transportado para outra realidade, em cores completamente diversas das que até então observava. Viu alguns vultos se aproximando, mas não os temeu. Foi assim que ele se despediu do mundo material, vitimado por um infarto fulminante.

Rebeca segurava sua mão, quando ela simplesmente pendeu sem movimento algum. O desespero assomou e ela gritava para Tiago fazer algo. Ele, percebendo a gravidade, chamou a emergência, pedindo urgência, mesmo pressentindo que era tarde demais. Seu pai acabara de morrer e, pela primeira vez em anos, sentiu um nó na garganta. Talvez o único que o amava acabara de partir deste mundo! Agora estaria definitivamente só!

Capítulo 21

CONFLITOS ÍNTIMOS

Quando a ambulância chegou, já era tarde demais para Ronaldo. Rebeca e Raquel estavam abraçadas, em prantos, pela dor da separação. Tiago ia cuidando de tudo, com sua frieza habitual. Não parecia que estava tratando de alguém tão importante em sua vida, como seu pai. Providenciou todo trâmite e se dirigiu à tia, que o olhou com a dor estampada em seu rosto. Ele era seu irmão e, apesar de todas as diferenças existentes, havia sido muito amado por ela.

— Rebeca, como quer que façamos? — ele tentava falar com ela com o máximo carinho.

— Não sei, Tiago. Tenho que avisar seus avós e as pessoas mais próximas. — As lágrimas escorriam incontidas.

— Deixe que eu cuido de tudo isso. Eles disseram que precisarão levá-lo para o hospital. Não há nada que possam fazer aqui.

Quer que eu vá com eles? – perguntou com a voz embargada, mas ainda no controle.

– Faça isso por mim! – foi quando se lembrou de Lucas. – E seu irmão? Como ele estará? Preciso ir vê-lo. – já se dispunha a sair quando Raquel a conteve.

– Fique calma, tia. Eu irei até lá e saberei notícias de Lucas. – Abraçou a tia com carinho e apenas lançou um olhar para o irmão, que sentiu toda mágoa contida. Em seguida, saiu, levando consigo toda tristeza que seu coração poderia suportar. Perdera a mãe anos atrás, agora, seu pai também a deixara. Por que essas tragédias acompanhavam sua família? Por que tinha de ser assim? Tentou falar com Eduardo, seu namorado, mas ele não atendeu. Sentiu-se extremamente só! E Lucas, como estaria? O que acontecera com ele? Pensou em Paula, se o acompanhava e decidiu lhe telefonar. Tocou insistentes vezes, até que uma voz sonolenta atendeu.

– Paula? – perguntou timidamente, já percebendo que ela não sabia de nada. – Sou eu, Raquel. Sabe de Lucas?

– Não, por quê? – a tensão já estava em sua voz. – Aconteceu algo com ele?

– Me dê seu endereço e eu passo aí. Lucas está bem, ok? – tentando acalmá-la. Ela forneceu seu endereço e, minutos depois, Raquel lá estava. Paula entrou no carro apressada e perguntou:

– Se tudo estivesse bem, não estaria aqui. Conte-me tudo, por favor. Tentei ligar para ele por diversas vezes, mas acho que adormeci. O que aconteceu?

– Não sei muita coisa, mas vou contar. – Enquanto ela falava o que sabia, inclusive sobre a morte do pai, Paula foi ficando lívida, sem palavras.

Chegaram em instantes ao hospital e perguntaram por Lucas. Todo hospital já sabia do ocorrido, porém decidiram chamar Henrique, o médico residente que o operara. Foram poucos minutos que pareceu a ambas uma eternidade até o médico chegar. Raquel reconheceu o jovem e correu ao seu encontro.

– Como ele está? O que aconteceu? – perguntou ela.

– Ele foi atingido por um tiro, talvez proveniente de um assalto malsucedido, porém só iremos saber exatamente o que aconteceu quando ele acordar. Ele está na unidade de terapia intensiva e requer cuidados. Só posso afirmar que seu caso é de extrema gravidade. Venham comigo! – conduziu-as até uma sala onde Lucas se encontrava, todo monitorado. Paula se aproximou e beijou suavemente seu rosto adormecido. As lágrimas não puderam ser contidas.

– Quando ele vai acordar? – perguntou Raquel também com os olhos marejados.

– Teremos que esperar. Entretanto, ele é forte e saudável, isso será de grande valia para que sua recuperação seja rápida.

Raquel se aproximou de Lucas e disse algo em seu ouvido, em seguida segurou sua mão com toda delicadeza. O médico ficou observando a jovem com curiosidade. Eles pareciam muito próximos, percebera desde a primeira vez que os vira juntos. Deveria estar sofrendo com a possibilidade de perdê-lo. Ela virou-se para ele e disse:

– Acabei de contar-lhe o que aconteceu com nosso pai. – Tentando controlar a emoção, disse: – Papai acabou de morrer e ele não pôde se despedir dele. – Neste momento, Paula a abraçou. Henrique não estava entendendo nada do que ela acabara de falar. Era Lucas que lá estava lutando pela vida. Mas o pai acabara de morrer, teria sido isso mesmo? Decidiu aguardar que retornassem ao equilíbrio, para saber exatamente tudo o que estava acontecendo naquela família. Porém, antes, como médico responsável que era, decidiu que o local não comportava as fortes emoções.

– Venham, por favor. Lá fora, vocês me contam tudo. Nosso doente necessita de repouso e, principalmente, de paz. – A mesma que se distanciara de Lucas desde o instante em que o agressor agira de forma tão covarde.

Ainda acordado, tentava registrar tudo o que estava lhe acontecendo, inclusive sobre seu próprio estado. De repente, viu-se fora do corpo e os médicos lutando para salvá-lo. Sentia-se profundamente perturbado, observando os movimentos ágeis dos médicos sobre seu corpo físico, percebendo que seu caso era grave. Não estava pronto para morrer e isso não fazia parte de seus planos. No entanto, tudo poderia acontecer e uma angústia assomou. Foi quando uma mão macia tocou em seu braço, fazendo-o se virar.

– *Acalme-se, querido! Não sofra assim! O que está sentindo realmente?* – Luiza lhe perguntava com toda serenidade. – *Sente dor?*

– Não sinto dor, apenas apreensão. Tudo isso é muito estranho. Ver seu corpo ferido, sendo mexido e remexido. É difícil assimilar tudo isso, mamãe. Vou morrer?

– *Não, meu filho, a sua hora ainda não chegou. Tem ainda tanto a realizar! Foi um acidente de percurso, pode assim pensar, mas que não irá alterar o caminho que deve trilhar. Tem uma longa jornada pela frente. Agora, mais do que nunca, você terá muito trabalho a realizar para conter as arbitrariedades de seu irmão.* – E fez uma pausa: – *Escute o que vou lhe falar e vou precisar de todo seu controle, querido. Sabe que efetuamos nossas programações antes de aqui renascer. Todos, sem exceção, se submetem a isso. Apenas o véu do esquecimento nos impede de recordar, o que é uma bênção, bem o sabe. Enquanto aqui está, lutando pela sua vida, alguém a quem muito ama está se despedindo dessa jornada terrena e terei que recepcioná-lo, pelo amor que eu lhe dedico. Sabe a quem me refiro, querido?*

– Papai? – ela assentiu e a emoção o sufocou. – Eu quero ajudá-lo, também!

– *Não, meu filho. Tem outra missão que é manter-se firme e convicto de suas tarefas e estar em condições de colocá-las em prática. Além do que está fragilizado e sinto que a revolta insiste em visitá-lo, tornando sua recuperação comprometida.*

Quando for possível e nos for permitido, eu o levarei até ele. Assim está bem?

— Não, mas nada posso fazer quanto a isso. A indignação me consome, minha mãe, por saber que meu próprio irmão teve participação nesse triste evento. Era o único que sabia da gravação. Só pode ter sido ele quem engendrou esse plano infeliz. — As lágrimas vieram a seus olhos. — Foi capaz dessa cruel armadilha! Sou seu irmão!

— *Pare com lamúrias, meu filho. Isso em nada colaborará com seu reequilíbrio físico e espiritual. Busque a paz, só ela será capaz de o fortalecer! Agora tenho que ir, novas tarefas me aguardam. Seu pai necessita de mim, mesmo que ainda não consiga perceber minha presença. Agora, peço que fique sereno, velando por seu corpo físico, esse instrumento perfeito capaz de cumprir suas tarefas nessa encarnação. Estudou para salvar vidas, meu filho. Mostre que é capaz de salvar-se primeiramente, com todos os recursos que já adquiriu às custas de seu trabalho e empenho incessantes. É um valoroso trabalhador do bem, não permita que emoções inferiores o busquem maculando todo trabalho que está a desempenhar.* — Abraçou-o com todo seu amor e, antes de deixá-lo, disse: — *Clóvis estará ao seu lado, meu querido.* — A entidade sorriu amorosamente.

— Venha me ver novamente, mamãe. Preciso de você! — ela se despediu e saiu de lá.

Lucas e Clóvis lá permaneceram ao lado do corpo físico do médico, enquanto a cirurgia persistia. Vendo a perturbação que o jovem apresentava, Clóvis disse:

— *Vamos dar um passeio. Isso vai reconfortá-lo e tirá-lo dessa angústia.* — Saíram de lá, retornando apenas quando a cirurgia finalizara e ele já estava acomodado em seu quarto, ao lado de seu corpo, acompanhando os eventos que se seguiram. Clóvis percebeu que o jovem olhava seu corpo com curiosidade.

— *O que sente, meu jovem?*

– Tudo é muito estranho. Vejo meu corpo deitado inerte, lutando para sobreviver visto que a situação é bastante delicada, no entanto, aqui estou, podendo perceber tudo o que ocorre não mais com meus sentidos físicos. É uma sensação confusa, tenho de admitir. Lembrarei de tudo isso ao despertar?

– *Talvez não em sua totalidade, mas alguns fragmentos dessas sensações estarão presentes. Você reúne condições para assimilar essa experiência e fazer proveito delas, em especial pela sua sensibilidade apurada, que lhe permite tal vivência. Nem todos passam pela mesma situação, anexando essas informações em sua íntegra.*

– Temos na realidade dois corpos, isso já pude constatar. Um corpo físico e outro espiritual. Esse último que controla ambos, estou certo?

– *É um médico e conhece profundamente a parte material, já a espiritual, pouco se deteve, apesar dos insistentes apelos de sua tia, uma valorosa trabalhadora da lide espírita. Porém tudo estava previsto para acontecer no tempo apropriado e talvez esse momento tenha chegado. Impossível passar por uma experiência traumática e tão intensa, observando nuances jamais vistas, sem se sentir tocado por ela. Irá despertar com alguns fragmentos de lembranças que o conduzirão a busca por explicações. Não negará sua verdadeira essência, meu jovem.* – E ofereceu um terno sorriso.

– Uma experiência inusitada, acompanhada por emoções desconexas. Sinto, realmente, que jamais serei a mesma pessoa de antes desse evento. Olhando meu corpo nessas condições, entretanto, tudo que assoma é um sentimento de indignação, beirando à revolta por tudo que me causaram.

– *Contenha seus ânimos e não permita que essas emoções se apresentem. De nada valerá todo aprendizado se não consegue colocar em prática. O muito saber não implica em muito praticar. Talvez esse seja seu maior teste. Já aprendeu o valor da paz íntima e o quanto ela é essencial nos momentos críticos. Coloque em ação tudo que aprendeu!*

Tentou manter seu equilíbrio e lá permaneceu, observando os semblantes sofridos de sua irmã e namorada. Queria dizer-lhes que ele ficaria bem! Tentava irradiar todo seu amor a ambas, dizendo o quanto as amava. No entanto, isso parecia não as sensibilizar.

Henrique as tirou do quarto e levou-as para tomar um café. Foi quando lhes ofereceu todas as explicações que tivera acesso desde que soubera do incidente.

– Deve ter sido um assalto.

– Meu irmão jamais reagiria a uma situação dessas. Não creio que tenha sido isso. – Olhou para Paula, que pensara o mesmo. Não queria tirar conclusões precipitadas, mas acreditava em algo premeditado. Lembrou-se da gravação e ficou lívida. Não haviam conversado mais sobre ela desde aquele dia. Não sabia se ele falara com Paula e decidiu manter-se calada quanto a isso. – Meu irmão chegou a falar algo quando aqui chegou?

– Apenas que precisava ser levado direto à cirurgia. – E sorriu. – Ele é um médico em qualquer circunstância. – lembrou-se do que Raquel falara acerca do pai: – E seu pai?

– No momento em que soube de Lucas, ficou transtornado e teve um mal súbito, o que o levou à morte. – As lágrimas afloraram novamente. – Não teve tempo de ser levado ao hospital. – lembrou-se da tia, àquela hora sozinha. – Paula, tenho que ir. Fique com meu irmão, eu lhe peço. Tenho que estar ao lado de Rebeca.

– Vá tranquila, Raquel. Ficarei por aqui. Qualquer notícia nos falamos. – disse a jornalista abraçando-a com carinho. – Força, minha querida!

Henrique a acompanhou até a saída e disse com toda confiança:

– Não se preocupe com Lucas. Estarei aqui dando todo suporte que ele necessitar. Confie em mim! – havia tanta serenidade em seu olhar que ela instintivamente o abraçou.

– Agradeço o que está fazendo por ele. – E, com um sorriso triste, se despediu, deixando o médico observando-a com uma expressão diferente no olhar. Aquela jovem havia tocado seu coração de uma forma que ele jamais sentira. Deu um suspiro e voltou para a UTI.

Lucas permaneceu dormindo por todo dia, lutando para se estabilizar. A situação era crítica, assim dissera Henrique, ficando ao seu lado a maior parte do tempo. Paula permaneceu na sala de espera, aguardando as notícias alentadoras, que custaram a chegar.

Enquanto isso, em casa de Ronaldo, a movimentação era intensa, entre telefonemas e visitas inesperadas. O corpo do deputado foi liberado para ser velado apenas no final do dia, entre pompas e homenagens. A noite foi longa para os familiares, recebendo as condolências por parte de todos os conhecidos e aliados. A comoção era geral. Ele era um político estimado por muitos e todos queriam estar ao seu lado em seus derradeiros instantes.

O enterro se deu na manhã do dia seguinte com a emoção predominando. Rebeca, Raquel e Tiago lá estavam prestando sua última homenagem ao amado pai e irmão. Os pais, já muito idosos, preferiram não comparecer, especialmente pelo estado de saúde delicado que ostentavam. Lucas ainda permanecia em sono profundo, tendo Paula ao seu lado todo tempo. Henrique solicitara que fosse descansar, mas ela se recusou. Não o deixaria sozinho um instante sequer.

Após o sepultamento, Artur falou a Rebeca sobre seus temores. Ele ficara sabendo do estranho acidente com Lucas, após deixar-lhe uma mensagem em seu celular. Perguntou a ela se sabia o assunto que Lucas queria lhe falar. E dirigiu-se ao hospital, com o intuito de saber as últimas notícias. Encontrou Paula na sala ao lado, caminhando de um lado a outro, em desespero. Instantes antes, uma movimentação intensa de médicos e enfermeiras se deu no quarto de Lucas, em função de algum problema que ninguém lhe explicou ao certo.

— O que está acontecendo, Paula? — ele viu as lágrimas em seu olhar.

— Não sei, ninguém me fala o que está acontecendo. Algo sério, penso eu. — Henrique saiu do quarto neste momento e foi até ela.

— Fique calma, ele já está estabilizado. Tentamos retirar os aparelhos e o inesperado aconteceu. Agora, tudo já está sob controle. Dificilmente, ele acordará hoje, vá descansar um pouco. Não é apropriado permanecer aqui tanto tempo, ainda mais após tudo o que você mesma já passou. Falo como médico, procure acatar. — Seu olhar franco e firme a desestabilizou.

— E se algo acontecer e eu não estiver presente? — havia muita dor em seus olhos.

Artur, até então calado, se aproximou e pegou suas mãos com delicadeza, fazendo-a se sentar.

— Paula, escute o médico, ele está correto em sua orientação. Ficarei aqui com ele, se isso a tranquiliza. Quanto a você, tem um homem a esperando lá embaixo para acompanhá-la até seu apartamento. A vigilância será redobrada. Estarei aqui com Lucas e não permitirei que nada aconteça, inclusive que ele morra. — Ele sorriu: — Ele tem muito a nos contar e assim fará, quando acordar, o que será breve. Confia nas minhas palavras. Ou melhor, confie em Deus, que está no comando. — Neste momento, uma luz intensa se acercou dele, irradiando aos que ao seu lado se encontravam. Paula sentiu-se confortada pelas palavras de Artur.

— Então não o deixe morrer, ouviu bem? — sorriu entre as lágrimas.

— Prometo! — abraçou-a com ternura, sentindo o quanto ela necessitava de um carinho.

— Não o deixe sozinho. Sinto que uma sombra o envolve e nada posso fazer para afastá-la. Tenho tanto medo de perdê-lo. — aquela sensação angustiante a acompanhava.

— Isso não vai acontecer, eu prometo. Agora vá descansar.

Henrique observava a conversa dos dois e, assim que ela se foi, disse:

— Não faça promessas que não pode cumprir. A situação dele é complexa e talvez seja necessário retornar à mesa de cirurgia. Não sabemos se irá resistir a uma nova intercorrência. Seu caso é bastante delicado. — disse em tom sério.

— Acredita no destino, doutor? — perguntou ele com um sorriso cativante.

— Acredito no que está em meu controle. — disse o médico.

— Pois aí está a grande diferença entre nós. Acredito no que está no controle de Deus, não dos homens. Tudo está pré--determinado, pois aqui apenas se coloca em ação o que já se programou. Lucas tem tarefas a cumprir e, portanto, não será agora o fim de sua encarnação. Não me pergunte como tenho tanta certeza, pois não saberei lhe responder. Sei apenas que ele resistirá a todos os percalços e acordará em breve.

— Não sei se acredito em suas palavras, mas como posso contrariá-lo? Suas crenças lhe pertencem e não posso questioná-las, pois as desconheço.

— É um médico racional e não o censuro. Crê naquilo que conhece e pratica. Mas além de tudo o que realiza como médico, tenho certeza de que já se deparou com situações que não soube definir com precisão o que ocorreu. Aí está a mão de Deus no comando, pois só a Ele pertence o poder da vida e da morte, por mais que não creia nessa verdade. Ninguém detém o poder da vida, senão Ele. É um agente transformador e curador, e está sem suas mãos o conhecimento do corpo físico. Mas existe muito mais que apenas um corpo de carne, que sabemos se deteriora com o passar dos anos. Existe por trás um espírito imortal, essência divina, que comanda nossa mente e corpo. É nele que está inserido a mensagem de Deus.

— É um religioso ou coisa assim? — perguntou Henrique curioso.

– Não, sou um delegado federal. – Sorriu com simpatia para ele. – Mas jamais descuidei de cuidar da parte espiritual. Alimento meu corpo físico e meu espírito imortal. – Neste momento, foi chamado novamente para cuidar de Lucas.

– Bem, o dever material me chama, mas achei intrigantes as suas ideias. Se ainda estiver por aqui, voltamos a conversar. – Entrando apressadamente no quarto. Uma parada cardíaca e outros problemas surgiram, movimentando ativamente toda equipe. Lucas lutava bravamente entre a vida e a morte.

Artur estava em profunda prece, pedindo a intercessão de seus amigos espirituais nesse momento tão delicado. Lucas a tudo assistia, sentindo-se profundamente perturbado.

– Por que isso está acontecendo? – dizia aflito.

– *Lembre-se de que depende unicamente de você sua estabilização. Sabe o que precisa fazer. Coopera com eles, acalmando seu coração e sua mente, retirando todas as ideias contrárias à cura e ao perdão. Sua mente comanda seu corpo, é o momento de colocar em ação todo aprendizado adquirido. Controla sua respiração, os batimentos cardíacos estão em descompasso e, a cada imagem negativa que projeta em sua mente, isso apenas se reproduz em forma de desequilíbrio energético. É como um veneno sendo colocado na corrente sanguínea. Sabe o que isso pode lhe causar, portanto faça aquilo que sabe. Deixe seu coração falar por você, mas não aquele permeado por mágoas, e sim aquele que habita sua porção divina.* – Lucas fechou os olhos e, aos poucos, se acalmou.

Capítulo 22

VIDA QUE SEGUE

Passava das dez horas da noite quando Henrique retornou ao encontro de Artur:

— Contrariando todas as expectativas, Lucas se estabilizou. E acabou de acordar. Pediu para falar com Artur. É você? — a surpresa estava em seu olhar.

Lucas estava com os olhos semiabertos. A lividez imperava. Ao ver Artur, tentou esboçar um sorriso. O médico estava ao lado e atento ao seu quadro:

— Doutor, não fale muito, apenas o essencial.

Artur se aproximou e ouviu o que ele tinha a dizer:

— Está em minha gaveta. Pegue e ouça. Não deixe cair em mãos erradas. — O esforço fez com que ele fechasse novamente os olhos.

— Vamos deixá-lo descansar. — E saíram do quarto, deixando uma enfermeira cuidando dele. — Como tinha tanta convicção de que ele iria acordar rápido?

— Apenas uma intuição. Onde é a sala dele? Pode me acompanhar até lá? — Henrique assentiu, conduzindo-o pelos corredores do hospital. Sentiu que precisava ajudar aquele homem, sem mesmo entender o motivo.

— É aqui. O que ele disse? — perguntou o médico curioso.

— Preciso que abra sua gaveta, doutor. O que está aí guardado foi o causador desse atentado, agora não tenho mais dúvidas. Peço toda discrição, é a vida dele que está em jogo. — Henrique sentiu um calafrio por todo corpo, estava adentrando um terreno perigoso, mas não podia deixar de ser solidário a Lucas. Se não havia sido um acidente, aquele delegado iria investigar, não ocultando nenhuma evidência. Procurou com presteza a chave da gaveta e lembrou-se de estar na sala quando ele a pegou dentro de um pequeno copo sobre a mesa. Achou a chave e entregou-a a Artur, que abriu a gaveta, encontrando um envelope. Abriu e constatou que havia dentro um celular. Guardou consigo e informou a Henrique: — Você não sabe nada acerca disso, é para sua própria segurança. No momento certo, Lucas e eu contaremos sobre isso. Até lá, é apenas o médico que cuidou de salvá-lo. Peço que permita um segurança na porta do quarto dele. Se me disser que sim, vou providenciar imediatamente. Ele corre perigo e está ciente disso, portanto só permita a permanência de pessoas autorizadas e de sua confiança. Posso contar com seu apoio?

— Naturalmente. Preciso apenas de algumas horas de sono, estou há quase dois dias sem dormir. Depois, conte comigo. Ficarei próximo todo tempo. — Sentindo a emoção o contagiar. Não esperava viver momentos tão intensos em seu trabalho.

— Vá descansar e ficarei ao lado dele. Quando retornar, terei que resolver algumas questões essenciais. Não fale nada disso com ninguém, nem mesmo com Paula ou a irmã. Nem tampouco com o irmão, que deve vir visitá-lo nas próximas horas.

O jovem residente sorriu e perguntou:

— Mais uma predição? É vidente?

— Não, apenas raciocino lógico, doutor. — Sorriu com simpatia. Posso ficar ainda alguns minutos por aqui, preciso verificar o que consta neste celular?

— Pode, e, ao sair, peço que feche à chave. Por segurança! — Artur assentiu.

E ele analisou detidamente o celular, procurando o que lá estava gravado. Ao ouvir, seu semblante se contraiu. Era uma prova irrefutável da participação de Tiago e outros no esquema que estava sendo investigado. Tratava-se de algo de extrema gravidade, não poderia cair em mãos desavisadas. Por que estaria com Lucas? Quem lhe entregara? Isso só iria descobrir quando o médico acordasse em definitivo. Saiu de lá, com o envelope em mãos. No caminho de volta ao quarto de Lucas, guardou o envelope no bolso do paletó, seguindo sua intuição. Entendeu a razão ao se deparar com a figura imponente de Tiago próximo ao quarto de Lucas.

— Eu o conheço? Creio que já o vi hoje! — disse ele com a voz grave.

— Sou amigo de sua tia Rebeca. E, sim, o cumprimentei hoje no velório de seu pai. — disse ele encarando-o fixamente. Tiago ostentou o olhar, já desgostando daquele homem.

— O que faz aqui? — perguntou de forma firme.

— Rebeca me pediu para ficar ao lado de seu irmão até que despertasse.

— É médico?

— Não, sou delegado federal. — Manteve o olhar fixo nele. — Muito prazer, sou Artur.

— Já sabe quem sou, portanto é dispensável as apresentações. — Havia certa perturbação em seu olhar. — Por que minha tia pediu que aqui permanecesse? Ele corre algum perigo que não sabemos? – perguntou com animosidade na voz.

– Apenas precaução. Não sabemos o que efetivamente aconteceu com seu irmão e aqui estou para investigar. Entenda isso como um favor a sua tia. Devo muito a ela e creio que essa seja uma forma de retribuir. – Sorriu para Tiago que se mantinha sério.

– Acabei de vê-lo, mas ainda está adormecido. Não sabem quando ele irá despertar.

– Não tenho nada a fazer por hora. Ficarei aqui até saber todos os fatos ocorridos. Enquanto isso, apenas a família pode visitá-lo. – disse Artur.

– E quem assim determinou? – questionou de forma arrogante.

– Eu. É meu trabalho averiguar os fatos. Não sabemos o que ocorreu. Sei do que aconteceu à namorada dele. Portanto todo cuidado é pouco. Sei que está preocupado com a integridade física de seu irmão e estou aqui para cuidar da proteção dele. – encarava-o com interesse, tentando detectar qualquer indício de culpa. Entretanto Tiago se mantinha impassível. A frieza dele impressionou Artur.

– Ficarei aqui também. Creio que não vá se opor. – disse Tiago de forma petulante.

– Será desnecessário, você já viveu fortes emoções no dia de hoje. Mas, se preferir...

Ele assentiu e sentou-se em silêncio. Artur o analisava detidamente, imaginando o que estava se passando em sua mente analítica e perversa.

Ficaram pouco tempo a sós, pois Paula surgiu deparando-se com a figura de Tiago.

– O que faz aqui? – perguntou ela aflita.

– Não lhe devo satisfação alguma. – Levantou-se enfrentando o olhar de fúria que ela lhe enviava. – Ele é meu irmão e estou preocupado com ele.

– Gostaria de acreditar em suas palavras, mas não precisa usar desses artifícios, não confio em você e sua presença é perniciosa. – Ela o encarava com a força no olhar.

– Não necessito de sua aprovação para nada. Não sei o que você faz aqui. Vá para casa e continue com suas matérias mentirosas até que a justiça coloque um ponto final. Esse dia está se aproximando. – E sorriu para ela.

– Você é um crápula, seu lugar não é aqui, é no inferno! – neste momento, Artur percebeu que conter os ânimos era a melhor alternativa.

– Peço que se acalmem, aqui não é lugar apropriado para esse tipo de discussão. Respeitem o ambiente! – as palavras firmes de Artur fizeram com que se calassem.

A noite foi longa para todos que lá permaneceram, aguardando notícias sobre o estado de saúde do médico, ainda em perigo. No meio da madrugada, Henrique reapareceu, assumindo seu posto. Artur disse que precisava ir embora, deixando Tiago e Paula a sós.

Já estava amanhecendo quando Lucas despertou. Henrique saiu com um largo sorriso, informando o quadro mais favorável do paciente. Os dois se apressaram a entrar:

– Peço que fiquem apenas alguns instantes. Seu estado ainda inspira cuidados.

Lucas abriu os olhos e, ao ver o irmão ao lado da namorada, apenas falou:

– O que aconteceu com papai? – a pergunta foi direta. Paula segurava sua mão com carinho.

– Teve um infarto e morreu. – disse ele em tom solene. A frieza o acompanhava.

Henrique olhou com repreensão para Tiago, não era momento de notícias desse teor.

– O que faz aqui? – a voz estava ainda fraca.

– Vim saber notícias suas. Estávamos todos preocupados.

— Ficarei bem, diga a todos. – Seus olhos estavam marejados, só não entendia como sabia sobre o pai. Perguntara já conhecendo a resposta. E olhando fixamente para o irmão, disse apenas: – Sei que o amava tanto quanto eu. Sinto tanto!

— O que aconteceu para você ser ferido dessa forma?

Lucas ficou calado, sem saber o que responder a ele. Mesmo nas condições em que se encontrava, precisava usar de toda argúcia. Fechou os olhos, já exaurido.

— Vamos deixá-lo descansar agora. Por favor, peço que saiam.

— Voltarei amanhã. Fique bem! – Tiago deixou o quarto a passos largos e firmes.

— Prometo ficar quieta, mas me deixe aqui, por favor! – disse Paula em tom de súplica.

— Fique apenas mais alguns minutos, não é aconselhável a presença de ninguém, nem mesmo a sua. Compreenda que seu quadro é muito delicado.

— Deixe-a, Henrique, por favor. – pediu Lucas. Seus olhos brilharam ao encarar Paula. – Pensei que nunca mais iria ver esse seu rosto lindo.

— Meu querido, nunca mais me dê um susto desses. Pensei que fosse morrer! – as lágrimas escorriam livremente por seu rosto. – Por que tem que ser assim? Não vou te perder novamente, entendeu, doutor?

— Já disse que isso não vai acontecer. – Seu rosto se contraiu. – Fique ao meu lado!

— Se seu amigo permitir, ficarei aqui até que possa sair. – O médico rapidamente respondeu.

— Infelizmente, isso não será possível, Paula. Já disse, apenas alguns minutos.

— Fez mais um bom trabalho, Henrique. – disse Lucas com um sorriso.

— Trabalhar na emergência está sendo um grande teste e um aprendizado. Agora, como seu médico, peço que se cale e guarde suas energias para recuperar-se o mais prontamente, doutor Lucas.

– Obrigado, mais uma vez. – Segurando a mão de Paula, adormeceu novamente, sob o olhar tenso da jovem.

– Ele está muito fraco, apenas. Mas já vencemos uma etapa. Pode respirar tranquila. Vamos, deixemos nosso doente descansar. – Os dois saíram. Henrique conversara com Artur antes dele sair, o qual solicitara, mais uma vez, nenhuma palavra sobre o assunto.

Os dias se passaram e Lucas se recuperava lentamente. As visitas eram controladas e a segurança que Artur solicitara lá estava noite e dia, impedindo o acesso de estranhos.

Artur visitou o jovem diariamente, contando os avanços obtidos com a gravação. Ainda mantinham oculto de todos os demais, tudo para preservar a segurança dele.

Conforme Lucas se recuperava, a vida seguia seu curso. As informações que ele dera sobre os agressores levaram a novos indícios, porém todos inconclusivos.

A família tentava se recuperar da morte de Ronaldo seguindo em frente, enfrentando a dor da separação. A gravidade do estado de Lucas também preocupava as duas mulheres. Paula, praticamente, se mudara para o hospital, cuidando do amado todo o tempo. Raquel fazia frequentes visitas ao irmão, encontrando-se com Henrique, criando laços de amizade com o residente. Rebeca ficara bem sensibilizada pela morte do irmão, tentando focar no trabalho. Tiago foi para Brasília e lá permaneceu pelas duas semanas que se seguiram. Os problemas se avolumaram com a possibilidade de o esquema ser desvendado e sua presença na capital federal era essencial.

Lucas dissera a todos que fora um assalto malsucedido, evitando maiores implicações. Naturalmente, Tiago sabia que isso era falso, apenas não compreendia qual era a armação do irmão. Teria ele entregue a gravação? Na ausência de movimentação sobre o assunto, mais cauteloso seria já se precaver contra qualquer ação jurídica que pudesse advir. Muito trabalho a fazer, preparando uma possível defesa. E essa era sua responsabilidade nesse esquema. Pelo menos até o momento das mudanças necessárias. Tiago almejava o poder e esse era o foco de sua existência. Vivia à sombra do pai, mas agora tudo se alterara. Em breve, reconheceriam seu valor! Assim ele pensava, enquanto arquitetava os próximos passos. E com Átila sempre ao seu lado. Esse último não conseguia compreender o motivo de não conseguir se aproximar de Lucas, seu velho adversário, no instante em que estava fragilizado e à beira da morte. Parecia haver uma barreira invisível que impedia o acesso ao seu desafeto, potencializando ainda mais sua ira contra ele, julgando-o protegido pelos companheiros da luz. Isso era uma afronta! Apesar de tudo que fizera, ainda era beneficiado por eles? Não podia conceber uma justiça mais injusta como essa! E ambos se compraziam na elaboração de planos vis, com o intuito de readquirir o poder que lhes fora surrupiado de forma tão brutal! As lembranças da sua morte, o sofrimento pelo qual passou, era algo tão vivo e atuante! E seu ódio contra aquele que permitiu que isso sucedesse crescia de forma vertiginosa!

No entanto Celeste e Clóvis permaneciam atentos a cada ação de Átila e, durante o período em que Lucas estava fragilizado, sua proteção redobrou, evitando assim uma maior intimidação por parte dele. As forças precisam estar em equilíbrio e um confronto dessa natureza prescinde de igualdade. Isso é justiça!

A recuperação de Lucas acontecia dia após dia. Como especialista que era, sabia o quão grave era seu quadro, reconhecendo sua condição de enfermo necessitando de repouso.

Raquel o visitava todos os dias e Henrique a esperava no quarto de forma providencial, convidando-a para um café, quando estreitavam os laços de afeto. Ambos se sentiam confortáveis nesse relacionamento, o que despertou a atenção do irmão, que confidenciou a Paula:

– Sinto que Raquel está a cada dia mais interessada em Henrique. O que acha?

– Tenho de admitir que seu romance com Edu possa estar em crise, aliás ele anda muito alheio a tudo que se passa. Bem, assim ela tem mostrado, vindo aqui sempre só. Quando nosso médico pretende lhe dar alta? – perguntou ela ansiosa.

– Tudo no tempo certo, querida. Essa pausa tem proporcionado grandes reflexões e isso tem seu valor. – ainda não relatara a ela tudo sobre seu acidente. Artur assim lhe solicitara, evitando interferências em sua investigação. Porém Paula era muita sagaz e percebia que havia algo sendo ocultado.

– Artur descobriu algo mais? – questionou ela de forma natural.

– Sobre?

– Querido, creio que ainda não me conhece bem. Tenho fingido que tudo está normal, porém vocês dois estão me escondendo algo. Tem a ver com seu suposto assalto? – inquiriu ela.

Ele sorriu e puxou-a para perto de seu corpo:

– Pare de procurar problemas, pois irá encontrar! – e a beijou com carinho.

– E por que até hoje tem um segurança em sua porta?

– Artur crê que isso seja necessário, apesar de todos os argumentos contrários.

A jornalista se afastou dele e disse com firmeza:

– Meu amor, não me julgue uma tola, pois eu não sou. Fiz minhas próprias investigações e sei que isso não foi um assalto malsucedido, como quer chamar. Por que você se tornou alvo deles também? O que está me ocultando? – a pergunta foi direta.

– Vamos por partes, então. – disse ele resignado. – Primeiramente, quero falar com minha namorada, não com a jornalista, isso é possível?

– Depende!

– Então deixemos como está. Nada do que pretendo falar pode sair daqui e, se não consegue ficar apenas ao meu lado, creio que seja mais conveniente mantê-la distante de todas as informações sigilosas. Uma coisa é você desejar que a verdade prevaleça acima de tudo, outra é permitir que o rumo das investigações siga seu curso natural, o que independe de sua participação. Não vou envolvê-la além do considerado seguro, não posso sequer imaginar você em perigo novamente. Quero que compreenda que minha motivação para assim agir é visando sua segurança. Sei que seu idealismo excessivo a impede de manter-se neutra e, portanto, não vou provocar seu interesse profissional.

Os olhos dela se iluminaram, pressentindo que ele tinha muito a contar.

— E não adianta usar de subterfúgios indecentes, meu amor. Quando me for permitido, será a primeira a saber de tudo. — disse ele firme.

— Estou certa quanto a não ter sido um assalto, então?

— Sim. É o máximo que irá extrair de informação. — disse ele sorrindo.

— Sabe que tenho minhas fontes e posso averiguar. — disse ela de forma segura.

— Sei, mas não irá fazer isso. Por mim! Não pretende me colocar novamente em perigo, certo? Esqueça isso, por favor. Artur é o encarregado dessa investigação e suas pretensões são nobres e justas. Confie nele, é o que eu lhe peço.

Neste momento, Edu, o namorado, bateu à porta e entrou:

— Vim visitá-lo. Como está?

— Estou bem. Em breve irei para casa. — Sorriu com simpatia.

A porta se abriu e Raquel entrou rindo alto na companhia de Henrique. Ao vê-lo, fechou a cara e perguntou de forma ríspida:

— O que faz aqui? — havia uma sombra em seu olhar.

Henrique foi até Lucas e o examinou, mostrando seu trabalho, porém estava constrangido, podia-se perceber. A presença de Edu o incomodou sobremaneira. Conversou com Lucas alguns instantes e depois, saiu do quarto.

– Vim visitar Lucas, algum problema? Me preocupo com ele. – disse com certa tensão na voz. Percebia-se que o clima entre eles estava conturbado.

– Pelo menos se preocupa com alguém além de você. É um progresso, querido! – ele ficou desconcertado, mas não perdeu a calma..

– Precisamos conversar serenamente. Será possível?

– Aqui não é um lugar adequado. – disse ela tentando evitar o inevitável.

– Raquel, por favor, vamos sair daqui. Temos muito a conversar e sabe disso.

Lucas e Paula apenas observavam o clima de tensão reinante entre eles.

– Por que não saem daqui para um lugar mais tranquilo e conversem como duas pessoas civilizadas que são? – perguntou Lucas.

– Desculpe, querido, não queria perturbá-lo. Vejo você amanhã. – Beijou-o e saiu de lá acompanhada de Eduardo, que se despediu com um sorriso.

– Ambos têm muito a resolver. – disse Paula. – Assim como nós, não acha?

– O que pretende dizer com isso? – perguntou ele sério.

– A base de um relacionamento é a confiança. Isso prevalece conosco? – a pergunta o deixou reflexivo.

– Tem alguma dúvida? – seu olhar franco a desestabilizou. – Você me disse que não quer me perder novamente e eu penso da mesma forma. Não conseguirei seguir sem sua presença ao meu lado e, se for necessário ocultar-lhe algo com o intuito de preservá-la, assim o farei. Esse jogo sujo já causou muitas tragédias. Temos que ser cuidadosos. Esqueça seu trabalho um instante. É possível? – seus olhos estavam repletos de emoção.

Ela o abraçou com a força do seu amor e disse ente lágrimas:

– Tive um pesadelo na noite passada e, nele, eu o via ao longe me chamando em total desespero e eu não conseguia ir ao seu encontro. Mãos invisíveis me prendiam e, em seguida, tudo acabou, como se minha vida se extinguisse. Isso não irá acontecer novamente! Não posso te perder mais uma vez! – a emoção assomou ainda com mais intensidade. Os dois ficaram abraçados envoltos em sua dor! Ou seria amor?

Capítulo 23

VOLTA AO PASSADO

Era tarde da noite e a reunião ainda não se encerrara. As divergências imperavam e cada qual colocava em pauta suas opiniões. A situação era complexa e comportava novas ações, mas a unanimidade estava ainda distante.

Francesco tentava com todos os argumentos possíveis que a luta fosse pacífica. Ações violentas não poderiam mais advir, em função de todo sofrimento pelo qual seu povo já passara. Era certo que algo precisava ser feito, mas os caminhos que escolhera não eram compatíveis com os de Átila e Pietro. Ambos estavam resistentes às ideias de Francesco, pois até então nada disso trouxera a tão esperada paz.

— Eles só entendem uma linguagem, será que ainda não percebeu? — Átila estava furioso.

— Não acredito nesse tipo de conquista. A violência sempre irá provocar mais dissenções às já existentes. E o poder que se conquistar será transitório, pois outros virão e desarticularão nossas resistências. Não é nisso que acredito! Não contem comigo para essa empreitada! O que pensa obter dizimando aquela família? Até então, foram eles que propiciaram tudo o que temos.

— Mas às custas de um trabalho escravo! Veja o que aconteceu com a maioria dos que aqui permaneceram! Eles abarcaram tudo o que nossos antepassados trabalharam e edificaram. Cada gleba de terra que eles encamparam foi surrupiada de forma brutal. E ainda quer defendê-los? — as feições endurecidas de Átila o encaravam friamente.

— O que quer fazer é se igualar a eles, Átila. E isso não posso compactuar. Não sou como eles e jamais serei. Temos que estabelecer um plano viável para que tudo possa ser restruturado de forma legal. Sabe que temos aliados que irão nos ajudar a fazer essa demarcação. A justiça tarda, mas jamais falha. Todas as petições foram lidas e temos apenas que aguardar que eles se pronunciem. Pense nisso. — Francesco tentava de todas as maneiras impedir que Átila e Pietro continuassem com seus planos violentos.

— Isso pode durar um tempo que não possuímos. Muitos já morreram de fome e sabe disso. Até quando iremos esperar que alguém olhe por nós?

— Não seja dramático. Sabe que ninguém até então foi abandonado por nós ou pela sorte. Tudo tem um tempo de maturação, assim como as sementes germinarão no tempo certo, esta nossa batalha dará frutos, acredite em mim. Não faça nada que possa comprometer sua vida e a de tantos que aqui se encontram. Eles possuem o poder hoje, porém isso é temporário. Não use as mesmas armas que eles, eu suplico!

Pietro, até então calado, levantou-se e aproximou de Francesco:

— Você sempre será um covarde, jamais tive dúvidas disso! Deve ter-se aliado a eles! O que te prometeram se sufocasse esta rebelião? Títulos, poder? Você jamais acreditou em nossa causa. Átila, esqueça-o. Ele não é um dos nossos e jamais o será.

– Pietro, sou seu irmão! Como poderia trair nossa causa? Jamais agiria dessa forma tão desleal com você ou com Átila, a quem julgo meu próprio irmão, mesmo que não tenhamos o mesmo sangue correndo em nossas veias. Sinto apenas que isso só será fonte de sofrimentos para todos os que acompanharem seus passos. É meu dever tentar impedir que a dor perdure ainda por mais tempo. Estamos cansados de tudo isso! O que espera obter? Já disse, tudo que é conquistado pela força não tem vida longa. Este presumido poder que acredita irá conquistar, escorrerá entre seus dedos e se perderá mais rapidamente do que supõe. Se insiste em sua retórica, sinto não acompanhar sua decisão. – Olhou com tristeza para o irmão e o amigo, que ostentavam o desafio no olhar.

– Francesco, essa é sua última palavra? Será capaz de trair nossos ideais? – questionou Átila com a arrogância no olhar. – Ainda crê no que os livros falam acerca da igualdade de todos? Acredita que a liberdade se conquista com palavras vãs? É um tolo! Deveria tê-lo matado quando tive a chance. Agora já se bandeou para o outro lado!

O silêncio imperou na taberna. Os demais apenas observavam o embate entre os seus líderes, porém nada decidiriam além do que se discutia: a paz ou a guerra? Só havia essas duas alternativas e cada um faria sua escolha.

Francesco olhou para Valentina, cujas lágrimas já escorriam ininterruptas. Sabia que qualquer decisão que tomassem, ela perderia. Queria tanto que eles tivessem entrado em acordo e tudo estaria resolvido, pensava a jovem. Agora a situação se complicara. Para ela! Olhava o irmão, Átila, a quem devotava todo respeito e amor. Olhava para Francesco, a quem amava com toda paixão, aquele que escolhera para seguir consigo jornada afora. Porém ambos estavam em caminhos opostos e ela teria que efetuar uma escolha, talvez a mais difícil de sua curta existência. A família ou o amor? Por que tudo tinha que ser tão torturante? A existência humana poderia ser mais simples, desprovida de tantas imposições e dilemas! Átila olhou a irmã com seu olhar profundo, esperando que ela o apoiasse em qualquer situação. Francesco olhava com a dor já estampada, sentindo que a perdera definitivamente nesta vida. Valentina já fizera sua escolha!

Pietro olhava a cena com certo prazer. Ele, talvez, nunca tivesse Valentina em seus braços, mas, certamente, Francesco também não a teria. Isso lhe bastava! A inveja o perseguia todos os dias de sua existência, porém agora ele o vencera!

— Quem concordar com minhas ideias, venha comigo! — e olhando os que lá permaneceram, finalizou: — Quando eu vencer, não terei misericórdia com nenhum daqueles que me traiu! Sem complacência alguma! — muitos dos que lá estavam o acompanharam, deixando um reduzido grupo ao lado de Francesco.

Antes de deixar o local, chamou a irmã, que não tirava os olhos do amado:

— Valentina, sei que virá comigo! Diga adeus a esse traidor! — quando estava prestes a sair, Francesco segurou seu braço com toda energia:

— Não seja tão arbitrário, Átila! Deixe-a fazer sua própria escolha. Não faça isso conosco! Eu lhe imploro! — olhava a amada, esperando que ela renunciasse ao irmão.

— Ela é livre para efetuar sua escolha. — Fixando seu olhar no dela, disse: — Sei, porém, que ela não é igual a você e jamais me trairá. Decida seu futuro, Valentina.

Ela olhava os dois homens a sua frente. Foi até Francesco, beijando-o com toda sua paixão, e disse algo baixinho em seu ouvido:

— Me perdoe, meu amor! Não posso ficar, procure compreender! Eu o amarei por toda eternidade. Jamais se esqueça de mim! Adeus! — e saiu do lugar sem olhar para trás.

O olhar vitorioso que Átila destinou a Francesco dizia tudo. O jovem baixou o olhar, deixando a emoção assumir naquele momento. Sabia que aquela escolha seria definitiva. Átila jamais permitiria que ela lhe pertencesse novamente! As escolhas políticas devastaram sua vida amorosa e ele sabia que não teria volta!

E a rebelião, realmente ocorreu. A violência implacável fez muitas vítimas, reforços foram solicitados e, em poucos dias, Átila e Pietro foram presos. Acabava ali uma luta inglória! Como amotinados, causadores de tantas dissenções, foram condenados à morte. Francesco conseguira, enfim, que seu manifesto fosse ouvido, mudanças seriam implantadas e um governo provisório seria instituído. Porém tarde demais para os revoltosos. Um novo governo prezava pelas normas, pela lei e pelo exemplo. Todos os insurgentes, incluindo Valentina, foram mortos sem piedade.

Francesco tentou evitar que isso ocorresse, mas não lhe concederam a indulgência.

Assim Átila, a mesma entidade que manipula Tiago, na época, Pietro, e Valentina, hoje Paula, todos foram enforcados numa tarde fria de outono, finalizando suas existências de forma cruel, com o coração repleto de ressentimentos, raiva, desejos de vingança.

Francesco, nosso Lucas de hoje, talvez ainda não entendesse os motivos de tamanho desamor por parte do irmão gêmeo, nem tampouco o ódio acirrado de Átila por ele.

Muito menos a sensação de temor que os envolvia, ele e Paula. Reminiscências do passado, que o véu do esquecimento impede de ser apreciado. No entanto, todas as emoções vividas são arquivadas no nosso inconsciente, irradiando, quando assim é necessário, através de sensações confusas, porém presentes.

Dez dias após o malsucedido assalto, Lucas deixou o hospital, ainda necessitando de repouso. O retorno às atividades ainda teria que esperar.

Rebeca solicitou que ele permanecesse em sua casa, assim ficaria tranquila sabendo que estava sendo bem cuidado. Paula entendeu as preocupações da tia e não se opôs. Artur designou pessoas para cuidarem da segurança de ambos, Lucas e Paula, pois a situação assim exigia.

As investigações sobre a gravação, ainda sigilosa, continuavam em andamento. O esquema denunciado pelo jornal de Paula, também, estava sendo analisado pelos órgãos responsáveis, mas tudo era muito moroso. Na verdade, havia ainda muita oposição a essa análise, pressupondo que muitos poderosos estavam envolvidos, mantendo o ritmo lento e colocando diversos empecilhos, que prejudicavam a apuração real dos fatos. Artur e seu seleto grupo sentiam a animosidade de vários departamentos, sonegando informações, dificultando o acesso a dados essenciais, enfim, era uma luta custosa, sem tempo para finalizar. Tinham que ter muita fé, assim brincava Artur. Só assim, poderiam visualizar um futuro promissor.

Neste interim, a vida seguia seu curso...

Como era previsível a todos, Tiago se afastou da família, permanecendo a maior parte do tempo em Brasília, cuidando dos próprios interesses, em especial da sua nomeação como assessor de um político renomado, contando assim se aproximar cada dia mais do jogo pérfido da política. Seu foco era o poder máximo, todavia não através de um cargo político, mas obtido às custas de seu intelecto e sagacidade. E nisso, todos reconheciam seu talento e valor. O legado do pai era considerável, o qual se verificava através do estímulo oferecido pelos líderes atuais. Tudo caminhava no ritmo esperado. E, cada dia mais, ele se inebriava com esse poder tão temporário.

Apesar de distante, mantinha seu foco na parte financeira, fonte inesgotável de manutenção da corrupção existente. Já cuidando da administração dos bens maternos, retirando seu tio Alfredo desse comando, os recursos passaram a ser abundantes. E faria com a herança o que lhe aprouvesse. Os irmãos nem perceberiam seus excessivos gastos, pois ele continuou custeando o tio e mantendo a polpuda mesada que ambos, Lucas e Raquel, continuavam a receber.

Átila mantinha seu assédio sobre Tiago, envolvendo-o cada dia mais em suas torpes ideias, o qual acatava em sua totalidade. Uma obsessão completa[1] que ali se estabelecia, o qual sequer imaginava o grau de perturbação a que se submetia. Estando distante de Lucas, arrefeceu seu interesse pelo seu desafeto, dando certa tranquilidade ao médico, que conseguiu recuperar-se rapidamente, não tendo nada que pudesse comprometer sua cura.

Lucas retornou as suas funções quando foi possível. No entanto ainda não havia ido ao centro espírita tomar seu passe, como lhe foi sugerido por Artur, e coisas estranhas passaram a ocorrer com ele. As visões da realidade espiritual aconteciam quando ele menos esperava e, no início, isso o perturbava. Andando pelo corredor do hospital, podia ver pessoas que não pareciam pertencer à realidade material, supondo fazerem parte do mundo espiritual. Mantinha como seu segredo, afinal, esse assunto não era algo que pudesse debater com quem nada conhecesse acerca da Doutrina Espírita. Numa das cirurgias em que esteve no comando, um caso de extrema complexidade, teve a nítida percepção da presença de seres espirituais, auxiliando-o. No final da operação, percebeu um senhor vestido de branco que lhe sorriu, como que o agradecendo. Tudo foi muito rápido e quase imperceptível. No entanto concluiu que desde aquele incidente, o pesadelo com aquela entidade, algo acontecera com sua sensibilidade. Pensou que já passara da hora de conhecer melhor essa doutrina, e decidiu que buscaria naquela mesma semana.

---

[1] OBSESSÃO: Trata-se do domínio que alguns Espíritos podem adquirir sobre certas pessoas. São sempre os Espíritos inferiores que procuram dominar, pois os bons não exercem nenhum constrangimento. (LM, Cap. XXIII, item 237)

Conversou com Rebeca acerca de suas visões e de como isso estava interferindo em sua vida profissional. Ela sorriu envolvendo-o em todo seu amor:

– Sabia que esse dia chegaria, meu menino. Assim eles me avisaram, só não sabia quando isso iria acontecer. Muitas vezes, trazemos potencialidades mediúnicas a serem desenvolvidas e utilizadas para o bem comum, e, quando aqui estamos, não nos interessamos por elas, descuidando de uma ferramenta que poderia ser útil para a nossa própria evolução. Luiza me dizia que, quando crescesse, esse apelo seria mais forte e não se negaria a buscar compreendê-la para poder bem empregá-la. Sua sensibilidade sempre esteve conduzindo-o pelos caminhos mais iluminados, agora, creio que tenha chegado o momento de permitir que ela possa conduzir a outros. – Havia uma luz intensa envolvendo-os, tornando aquele instante repleto de paz.

– Você fala coisas tão bonitas, tia. Não sei se tenho competência para conduzir outros e talvez faça isso por mim com dificuldade. Sinto-me ainda tão imperfeito, cometo tantos equívocos, como posso ajudar alguém necessitando tanto ainda da ajuda de outros? – seus olhos estavam marejados. – Não consegui, até o momento, tocar o coração de meu próprio irmão, o que dirá de ajudar um desconhecido? – a dor impregnava suas palavras.

– A humildade é a virtude por excelência para merecer a misericórdia do Pai. Não se prive de auxiliar a outros por não conseguir tocar seu irmão em seu coração. Encarnamos junto a entes difíceis, inflexíveis em seus pontos de vista, insensíveis em suas posturas, levianos em seus atos contra o próximo, por vários motivos, meu querido. Um deles é o de estar por perto quando ele necessitar de nosso auxílio e, falo com toda convicção, um dia esse momento chegará. E, quando isso acontecer, o nosso amor será colocado em ação, envolvendo esse nosso desafeto, esse companheiro difícil, que sentirá que lá estamos não para julgá-lo ou tripudiá-lo, mas para oferecer nosso apoio incondicional.

E por quê? Porque o amamos. Simplesmente por isso. O verdadeiro amor prescinde de críticas, julgamentos, apenas ama! Você é um ser que sabe a importância do amor em sua vida.

– Você falou apenas sobre um dos motivos das uniões familiares. Qual outro?

– Bem, quando convivemos com as diferenças, aprendemos o valor do certo e do errado, do justo e do injusto. É sempre um aprendizado inestimável aprender com o outro o que não se deve jamais fazer a seu próximo. – Ela sorriu. – Essa lição foi muito intensa em sua vida, mas creio que apenas confirmou sua verdadeira essência.

– Falando assim parece muito simples, Rebeca. No entanto, tenho de admitir que tudo foi intenso e difícil de administrar. Em alguns momentos, cheguei a pensar em desistir. Até hoje, sinto sua resistência e um desejo imenso de me ferir de forma gratuita. Nesta vida, talvez não encontre uma resposta para tal comportamento. Porém, como disse que não existe nada que não se explique, estou aguardando esse momento chegar. Enquanto isso, vou buscar conhecer exatamente quais habilidades posso desenvolver em favor do próximo. Certo? – sentiu que estava em paz, precisando desabafar. – Jamais contei o que vou lhe contar, Rebeca. Enquanto estava lutando para sobreviver, experiência essa que marcou profundamente meu ser, me vi fora do corpo, observando outra realidade. Via Henrique e outros médicos mexendo em mim, tentando salvar minha vida, numa luta incessante, e isso estava me perturbando em excesso. Foi quando mamãe apareceu e conversou comigo. – Fez uma pausa. – Ela estava linda e ficou ao meu lado todo tempo, pedindo que eu ficasse calmo e não temesse nada, pois ainda não era hora de partir. – As lágrimas assomaram. – Disse que iria me deixar para ajudar alguém a quem muito amava. Imediatamente, pensei em papai. Ela disse que precisava cuidar dele e deixou um senhor muito simpático a tomar conta de mim.

Não estive sozinho um instante sequer. Não me lembro das conversas, mas me senti confiante enquanto lutava para sobreviver. Sabia que ficaria bem. Talvez ainda tenha muito a fazer, muito a aprender. Foram momentos únicos, que me marcaram profundamente. Posso garantir que não sou o mesmo de antes do tiro. – Seu semblante ostentava serenidade. – Tenho ocultado coisas de você, a quem sempre confiei, a Paula, que talvez não saiba o que fazer com essas informações, até a Raquel. Não gosto de me sentir assim, porém sei que isso é para o bem de vocês. Artur assim me solicitou e confio plenamente nele, minha tia. Uma pessoa excepcional e, como ele disse, deve isso a você.

– Ele deve isso a ele mesmo. A luta foi dele, querido. Apenas estendi a mão, nada mais que isso. O trabalho, o esforço, a dedicação, a perseverança foram atitudes dele. Gosto muito dele e, como você, confio em sua avaliação. Não se sinta culpado. Esqueça isso. Quando nosso amigo o autorizar, você nos conta tudo. Assim está bem?

– Você é uma pessoa maravilhosa, já lhe falei isso hoje? – disse ele segurando sua mão.

– Ainda não! – os dois riram.

Neste momento, Raquel chegou com toda irritação que um ser pode comportar. Apenas os cumprimentou e ia para seu quarto, quando ambos a impediram:

– Pode sentar e contar tudo o que está lhe afligindo! – disse Rebeca. – Aconteceu algo nas empresas? – perguntou ela.

– Seria melhor que fosse, pois saberia como resolver. – Seu olhar estava também triste.

– Respire fundo e conte tudo, minha irmã. Não gosto de vê-la assim!

– Eu também, mas a vida é muito complicada mesmo. A vida a dois, mais difícil ainda. Aliás, vocês homens são criaturas abomináveis. Eu odeio vocês! – seus olhos ficaram marejados. – Vou ficar sozinha definitivamente!

— O que nosso querido Eduardo aprontou? Aliás a relação de vocês anda tensa há alguns meses. Eu pouco o tenho visto aqui com você. Muitas viagens! — afirmou Rebeca.

— Além do que, alguém anda dando atenção excessiva a outro médico, que não seja eu. — brincou Lucas fazendo cara de bravo. — Talvez Edu esteja com ciúmes também. Uma hipótese a ser considerada!

— Henrique é um amigo querido. — Sorriu para ambos. — Pelo menos por enquanto.

— Não faça isso com Eduardo, minha querida. Ele não merece, é um bom rapaz e te ama.

— Ele me ama muito, minha tia. Tanto que até tem tempo para uma aventura. E pensava que eu jamais descobriria. Esqueceu-se apenas de um detalhe. A cidade é provinciana em demasia e tudo acaba chegando aos meus ouvidos. — Rebeca e Lucas se entreolharam com surpresa, jamais admitindo essa possibilidade. — Eu até tentei relevar, afinal, sou muito generosa, mas quando a serigaita tenta me contatar dizendo uma série de impro9priedades, que não ouso repetir, creio que tenha sido complacente demais. Acabei de vê-lo e pedi que fique com ela, já que ela o ama tanto! Assim foram as palavras dela. Isso me irritou profundamente! Pode imaginar uma cena dessas? É muita humilhação.

— Você o ama, Raquel? Essa é a pergunta que precisa se fazer em primeiro lugar. — disse a tia com serenidade. — Quando o amor prevalece, minha querida, muita coisa merece ser relevada. — Uma sombra passou em seu olhar. A jovem apenas respondeu:

— Se eu o amasse verdadeiramente, nenhum outro homem iria atrair minha atenção. Respondi a sua pergunta? Bem, ele disse que conversaremos quando eu estiver mais calma. Vou encontrar com ele amanhã à noite. E será uma conversa definitiva. Espero que me apoiem em qualquer decisão que tomar.

— Seu irmão e eu pensamos da mesma forma. Queremos a sua felicidade! Sempre!

Capítulo 24

VISITA PROVEITOSA

Conforme conversara com Rebeca, Lucas decidiu visitar o centro espírita. Conhecia as atividades do local e sabia que havia dias especiais para atendimento espiritual e para os estudos doutrinários. Pensou que deveria, inicialmente, buscar seu equilíbrio através de uma série de passes. Ao chegar, viu a movimentação que lá acontecia. Era dia de assistência e a casa estava repleta de companheiros tão necessitados quanto ele, assim pensou. Pegou uma ficha e foi encaminhado, minutos depois, para uma senhora muito simpática. Lucas a conhecia desde muito jovem, mas duvidava que ela se lembrasse dele.

– Seja bem-vindo, meu jovem. – Seus olhares se cruzaram por instantes. – Creio que já conheça nossa casa, não é mesmo? Lembro-me de você! Um dos gêmeos de Luiza. Apenas não recordo seu nome. Eu sou Dulce. – Sorriu com simpatia.

– Lucas! Venho aqui desde criança, pensei que tivesse mudado muito. – E sorriu para a senhora.

– Jamais me esqueço de um olhar como o seu, meu querido. Há tempos não nos visita.

– Os estudos me afastaram por um bom tempo. Porém sinto que agora preciso muito estar aqui.

– O chamamento ocorreu! – disse ela confirmando as dúvidas de Lucas. – Tudo tem seu tempo de despertar, inclusive nossas tarefas mediúnicas, escolhidas muito tempo antes de reencarnarmos. Estava escrito em seu olhar, não me pergunte como sei. Desde jovem, havia um brilho diferente, sugerindo futuras tarefas junto ao próximo. Algo que pode passar despercebido a muitos, inclusive a si próprio, desviando-se dos caminhos previamente estabelecidos. Porém não é o seu caso. Qual a sua profissão?

– Sou médico.

– Conhece a história de Lucas, Lucano em grego, autor de um dos evangelhos e do Ato dos Apóstolos, no Novo Testamento?

– Sabia que ele era médico e que teve participação na história do Cristianismo. Por quê?

– Bem, nosso amigo, como bem sabe, era médico de profissão, cuidando das moléstias do corpo físico. Porém, no decorrer de sua vida, conhecendo Paulo de Tarso, o Apóstolo dos Gentios, passou a cuidar das doenças da alma. Reconheceu-se cristão e seguiu o Mestre Jesus, sem mesmo tê-lo conhecido. É uma linda história, que recomendo a leitura. Creio que será importante conhecer seu caminhar, suas descobertas, sua transformação.

Lucas ouvia atentamente aquela senhora, sentindo que a paz o acompanhava apenas conversando com ela.

– Mas o que o traz aqui, meu jovem? – ele passou a relatar os eventos que estavam ocorrendo em sua vida. Falou das visões, dos sonhos estranhos e reveladores, como se subitamente algo o modificara, aguçando sua sensibilidade. Contou sobre os problemas que estava enfrentando, sobre o ataque sofrido que quase o fez perder sua vida, a longa recuperação. Falou por alguns minutos, sendo ouvido com toda a atenção e solicitude. Ao final, ela disse:

— Você passou por momentos conturbados, intensos, dolorosos e sente que precisa recuperar as energias dispendidas. A razão o acompanha, meu jovem. Nesses instantes de provação, quando somos testados em nossa fibra espiritual, há um desgaste intenso de energias, que precisam ser repostas. O passe é um recurso a ser utilizado, capaz de fazer com que o equilíbrio retorne. Vejo, entretanto, que sua percepção aguçada lhe chama a algo mais. — Ofereceu um sorriso bondoso. — Será que o clamor das tarefas lhe falou mais alto? — perguntou ela.

— Creio que gritou, se posso usar o trocadilho. — disse ele com simplicidade. — Talvez esse seja o momento de buscar o alimento espiritual, o qual tenho deixado de lado. Espero, apenas, que a ferrugem ainda não tenha corroído essa minha chance.

— Lucas, sempre é tempo de buscar a essência da vida. O Pai espera ansiosamente por esse despertar, que é individual e que ninguém pode fazer por nós. Os cursos se iniciam no próximo mês e creio que pode se preparar para participar. — Um lindo sorriso emoldurou seu rosto maduro. — Será um colaborador ativo e valoroso. Enquanto isso, uma série de passes irão ser de grande valia, fazendo retornar seu equilíbrio. — Escreveu num papel os dados necessários, indicando a sala onde seria realizada uma palestra e, posteriormente, a aplicação do passe. Antes de se despedir, disse: — Não espere as mudanças do outro quando ainda não sabemos realizá-las em nós próprios. Assim como você, meu querido, todos nós somos criaturas em eterno aprendizado e precisamos, mais que tudo, da misericórdia alheia para nossas faltas. Cada um tem seu próprio tempo de despertar. Que seu generoso coração esteja atento a isso! — ofereceu-lhe um terno abraço, em que Lucas sentiu toda energia de amor os conectando.

– Lembrarei de suas palavras. – E saiu para a outra sala. Ao final da noite, sentiu-se renovado como há muito não se sentia. Todas as preocupações ficaram secundárias, afinal, nada que não dependesse dele valeria o despender de suas energias. Sabia o que necessitava realizar em sua vida, agora, compartilhada com um grande amor. Paula era o que ele esperava todos esses anos e nada iria comprometer a realização de seu sonho. Sentia-se em paz e isso era algo de inestimável valor em tempos de crise. Ao chegar em casa, Rebeca falava ao telefone. Quando ela desligou, percebeu a tensão estampada em seu rosto.

– Sente-se, Lucas. Precisamos conversar.

– Pelo seu olhar, deduzo que seja algo de extrema seriedade.

– Era Artur quem falava comigo. Como amigo leal que é, decidiu antecipar algo e deseja falar conosco pessoalmente. Diz que o assunto se refere à gravação e que você estava autorizado a relatar os fatos que a envolvem. Quem mais conhece o conteúdo dessa gravação?

– Apenas Raquel. Paula apenas sabia da existência de um envelope deixado em meu consultório tempos atrás. – Contou os fatos desde o acidente fatal de Leila. Falou que havia comentado com Tiago, o qual pouca atenção deu a esse fato, no entanto, o suposto assalto era uma intimidação para que ele entregasse o tal celular. Conforme ele falava, as feições de Rebeca se endureciam. Todos os indícios era de que tudo havia sido esquematizado por Tiago, o qual negaria até a morte, a não ser que a investigação tivesse encontrado algo comprometedor acerca de sua participação.

– Não posso crer que seu irmão esteja envolvido em todo esse esquema! – havia lágrimas em seus olhos.

– Não gostaria que isso fosse verdade, porém as evidências confluem para ele. Fui o único a falar-lhe sobre essa gravação, que havia me sido entregue. Ele manteve-se inabalável enquanto conversamos. Logo em seguida, porém, aquele atentado ocorreu.

Não foi um assalto, pois eles buscavam algo que lhes pertencia e estava em meu poder. Foram bem enfáticos quanto ao risco que Paula corria caso eu não entregasse o que eles desejavam. Mantive a hipótese de um assalto, pois assim Artur determinou até que encontrasse algo palpável. Creio que ele encontrou. – Havia certo temor em seu olhar. Se as evidências atestassem que Tiago estava acobertando marginais, pois assim suas condutas indicavam, teria que responder à justiça. E todos os seus sonhos, suas ambições aí se encerrariam. Isso o deixou profundamente triste, pois jamais desejou algo semelhante a ele. Porém fatos sórdidos foram descobertos e tragédias poderiam ter ocorrido, se a mão do destino não interrompesse essas nefastas ações. As escolhas que ele realizara para sua existência tinham um preço. E, talvez, a cobrança estivesse prestes a chegar! Pensou no pai e no quanto ele havia sido conivente com essas ações indébitas. Porém ele não mais estava aqui para ser julgado pelos homens. Prestaria contas por seus atos à justiça divina, que abarca a todos em seu tempo certo.

– Artur solicitou ao seu superior a possibilidade de relatar-nos quanto à gravidade do caso, mediante todo apoio que estamos lhes oferecendo. Ele concordou, porém gostaria de estar presente. Chamamos Raquel? – perguntou a tia.

– Não podemos ocultar-lhe nada, Rebeca. Sei que ela está passando por tensos momentos afetivos, mas se nós a afastarmos agora, creio que seríamos excomungados definitivamente por ela. – Ambos sorriram.

– O superior de Artur estará na cidade amanhã e pediu que os recebêssemos. Temos apenas que confirmar que Tiago não esteja aqui, o que penso não irá acontecer. Mas tenho meus informantes em Brasília e cuidarei de saber. Assim sendo, convidá-los-ei para um jantar. Dê uma desculpa a Paula, não seria adequada sua presença. Espero que compreenda, meu querido. Não se esqueça de que ela é uma jornalista, e das mais perspicazes. Não vamos apressar os acontecimentos. Temos que encarar tudo isso como um favor pessoal de Artur. A benevolência deles, no entanto, tem um limite.

– Fique tranquila quanto a isso. Darei uma desculpa. Quando for possível, eu a inteirarei dos fatos, aliás ela merece por tudo que passou nestas semanas. Seu chefe a designou para tarefas que desviem a atenção do grupo sobre ela, o que a tem deixado angustiada, porém dentro de um padrão de segurança. Ela é tinhosa e tenho absoluta certeza de que ela continua à margem da investigação, recolhendo informações e analisando relatórios. Não vamos atiçar sua curiosidade, além do que não saberia lhe oferecer meias verdades, pois não acredito nisso. Prefiro nada lhe relatar por hora.

– Tem razão, Lucas. O caminho da sensatez deve imperar. – E perguntou: – Foi à casa espírita como conversamos? – ele ofereceu um sorriso repleto de paz.

– Fui e agradeço sua insistência. Foi muito proveitoso. No próximo mês, iniciarei o curso. Desde já me foi recomendado uma série de passes, para recuperar meu equilíbrio, comprometido nestas últimas semanas. Sinto-me muito melhor do que antes.

Foram interrompidos pela chegada intempestiva de Raquel, com os olhos marejados:

– Fiz o que pude! Não posso mais permanecer alheia aos fatos. Rompemos definitivamente nossa relação. Nossos caminhos aqui se desviam por vários motivos, mas o que imperou foi a falta de confiança. Não imaginava que fosse doer tanto! – Lucas estendeu seus braços, em que ela se aconchegou dando vazão à emoção. Após alguns instantes, ela se desvencilhou do abraço e disse: – Apesar de tudo o que ele fez, sinto que o amo. Porém a confiança deixou de prevalecer. Sinto tanto que tenha sido assim!

– Permanecemos numa relação por muitos motivos, Raquel. E saímos dela pelas mesmas razões. O amor deve imperar, porém, para que uma relação perdure, deve predominar a confiança mútua, caso contrário ela tende a esmorecer e corre o risco de desabar, tal qual a casa construída sobre a areia[1] nas palavras de Jesus. O amor precisa ser edificado em bases sólidas, feito a rocha. E a confiança é um dos pilares dessa casa. Outros são também importantes, porém, sem a confiança, como conquistar a cumplicidade, a compreensão, o verdadeiro amor? Sei que está sofrendo, porém lembre-se de que nada é definitivo nesta existência. Se hoje o caminho de ambos foi desviado, nada indica que não possam se encontrar no futuro, mais maduros e mais sábios. Sabe que terá nosso apoio em qualquer decisão. Espero apenas que a mágoa ou o ressentimento não encontrem morada em seus corações. E que essa decisão tenha sido analisada com todo critério. — Rebeca olhava com carinho para a sobrinha, que desconhecia que novos abalos estavam por vir. — Sinto, apenas, que novos problemas surgiram e precisamos que tenha conhecimento. — A jovem sentou-se e ouviu tudo o que a tia narrava. Olhou para Lucas inúmeras vezes e percebeu o quanto ele se sensibilizava com as novas questões. Muitos eventos estavam fadados a ocorrer, abalando as estruturas familiares. Sentiu-se enojada com o que ouviu primeiro da tia, depois de Lucas, sobre o que ocorrera. A indignação predominava e ela não compreendia os motivos do irmão ainda se compadecer da situação de Tiago.

— Se ele foi o causador de tudo isso, não pode sair ileso dessa investigação. Merece ser punido pelos atos infames que tenha cometido, direta ou indiretamente. Tudo isso me faz sentir profunda aversão a essa política corrompida e suja, com alguns poucos direcionando o destino de muitos. É imperdoável se ele estiver envolvido nesses atentados, primeiro com Paula, depois você. Sem falar de Leila, que parece ser uma estatística não considerada. Sinto vergonha de ser irmã dele. Suas condutas

---

[1] Mateus, 7:24-27 – "Todo aquele, pois, que ouve estas minhas palavras e as pratica será comparado a um homem prudente que edificou a sua casa sobre a rocha..."

equivocadas, permeadas de crueldade e torpeza, só poderiam evoluir, na ordem natural das coisas. Quem fazia o que ele fez desde criança e jamais foi reprimido, o que poderíamos esperar quando atingisse a maioridade? Tudo tende a evoluir e sua maldade apenas mudou de categoria, atingindo a baixeza e a vilania. Me perdoem se não tenho freios em minhas palavras. Apesar de ele ser meu irmão, não terei complacência com seus atos, caso tudo isso seja configurado como obra sua.

— Não fale nesse tom tão brusco, Raquel. Tudo ainda são hipóteses, não se esqueça. Você já o está julgando e condenando. Não consegue observar nada além dos seus atos? Apesar de tudo, é nosso irmão! — o olhar de Lucas tocou as fibras de seu coração. — E se ele cometeu todos esses desatinos, não seremos nós a julgá-lo e condená-lo. É tarefa da justiça, minha irmã, não nossa!

— Não sou generosa como você, Lucas. Não o repreendo, pois sempre agiu assim com ele, relevando as torpezas que fazia com você. Não se sente vilipendiado com a simples ideia de ele ter arquitetado uma agressão contra você, que poderia tê-lo levado a morte. Você ainda consegue compreendê-lo, justificá-lo, amá-lo mesmo com todas as atrocidades que ele possa ter cometido? Não fica injuriado com suas ações? — o silêncio durou apenas alguns instantes.

— Sou humano, Raquel, e naturalmente isso é ultrajante. Porém posso seguir dois caminhos. Ou mantenho a mágoa dominando minhas ações, permitindo que o veneno se instale em meu coração, ofertando ao mundo todo o ressentimento contido, ou escolho perdoar seus feitos, libertando-me do sofrimento que a mágoa acarreta, tornando-me o que eu pretendo ser, um homem livre. Só assim conseguirei observar o mundo com os olhos do amor e da paz. Não quero odiar ninguém, muito menos meu irmão, que já é tão infeliz por sua própria incúria. Gostaria de ter podido ajudá-lo, enquanto era possível, porém vejo que ele fez suas próprias escolhas. E cada criatura age conforme sabe, mamãe assim dizia. E, se eu era diferente dele, não poderia ofertar o mesmo que ele. Sempre foi assim entre nós, o que talvez tenha aumentado ainda mais seu ressentimento por mim, o que é lamentável. — Havia muita luz o envolvendo. — É muito fácil amar aquele que compartilha seus sonhos e ideais, difícil é amar aquele que caminha em direção contrária a tudo que acreditamos, pois ele nunca irá facilitar. Vai depender apenas de nós acolhê-lo, aceitando sua condição infeliz e tentando mostrar-lhe que é decisão dele ser feliz ou não!

— Entendo que essa seja sua essência, meu querido. Porém não é a minha. Sei que posso estar sendo insensível e até me assemelhar a ele, devolvendo-lhe o que ele sempre me ofertou. Talvez eu seja parecida com ele em alguns aspectos, e é isso que tanto me faz sofrer! — as lágrimas já eram abundantes.

— Se não pretende ser como ele, não aja como ele. É simples assim! Procure limpar seu coração de toda maldade que Tiago, indevidamente, plantou. Esse trabalho lhe pertence e não a ele. Ele continuará tentando arrastá-la para seu mundo sombrio e infeliz. Você pode tentar tirá-lo de lá com toda luz que te acompanha. — Lucas lhe sorria.

— Uma linda forma de encarar a vida, meu querido. — disse a tia também emocionada. — É perturbador imaginar que Tiago seja capaz de tudo isso, porém já me perguntei incessantes vezes se ele tem consciência de seus atos e se ele compreende a dimensão do mal que propaga. Ele fere por se sentir ferido, isso sabemos. No entanto como ajudar alguém que ainda desconhece o próprio sofrimento a que está imerso?

— Uma tarefa árdua e complexa, temos de admitir. Depois de tudo que eu vivenciei naqueles dias no hospital, cheguei à conclusão de que se ele está ao nosso lado nesta encarnação, deve ter um propósito, mesmo que ainda desconheça qual seja. Talvez juntos possamos entender suas motivações e ajudá-lo a se descobrir como ser humano.

— Ou talvez não tenhamos mais esse tempo. — disse Raquel. — Pelo que vocês me contaram, a situação é crítica para Tiago e, dificilmente, ele escapará de ver seu nome envolvido.

— Pode imaginar seu desespero? — perguntou Lucas.

— E você pode imaginar meu desespero se você tivesse morrido naquela noite? — disse a jovem encarando-o fixamente.

— Isso não aconteceu, e eu estou aqui ao seu lado! — ele a abraçou ternamente.

— Imaginou como eu me sentiria apartada de você, essa pessoa linda que me ensina a cada dia como ser uma criatura melhor? — ela o apertava bem forte em seus braços. — Não sabe o temor que me infundia a simples ideia de não ter você ao meu lado! Jamais faça isso comigo novamente. Você é minha inspiração, Lucas! — havia admiração em suas palavras, que o fez também se emocionar.

— Bem, queridos, a emoção parece que se instalou hoje nesta nossa conversa. E se é momento de grandes revelações, gostaria que soubessem que vocês deram ânimo novo a minha pacata e insossa vida. Estar presente desde que nasceram foi a maior bênção que o Pai pôde me proporcionar e sou eternamente grata por tê-los ao meu lado. Quando Luiza se foi, de forma tão súbita, pensei que não daria conta de cuidar de vocês. Sua mãe foi uma pessoa excepcional, acima de todos os seres que conheci. Sua bondade, sua generosidade, seu amor incondicional a todos, jamais presenciei alguém assim. Além de tudo, foi minha grande confidente, a única que sabia tudo sobre mim. — Fez uma pausa, pois a voz ficou embargada. — Sinto muito a presença dela nestas últimas semanas, sei que ela auxiliou Ronaldo a se desprender dos laços da matéria. Sei, também, que, no local em que ela se encontra, tem conhecimento de tudo que está acontecendo e o que está por vir. Deve estar cuidando de seu pai, além de se preocupar também com as infinitas possibilidades que se defrontam, em especial com seu irmão.

Teremos muitas sombras em nosso caminho, meus queridos, e precisamos estar unidos e preparados para as consequências adversas das más escolhas de Tiago. Sei que se ela estivesse aqui entre nós, tudo seria diferente. Ela saberia conciliar a todos, envolvendo-nos com sua luz intensa, fazendo com que tudo parecesse um simples contratempo, passível de ser solucionado. Entretanto essa tarefa cabe hoje a nós e precisamos estar focados, fortalecidos na fé e confiantes que, para todos os percalços do caminho, a solução aparecerá serenamente se nos entregarmos à prece sincera. E peço que se juntem a mim nesta proposta. – Estendeu suas mãos aos sobrinhos, que fizeram um círculo, dando-se as mãos. E iniciou uma sentida prece, pedindo a Deus, senhor de amor e misericórdia infinitas, que jamais desamparasse a esses seus filhos ainda muito imperfeitos, carentes de seu perdão e compreensão. Neste mesmo instante, Celeste, Clóvis e Luiza, envolveram o pequeno grupo em energias renovadoras. Todos sentiram-se tocados por uma força maior que acalmou seus corações angustiados. Ao final da prece, os três se abraçaram, selando um pacto de amor, essa chama dotada de tantas propriedades, de tanta pureza, capaz de cobrir a multidão de pecados[2]. Os amigos espirituais estavam radiantes com as posturas adotadas pelo grupo.

– *Obrigada, minha amiga. Sabia que daria conta de cuidar deles. Jamais tive dúvidas! Sinto que posso ficar em paz, pois qualquer decisão que tomarem será baseada no amor.*

As três entidades permaneceram mais alguns instantes e depois saíram confiantes!

---

[2] 1 Pedro, 4:8 – "O amor cobre multidão de pecados".

Capítulo 25

SURPRESAS DO CAMINHO

A ansiedade e a tensão envolveram a família por todo dia. Cada um, em seus afazeres profissionais, não descuidava de buscar o otimismo e a paz íntima, no entanto era tarefa difícil de ser executada, mediante o que eles se defrontavam.

Lucas passou o dia reflexivo, em profundo recolhimento, envolvendo o irmão, tão distante de Deus, em seu sincero amor. Disse a Paula que teria um jantar em família, para discutir problemas que as empresas enfrentavam.

Ao chegar, encontrou a tia e a irmã em profunda agitação.

— O que conversamos ontem já foi esquecido? — olhando fixamente para ambas.

— Estou preocupada com o desenrolar dos acontecimentos, é inevitável.

— Eu sei, Rebeca, mas de nada valerá nossa perturbação quanto ao futuro. Temos que ter em mente que tudo o que hoje aqui ocorrer deverá ser analisado de forma criteriosa, buscando soluções possíveis. Eles devem estar chegando, não vamos perder a fé!

E assim aconteceu! Minutos depois, a campainha tocou. A jovem funcionária da família foi atender, trazendo em seguida os dois homens.

Rebeca, ao se deparar com o superior de Artur, ficou lívida. Suas pernas bambearam e ela se apoiou em Lucas, que percebeu o fato.

— Está tudo bem, Rebeca? — perguntou o médico.

— Sim, querido, apenas uma vertigem. — Olhou novamente para o homem, que lhe oferecia um sorriso brando e sincero.

— Boa noite, Rebeca. Há quanto tempo não nos encontramos? Trinta e três anos, para ser mais exato. — Aproximou-se e beijou seu rosto com carinho. — O tempo lhe foi generoso, você continua uma linda mulher. Já não posso dizer o mesmo de mim. — Sérgio ostentava uma vasta cabeleira branca, era alto, de porte atlético, aparentando sessenta anos.

— Você continua o mesmo, Sérgio. — O grupo percebeu o desconforto entre ela e o convidado, que já se conheciam de longa data. — Pelo visto, você conquistou tudo o que pretendia. — Uma sombra pairou em seu olhar. — Devo felicitá-lo! Artur lhe tem grande estima, porém não sabia que a pessoa a que ele se referia era você. Tem feito um magnífico trabalho com seu seleto grupo. Nos tempos de hoje, creio que seja algo muito significativo e que sirva de exemplo aos que compartilham os mesmos ideais.

— Trabalhamos arduamente, não nos deixando vencer pelos incessantes desmandos e interferências. No entanto estamos ainda muito distantes do que almejamos. Lutamos contra um sistema corrompido e manipulador, tornando nossa tarefa árdua e morosa. Mas estamos convictos de que essa situação não irá perdurar, pois o povo já está descrente de seus políticos, clamando por novas iniciativas. Bem, o caminho ainda é longo, porém já iniciamos a jornada. – Havia um brilho intenso em seu olhar.

– Sabia que você não desistiria de seus sonhos e lutaria bravamente para conquistar seu espaço, não era assim que dizia? – novamente seu olhar se tornou sombrio. – Só não foi persistente com uma coisa. – E se calou. Sérgio desviou o olhar do dela, que o fixava. – Mas não vamos falar do passado e sim do presente. – Foi até Artur e o abraçou com todo carinho. – Senti sua falta, meu querido amigo.

– O trabalho tem me afastado de todos e preciso me organizar. Tenho tido pouco tempo até para Clarice, que tem reclamado excessivamente.

– E ela tem razão, Artur. Cuide daqueles que ama! – olhou para Sérgio novamente. Os sobrinhos se entreolharam sem entender o que estava ocorrendo. Era nítido que ambos se conheciam de muito tempo atrás, só não sabiam qual teria sido o envolvimento entre eles. Raquel estava prestes a fazer perguntas, quando Rebeca disse: – Peço que me acompanhem à sala de jantar. Uma boa refeição primeiramente. Deixemos os assuntos complexos para depois do café. – Olhou de soslaio para Raquel pedindo-lhe, apenas com o olhar, que ela contivesse sua curiosidade.

A conversa transcorreu amigável e sem adentrar no terreno político. Sérgio era bem-falante e manipulou a conversação. Era um homem refinado e inteligente, com ideias próprias e permeadas de muita objetividade. Falaram sobre os mais diversos assuntos, procurando deixar o ambiente propício ao que viria a seguir. E assim aconteceu:

– Bem, Rebeca, sabe que estamos aqui em uma tarefa inglória. A situação é complexa e não deveria estar aqui abordando esse assunto com você. Estamos aqui, eu e Artur, como amigos e não como funcionários da justiça. Sabemos de todo envolvimento de seu sobrinho, temos a gravação que poderia incriminá-lo, o cerco tem se fechado para todos eles, no entanto sentimos que estamos em terreno ainda frágil. Todas as provas encontradas até o momento denotam um esquema dos mais ardilosos, sem pontas soltas. Nossa maior dificuldade não é identificar os participantes, mas atribuir-lhes essa responsabilidade, em função dos argumentos pouco sólidos encontrados. Algumas dessas provas não poderão ser usadas como evidências, pois a lei assim faculta. As brechas que eles ardilosamente se utilizam para ocultar dados é algo surpreendente, jamais visto antes. Apesar da gravação ser entregue de forma espontânea, não podemos utilizá-la como prova, por uma série de fatores legais, que não vale a pena esmiuçar aqui. Estamos tentando outro enfoque, dentro das normas legais que não possa ser questionado ou inviabilizado pelos advogados que cuidam da causa. Neste momento, sentimos que estamos prestes a colocar as mãos em todos eles, porém estão inatingíveis. Não vou dizer que todo trabalho tenha sido em vão, pois as descobertas foram excepcionais e temos, hoje, noção do tamanho do esquema. Contudo estamos ainda de mãos atadas e precisamos de dados mais concretos, que agilizem a denúncia.

— Você quer dizer que alguém denunciando o esquema, com provas legítimas, seria um agente mais eficiente do que tudo que já obtiveram? – perguntou Lucas.

— Infelizmente, é isso. Estamos no caminho certo, investigamos minuciosamente cada um dos envolvidos, pois sabemos quem são eles e do que são capazes de fazer, no entanto, é preciso muito mais do que já obtivemos. Nesta linha de raciocínio, iremos concluir essa investigação, mas quando isso ocorrerá? Temos urgência, nosso país precisa de respostas mais imediatas e essas podem custar a aparecer.

— Então, por que estão aqui? – foi a pergunta de Rebeca. – Pensei que tudo já estivesse definido e Tiago, pelo envolvimento nesse esquema, já estaria prestes a ser denunciado por vocês. Porém não é isso que estão nos dizendo. – Seu olhar focou em Sérgio. – O que efetivamente desejam de nós? – o silêncio se instalou na sala. – O que pretendem?

– Como disse no início, nossa visita é extraoficial. Sabemos que seu sobrinho está participando ativamente. Aliás, creio que ele seja uma das mentes operosas desse esquema, urdido de forma astuciosa. Ele detém conhecimento de fatos que o torna elemento essencial à manutenção desse plano. – Ele queria dizer algo, porém não se sentia confortável.

– E o que isso quer dizer? – Rebeca insistiu na pergunta.

– Ele pode ser nosso elemento chave para desestruturar esse conluio. – A voz de Sérgio agora era controlada, em função da informação que acabara de oferecer.

Os três se entreolharam atônitos, finalmente entendendo as intenções da visita. Nenhuma palavra foi dita, estando todos ainda surpresos.

Artur, até então calado, foi até Rebeca e segurou sua mão com carinho.

– Sabe o perigo que Tiago está correndo? Ele é uma figura expressiva, capaz de conduzi-los a ganhos exorbitantes. Por outro lado, conhece profundamente todos os membros que participam desse esquema, retendo informações sigilosas e explosivas. O primeiro passo em falso e sabe o que pode ocorrer com ele? – a preocupação era real. – É um jogo cruel e já tivemos comprovação disso. Mortes e atentados já ocorreram, agindo de maneira insensível e destituída de pudor. Estará ele ciente de tudo isso?

– Você não o conhece como nós, Artur. Ele é hábil e ardiloso, não se deixa surpreender por ninguém. Duvido que essa visão pessimista tenha sido a ele apresentada. No quesito articulação, ele se supera. – disse Rebeca com a tristeza no olhar. – E digo isso com meu coração apertado, pois jamais imaginei que ele trilhasse um caminho assim.

— Ele dificilmente seria capaz de trair seus companheiros. — Lucas afirmou. — Sua motivação está além do material, pois isso ele tem o suficiente. Tiago almeja poder e, pelo que acabaram de relatar, já obteve mediante seus feitos. Não creio que ele sequer ouça qualquer proposta com essa finalidade. Pois isso já seria confirmar sua participação em todo esse processo. E sobre meu pai, algo relevante foi encontrado?

Os dois se entreolharam e Sérgio decidiu contar:

— O seu pai era uma raposa velha na política e participava de forma menos ostensiva. Sim, ele se utilizou de seu cargo para obter vantagens. Sim, ele sabia desse esquema e de outros, porém mantinha-se à margem, evitando ter seu nome enlameado. Apesar de tudo, prezava pelo nome da família. — Olhou fixamente para Rebeca. — Tanto que não permitiu que alguém que não tivesse um nome importante, uma fortuna a ser considerada, uma formação adequada, pudesse estar vinculado. Em sua visão simplista, isso jamais poderia acontecer. — Havia certa mágoa nas palavras dele, que fez com que Rebeca ficasse com os olhos marejados. Havia muita história a ser contada, pensavam os dois irmãos.

— O que está pedindo é algo de extrema complexidade, Sérgio. Não sei se podemos lhe pedir isso. Naturalmente, que estamos empenhados em ver esse jogo sujo erradicado de nosso país, porém se ele assim agir estará assinando sua própria sentença de morte. Que proteção poderão lhe oferecer quando ele se voltar contra esses poderosos? Nenhuma. Eles não perdoariam seu gesto e sua vida deixaria de ter valor.

— Não será muito diferente se persistirmos com nossa investigação. Em algum momento, iremos confrontá-lo, dessa vez com provas irrefutáveis e definitivas. A verdade irá prevalecer e seu destino será tão sombrio quanto esse que estamos oferecendo. — Ele insistia na possibilidade de uma delação por parte de Tiago. — Como disse, aqui estamos tentando agilizar a solução desse impasse, propondo uma alternativa possível e justa.

Abrandamento da pena e outras negociações estarão em pauta. Converse com ele, é o que viemos propor-lhes. Pense nisso e aguardamos sua resposta.

Rebeca esperava que algo sinistro pudesse ocorrer pela visita inesperada dos dois homens da polícia. No entanto o desfecho poderia ser ainda mais sombrio do que o imaginado. Eles estavam próximos demais de desvendar esse esquema de corrupção e isso a atemorizava. Em seus piores pesadelos, via Tiago sendo preso ou quem sabe morto por uma queima de arquivo! Sentiu um estremecimento e seu coração ficou oprimido.

Os dois homens se levantaram para ir embora.

— Rebeca, não era essa a forma que eu pretendia te reencontrar. Se acredita no destino, creio que ele está tentando nos dizer algo. Ficarei aqui até o final da semana, posso lhe convidar para um jantar entre velhos amigos? — e segurou a mão dela com carinho.

— Não sei se seria uma ideia adequada, mediante tudo o que hoje aqui foi dito.

— Não vamos misturar as coisas, por favor. Gostaria muito de conversar com você! Em outro lugar e você escolhe. Estou há muitos anos distante dessa cidade. Não será minha anfitriã por uma noite? — entregou-lhe seu cartão. — Aguardo sua ligação. Boa noite!

Artur se despediu de todos e saíram de lá, deixando-os num perturbador silêncio. Raquel foi a primeira a falar.

— Rebeca, antes de discutirmos o assunto principal, gostaria que nos contasse quem é Sérgio. Vocês já se conheciam pelo que pudemos perceber.

— É uma velha história. Creio que jamais falei sobre ele com vocês ou com ninguém. — Seu olhar se tornou distante e triste. — Ele foi meu grande amor! — os dois irmãos se entreolharam curiosos. — Que não pôde ser vivido em toda plenitude. Em função de vários motivos, entre eles, pela minha total falta de coragem. – Seus olhos umedeceram. Os dois estavam em silêncio, aguardando o relato. – Os tempos eram outros, eu era uma outra pessoa, diferente da que me tornei hoje. Nossa família sempre foi muito provinciana e preconceituosa, creio que já sabem disso há tempos. Ronaldo era meu irmão mais velho e tinha excessivo zelo por mim, impedindo que pessoas oportunistas, como ele assim dizia, se aproximassem de mim visando apenas nossa fortuna. Sérgio era um jovem de origem humilde, trabalhava numa de nossas fazendas e nos apaixonamos. Vivemos um amor proibido por mais de um ano e cheguei a pensar em fugir com ele. – Ela sorriu com as lembranças. – Meus pais sequer admitiam minha aproximação com pessoas dessa condição inferior. Infelizmente, tenho de admitir que tudo o que ocorreu foi por minha própria responsabilidade, afinal, cabia a mim lutar pelo que eu acreditava. Ronaldo descobriu, contou a nossos pais e ele foi chamado para uma conversa definitiva. Sua demissão sumária e que ele jamais se aproximasse novamente de mim. Pode parecer absurdo alguém submeter o outro a seus caprichos, porém era assim que acontecia naqueles tempos. Fui enviada para fora do país para estudar e jamais o encontrei novamente, até hoje. – As lágrimas assomaram. – Quando ele foi chamado por meus pais e Ronaldo, eu estava presente e pude ver a forma como foi destratado, referindo-se à sua condição social, como se isso caracterizasse um homem de bem. Sérgio foi humilhado e escorraçado de casa, com a condição de jamais me procurar, caso contrário haveria outras ações, que não ouso sequer citar. Não consegui nem me despedir dele. Fomos separados de forma arbitrária, e não tive coragem para lutar pelo meu amor. Meses depois, quando retornei para casa, Ronaldo me disse que ele havia partido da cidade, dizendo que iria conquistar seu espaço no mundo, pois apenas isso importava aos que têm posses. Percebi que ele estava arrependido pela invasão em minha vida, mas já era tarde. Ronaldo namorava Luiza naquela época e ela talvez tenha lhe mostrado o absurdo de seu gesto. Sua mãe sempre foi uma mulher sensível e contrária aos preconceitos existentes. Seguia seu coração em qualquer situação. Na verdade, ela tentou conversar comigo sobre o assunto, pedindo que eu o procurasse. Eu errei ao não enfrentar as convenções e Sérgio falhou por não lutar por nosso amor. Ambos erramos, essa é a verdade, pagando alto preço por nossa escolha. Jamais soube notícias dele e, também, nunca procurei saber, essa é a verdade. Foi uma página linda da minha vida, mas não poderia lá me deter. Segui em frente, assim como ele também o fez.

— Será mesmo, minha tia? – a pergunta de Lucas a sensibilizou.

— Talvez! – foi simplesmente a resposta.

— O que teria acontecido se ambos tivessem agido diferente?

— Jamais saberemos, não é mesmo? – seu olhar se distanciou novamente, retornando ao passado. – Não sei se pretendo descobrir algum dia.

— Se continua sem coragem para enfrentar seu destino, será sua própria escolha. Como mesmo afirmou, hoje não é mais a mesma pessoa que era. Por que não arriscar? – havia um brilho no olhar de Lucas que a fez sorrir.

— Você faz tudo parecer mais fácil, meu querido. Queria acreditar em suas palavras, porém não creio que isso fará alguma diferença em nossas vidas. Ambos caminhamos em frente e o passado jamais irá retornar. – disse ela pouco convicta.

— Rebeca, fale com ele mais uma vez. Reencontrem-se e procurem apaziguar seus corações, pois era nítido que ele também estava sensibilizado. Nada que uma conversa entre duas pessoas maduras e sensatas não possa acrescentar. – Raquel sorria.

— Vou pensar nessa hipótese. Bem, mas vamos ao que realmente interessa: Tiago.

— Não vejo como possamos contribuir de alguma forma. Ele jamais irá aceitar essa proposta. Aliás, ouso dizer que ele é capaz de negar qualquer fato, mesmo que tenhamos provas suficientes de sua participação. E com sua negação, desnecessário persistir nessa ideia de delação. Jamais irá acatar isso! – Lucas estava convicto.

– Sua vida corre perigo! Será que ele não percebe que eles nada mais são que criminosos e pessoas desse nível não valorizam nada além dos próprios interesses? Ele será útil até o instante em que deixar de ser. Será ele a ponta solta a que Sérgio se referiu? Se assim for e eles detectarem isso, seu período na organização está com os dias contados. Isso é pior do que imaginávamos. – Rebeca estava apreensiva.

– De qualquer forma, ele sabia dos riscos que corria envolvendo-se nessa situação. Acreditava na impunidade tão comum neste país, só isso explica a audácia de todos eles. – disse Lucas.

– Preferia vê-lo respondendo para justiça do que vê-lo fugindo da ira desses seres desprezíveis e sórdidos, ao constatarem que ele os entregou. – disse Rebeca.

– Para alguém feito Tiago, qualquer dessas hipóteses seria sua destruição. Queria tanto poder fazer algo em sua defesa! – Lucas estava com o coração angustiado.

– Esqueça, ele fez suas escolhas quando aceitou participar disso. – Raquel ostentava muita calma. – Estamos debatendo sobre possibilidades que não estão em nossa alçada, queridos. Tiago é tão frio quanto esses que estamos temendo. Ele não se perturba com nada do que estamos discutindo. E se lhe dissermos algo, permanecerá impassível. Ele parece imune à manifestação de qualquer emoção, é algo inacreditável. Será que somente eu o vejo assim?

– Você o está vendo com os olhos dele, minha querida. Essa forma de encarar a problemática da vida é atributo dele e não seu. Sei que a rigidez não a acompanha, portanto procure olhar com os olhos menos sombrios. Estamos aqui com o intuito de encontrar uma alternativa que possa ajudar nosso menino. Não tire minhas esperanças, é só o que eu lhe peço. – As lágrimas escorriam já abundantes.

Raquel correu a abraçá-la, sentindo a culpa assomar. Era tão difícil olhar o irmão com os olhos amorosos que eles ainda conseguiam vê-lo.

– Me perdoe, Rebeca! Eu não estou colaborando com vocês. Sinto muito!

– Essa amargura que você carrega em seu coração a está envenenando cada dia mais. Perdoe-o, minha querida, para que você se liberte dessas amarras. Esqueça o passado conturbado, as infinitas perseguições e crueldades. Já lhe disse tantas vezes que você não tem a índole dele, então aja conforme a sua.

– Está falando como Lucas! Talvez essa benevolência excessiva de todos vocês é que possa ter colaborado para que ele seja assim. – havia tristeza em seu olhar.

– O meio até pode influir de maneira significativa na formação do caráter de uma pessoa, porém minha doutrina me orienta que cada ser, ao renascer, traz consigo sua bagagem adquirida ao longo das sucessivas encarnações. Cada um age como sabe, mediante o que já conquistou de virtudes, ou não. Seu irmão nasceu com todos esses defeitos a expurgar nesta vida, não fomos nós que propiciamos que ele assim fosse. Aqui está com a finalidade de trabalhar esses vícios morais, libertando-se deles às custas de esforço individual e muito trabalho. Porém, se ele despreza as oportunidades, sendo indiferente ao chamamento da vida para se redimir perante seus erros, terá que arcar com o ônus de suas escolhas.

– Sendo assim, ninguém pode induzi-lo a se modificar se ele não desejar, certo?

– Sim, mas podemos lhe enviar inúmeros sinais de que ele está caminhando de forma equivocada, pois o amamos e desejamos que ele encontre, um dia, a paz íntima. Dessa forma, quero lhe dizer que não podemos abandonar aquela ovelha rebelde que se desgarrou do rebanho. Devemos tentar mostrar-lhe o melhor caminho a seguir. – A luz envolvia Rebeca.

Capítulo 26

ASSÉDIO IMPLACÁVEL

– Temos muito a refletir, minha tia. – disse Lucas. – Raquel, procure avaliar essa situação com olhos mais benevolentes. Ele precisa de nós, mesmo que jamais aceite esse fato. Vou dormir, estou cansado. Façam o mesmo vocês duas. Quanto a Sérgio, aceite seu convite. – Piscou o olho para a tia que lhe sorriu.

– Até parece que esse pode ser um encontro romântico! – disse ela.

– Por que não? Vá e depois nos conte! – Lucas beijou-a com carinho e saiu. A irmã e a tia lá permaneceram conversando sobre os problemas.

Em seu quarto, Lucas estava apreensivo. Sua intuição lhe dizia que algo ainda permanecia obscuro nessa história. Pensou em falar pessoalmente com o irmão, solicitando-lhe a verdade dos fatos. Queria muito que ele lhe contasse tudo sobre sua participação. Porém duvidava que ele se dispusesse a isso.

Imerso em seus pensamentos, adormeceu. No mesmo instante, viu aquele ser a sua frente com seu olhar desafiador e lúgubre.

— *Não se meta em nossa vida, entendeu? Sabe do que sou capaz?* — disse Átila enfrentando-o com energia.

— Não tenho medo de você, ainda não entendeu? Não quero discutir! Por que insiste em me assediar? Já lhe disse que não tive responsabilidade alguma em todos os eventos que se seguiram. Vocês fizeram suas escolhas e pagaram alto preço por elas. Nada poderia fazer para ajudá-los! Será que é tão difícil compreender? — a sinceridade estava presente em suas palavras, mas nada o abalava.

— *Pare de agir feito um covarde! Poderia ter nos salvo, mas preferiu deixar que eles nos enforcassem como meros criminosos! Lutávamos pela mesma causa, como foi capaz de desertar, deixando-nos para morrer? Como você chama isso? Você traiu nossa causa, preterindo-nos para obter vantagens, tenho certeza disso!* — ele estava exaltado e a cada instante se aproximava mais dele.

— Já lhe disse inúmeras vezes, porém não quer me entender! Não os traí! Agi em benefício de nosso povo que carecia de novas ações e, essencialmente, de paz, frente a tanto sofrimento que vivenciavam. Não houve traição! — dessa vez foi Lucas que gritou.

— *E fará o mesmo outra vez! Você é um crápula! É sórdido em suas ações! Irá trair seu irmão novamente! Como consegue agir de forma tão vil?*

— Eu quero ajudá-lo, apenas isso! Ele tem de parar enquanto é tempo de reverter todo mal que praticou. Será que não consegue entender? Não vê que ele está se prejudicando cada dia mais? Pare de assediá-lo, insuflando-o contra mim! Eu o amo e quero apenas seu bem! O que realmente pretende? — disse ele encarando-o fixamente. Neste momento, Átila aproximou-se ainda mais e pegou o braço de Lucas apertando-o com todas as suas forças. O médico, num impulso, o empurrou, e despertou no mesmo momento. Estava ofegante, molhado de suor, com o coração em total descompasso. Olhou para os lados, como se procurasse algo. Mais um pesadelo, assim pensou. E ouviu nitidamente:

– *Quero você aqui, desgraçado. Será meu escravo! E esse tempo está chegando!* – uma gargalhada satânica o deixou completamente paralisado.

Tentava respirar pausadamente, mas não conseguia. Sentiu todo seu corpo tremer e um desejo de correr de lá. O peito doía estranhamente, a respiração ainda estava comprometida e ele sabia que precisava readquirir seu controle. Os habitantes do mundo espiritual não podem lhe fazer mal, apenas assustá-lo, lembrou-se da mãe. Aos poucos, foi recuperando seu equilíbrio e levantou-se caminhando pelo quarto. Sentiu a animosidade daquele ser como nunca sentira! Ele o perseguia, agora tinha plena certeza. E o que Tiago tinha com isso? A entidade estaria ao lado do irmão planejando uma vingança contra ele? Mas por quê? Essa pergunta não se afastava de sua mente. Custou a conciliar o sono, refletindo sobre os problemas, até o meio da madrugada. Ao seu lado, Luiza tentava envolvê-lo em suas energias amorosas, mas a tensão o impedia de assimilar todas elas. Aproximou-se para bem perto do filho e disse baixinho:

– *Lembre-se de que cabe exclusivamente a você manter seu equilíbrio. Se não estiver na sintonia desse irmão invigilante, ele não conseguirá surpreendê-lo, nem o envolver em energias deletérias. Cuide de seus pensamentos, meu querido! Essa é sua garantia!* – Aos poucos, ele adormeceu, dessa vez sendo velado pela mãe, que não o abandonou um instante sequer. Tempos difíceis ainda estavam por vir, assim pensava ela.

No dia seguinte, Lucas despertou tenso. A noite havia sido um turbilhão de emoções desconexas e a imagem do irmão gêmeo não lhe saía do pensamento. Sentia uma angústia invadir seu peito e os pressentimentos não eram nada favoráveis. Enquanto tomava um banho, observou uma estranha marca em seu braço, como se alguém o pressionasse fortemente. Foi nesse momento que se lembrou do que lhe acontecera durante o sono, ficando paralisado! Pensara ter sonhado, mas, então, o que significavam aquelas marcas escuras em seu braço? Viu novamente a imagem daquele ser que tanto o atormentava e toda ira que ele portava! Tudo contra ele! Por quê? Essa pergunta ainda não tinha uma resposta!

O dia se arrastou para ele que não conseguiu se concentrar como devia. As preocupações com Tiago não permitiam que ele relaxasse. Temia que, a qualquer momento, o telefone tocasse e uma notícia trágica lhe chegasse. Sentiu que precisava fazer algo por ele, só não descobrira o que, nem como! No final do dia, Artur lhe telefonou. Conversaram sobre o encontro da noite anterior e o que pretendiam:

— Espero que tenha percebido a complexidade do que está acontecendo. Talvez a delação seja a única saída concebível. Acredita que ele possa estar receptivo? — Lucas permaneceu calado refletindo nas palavras do amigo.

— Talvez isso jamais aconteça! — sua voz soou baixa com entonação grave. — Creio que vocês não o conheçam como eu. Acho algo improvável, porém estamos refletindo nessa possibilidade, se é isso que pretende saber. Algum novo indício?

— Estamos na busca de novos. Gostaria que soubesse que essa proposta partiu do próprio Sérgio, reconhecendo a urgência de desvendar o caso. Eu não teria sido tão benevolente, me perdoe a franqueza. Não sei se essa será a melhor opção. — Era nítido que Artur não era favorável à proposta, no entanto obedecia a ordens superiores. — Não creio que isso seja uma saída adequada, mediante as ações violentas que ele praticou ou foi o mandante, isso não importa. Não aceito os métodos que seu irmão se utiliza e não gostaria que ele saísse livre de todas as acusações. Porém o problema tem ramificações que não se pode desconsiderar. Ainda creio que Tiago é um agente do mal, com intelecto privilegiado e dele se utiliza em benefício próprio, muito mais do que pelo do grupo. Entretanto sua saída pode ser uma estratégia para desmantelar o esquema e é nisso que Sérgio e os demais estão se pautando.

— Está sendo severo demais com Tiago. — A voz do médico parecia séria.

— Você desconhece todos os fatos, é natural que assim pense. Além do que ele é seu irmão e tudo fará para defendê-lo. Eu o entendo. E pensando assim é que deveria analisar a solicitação de Sérgio. Converse com Rebeca e sua irmã. O tempo ainda está a nosso favor, mas não sabemos até quando isso vai perdurar.

— Apenas acredito que todas as pessoas mereçam uma nova oportunidade, por mais falíveis que sejam. Talvez quando Sérgio e minha tia conversarem novamente, ele possa convencê-la. Sabia que eles se conheciam? — a pergunta foi direta.

— Até algumas semanas atrás desconhecia o fato. Sei apenas que se conheciam do passado. Ele foi extremamente cauteloso quanto a isso e pouco revelou. Isso não tinha significância alguma em todo o caso. Bem, espero que a negociação evolua de forma favorável. — Desligou em seguida, deixando Lucas em sobressalto. Precisava relaxar um pouco e foi até o apartamento de Paula.

— Parece que o dia não foi dos melhores! — sorriu ela ao receber-lhe. — Estava com saudades! — Ela percebeu seu semblante tenso e sabia que algo ocorrera. — Vamos, conte tudo o que está acontecendo. — Lucas sabia que precisava omitir os últimos eventos, pois eram informações sigilosas que não poderiam ser expostas de forma alguma. No entanto ele confiava nela e a amava. Não seria digno se ocultasse dela o que estava se passando. Teria que ter muito tato.

– Muitos problemas e não sei se gostaria de falar sobre isso. Pode imaginar quais sejam. Não quero envolvê-la nisso. – Seu semblante fechado a preocupou.

– Lucas, creio que minha profissão seja o grande empecilho nessa história. Sei que tem me ocultado informações importantes e jamais vou criticá-lo por isso. Tiago está envolvido até o pescoço, se é que me entende. Tenho minhas fontes, também. Lobato pediu que fizéssemos uma pausa estratégica, o que suponho ele tenha informações superiores às minhas e saiba algo de caráter essencial, mas que não pode ser utilizado para não comprometer a evolução da investigação. Ele nos solicitou sigilo absoluto e que desviássemos do rumo original. Estou de mãos atadas, mesmo sabendo que a qualquer momento isso vai explodir. Portanto tudo o que conversarmos aqui ficará. Não pense que eu seja uma idiota acreditando na sua versão dos fatos, no que concerne ao seu suposto assalto. Você está de posse de algo que eles desejam e só pode ser referente a seu irmão. – Os olhares de ambos se cruzaram. – Correu sério risco e poderia ter sido um desfecho desfavorável, sabia? O que eu iria fazer sem você em minha vida? Não sabe o quanto é especial para mim? – havia lágrimas em seus olhos. Ele a abraçou fortemente.

– Sei que meu gesto poderia ter colocado tudo a perder. Na verdade, eu agi de forma insensata, afrontando-os. Realmente, foi um lamentável acidente, pois nenhum deles desejava minha morte, apenas algo que estava comigo.

– Estava? – perguntou ela.

– Já não está mais. Era uma prova que julgávamos importante e, de certa forma, foi. Porém, talvez, não possa ser utilizada na investigação. Lembra-se daquele envelope que chegou às minhas mãos?

– Era algo relacionado ao esquema? – a curiosidade imperava. Lucas decidiu, então, contar os fatos que ela ainda não tinha conhecimento. Evitou, apenas, falar sobre a situação presente e sobre a visita da noite anterior. Paula ouviu atentamente e tirou suas próprias conclusões, com tudo que já conhecia. Ao fim de alguns minutos, não havia mais maiores segredos entre eles. Ela estava silenciosa, com sua mente arguta analisando as informações recebidas. — Resta saber se eles imaginam que isso já seja do conhecimento da polícia. Como está seu irmão frente a isso?

— Pouco tem nos visitado desde que papai morreu. Continua sua rotina como antes! Não deve supor que saibamos tudo isso.

— Você disse que conversaram sobre a tal gravação e que ele desconhecia a existência. Logo em seguida, o suposto assalto, que naturalmente foi autoria dele. E se assim aconteceu, porque você não o confrontou deve ser sua maior preocupação!

Neste momento, seu telefone tocou. Era Raquel que parecia em pânico.

— Acalme-se, só assim consigo te entender. — Ela falou algo que o deixou aflito. — Fique calma, estou indo para casa. — E desligou. — Preciso ir, Raquel está nervosa sobre algo que aconteceu e Rebeca não está em casa. Depois conversamos. Beijou-a e saiu.

Quando chegou, entendeu o desespero da irmã. Tiago lá estava com toda sua fúria, quebrando tudo o que via pelo caminho. Quando Lucas entrou, foi até ele e, com toda violência, Tiago desferiu um soco em seu rosto. Com o irmão já no chão, continuou a feri-lo com pontapés. Ele estava em total descontrole e não continha sua raiva contra o irmão. Raquel tentava impedi-lo e ele a empurrou com toda força para longe dele:

— Eu odeio vocês! — era só isso que ele gritava, sem interromper os golpes. Lucas tentava se defender, mas ele era mais forte e o pressionava contra o chão, socando-o sem parar. Até que num impulso, Lucas o empurrou para o lado e tentou contê-lo.

— Pare com isso! Você está louco? — foi só o que conseguiu dizer. — O que pretende?

– Matar você como faria a um verme, que é o que você é! – e continuou com sua fúria implacável. Só parou quando o irmão deixou de se defender, ficando inerte no chão. Raquel o empurrou com violência, socorrendo Lucas que estava deitado no meio da sala, respirando ofegantemente.

– Lucas, fale comigo! – ele não lhe respondia, fazendo-a se virar para Tiago: – Viu o que fez? Você é um crápula! – ela chorava enquanto tentava levantar o irmão do chão.

Lucas estava atordoado, com a mente turva e só enxergava o irmão com a fúria no olhar. Ao lado dele, viu aquele ser satânico que gargalhava alto. Fechava os olhos, tentando afastar aquela imagem grotesca da sua frente, mas ela não desaparecia. Foi quando Raquel começou a gritar seu nome insistentemente. Abriu os olhos e ela estava chorando em total desespero. Seu corpo doía, sua cabeça latejava, sua respiração estava ofegante. Tentou se levantar e não conseguiu. Começou a fazer algo para que pudesse sair daquela situação e passou a orar mentalmente, pedindo que Tiago se acalmasse. Não soube quanto tempo ficou naquela condição, até que retomou seu equilíbrio e sentou-se, encarando o irmão fixamente, que não desviou o olhar:

– Isso não o levará a nada! – foi o que conseguiu balbuciar. Tiago, então, disse:

– Você é um covarde, sempre soube disso! Traiu seu próprio irmão! O que pensava estar fazendo? Eu já sei o que estão tramando pelas minhas costas e só pode ter partido de você! Sempre teve inveja de mim e de tudo que já almejei! – havia tanto ódio em seu olhar que perturbou Lucas. – Você vai se arrepender, ouviu bem? Isso não ficará assim!

– Será que ainda não entendeu que nada fizemos contra você? O único responsável por tudo que está acontecendo é você mesmo! Suas ações indevidas, sua ambição desmedida, seu afã pelo poder! Você é um homem rico, não necessita de tudo isso! Por que age assim? Você está se afundando nesse lamaçal imundo e, em breve, não conseguirá mais sair. Estamos preocupados com você! – Lucas falava, porém, o irmão parecia completamente alheio às suas palavras. Só tinha ouvidos e olhos para sua ira!

– Não acredito numa só palavra que sua boca suja está pronunciando! Sei que armou contra mim, pensando que poderia me acuar. – E deu uma gargalhada. – Você é mais tolo do que eu imaginei! Acredita que possa me vencer? Não! Isso jamais irá acontecer, ouviu bem? Estou sempre um passo à frente. Tenho aliados em vários lugares e já sei de tudo!

– Pare de falar tantas asneiras! Será que não percebe que estamos apenas tentando salvar sua pele? O único tolo aqui é você! Desferiu toda sua ira para a pessoa errada. Lucas é o único que ainda acredita em você e olha o que foi capaz de fazer! – apontava para o médico com o rosto todo ensanguentado. – Você é um animal! – as lágrimas escorriam livremente dos olhos de Raquel. Lucas pegou a mão da irmã e pediu que se calasse, evitando maiores transtornos. No estado em que ele se encontrava, a situação poderia piorar.

– Você é tão idiota quanto ele! Escutem bem, vou dar um aviso a vocês: isso é nada em comparação ao que eles são capazes de fazer. Fiquem longe de tudo isso! Nem mais uma palavra sobre o que pensam que sabem! E você, meu irmão, esteja atento, pois está na lista negra deles. E não serão tão condescendentes como eu tenho sido! – havia um brilho estranho em seu olhar. Ele mais se assemelhava a um desequilibrado.

– Eles já sabem de tudo! – foi apenas o que Lucas proferiu. E atingiu seu objetivo, chamando a atenção de Tiago.

– Eles pensam que sabem! – ainda ostentando toda empáfia.

– Não se engane, Tiago. Eles já desvendaram todo esquema, falta apenas ajeitar cada peça desse quebra-cabeça. E o tempo está se esgotando. Porém existe uma alternativa possível e depende apenas de você. – Tiago deu outra gargalhada.

– Creio que ainda não compreenderam. Tenho muito amor a minha vida e jamais irei traí-los. Além do que você está blefando como eles. – Fixou seu olhar no do irmão. – E se você preza sua vida, fique calado. Não vou mexer um dedo sequer para livrá-los, entendeu bem! Não sou um delator, se é isso que pretendia me dizer. Sou mais esperto que todos vocês juntos. – E, subitamente, se calou, colocou a mão em sua cabeça e apertou os olhos com força. Quando os abriu, havia um brilho diferente em seu olhar. Os dois irmãos não entenderam o que se passara com ele, que apenas os encarou dizendo: – Não se metam mais em minha vida! Eu os odeio! – não disse mais uma só palavra e saiu.

Luiza se aproximara do filho rebelde e colocara a mão em seu rosto com toda suavidade, dizendo baixinho:

– *Não faça isso, meu querido! Apenas você sofrerá com suas ações! Existe um bem maior que está deixando de valorizar: o amor! Acredite em seu irmão que apenas deseja seu bem acima de tudo! Ele jamais o traiu nem nesta, nem em nenhuma outra vida! Desperte enquanto é tempo! Somente um caminho o conduzirá à felicidade e não é esse que está a trilhar!* – foram essas palavras que Tiago ouviu nitidamente. Era a voz da mãe que lhe falara! Mas como? Ela estava morta! Estaria enlouquecendo? Foi quando se calou confuso e, em seguida, saiu deixando os irmãos atônitos.

Lucas levantou-se e sentou-se no sofá, com a irmã lhe amparando. Nenhum dos dois pronunciou uma só palavra. Nada havia a ser dito. Apenas a dor estampada em seus rostos! Raquel abraçou o irmão e ambos choraram por tudo que acabara de acontecer. O irmão estava irreconhecível! Totalmente transtornado! Seria definitiva sua decisão?

Minutos se passaram quando a campainha tocou. Era Henrique, o companheiro de Lucas do hospital. Raquel o chamara momentos antes do irmão chegar, deparando-se com toda aquela confusão. Ao olhar a sala, percebeu que algo muito sério ocorrera. Aproximou-se de Lucas e viu o estado em que ele se encontrava.

– O que aconteceu aqui? – examinando o rosto do médico com todo cuidado, que continuava calado ostentando a tristeza no olhar. – Precisa de alguns exames, vamos para o hospital. – disse ele com seriedade.

– Não será necessário, fique tranquilo. Aliás, o que faz aqui? – perguntou.

– Eu o chamei. – disse a irmã enviando um olhar afetuoso para Henrique. – Obrigada por ter vindo tão depressa. Tiago estava ensandecido, veja o que foi capaz de fazer! Isso não vai ficar assim! – havia tanta dor em seu olhar que o irmão pegou sua mão e a beijou.

– Não faça nada com impetuosidade, Raquel! Nosso irmão está doente, encare assim! – olhou para Henrique: – E você, se veio até aqui para ajudar, assim proceda. Cuide de Raquel, ela está muito nervosa. Eu estou bem, apenas alguns hematomas e cortes superficiais, nada mais que isso. – Tentou se levantar, mas sentiu-se estranhamente zonzo, o ar lhe faltando como se alguém pressionasse seu pescoço, impedindo-o de respirar. Começou a ficar lívido e Henrique percebeu, segurando-o.

– O que está sentindo, Lucas? Fale comigo! – a voz do jovem médico parecia estar cada vez mais distante, enquanto Átila colado a Lucas comprimia o seu pescoço, gargalhando a altos brados:

– *Pensou que poderia nos vencer? Juntos somos mais fortes! Eu o tenho em minhas mãos! Veja o que faço com você!* – e o apertava cada vez mais, deixando o médico sem ar. Até que Celeste e Clóvis apareceram, livrando-o do assédio da entidade vingativa.

– *Pare com isso, Átila! Já foi longe demais em sua sanha! Afaste-se dele!* – ela irradiava fluidos de elevado teor em direção a ele, que, encolerizado, o soltou:

– *Eu vou voltar! E não estarão aqui para ajudar esse miserável!* – e saiu de lá.

Capítulo 27

AÇÕES NECESSÁRIAS

— Lucas, fale comigo! O que está sentindo? — Henrique pegou seu pulso, que estava acelerado e em total descompasso. Aos poucos, ele passou a respirar mais pausadamente e olhou para a irmã, que estava já em pânico.

— Estou bem, já passou! — disse ele mais sereno.

— Você me assustou, Lucas! Onde está Rebeca que não dá notícias? — disse ela em total aflição. — Tem certeza de que não quer ir para o hospital?

— Henrique, sua presença aqui deveria acalmá-la. Faça algo! Já disse que ficarei bem. Preciso de ar, vou lá para fora! — levantou-se e saiu da casa, procurando um local fresco. Pensou na mãe novamente. Ela o enganara por todos esses anos e sorriu sozinho. Aquela entidade não apenas o atormentava, mas também era capaz de interagir com ele. Tinha tantas coisas para aprender sobre a doutrina. Até isso acontecer, não poderia ficar tão receptivo a esse assédio como vinha acontecendo. Respirou fundo o ar da noite e sentiu-se confuso. Pensava em tudo o que o irmão dissera em seus momentos de irreflexão e percebeu o quanto ele precisava de ajuda, mas que recusava aceitar! Por que tudo tinha que ser assim? Seus olhos ficaram marejados e uma profunda tristeza invadiu seu ser! Sentiu-se impotente perante a situação e desejava que tudo fosse diferente! Estremeceu ao pensar no risco a que todos agora estariam submetidos. Artur e Sérgio haviam pensado nessa possibilidade?

Precisava descansar, era isso que faria naquele momento. Seu corpo doía, clamando por uma cama aconchegante. Entrou na sala e viu os dois jovens abraçados em meio ao caos que lá se encontrava. Passou por eles e pediu:

— Arrumem o que puderem, por favor! Rebeca não precisa ver tudo isso!

— Tome algo para relaxar, doutor. — brincou Henrique. — Eu ajudo Raquel, vá descansar. E se fosse você, evitaria aparecer assim amanhã no hospital. Quem irá confiar num médico que se envolve em brigas?

— Um pouco de gelo irá amenizar os estragos. Boa noite! — Raquel o envolveu num abraço apertado e disse algo em seu ouvido que o fez sorrir. — Se cuide, menina!

— O que disse a ele? — perguntou Henrique.

— Que você arrumaria tudo sozinho! — e sorriu. O jovem médico se aproximou dela. — Disse que você e eu estamos nos conhecendo melhor. Falei algo errado?

— Não. Sei que o momento não é propício, mas adorei que tenha confiado em mim. Não vou perguntar o que ocorreu aqui, pois posso imaginar que seja obra de seu irmão. — O semblante da jovem entristeceu e ele se arrependeu das palavras. — Vamos, eu te ajudo a limpar tudo isso. — E pegou sua mão.

— Obrigada por estar aqui ao meu lado!

Já em seu quarto, Lucas se deitou e começou a orar. Nada mais podia fazer que não elevar seu padrão de sentimentos e pensamentos através da prece. Estava quase adormecendo quando seu telefone tocou. Era Paula, preocupada com a ausência de notícias. Conversou com ela alguns minutos, evitando relatar o ocorrido. Não queria deixá-la apreensiva. Dormiu em seguida.

Distante de lá, Rebeca e Sérgio sequer supunham o que ocorrera. Ela ligara e aceitara o convite para um jantar com a condição de que não conversassem sobre Tiago. Há muito ele não visitava a cidade e não era pessoa conhecida, ao contrário de Rebeca que foi recebida com deferência pelo maitre do restaurante, que os conduziu a uma mesa em local reservado.

— Não quer que me vejam com você? — perguntou ele.

— Pensei que um local mais discreto fosse o que pretendia, mas posso mudar isso agora mesmo. Que tal uma mesa mais visível? — disse ela desconcertada.

— Foi apenas uma brincadeira, Rebeca. Seu senso de humor era mais apurado naquela época. Sua leveza, também. O que a fez mudar tanto?

— A vida! Ou melhor, os revezes da vida. Estamos aqui em eterno aprendizado e cada dia é tempo de aprender. Meu senso de humor está um pouco embotado, em função dos acontecimentos. Minha família tem enfrentado muitos percalços e se não fosse meu trabalho, não sei se ainda estaria equilibrada. — Seu olhar ficou sombrio.

— A vida nos ensina a cada instante, porém não podemos perder a jovialidade nem a esperança. Não era isso que dizia? — olhou fixamente para ela que não desviou o olhar.

— Você também dizia coisas nas quais acreditei. Porém o tempo mostrou que eram apenas palavras vazias. Por que nunca me procurou? — perguntou ela.

– Foi uma orientação direta de seu irmão, caso contrário... – e se calou.

– Ninguém faria nada contra você! Eu o amava tanto! Talvez meu único arrependimento tenha sido o de não ter lutado plenamente por meu amor. Mas e você? – a pergunta o perturbou.

– Em algum momento, duvidou que meu amor fosse verdadeiro? Jamais te esqueci, se isso serve de consolo. Você foi meu único amor! – ele pegou sua mão com carinho.

– No entanto jamais procurou viver esse verdadeiro amor. – Havia amargura em sua voz. – Você se casou? – a pergunta foi direta. Ele ficou em silêncio alguns instantes.

– Sim, me casei. Uma companheira adorável que me concedeu a oportunidade de ser pai de dois jovens, hoje já adultos. Não posso dizer que não fui feliz ao lado dela. – Dessa vez, a sombra pairou em seu olhar. Rebeca o encarava fixamente ouvindo seu relato. – Ela se foi há dez anos aproximadamente. Um câncer implacável que a abateu em poucos meses. Meus filhos eram adolescentes e confesso que não foi tarefa fácil cuidar deles todos esses anos. Ela fez muita falta em minha vida! Depois dela e com tantas atividades, jamais me casei novamente. E você? Se casou?

– Sim, mas durou pouco. Ele também morreu. Porém você foi o único que realmente amei. Não havia espaço em meu coração para outro que não fosse você. – Seus olhos brilhavam. – Mas a vida me concedeu uma família e filhos, mesmo que indiretos. Depois que Luiza morreu, passei a cuidar de meus sobrinhos como se fossem meus filhos. E fui feliz, do meu jeito! A administração do patrimônio também roubou grande parte do meu tempo e assim decidi permanecer. – Viu que ele baixou o olhar e ela sorriu dizendo: – Não o culpo por nada. Se alguém poderia ter feito algo naquela ocasião teria que ser eu, enfrentando meus familiares. Me omiti e sepultei meu sonho de amor. Na verdade, talvez não estivesse determinado que ficássemos juntos, caso contrário, teríamos lutado com todo nosso empenho.

Nossa vontade não era tão forte assim. Não estou te cobrando nada. Estou aqui para saber se você foi feliz! – dessa vez ela segurou sua mão.

– Não vou negar que fui feliz, mas jamais amei tanto alguém quanto você! Não houve um dia que não tenha pensado em nós e no que poderia ter acontecido se, juntos, enfrentássemos os preconceitos vigentes. Eu era uma pessoa destituída de posses, minha origem humilde foi o maior empecilho. Me arrependi de não a ter sequestrado naquela ocasião e a levado daqui para sempre. Fiquei toda uma noite em claro, pensando nessa possibilidade, porém cheguei à conclusão de que isso não seria a atitude mais correta. Jamais seríamos felizes juntos iniciando uma vida nessas condições. Eu queria tê-la em meus braços, mas não a esse preço. – Ela viu em seu olhar todo amor ainda retido, mesmo após tanto tempo passado. A emoção se instalou e ela controlou as lágrimas, que insistiam em cair. Tentou sorrir à referência do sequestro.

– Deveria ter sido ousado e me sequestrado!

– Aí seria preso e jamais você seria minha novamente! – segurou a mão dela e a beijou ternamente. – Quando Artur falou que a conhecia e o profundo respeito e afeto que nutria por você, pensei que precisava vê-la novamente. A maneira carinhosa com que ele se referia a você provava que ainda era a mesma pessoa que amei por todos esses anos. Sei que não pretende trazer Tiago para nossa conversa, mas a situação dele é bastante delicada. Eu me preocupo com você! Já sofreu o suficiente todos esses anos. Pense na nossa proposta, eu lhe peço! Mas mudemos o foco. Ficarei aqui até domingo e depois retorno para Brasília, onde é minha base. Posso vê-la amanhã? Queria contar como foi minha vida até chegar onde estou. Sabe que você sempre foi meu maior incentivo?

– Fico feliz por ter colaborado de algum jeito. De certa forma, estivemos conectados todos esses anos. Não teve um dia em minha vida que não tenha enviado minhas melhores vibrações, torcendo pelo seu sucesso. Creio que foram úteis. – Ofereceu um radiante sorriso, repleto de paz, fixando seus olhos nos dele, assim permanecendo por um tempo que não souberam definir. Havia tanto a ser dito! Ou ser vivido?

– Não vou te perder agora que te reencontrei! Vou te fazer uma proposta e só aceito uma resposta! Sei que o momento não é propício, mas tenho trabalhado exaustivamente nesse processo há vários meses. Desconheço o que é um fim de semana há muito tempo e pensei em tirar uns dias para descansar em meu refúgio secreto. E quero que venha comigo nessa aventura! – ele parecia um jovem animado com a oportunidade de viajar às escondidas com sua garota. Ele sorria feito um garoto. – O que acha da ideia?

Rebeca sorriu ante as palavras dele, pensando se ainda era tempo de viver seu grande e único amor. Havia deixado sua vida pessoal e afetiva de lado por tanto tempo e não sabia se ainda era capaz de viver sua paixão recolhida. Ou seria sepultada? Ela mesmo riu da ideia e encarou-o com a jovialidade no semblante maduro.

– E onde seria esse seu refúgio secreto? – perguntou ela.

– Se é secreto, não posso lhe dizer. Mas posso lhe mostrar! – ele não se continha de felicidade, percebendo a receptividade dela. – Confie em mim, desta vez! Prometo nunca mais lhe decepcionar. E então?

– Creio que estou perdendo o juízo ou será que estou ouvindo meu coração?

– Creio que ambos! – deram uma risada descontraída. – Voltarei para Brasília, resolvo o que estiver pendente e aviso que estarei incomunicável por uma semana.

– Não vai me dizer onde irá me levar? – perguntou ela.

– Estou te sequestrando, Rebeca. – brincou ele.

– Trinta e três anos depois! Mas o que vou dizer aos meus sobrinhos?

– Que está vivendo sua vida que sempre deixou de lado. Tenho certeza de que irão compreender. – Olhou o relógio e lembrou-se de que teria uma reunião bem cedo. – Ficaria com você até o dia amanhecer, mas...

– A noite foi maravilhosa! Vamos! – eles saíram do restaurante e foram direto para casa de Rebeca, sempre com um carro a lhes acompanhar. Assim que chegaram, ela viu que eles se aproximaram. – Eles estavam nos seguindo? – seu olhar estava sério.

– Por segurança apenas. – Levou-a até o imponente portão, conduziu-a até a porta de entrada e, distante dos olhares dos seguranças, ele segurou seu rosto com carinho e beijou suavemente seus lábios. Em seguida, abraçou-a com todo carinho e disse em seu ouvido: – Jamais fique longe de mim tanto tempo, ouviu bem? – um outro beijo e saiu, deixando-a parada na porta com um enigmático sorriso em seus lábios. Estaria sendo um sonho? Sentiu-se revigorada como há muito não experimentava. Entrou silenciosamente na casa e percebeu que, agora, vivia um pesadelo. O que aconteceu em sua ausência? Raquel estava sentada no sofá acompanhada do médico com o qual ela desconfiava estarem saindo. Porém era tarde e parecia que um furacão passara em sua sala, por mais que tivessem tentado limpar os estragos. Ao ver a tia entrando, correu para os seus braços.

– Minha querida, o que aconteceu aqui? Foi um assalto? Você está bem? – a aflição a dominou.

– Foi Tiago. – Apenas essas palavras de Raquel foram suficientes para desestabilizá-la.

– Ele enlouqueceu? Conte-me tudo. – Ela relatou tudo o que lá fora palco algumas horas atrás. Falou da briga com Lucas e das ameaças que ele fez a todos. Rebeca ouviu tudo com o semblante lívido. Definitivamente, ele fora longe demais! – Onde está Lucas?

– Dormindo em seu quarto. Amanhã terá oportunidade de constatar os estragos que ele provocou em seu rosto. Tia, não podemos mais contê-lo! Ele está fora de si! Perdeu totalmente o equilíbrio!

— Para onde ele foi? Essa é sua casa também.

— Talvez para algum hotel. Pouco me importa! – o olhar de censura que ela lhe enviou a conteve. – Me perdoe, mas depois de tudo que ele fez a Lucas, não tenho interesse algum em sua vida. Se ele quer ser preso, o problema é exclusivamente dele. Não vou fazer nada para impedir que isso aconteça. – Havia amargura em seus olhos.

Rebeca a abraçou com carinho, sentindo que palavras pouco ajudariam a reverter a sua forma de pensar. Raquel estava tensa, apavorada, magoada, de nada valeria muitos discursos naquele momento. Ofereceu-lhe afeto, cumplicidade, amor, isso era o que ela necessitava. Henrique se levantou e disse:

— Sua tia já chegou, agora posso ir. Amanhã nos falamos e procure ficar calma. Os seus irmãos, cada um do seu jeito, precisam de você. Pense nisso e contenha seus ímpetos. A raiva é sempre inimiga do equilíbrio e da paz íntima. Detendo essa emoção inferior em seu coração, apenas irá obter mais sofrimento ao que já está vivenciando. Quero ver um sorriso antes de ir embora. – Pegou sua mão e a beijou.

— Gostei de você, querido. Espero que consiga colocar algumas boas ideias nessa cabecinha teimosa e mimada. – disse Rebeca com um sorriso. Raquel olhou para ambos e sua expressão ainda era tensa.

— Mais um para criticar minhas posturas!

— Está iniciando um relacionamento, minha querida. Procure mostrar seu lado mais favorável, não apenas o sombrio. – disse a tia.

— Não pretendo enganá-lo, Rebeca. Ele já me conhece há algum tempo e sabe da animosidade existente entre nós.

— Que precisa ser trabalhada com mais intensidade. Como esse sábio rapaz disse: para não sofrer ainda mais. – Sorriu gentilmente. Henrique se despediu de Rebeca e Raquel o acompanhou até a porta.

— Nos vemos amanhã? – perguntou ele abraçando-a.

— Não havíamos combinado? Está desistindo de mim? – insinuou ela.

— Jamais! – beijou os lábios da jovem, saindo em seguida.

Ao entrar, encontrou a tia ao telefone. Ficou alguns minutos e depois desligou.

— Falando com Sérgio? – perguntou ela.

— Precisava relatar o ocorrido. Se as ameaças que Tiago fez forem verdadeiras, esse grupo está prestes a cometer seu primeiro erro.

— Como assim? – questionou a jovem.

— Até então, tudo estava sendo efetuado de forma sigilosa. A partir do momento em que Tiago expôs que eles se sentiram aviltados por nós e estamos em sua lista negra, a qualquer hora, eles irão atentar contra nós e, nesse instante, serão pegos. Ele está providenciando proteção a todos. Artur estará aqui logo cedo e dará as coordenadas que deveremos seguir fielmente. O cerco está se fechando e sinto tanto que Tiago ainda não se apercebeu disso. A prepotência deles colocará tudo a perder.

— Seremos vigiadas todo tempo? – havia um certo desagrado em suas palavras.

— Infelizmente, minha querida. E teremos que colaborar para que não fiquemos expostas ao perigo. O que antes poderia ser evitado, talvez não mais aconteça. Vamos dormir, amanhã o dia será intenso. – Passaram pelo quarto de Lucas que dormia serenamente.

Não muito distante de lá, Tiago se hospedara num luxuoso hotel. Antes de subir, sentou-se no bar e passou a beber para se acalmar. Não tinha o hábito da bebida, mas depois do que acontecera naquela noite, não iria conseguir dormir sem alguns goles. Sua mente estava confusa. As vozes não o deixavam em paz. Inicialmente, aquela voz insuflando-o contra Lucas, pedindo que o ferisse com todo seu ódio. Enquanto ele socava o irmão, sentiu que junto a ele outro personagem estava presente, potencializando sua força exigindo a retaliação completa. Naqueles breves instantes, sentiu que desejava a morte de Lucas como nunca imaginara. A cólera tomou conta de todo seu ser e bater nele foi apenas a consequência do momento. Jamais sentiu-se assim! Entretanto tinha seus motivos, afinal, ele o traíra covardemente. A sensação era que aquela cena se repetia em sua mente e isso o deixou confuso. Lucas sempre fora o filho exemplar, com atitudes dignas e éticas. Ele, em contrapartida, representava seu inverso, despertando animosidade entre os que com ele conviviam. Até com a mãe isso acontecera e nunca teve tempo de se desculpar pela sua impulsividade e leviandade, pois ela jamais retornou com vida daquela saída intempestiva. Indiretamente, ele causara a morte dela, instigando-a contra o pai. Não entendeu por que havia sido tão insensível falando com a mãe daquela forma tão provocativa. A emoção pretendia se instalar, mas ele lutava bravamente contra isso. Ela não estava mais aqui entre eles. E aquela voz em seu ouvido, pedindo-lhe que parasse com esses atos infames? Estaria enlouquecendo? Era sua mãe aconselhando-o a agir de forma sensata? Isso não era possível, ela estava morta! Precisaria agir com mais cautela. O cerco estava se fechando para o grupo e, por mais que tentasse usar seu intelecto privilegiado, a tensão se instalara entre eles e ações nefastas em represália poderiam ocorrer. Pensou em sua família agora tão restrita e deu de ombros para todos. Pouco se importava com eles! Eram desprezíveis, pois iriam entregá-lo sem piedade à justiça. Como ousavam agir dessa forma tão infame com ele? Novamente, Átila se aproximou de Tiago e, com a emissão intensa de pensamentos indóceis e sórdidos, procurava instigá-lo contra os integrantes de sua família. Perdido em seus pensamentos, não percebeu que, ao seu lado, um casal discutia com animosidade. Até o instante em que o homem segurou o braço da jovem e o apertou com toda sua fúria, fazendo-a emitir um gemido. Ele se voltou e viu a cena de violência contra aquela jovem. Não entendeu o motivo de se envolver na discussão que nada lhe concernia. Mas agiu por impulso:

– Deixe a moça em paz! Não a ouviu? Você bebeu demais, não está em condições de agir com lucidez. Solte-a! – a voz firme de Tiago fez com que o homem se irritasse.

– Não se meta comigo! Sabe com quem está falando? – o homem alterou a voz, fazendo Tiago dar uma risada, afinal, esse discurso sempre lhe pertenceu. Ele assim agia quando pretendia mostrar seu poder e arrogância.

– Pouco me importa quem você seja. Agora, deixe a moça em paz! – a jovem estava pálida sem pronunciar uma só palavra, agradecendo apenas com o olhar o gesto de Tiago.

– Quem pensa que é para falar nesse tom comigo? – ele mal sabia com quem estava se metendo e insistiu: – Acabo com você! Vá embora! – neste momento a confusão se iniciara. Outros dois homens entraram em defesa do desordeiro, tentando atacar Tiago. Um deles pegou uma garrafa e atirou na testa do jovem que caiu. O segurança entrou e acabou com a discórdia. Tiago estava zonzo e a última coisa que viu foi o rosto da jovem sobre ele. E a escuridão o envolveu. Quando despertou, estava deitado em sua cama com a jovem ao lado, em total desespero. Assim que ele abriu os olhos e colocou a mão em sua testa, viu que havia um curativo. A cabeça doía terrivelmente e ela disse:

– O médico deixou um remédio para quando acordasse. Quer tomar? – entregou-lhe com um copo de água. Tiago aceitou e sorveu todo o conteúdo com o medicamento.

– Onde estou? – perguntou ele.

Capítulo 28

UM AMOR PARA CONQUISTAR

— Está em seu quarto. Eles o trouxeram aqui e chamaram um médico. Não precisou de pontos, mas vai ficar doendo alguns dias. Obrigada por me defender. Ele era um amigo, ou pelo menos assim o julgava. Desculpe o transtorno que causei. Creio que já posso ir, não pretendo perturbá-lo ainda mais. — Ela ia sair quando Tiago segurou sua mão, fixando nos lindos olhos azuis que ela ostentava. Era um olhar profundo e, ao mesmo tempo, meigo, que parecia hipnotizá-lo. Era jovem, talvez não mais que vinte e cinco anos, exercendo estranho fascínio sobre ele.

— Não, fique aqui comigo. Ainda não estou bem. E se precisar de algo? Quem irá cuidar de mim? — ele não queria que ela fosse embora. A jovem sorriu e iluminou plenamente seu rosto suave.

— Eu chamarei alguém, fique tranquilo. Agradeço tudo o que fez por mim, mas preciso ir. Meus pais ficarão preocupados com minha ausência. – disse a jovem tentando soltar a mão de Tiago que a retinha entre as suas. – Esse remédio o fará dormir, assim disse o médico. Você parece ser alguém importante, pois o trataram com tanta deferência. – Ela estava curiosa para saber quem ele era.

– Não sou ninguém importante, apenas conheço todos neste lugar. Meu nome é Tiago. E o seu? – perguntou ele tentando retê-la por lá.

– Sou Carolina, mas pode me chamar de Carol. E não tente me enganar com essa conversa. Já vou indo! – levantou-se prestes a ir embora quando ele disse:

– Eu salvei você daquele truculento e desprezível ser. Preciso de ajuda! Não quero ficar sozinho esta noite! Fique comigo! – a jovem se comoveu com a súplica daquele homem tão seguro de si, capaz de envolver-se numa briga apenas para defender uma desconhecida. Por que ele precisaria dela em sua vida? – ela sentou-se ao lado dele na cama e perguntou:

– Você está querendo ser salvo de quê? – o silêncio os envolveu.

– A pergunta é: de quem? – disse ele em tom baixo. E respondeu em seguida: – De mim mesmo! – seus olhos lacrimejaram. – Sou um perigo a todos que se aproximam de mim. Não sei quanto tempo mais me resta! – seu olhar se tornou sombrio.

– Não diga besteira. Você é jovem, bonito, parece uma pessoa de sucesso pelas roupas que usa. Não sei nada de você, mas tem tanto ainda a viver! Não deixe que o pessimismo o envolva e o domine por completo. – Ela ficou em silêncio alguns instantes e, em seguida, disse: – Perdi meu irmão mais velho há cerca de um ano. Era uma pessoa tão cheia de vida, de vontade de viver e realizar seus sonhos, mas um acidente infeliz o levou de nós. Meu pai quase enlouqueceu, minha mãe entrou em depressão profunda, e precisávamos lidar com todos esses entraves, eu e minha irmã caçula. Tivemos que nos reinventar para poder retirá-los do mundo sombrio em que decidiram habitar, fugindo da realidade dura e fria que se tornou nossa vida. Entre terapias e acompanhamento que todos decidimos realizar, percebi que nossa vida é o que desejamos que ela seja. A autoria das ações deve nos pertencer em qualquer situação e não podemos outorgar a outros a administração de nossa vida. O que você pensa, você faz. O que você faz define quem você é. Simples assim! Se não está satisfeito com a vida que hoje você comanda, mude o rumo e transforme com ações diversas daquelas que até então imperaram. A muito custo eu e Mariana conseguimos mostrar isso a nossos pais, que só há bem poucos meses decidiram seguir com suas vidas. Hoje retomaram suas funções e cada um aprendeu a lidar com a perda e a dor, que dela decorre. – Ela falava com propriedade e segurança.

– Você é psicóloga? – perguntou Tiago. Ela riu e disse:

– Não, sou veterinária. Prefiro cuidar desses seres fiéis e leais.

– Nós, os homens, deixamos a desejar nesse quesito. – disse com tristeza.

– Infelizmente, somos seres competitivos buscando superar-nos através de artifícios desleais, atitude essa que não se encontra nos animais. Jamais irão nos trair para benefício próprio. A lealdade é característica da maioria deles. Em compensação, o homem é capaz de atos mesquinhos apenas para se sobressair. É triste admitir essa realidade, mas assim ocorre. – Ela percebeu o desconforto em que ele se encontrava e procurou mudar o rumo da conversação. – Conte-me sobre você! Quem é, o que faz da sua vida! – ela o encarava com atenção.

– Sou advogado e tenho de admitir que nem sempre me utilizo da ética. – Sentiu-se corar perante aquela jovem que parecia adentrar em seus pensamentos, conhecendo a sua essência. Não conseguiria enganá-la e não estava disposto a tentar. Pela primeira vez em sua existência, perturbou-se frente a uma mulher. Sentiu-se constrangido, inseguro, como jamais ocorrera anteriormente!

— Interessante essa sua colocação, pois sempre imaginei que um advogado prezasse a justiça mais que tudo, daí a escolha da profissão. Pensava que todos seguiam essa carreira, pois acreditavam na lei, na manutenção da ordem e da justiça entre os homens. Entretanto não é bem isso que acontece. — Havia certa tristeza em seu olhar.

— Agir pelo ideal! Talvez existam advogados assim, porém a maioria não se enquadra nesse modelo que acabou de descrever. Eu mesmo me afasto dele.

— E como fica sua consciência quando age com deslealdade, desprovido de ética? — a pergunta direta o deixou sem palavras.

— Não faça perguntas difíceis, Carol. O mundo, infelizmente, é desprovido de moral e a grande maioria cuida apenas de seus próprios interesses, desprezando os alheios. É uma grande competição que vencerá o melhor, e subentende-se aquele que é mais esperto, sagaz, inteligente. Essa é a realidade a que estamos expostos a todo instante.

— Não sei se saberia conviver comigo mesma, sabendo que fui negligente, ou ambiciosa ao extremo, ou egoísta em excesso, ou se descuidei dos interesses reais de alguém, prejudicando-o. Não conseguiria olhar no espelho da minha consciência sem que a culpa assomasse. Não será isso que está acontecendo com você? — a pergunta o chocou. — Disse que precisava salvar-se de você, isso significa que não está satisfeito com o que está oferecendo à vida. Já pensou em mudar suas ações?

Tiago ofereceu um sorriso carregado de amargura. Como poderia mudar sua vida? Era algo impossível de se realizar, mediante todo o comprometimento de seus atos. A política o seduziu a tal ponto que o fez ficar cego para tudo ao seu redor. Era ambicioso, tinha de admitir, mas pensava que teria muitas compensações quando o poder estivesse em suas mãos. No entanto à solidão apenas o acompanhava. Não confiava em ninguém, não estreitava laços com pessoa alguma, desprezava sua família que jamais o compreendera. O que obtivera até então? Sentiu um imenso vazio preenchendo seu coração. O que fizera de sua vida? Essa pergunta íntima o deixou mais deprimido ainda. Carol o encarava com o olhar atento, pensando o que estava fazendo lá. Não conhecia aquele homem, nada sabia sobre ele, apenas que era um advogado que parecia estar em crise de consciência. Ele ocultava algo em seu mundo sombrio, isso ela não poderia negar. Pensou em deixá-lo lá e ir embora, mas algo a retinha, talvez a dor que ele ostentava. Sentiu profunda compaixão por ele e não conseguiria sair, deixando-o atolado em sua culpa. Queria saber mais sobre ele.

— Se vamos ficar a noite conversando, vamos nos conhecer melhor. Já falei de minha vida, meu trabalho que amo, dos meus pais que ainda sofrem, mas decidiram seguir em frente, do meu querido irmão que a morte levou tão precocemente, da minha irmã caçula que, apesar da pouca idade, mostrou-se a mais madura de todos nós. Uma jovem iluminada, se assim posso dizer. E você, tem família? – ela perguntou.

— Todos têm uma família, não é mesmo? – disse ele de forma brusca.

— Sim, todos temos. Como é a sua? – ela mostrava-se paciente e amorosa.

— Tenho um irmão gêmeo e uma irmã caçula. Nunca fomos muito íntimos.

— Nem mesmo com seu irmão? Dizem que os gêmeos têm uma ligação especial, geralmente são muito próximos e compartilham sentimentos e emoções. Isso não acontece entre vocês? – ela estava curiosa. O semblante dele se endureceu e ela percebeu que a relação entre eles não parecia nada amigável.

— Não. – Foi a resposta seca.

— Ciúmes? – ela sorriu.

— Ele era o preferido da mamãe e eu do papai. Isso responde a sua pergunta?

– Não, mas vou deixar passar. – Ela estava se divertindo com as respostas que ele oferecia. – E seus pais, onde estão? Moram com você?

– Minha mãe morreu há muitos anos. – Ao falar da mãe, sentiu a emoção lhe invadir. Jamais sentira-se assim, mas, depois de ouvir a voz dela naquela noite, percebeu o quanto ela fazia falta em sua vida. Seus olhos ficaram marejados e Carol se arrependeu de perguntar. Tiago carregava muitas mágoas não resolvidas, assim percebeu.

– Sente muito a ausência dela, o que é natural. Ela deve estar bem após tanto tempo já passado. Quando meu irmão morreu, fiquei muito desesperada por jamais poder estar ao seu lado novamente e uma grande amiga me apresentou a Doutrina Espírita, tentando me esclarecer e confortar. Visitei uma casa espírita e conheci um pouco sobre o assunto. Isso me ajudou a superar a dor da separação. Passei a ver a vida sob uma ótica diversa da que até então me deparava. As crenças antigas que afirmavam que apenas as pessoas boas vão para o céu, as demais irão arder no fogo do inferno nunca foram por mim bem compreendidas. Ficava a imaginar o céu com tão poucos e o inferno com uma imensa população, afinal, existem muito mais pessoas más do que boas. Eu tinha pavor de cometer delitos, até os mais banais, pois iria para o inferno, local inaceitável para permanecer por toda a eternidade. – Sorriu para Tiago que ostentava seriedade. – Você, como advogado, certamente iria para o inferno. Vamos, foi uma piada! – só depois disso que ele lhe ofereceu um sorriso. – Assim está melhor! Essa crença, se assim posso definir, elimina todos esses dogmas que me perseguiam. Hoje, vejo a vida com olhos mais atentos, pois minhas ações irão definir a conquista da minha paz ou a minha infelicidade. Cuido de agir de forma leal, sensata, fraterna, oferecendo ao meu próximo aquilo que gostaria de receber. É mais coerente, tem de admitir. Você decide o que deseja para si! – seu olhar se iluminou. Tiago não desprendia os olhos dela, tal o magnetismo que ela exercia.

— Minha tia é espírita. Quando minha mãe morreu, foi ela quem passou a cuidar de nós. Porém jamais nos influenciou ou nos induziu a seguir suas crenças. A liberdade sempre imperou por lá. Creio que meu irmão já tenha frequentado também.

— Vocês dois não parecem muito íntimos. Ele é advogado como você?

— Não, é médico. É o bom moço, ao contrário de mim.

— Não exagere, você parece um bom rapaz. Minha intuição jamais se engana sobre isso.

— Creio que sua intuição não está muito boa, afinal, você acreditava que aquele rapaz pudesse fazer o que fez? – era ele que sorria agora.

— Ele queria algo que eu não desejava. É um filhinho de papai mimado, que há tempos insistia em sair comigo. Trouxe-me para jantar aqui no restaurante desse badalado hotel, pensando que eu iria ficar encantada ou coisa assim. Um garoto tolo! Me fez uma proposta indecente que eu jamais iria aceitar. O resto da história você conhece. Você vai dar queixa dele? – perguntou ela.

— Você gostaria que eu fizesse? – seus olhares se cruzaram e ela o fitou com seu olhar profundo. – Posso fazer isso e colocá-lo atrás das grades por alguns dias. Tenho meus truques e olha que posso alegar muitos delitos.

— Não, prefiro que ele fique distante de mim. Não quero que ligação alguma se estabeleça com ele. Também, não quero que use seus métodos pouco éticos.

— Iria usar da verdade apenas. Foi ele quem criou toda a confusão, não eu. A lei preserva a vítima. Não estaria utilizando nenhuma prática ilícita. Pelo menos dessa vez!

— Pelo visto isso é uma constante em sua vida. Mas deixe para lá, a conversa sobre a família estava mais interessante. E seu pai? – perguntou ela.

– Ele morreu há poucas semanas. Teve um infarto. – E se calou, lembrando-se daquela noite fatídica em que o pai ficara transtornado com a possibilidade de Lucas ter sido vítima de um atentado provocado por ele. Ficou enjoado e sua palidez assustou a jovem.

– O que está sentindo? Está pálido. – Ofereceu-lhe um copo de água. – Me desculpe, estou pressionando você a contar sobre sua vida e, talvez, não seja isso que deseja.

– Apenas uma vertigem, mas já passou. Meu pai era um político e pretendia se candidatar ao governo nas próximas eleições, mas não teve tempo! Sempre dedicou sua vida à política. Foi um choque para todos nós, que jamais esperávamos algo desse tipo.

– Você é advogado, filho de um político conhecido, agora entendo o tratamento que lhe foi oferecido. Quem era seu pai? – Tiago contou um pouco sobre a vida dele e tudo que lhe ensinara. – Vocês eram muito próximos, pelo que acabou de relatar. Sinto muito por sua perda. Sei o que é sentir a dor da separação. Eu e meu irmão éramos muito unidos e quando ele se foi, meu mundo desabou. – Neste momento, ela lembrou-se de tudo que aconteceu após sua morte. A pessoa que dirigia alcoolizada, de forma imprudente e leviana, era também filho de um político que sequer respondeu pelo seu crime. Eles tinham um excelente advogado que cuidou para que tudo fosse apenas uma fatalidade. Os exames do jovem bêbado foram adulterados, os laudos, reescritos e ele não teve punição. A justiça foi literalmente cega com seu irmão, negando-lhe uma defesa ética e plena. O jovem que dirigia embriagado saiu ileso e seu irmão morreu. Rapidamente, todos esses fatos passaram por sua tela mental e a mágoa assomou. Mesmo após todos esses meses, quando se lembrava de tudo isso, sentia a revolta querer se instalar. Era um trabalho imenso o de afastar esses sentimentos inferiores, pois isso apenas a faria sofrer ainda mais. Tiago viu a dor em seu olhar e perguntou:

— O que tanto a faz sofrer?

— A impunidade é algo que ainda não consigo aceitar. E foi exatamente isso que aconteceu com o caso de meu irmão. — E contou-lhe como tudo tinha acontecido. Conforme ela falava, o semblante de Tiago se contraia. Seria muita coincidência o irmão dela ser a vítima fatal do caso que ele defendera para um político muito influente, cujo filho era um irresponsável bêbado. Quando o defendeu, jamais parou para pensar no rapaz que morrera, isso era algo sem importância para seus propósitos. A única coisa que ele precisava fazer era evitar a punição daquele inconsequente. Sua função era defendê-lo a qualquer custo. E ele assim fizera com todo talento e uma ajuda extra. Sentiu o ar lhe faltar, percebendo que a vida era muito injusta com ele, colocando a sua frente uma mulher excepcional que jamais conseguiria conquistá-la. Percebeu que só havia um caminho a seguir com aquela jovem e esse seria o da verdade.

Carol o observava e sua percepção lhe dizia que algo muito sério estava acontecendo naquele quarto. Ficou receosa de perguntar, mas assim fez:

— Esse seu olhar está dizendo algo que não consigo compreender. Você conhece essas pessoas? Como filho de político, creio que esse assunto rendeu muitos comentários.

— Eu era o advogado que cuidou do caso. Sinto muito! — foi só o que ele conseguiu balbuciar. — Jamais imaginei uma situação como essa. — Ele se levantou e passou a caminhar pelo quarto, enquanto a jovem permanecia estática, apenas as lágrimas escorriam por seu rosto. Tiago parou perto dela e tentou segurar sua mão, mas ela o afastou. — Não torne tudo ainda mais difícil, eu lhe peço. Me perdoe! — essas palavras ditas com toda sinceridade tocaram o coração da jovem que o encarou com a dor em seus olhos. Carol colocou sua mão no rosto de Tiago, que sentiu a emoção invadi-lo.

— Sua dor é maior que a minha, Tiago. Eu seguirei minha vida em frente, com o coração livre de mágoas ou desejo de vingança, que nada iriam me acrescentar de positivo. Minha consciência me conduz a caminhos iluminados e meus atos representam quem eu sou em essência. Decidi que a raiva e o ressentimento jamais irão me acompanhar novamente nesta existência. Não tenho nada a lhe perdoar, afinal, você fez o que era pago para fazer. Seu único erro foi não colocar seu coração quando analisava toda a questão. Sabia que era um erro o que fazia, mesmo assim persistiu, pois era seu trabalho. Meu irmão foi apenas mais um número entre tantos que aquele infeliz prejudicou. E se você não o conhecia, jamais se sensibilizaria por ele. Não aceito sua conduta, mas entendo que era apenas isso que poderia oferecer. Tem tanto a aprender sobre a existência humana! Creio que seu sofrimento supere o meu, pois vai continuar seguindo seu caminho lembrando-se de todos os equívocos, todos os delitos, todas as injustiças que poderia ter cuidado para não acontecer e, simplesmente, cruzou os braços. E sabe por que vai se sentir assim? Pois você tirou a venda de seus olhos e, agora, não dá mais para voltar atrás! Depois de tudo o que conversamos, você não é mais o mesmo de duas horas atrás e não poderá oferecer ao mundo as mesmas ações de antes. Sua consciência clama por reparação, mas ainda não sabe como fazer! Enquanto permanecer nesse mesmo patamar, desprezando os sinais os quais seu coração está a lhe oferecer, o sofrimento o acompanhará. Sou eu que sinto muito por você! – ela se levantou, pegou sua bolsa e ia saindo quando Tiago pegou seu braço com delicadeza.

— Não vá embora da minha vida! Você é a única luz a iluminar meu sombrio mundo. Jamais imaginei que uma mulher pudesse me tocar como você o fez. Eu preciso de você, não me pergunte como eu sei conhecendo-a há apenas algumas horas. Sei apenas que você é quem eu estava esperando! Você mesmo disse que o passado nada significa, que vai seguir em frente, então me perdoe! – a angústia estava em suas palavras. – Quero muito te conhecer melhor! – ela baixou o rosto, pensando nas palavras certas a dizer-lhe. Ela sentira a conexão que se estabeleceu entre eles, seu coração lhe dizia para ficar, mas sua razão pedia que corresse dali. Nessa luta íntima, não havia um vencedor, apenas dúvidas. Ela jamais acreditou no destino, mas o que aconteceu naquela noite havia sido sua obra. Sentia-o tão frágil, inseguro, a culpa o consumia, a amargura o dilacerava. Ele estava a pedir socorro, era claro. Porém como ajudá-lo? Ele era um homem poderoso, um advogado brilhante com uma carreira promissora, assim ela investigara quando o processo estava em andamento. Sabiam que ele jamais perderia a causa em função de todos os artifícios de que se utilizara. Por que jamais se cruzaram? Era sempre um outro homem que comparecia nas poucas audiências. Porém o nome que constava era Tiago, portanto era ele que agia nos bastidores. Entretanto de que valiam todas essas informações? Tudo estava encerrado. Nada seria alterado e pouco importava também, pois, a vida de seu irmão se encerrara no momento daquele trágico acidente.

– Fale comigo, Carol! Por favor! – ele não podia deixá-la partir em definitivo. Também não podia usar sua forma de convencimento com ela, pois o rechaçaria. Todo poder que julgava possuir de nada valeria perante a jovem. Nem tampouco poderia usar suas estratégias com ela, pois não pretendia obter nada pela força, como costumeiramente fazia. Ela era algo precioso, distante de tudo que conhecera. Sabia apenas que não poderia perdê-la. Esperava uma resposta quando a jovem disse calmamente:

– Reveja sua vida, suas escolhas, os caminhos que decidiu trilhar, pois os que hoje posso observar não me convidam a seguir contigo. Se estiver disposto a efetuar todas essas mudanças em sua vida, me telefone. – Escreveu seu número num cartão. Antes de sair, aproximou-se dele e beijou seus lábios com suavidade. Em seguida, saiu.

Capítulo 29

TEMPOS SOMBRIOS

Assim que a jovem saiu, o telefone tocou. Conforme ouviu as palavras, a palidez em seu rosto se intensificou. O que ele estava a pedir era algo inadmissível. Sentiu o ar lhe faltar e sentou-se. Só conseguiu responder:

— Vou ver o que consigo. Até lá, não faça absolutamente nada. Não quero exposições desnecessárias. Sei do que estou falando, pois conheço os métodos deles, não se esqueça. Além do que temos muito mais a perder do que eles. — E desligou, sentindo-se em total desassossego. Sua família corria sério risco e ele era o responsável. Jamais se importara com eles até aquela noite. O que Carolina havia feito com ele? Colocou as mãos na cabeça, tentando encontrar uma alternativa ao problema a sua frente. As lágrimas escorriam livremente por seu rosto e nem ele compreendia o que aquilo significava.

Luiza e Celeste estavam presentes desde a aproximação da jovem com Tiago. As duas se entreolharam e havia uma esperança no olhar de ambas:

— *Sabia que Carolina seria a única a obter a atenção de Tiago. Laços antigos os envolviam e seria improvável que ele não se sensibilizasse com sua presença. Talvez ela tenha sido a única a amá-lo independente de todos os defeitos morais que o acompanhavam. Esse é o verdadeiro amor! Aquele que compreende e aceita o outro com toda sua essência imperfeita! Eles se amaram profundamente, porém os sucessivos equívocos por ele praticados os afastaram naquela ocasião. Ela lhe pediu renovação e ele ainda não estava pronto para tal ação. Esperemos que agora ele possa ouvir seu coração.* — Era Celeste quem falava.

— *Os tempos que se aproximam serão conflituosos para todos os envolvidos. Confio que ele possa se transformar após tudo o que aqui sucedeu. A entrada dela em sua vida o sensibilizou em excesso. E isso era o que tanto esperávamos que acontecesse! A ausência de Átila foi providencial, caso contrário, as chances se reduziriam e, talvez, ele impedisse essa aproximação.* — Luiza estava confiante na mudança de posturas do filho.

— *Átila continua a ser o grande empecilho em sua renovação. Ele precisa perceber a presença de Valentina, agora Paula, para entender que todos devemos seguir em frente, transformando nossas ações. Contemos com esse Pai Amoroso que jamais desampara um filho! Agora vamos, temos que auxiliar Ronaldo, que ainda se encontra em total desarmonia e sofrimento. O despertar é sempre torturado quando nossas posturas estão em desacordo com as leis divinas.* — As duas se abraçaram.

Tiago não conseguiu dormir. A cabeça doía terrivelmente e esse era o menor dos seus problemas. Não sabia como proceder perante o entrave que estava em sua vida. Tudo se complicara e o pai não estava mais por perto para lhe aconselhar. Sentia tanta falta dele! Articulava suas alianças como ninguém! Saberia demovê-los de seus planos, afinal, tratava-se de um dos seus e ele ditava as regras! Quando seu pai se fora, muita coisa se alterara. Eles sabiam que ele, advogado de sua causa, detinha muitos segredos e que era imprescindível aos planos nefastos da organização. Até o momento confiavam em sua lealdade. Porém, agora, ela estava sendo colocada à prova. E, pela primeira vez em sua vida, sentiu-se vulnerável. Tinha muito a refletir, mas não conseguia articular seus pensamentos, pois a figura de Carolina não saía de sua mente. Pegou o cartão em suas mãos e ficou tentado a ligar. Passava das quatro horas da madrugada, seria totalmente inviável. Viu o dia amanhecer e os problemas continuavam sem solução.

Em casa de Rebeca, a campainha os despertou bem cedo. A jovem empregada acabara de chegar e foi atender, deparando-se com a figura desconcertada de Paula. Rebeca e Raquel apareceram na sala, percebendo a aflição que ela ostentava:

— Aconteceu algo muito sério. Onde está Lucas?

— Em seu quarto, ainda dormindo. Sente-se e acalme-se. Contaremos tudo o que aqui sucedeu. — pediu à jovem que lhes trouxesse um café. — Raquel, vá ver como ele está. A noite de ontem foi muito tumultuada, mas creio que sua sensibilidade já lhe avisou. Tiago esteve aqui e a desordem imperou. A violência, também, mas nada grave. Lucas ficará com alguns hematomas, mas se tranquilize, pois Henrique estava aqui e já cuidou dele. — Paula olhava com espanto perante o relato de Rebeca.

— Você está me dizendo que eles brigaram? Se agrediram?

— Na verdade, Tiago foi o agressor. Infelizmente, ele está em total desequilíbrio e ainda não sabemos como devemos agir com ele. A história é longa e creio que Lucas deva lhe contar. Esperemos ele despertar. Creio que algumas coisas terão que ser revistas e gostaria de lhe pedir que se mudasse provisoriamente para cá. Medida de precaução! Essa foi a orientação de Artur e Sérgio. — Rebeca viu que ela nada sabia sobre Sérgio.

– O que realmente está acontecendo? – Paula perguntou. Neste momento, Lucas adentrou à sala e ela correu para seus braços. Viu o rosto repleto de hematomas e a indignação assomou: – Olha o estado em que está! Isso não pode ficar assim! O que ele pretendia com toda essa violência? – Lucas a abraçou ternamente e tentava acalmá-la.

– Não faça dramas, Paula. Foi apenas uma discussão. – Ele tentava sorrir.

– Não quero imaginar quando ele estiver realmente furioso! Olhe seu rosto! Tiago está completamente desequilibrado! Qual o motivo de ele agir assim? – todos se entreolharam e, ao sinal de Rebeca, Lucas decidiu contar tudo o que estava acontecendo. Enquanto ele falava, as feições da jornalista se contraíam. Ao fim do relato, ela disse:

– Pensei que confiasse em mim! Não me contou tudo ontem! – ela parecia decepcionada.

– Não queria te envolver em mais problemas, mas agora creio que tudo se complicou. Tiago esteve aqui a nos ameaçar e finalizou dizendo que estamos na mira deles. Não sei o que eles obteriam com isso, porém não devemos facilitar. Artur acha que precisamos de segurança constante e isso inclui você. Eles podem atentar contra qualquer um de nós apenas para mostrar o quanto são poderosos. Devemos nos precaver, de qualquer forma. Eles acreditam que podem nos intimidar. Tudo está ainda obscuro, e não lhe relatei sobre a visita de Sérgio e Artur tentando preservá-la, minha querida. Você já esteve na lista deles por muito menos, imagine se eles pensarem que você tem provas concretas contra eles? Não quero que nada lhe aconteça, ouviu bem? – a preocupação dele estava em seu olhar.

– Sabe que jamais colocaria minha vida em risco, muito menos a de vocês. Já lhe disse que Lobato pediu que me afastasse temporariamente das investigações. Agora entendo os motivos. O cerco está se fechando para eles e uma matéria explosiva poderia colocar tudo a perder. Prometa-me apenas que não me ocultará mais nada daqui em diante. – Ela o encarava fixamente. Ele sorriu e disse:

– Se me prometer manter-se em segurança, eu não lhe esconderei mais nada. Não vou perder você novamente! – ao dizer isso sentiu um estremecimento. Não soube por que dissera aquilo: "perder novamente?" – Fique aqui nas próximas semanas até que tudo se acalme ou se resolva. – E a abraçou com toda força, temendo perdê-la.

– Não vai me perder, meu querido! – ela sentiu a mesma sensação de angústia que ele.

Átila lá se encontrava e olhava a cena com desprezo.

– *Pensam que vão sair vitoriosos, mas não vão, entenderam?* – e se aproximou de Lucas, que sentiu novamente a pressão em seu pescoço, faltando-lhe o ar. Ele passou a respirar pesadamente e sentou-se no sofá, sentindo sua vista turva. Átila o apertava e gritava com toda energia, fazendo com que Lucas o ouvisse.

– Lucas, o que está acontecendo? O que está sentindo? – Paula estava aflita.

Rebeca sentiu energias deletérias no ambiente, pressupondo que companheiros infelizes lá se encontrassem. Aproximou-se de Lucas e pediu que ele a acompanhasse numa prece. Paula nada compreendeu e decidiu permanecer em silêncio, atenta ao desenrolar dos acontecimentos. Raquel teve a mesma atitude. Enquanto Rebeca dizia uma sentida prece, Lucas foi se acalmando, sentindo recobrar novamente seu controle.

Átila, por sua vez, ficou furioso e passou por eles derrubando um porta-retratos, que caiu ao chão e se espatifou frente aos olhares assustados das duas jovens. E saiu de lá, antes que a luz o envolvesse. Clóvis auxiliou Rebeca na retomada do equilíbrio naquele local, enviando recursos energéticos em profusão. Lucas já respirava pausadamente:

– Obrigada, minha tia. Isso tem ocorrido com mais frequência de que gostaria. Sinto uma pressão em meu pescoço, como se alguém estivesse a me sufocar. Às vezes, eu vejo a figura horrenda de um ser espiritual, outras eu ouço, como aconteceu agora. Relatei tudo isso quando fui ao centro espírita. A recomendação do estudo foi mediante os acontecimentos constantes. Ela disse que sou um médium. – Ele estava mais sereno.

– Exatamente, meu querido. Sabíamos que isso iria acontecer um dia. – Ela lembrou-se de Luiza e das várias conversas sobre o filho. – Sua mãe dizia que seria um fiel trabalhador da Doutrina Espírita. Esse dia realmente chegou. – Olhou para as duas jovens que nada compreendiam. – O assunto é extenso e qualquer hora conversaremos sobre isso. Lucas, espero que mantenha sua sintonia elevada para evitar esse tipo de confronto, que provavelmente pode ser um desafeto do passado. – Pelo olhar distante que o médico lhe enviou, teve a convicção que ela acertara. – Nada que o tempo não possa resolver. E, é claro, com suas posturas atuais. – Ela ia continuar quando Tiago adentrou à sala e ficou parado observando a todos em silêncio. Viu o rosto machucado do irmão e percebeu que exagerara em sua fúria. Poderia tê-lo ferido seriamente e sentiu-se constrangido perante ele. Paula se aproximou e deu-lhe uma bofetada. Ele não esperava tal atitude e, simplesmente, sorriu:

– Imagino que esteja tentando me ferir, mas não foi suficiente.

– O que faz aqui? Vai colocar sua fúria novamente em ação? Não bastou o que fez a seu irmão? Você é sórdido! – Paula estava totalmente descontrolada. Lucas se aproximou e a abraçou com energia. Olhou o irmão com certa curiosidade, pois ele parecia diferente da noite anterior. Havia algo em seu olhar que nada tinha a ver com a habitual torpeza que ostentava. Uma tristeza profunda era o que podia observar e sentiu compaixão por ele. Esperava ouvir o que ele pretendia ali . Mas, antes, precisava acalmar os ânimos dos dois. Olhou para ambos e pediu que se contivessem.

– Não me encare assim, Lucas. Sei que exagerei e peço que me perdoe. – O olhar atônito de todos não o surpreendeu. – Se

SEMPRE EXISTE UM CAMINHO

papai estivesse aqui, teria me repreendido de forma veemente. Ultrapassei todos os limites, mas estava em total descontrole. Senti-me traído por você, em especial. Sei que jamais fomos amigos, mais por minha responsabilidade do que pela sua. Não me pergunte os motivos, pois não saberia explicar e nem estou disposto a justificar. O tempo passou e, simplesmente, é isso que temos entre nós. No entanto você é meu irmão, é sangue do meu sangue e não posso negligenciar esse fato. Vim aqui para lhe dizer que sua vida corre perigo. É o que posso lhe falar por hora. Eles se sentiram ultrajados por sua conduta indébita, entregando aquela gravação e querem dar um aviso a você. Cuide-se, porque eu não posso fazer nada perante tudo o que aconteceu. Nem ao menos defendê-lo.

— E por que você faria isso? — Lucas o olhava fixamente. — Tiago enfrentou o olhar e nada respondeu. — Por que está aqui falando todas essas coisas se jamais se importou com o que eu pensasse ou fizesse? Crise de consciência? — essas palavras lhe fizeram lembrar de Carolina e seu rosto se contraiu. Lucas percebeu que ele estava no caminho certo e insistiu: — O que o fez mudar sua maneira de pensar? — novo silêncio. As mulheres apenas observavam o diálogo entre eles sem interromper.

— Talvez algo tenha acontecido em minha vida. — Foi apenas o que respondeu.

— O que eles querem que você faça comigo? — a pergunta direta o deixou atônito. — O que eles pediram que fizesse a seu irmão?

— Não faça perguntas difíceis, Lucas. Estou aqui, pois me recusei a participar de qualquer ação violenta contra outra pessoa novamente. — Ele frisou a palavra novamente, para que eles se certificassem de que isso já acontecera anteriormente. — Disse que participaria apenas com meu intelecto, essa era a proposta inicial e assim manteria.

— Papai sabia de tudo que ocorria? — foi Raquel quem perguntou.

— Quase tudo. — Foi o que respondeu. — Mas o deixemos de fora. Não está mais aqui para se defender de qualquer acusação que lhe seja feita. A vida de papai era a política, todos sabiam disso todo tempo. Infelizmente, nem sempre é um jogo cordial entre amigos. E isso ele também sabia. – E se calou. Lucas se aproximou e disse:

– Ontem você seria capaz de me matar. Hoje está aqui tentando me ajudar. O que causou essa transformação tão radical?

– Acredita no destino? – virou-se a caminho da porta. Lucas pegou seu braço e o reteve:

– Acredita que nada fica impune? – perguntou ele.

– Talvez... – e saiu da casa sem que ninguém o impedisse.

Lucas o seguiu até lá fora e disse-lhe:

– Existe uma saída honrosa, se é que assim podemos denominar. Vire o jogo, Tiago. O seu silêncio não irá impedir que medidas drásticas ocorram. Você não é um homem frio e impassível que tenta demonstrar. Não sei o que fez você vir até aqui hoje, mas sei que por trás dessa couraça existe um ser que almeja a felicidade, assim como eu. Muitos equívocos foram cometidos em nome da política sórdida. As tramoias de que você participou devem ter sido registradas e todos os registros só podem estar em seu poder. Faça sua vida valer a pena e entregue tudo isso a quem saberá o que fazer. Artur garantiu que lutará para que sua vida seja preservada a qualquer custo. Não tenha medo! – Tiago ouvia as palavras do irmão e disse apenas:

– Não tenho medo de nada. A morte jamais me aterrorizou. Sei como me defender. Mas e vocês? Deixe tudo como está e leve a sério meu conselho: cuide-se. – E saiu.

– O que aconteceu a ele? – Rebeca estava completamente atordoada.

– Minha tia, algo muito sério está por vir. Não sei o que ele está tramando, mas não confio nele. – Raquel olhava com frieza. Lucas entrou neste momento:

– Ele não está tramando nada. Acredite em mim. Algo aconteceu! Acredito nele. Rebeca, ligue para Artur e conte-lhe sobre isso. Preciso ir até o hospital.

– De jeito algum, maninho. Já conversei com Henrique e ele disse que será barrado na entrada. Não é conveniente que apareça assim. Aproveite para descansar e encontrar as respostas a essas questões duvidosas. Você está com sua percepção tão aguçada, tente desvendar o mistério de Tiago.

– Não brinque com coisas sérias, Raquel.

Paula estava calada e pensativa. Todos tomaram um café e conversaram. Rebeca aproveitou para contar sobre o jantar com Sérgio e sua decisão de viajar com ele.

– Sei que o momento talvez não comporte uma saída de alguns dias, mas ficaremos fora pouco tempo. Até lá, Artur se incumbirá de cuidar de vocês. Espero que não cometam deslize algum nesse período. Raquel, seu escritório será aqui nas próximas semanas, assim já determinei com nossos gerentes. Minha secretária irá assessorá-la durante esse tempo. Fique por aqui, sem saídas desnecessárias. Quanto a você Paula, digo o mesmo. Aqui terá tudo de que necessita. Lucas, terá segurança inclusive no hospital.

– Mas será necessário? – questionou ele.

– Artur disse que sim e eu confio em meu amigo. Ele está fazendo o que pode, mas vocês precisam colaborar fazendo a parte que lhes compete. São tempos sombrios que não podemos nos descuidar um instante sequer.

– E você? Para onde irá? – perguntou Raquel. A tia ofereceu um radiante sorriso.

– Disse que é seu refúgio secreto e isso já bastava. Não sei o local, queridos. Porém tenho certeza de que serão momentos inesquecíveis que eu não pude viver trinta e três anos atrás.

– Vá e seja feliz, é só o que lhe pedimos, Rebeca. – Lucas a abraçou com carinho.

– Bem, se ficarei por aqui, preciso ir até meu apartamento pegar o que preciso. Tem certeza de que isso é necessário? – questionou Paula.

– Você ouviu Tiago. Ainda tem dúvida de que eles virão com todo ímpeto? Encare como uma experiência positiva. Além do que conviverá todo tempo com essa família complicada e talvez altere seus planos futuros. – disse Rebeca jovial.

Paula abraçou Lucas e disse:

– Não vou perder esse homem novamente! – sorriu para ele que entendeu a mensagem.

– Não entendo vocês dois dizerem isso a todo momento. Quem irá perder quem novamente? Estão se referindo aos tempos de adolescência? – brincou Raquel. Os dois assentiram e se beijaram. Sabiam, no entanto, que era um tempo muito anterior a esse, que as lembranças, apesar de distantes, irradiavam em ambos com toda força. Simplesmente sabiam que desta vez não iriam se apartar um do outro!

Os dias se passaram...

Rebeca e Sérgio viajaram como combinado para o refúgio secreto dele. Foram momentos de paz, reconhecimento, reativando os laços deixados no passado, que ainda se mantinham potentes e inalterados. Ambos retornaram convictos de que o amor supera qualquer obstáculo, por mais que pareça instransponível.

Lucas retornou ao seu trabalho no hospital, cercado por seguranças que acompanhavam de perto sua rotina. Paula mudara-se, provisoriamente, para sua casa e estava adorando a ideia de compartilhar seus momentos ao lado do amado.

Conforme a orientação de Rebeca, Raquel passou a dar seu expediente em casa, cuidando dos negócios da família com todo esmero e dedicação. Henrique a visitava diariamente e o relacionamento entre eles parecia se estreitar gradativamente. Lucas gostava do jovem residente e aprovou o envolvimento deles.

Tiago não deu sinais de vida nesse período. Durante exatos sete dias, nenhuma movimentação suspeita ocorreu, o que deixou Artur de sobreaviso. Algo estava sendo tramado, isso era fato. A ausência de ações era sinal precursor de problemas à vista.

Tiago decidiu permanecer na cidade, tentando encontrar caminhos alternativos que adiasse a temida prestação de contas, que, em algum momento, seria inevitável. Passou noites em claro, procurando respostas plausíveis e articulações possíveis. Era isso que esperavam dele e assim faria. Mediante a impossibilidade de causar danos físicos a Lucas, pela segurança ostensiva que ele possuía, decidiram adiar por alguns dias. Enquanto isso, Tiago tinha a incumbência de cuidar do esquema com eficiência, procurando as brechas da lei que mitigassem os danos futuros. Era uma tarefa exaustiva, mas isso, ao menos, o afastava da sua realidade. Quando dava uma pausa, a imagem de Carolina surgia em sua mente. Lembrava-se do beijo antes dela partir e isso o atormentava em demasia. O que estava acontecendo com ele? Por que havia decidido ajudar seu irmão? Jamais pensaria em agir assim, se fossem outros tempos. Depois de conhecer Carol, sua vida sofrera um abalo profundo. Suas convicções foram colocadas à prova e não mais sabia se a busca pelo poder continuava sua prioridade. Olhou-se no espelho e viu as olheiras presentes, a barba por fazer. Não se reconheceu! Sempre valorizou a aparência e, agora, estava sendo tão displicente consigo mesmo! Bebeu um pouco de água e retornou a seu trabalho. Uma batida na porta o tirou de suas reflexões.

Ao abrir, deparou-se com a presença de Carolina.

– Posso entrar? – sem esperar a resposta, ela entrou no quarto e encarou-o com seus enigmáticos olhos azuis. – Você me chamou e estou aqui!

Capítulo 30

MEDIDAS EXTREMAS

— Por que está aqui? — ele a olhava com tristeza. — É melhor você ir embora. Não sou a companhia mais adequada neste momento. Também, não quero que me veja assim. — e virou-se.

— Não reconheço você! Olhe para mim! — as palavras firmes dela o fizeram voltar-se. — Por que está fazendo isso com você?

— Essa pergunta é minha. Por que está perdendo seu tempo comigo? — havia tanta amargura em sua voz que a comoveu.

— Não consegui parar de pensar em você! — ela se aproximou dele e tocou seu rosto com carinho. — Sabe o que isso significa?

— Que você perdeu o juízo. — E sorriu. — Siga seu caminho e me esqueça. Não posso lhe oferecer nada, Carol. Você é tão diferente de mim! — a tristeza voltou ao seu olhar.

— Já lhe disse que somos o que pensamos. Eu sei que você não é mais o mesmo. Algo aconteceu naquela noite e você já percebeu. – Ela observou os papéis por todo canto e seu coração se encheu de angústia. – Por que insiste em manter as mesmas condutas?

– Esse é meu trabalho. – Uma sombra pairou em seu olhar.

– Não sei do que se trata, mas sinto que seja algo que não está dentro dos padrões normais, no que concerne à ética. Estou certa? – ele baixou o olhar para não a encarar.

– O que isso importa? – foi apenas o que Tiago disse.

– Você é importante para mim. Ainda não entendeu? – havia lágrimas em seus olhos e o jovem virou o rosto para que ela não visse a emoção que se instalara. – Tentei seguir minha vida, esquecendo-me daquela noite, da nossa conversa, porém não consegui. Precisava voltar a encontrá-lo e entender o que realmente aconteceu. E, agora, vendo você, um desejo incontrolável de fazer algo é o que prevalece. Desconheço em que você está envolvido, mas sei que é algo grave e perigoso. Procurei ler sobre você e sua família, sobre o atentado ao seu irmão e a namorada dele. O que está acontecendo? Preciso saber tudo, Tiago. Não me esconda nada, confie em mim. Mesmo que nada possa fazer para ajudar, preciso conhecer toda verdade sobre você. – Ela aproximou-se dele e o virou, ficando frente a frente. Seu olhar franco e sereno o desestabilizou por completo. Jamais imaginou uma situação como a que vivia, sentindo que seu mundo estava prestes a ruir e, talvez, nada mais restasse. Respirou fundo e iniciou:

– É uma longa história e não sei se está preparada para ouvir. – disse ele sério.

– Estou aqui com essa finalidade, Tiago. Seja sincero em seu relato, é só o que eu lhe peço. Prometo não fazer julgamentos precipitados. Quero apenas a verdade dos fatos.

Iniciou contando sobre o grupo de políticos e todas as falcatruas que foram capazes de operar desde o tempo em que o pai era deputado estadual. Todos os conchavos, todas as artimanhas que se utilizavam, todas as emendas obtidas às custas de dinheiro corrupto. O pai tinha todas as informações bem documentadas e quando ele passou a dar consultoria para esse grupo, teve acesso a todas elas. Tratava-se de um esquema com muitas ramificações, o que dificultava encontrar a ponta da meada. Com a investigação em andamento e a possibilidade de tudo vir à tona, urgia que medidas extremas fossem utilizadas para atenuar os possíveis danos. Era isso que ele exaustivamente procurava obter com sua mente ardilosa e sagaz, driblando eventuais ofensivas. Contou sobre a gravação que estava em poder do irmão, que nada sabia do esquema e, mesmo assim, quase perdeu a vida por isso. Neste momento, Carolina o interrompeu:

— Foi você quem determinou esse atentado? Contra seu próprio irmão? — a indignação a dominou.

— Queríamos apenas a gravação de volta. Não orientei que usassem de violência. Foi um acidente. — E continuou sua narrativa contando os detalhes, inclusive o que acontecera naquela noite antes de conhecê-la. E, também, sua visita no dia seguinte, alertando-o sobre o perigo que ele corria. Não deixou escapar nenhum fato relevante. A jovem ouvia tudo atentamente e, a cada instante, mais perturbada ficava com a narrativa. Ao fim do relato, ele a encarou com o semblante desolado: — É essa a pessoa pela qual você se importa? Ainda é capaz de permanecer aqui depois de tudo que acabou de ouvir?

Carolina permaneceu em silêncio, analisando tudo que tivera conhecimento. Era muito mais grave do que supunha. Queria correr dali, mas algo a prendia lá. Sentiu toda a dor que ele ostentava. Era certo que fizera escolhas equivocadas, mas até quando persistiria nelas? Enquanto ele falava, a frieza imperava e isso a chocou profundamente, mas quando ela o fitava, sentia a angústia que ele trazia em seu mundo íntimo. Nem ele entendia por que assim procedia, visto que narrava como se aquela não fosse sua vida. A única coisa de que tinha plena convicção era que não deveria tê-lo procurado. No entanto, uma força maior a impeliu e, agora, precisava efetuar uma escolha.

— Confesso que estou perplexa com tudo que acabei de ouvir. Não sei quem você é ou do que é capaz. Ao mesmo tempo, teve a capacidade de me defender daquele calhorda mimado. Por que agiu daquela forma se nem me conhecia?

— Talvez porque eu seja um homem educado, apenas isso. Me senti afrontado pela forma como ele a tratou e decidi intervir.

— E por que despreza tanto seu irmão a ponto de planejar um atentado contra ele? Isso é totalmente incoerente, tem de convir comigo.

— Lucas é meu inimigo. É o que sinto! — havia algo em seu olhar que a assustou.

— E por que foi alertá-lo sobre o que eles tramam contra ele? — ela insistiu.

— Não sei. Depois que você foi embora, eu me senti péssimo. Um ser abjeto e inútil! Precisava fazer algo que me redimisse perante você. Era como se eu tentasse amenizar todo o mal que eu já pratiquei voluntária e involuntariamente. Fiz isso por você! — havia sinceridade em suas palavras e ela, num impulso, o abraçou. Nenhuma palavra mais foi dita, apenas permaneceram conectados através das energias desse abraço. Instantes depois, ela se desvencilhou dele e disse:

— Você me perguntou se ainda sou capaz de permanecer aqui. O que você acabou de falar mostra que sim. Sabia que existia uma chance e você acabou de me provar. Nem tudo está perdido, Tiago. Há sempre uma nova opção a nossa frente, basta querer. — Neste momento, o olhar dele se contraiu.

— Não, Carol. Não existe opção para mim. Não é possível virar as costas a eles. Não é simples assim. Agora vá embora e apague tudo que acabei de lhe contar. É para sua própria segurança. Volte para casa e me esqueça. Minha vida está em risco e não pretendo colocar a sua também.

— Sempre há um caminho novo a seguir.

— Não para mim. Meu pai me alertou quanto a isso tempos atrás, mas só o poder me importava. A ambição era meu próprio lema. Minha prepotência foi meu maior inimigo. Acreditei que jamais seria possível alguém descobrir esse intrincado esquema. E fui vencido! Agora não posso abandoná-los simplesmente. Minha vida nada valerá se eu assim agir. — Ele sentia-se derrotado.

— Você disse que seu irmão lhe fez uma proposta. Por que é inviável?

— Pelos motivos que acabei de citar. Seria uma traição ao grupo e isso é imperdoável.

— Ora, não seja ingênuo, Tiago. Pois se fosse dado a um deles essa oportunidade, garanto que não recusariam. Isso se chama preservar-se.

— Isso se chama traição e não vou me submeter a tal coisa. Nem para garantir minha liberdade! — neste momento, Átila conseguiu se aproximar novamente de Tiago, tentando acessar sua mente, mas sentia dificuldade, como se ele não mais permitisse seu assédio. O advogado começou a ter pensamentos confusos e sentiu-se extremamente exausto. Carolina percebeu que ele empalidecera e pegou um pouco de água.

— O que está sentindo? — perguntou ela aflita.

— Não sei, como se minhas forças me faltassem. Um cansaço extremo se apoderou de mim. Preciso dormir um pouco. — Deitou-se no sofá adormecendo em segundos.

A jovem ficou ao lado dele sentindo-se incomodada, como se olhos invisíveis a vigiassem. Sentou-se ao lado de Tiago e lá permaneceu velando seu sono. Não queria deixá-lo naquelas condições. Sentiu tanta ternura vendo-o lá deitado e tão frágil.

Assim que Tiago adormeceu, desprendendo-se do seu corpo, avistou Átila a sua frente com seu olhar furioso gritando a altos brados:

– *Você não vai abandonar nossos planos! Não agora que estamos prestes a atingir nossa vitória! Francesco voltará em breve e era isso que tanto ansiávamos! Seu irmão irá beber do próprio veneno assim que aqui chegar! Deixe que tudo siga o rumo natural e pare de bobagens! Mande-a embora agora, caso contrário, ela irá impedir nossa vitória. Ela foi enviada para seduzi-lo e desviar-lhe de seus propósitos.* – Tiago olhava-o com tristeza.

– Não vou fazer isso. Sinto que a conheço de outros tempos e não vou deixá-la ir embora.

Quanto a Francesco, por que insiste em tê-lo aí ao seu lado? Deixe-o! Não poderá mais nos fazer mal.

– *Não!* – gritou com toda fúria. – *Ele irá pagar pela sua traição. Espero que você pense bem antes de trair os seus. Não vai agir feito um covarde que nem seu irmão fez!*

– Não vou trair ninguém, já disse. Mas não vou mandar essa jovem embora. – Afirmou isso com toda energia, fazendo com que Átila se aproximasse com sarcasmo.

– *Está me desafiando? Sou eu que estou ao seu lado desde que você mal sabia andar. Cuidei de você todo esse tempo, agora pretende me afrontar? Você se tornou o que é porque eu lhe ajudei todos esses anos.* – Estava indignado.

– Eu me transformei no que sou pelo meu trabalho. – Seu olhar firme perturbou Átila, que sentiu que Pietro parecia não mais atender aos seus anseios. – Deixe-me em paz!

No mesmo instante, uma luz adentrou o quarto do hotel. Celeste e Clóvis atentos à movimentação que lá sucedia, decidiram intervir em auxílio a Tiago ainda desprendido pelo sono físico. Irradiaram energias sutis em todo ambiente e se aproximaram dele, que parecia assustado perante toda aquela luz. Viu as entidades luminosas a sua frente e se encolheu todo:

– Não se assuste, meu jovem. Isso é apenas um sonho. Volte a seu corpo e quando despertar, de nada se lembrará, apenas sentirá suas energias renovadas. – disse Celeste.

O jovem voltou ao corpo em frações de segundos, despertando no mesmo instante. Olhou ao redor e viu a figura da jovem sobre ele.

– Não foi embora? – perguntou ele.

– Não. – Sorriu para ele. – Deite-se em sua cama, assim conseguirá descansar melhor.

– Fica comigo essa noite! Apenas me abrace! É só disso que eu preciso!

Celeste e Clóvis permaneceram mais alguns instantes e saíram confiantes. Novos rumos apontavam para Tiago e isso seria o diferencial em sua existência. Ele não estaria só! O caminho da reabilitação ainda seria longo, porém contavam com um recurso extra de valor imensurável: Carolina.

Luiza não os acompanhou por estar velando Ronaldo. Desde que ele desencarnara, seu estado de perturbação era profundo. Não aceitava nenhum tipo de auxílio, permanecendo em zonas sombrias e de padrão inferior. Por mais que a própria Luiza se aproximasse, ele fugia aos gritos alucinados, dizendo ser tudo ilusão. Depois sentava-se num canto e chorava convulsivamente. Outros companheiros tentaram se aproximar, porém ele se afastava dizendo que sua punição era justa e que não merecia ajuda.

Luiza sabia que cada criatura teria seu tempo de despertar e que o marido cometera muitos abusos e deslizes, infringindo a Lei Divina por diversas ocasiões. Tinha, entretanto, méritos que o redimiam perante muitos delitos. E, em breve, conseguiria sua atenção. Até lá, restava-lhe enviar-lhe vibrações de amor e paz, para que seu coração pudesse absorver essas energias positivas e serenar-se. O tempo pertence ao agricultor que reconhece a hora certa do plantio e da colheita!

Carolina acordou na manhã seguinte com a sensação de que fizera a coisa certa. Olhando-o dormindo, sentiu tanta ternura por aquele ser tão endividado e, ao mesmo tempo, tão desesperado para ressarcir seus débitos. Aproximou-se e beijou seu rosto suavemente. Em seguida, foi embora. Mas, antes, deixou um bilhete para Tiago, que parecia estar em sono profundo. Saberia esperar o tempo dele!

Os dias se passaram e a calmaria ainda perturbava Artur e Sérgio. A investigação prosseguia num ritmo intenso e faltava muito pouco para que tudo viesse à tona. Faltava apenas um erro por parte deles. Sérgio retornara para Brasília após sua viagem idílica ao seu paraíso secreto, prometendo retornar quando fosse possível.

Rebeca e Raquel permaneciam a maior parte do tempo em casa, assim como Paula, o que estreitou os laços afetivos entre elas, descobrindo o quanto tinham em comum.

Passara-se um mês desde que se instalara uma segurança extrema para a família e nenhum evento suspeito ocorrera desde então. Aos poucos, foram voltando as suas respectivas rotinas, o que se depreendia que tudo parecia normal.

Paula fora chamada em São Paulo por Lobato, assim como todos os demais que faziam as investigações sobre o esquema de corrupção. Disse que ficaria fora apenas alguns dias. Lucas ficou apreensivo com a perspectiva de ela estar vulnerável na cidade e ligou para Artur.

— A situação está em processo de cozimento, se é que me entende. Não sabemos o que eles estão a arquitetar e não podemos ficar reféns deles por tempo indeterminado. Recomendo toda cautela e que estejamos vigilantes. A atenção é essencial, qualquer fato estranho que nos pareça devemos procurar ajuda. Paula e seus amigos devem seguir essa mesma recomendação, estejam eles onde estiverem. Notícias de Tiago?

— Não. Liguei para seu celular e ele não me atendeu. Depois do alerta feito, ele não mais nos procurou. Sei onde ele está hospedado, porém creio que não queira que nos vejam juntos, por isso não o procurei. Talvez isso seja mais prudente por hora.

— Nenhuma chance de ele fazer a delação? O que sua intuição lhe orienta? O cerco está se fechando e ele parece estar no topo da lista dos primeiros a serem indiciados.

– Não creio que ele seja capaz desse gesto, mas não ouso afirmar. Algo aconteceu com ele, aposto todas as minhas fichas nisso. – Artur ficou calado, talvez analisando se deveria falar sobre a jovem que visitava Tiago no hotel nas últimas semanas. – Talvez uma mulher apaixonada, quem sabe?

– Tudo indica que seja isso mesmo. Sua intuição está bem afiada, Lucas. – E ele riu.

– Então Tiago está apaixonado? E quando iria me contar? – brincou ele.

– Isso não é relevante no caso. Como estamos vigiando seu irmão, natural que esse fato viesse à tona. Trata-se de uma jovem chamada Carolina. Ela tem visitado seu irmão algumas vezes neste último mês. Você a conhece? – perguntou Artur.

– Não que eu me lembre. Você disse que ela o visitou algumas vezes e acha que isso não é relevante? Tiago não vê uma mesma mulher tantas vezes assim a menos que tenha algum interesse nela. E isso é bem relevante. Ela pode ser útil, já pensou nisso?

– Ou ela pode ser apenas uma fachada para encobrir algum novo plano de seu irmão. Estamos investigando essa jovem e se ela não tiver nenhum envolvimento com o grupo, voltamos a conversar, combinado? Quanto à Paula, peça-lhe que seja cautelosa e esteja vigilante enquanto estiver fora. – E desligaram.

Já anoitecera e Lucas tomou uma decisão. Instantes depois, estava na porta do quarto de Tiago em seu hotel. O advogado olhou-o surpreso e perguntou:

– O que faz aqui?

– Podemos conversar? – entrou no quarto sem esperar a aprovação do irmão. – É aqui que tem sido seu lar nestas últimas semanas? – perguntou Lucas.

– Sim. – A resposta seca não causou maior impacto no médico, que estava disposto a dialogar francamente com o irmão.

– Sabe que tem uma casa para voltar. Por que prefere o isolamento? – Tiago não estava gostando do rumo da conversação.

– Por que o súbito interesse em minha vida? Jamais se preocupou comigo! – a amargura estava latente.

– Creio que esteja equivocado, pois isso se refere a você, não a mim. Sempre tentei me aproximar de você, porém as barreiras que colocou em nossa relação sempre foram mais poderosas. Aliás, coisa que jamais compreendi. – Sentou-se calmamente no sofá, prenúncio de que a conversa se estenderia, o que perturbou Tiago.

– Não veio aqui para falar do passado, creio eu. Tudo o que foi jamais será alterado, portanto não perca seu tempo com justificativas frágeis. O que quer de mim?

– Vim aqui para falar do passado, sim. Essa sua animosidade nunca foi bem explicada, pois não houve ocasião alguma em que eu tenha feito algo que gerasse essa situação. Jamais o compreendi, Tiago. Dizia isso a mamãe e juntos tentávamos encontrar uma explicação para suas condutas carregadas de fúria contra mim, e, depois, a Raquel. Você era cruel e insensível e tem consciência disso. Tentou de tudo para que a raiva também aflorasse em mim, coisa que jamais conseguiu. E sabe por quê? – ele o encarava firmemente. Tiago permanecia calado. – Porque você é meu irmão e eu o amo acima de tudo.

O advogado continuava em seu silêncio, ostentando emoções controversas.

– Mas seria capaz de me trair! – foi apenas o que ele respondeu.

– Eu não o traí e jamais agiria de maneira sórdida com você. Eu o procurei, tentando entender a gravidade da situação pela qual passávamos e qual foi sua resposta? – novo silêncio. – Foi capaz de mandar aqueles homens atrás de mim. Poderia ter morrido e, mesmo assim, permaneceu impassível, como se nada daquilo lhe importasse. E você ainda diz que eu o traí? Veja as coisas que fala! E as ações que é capaz de realizar? Não estou aqui lhe cobrando nada, nem tampouco julgando seus atos, pois isso será entre você e Deus! Você é meu irmão, Tiago.

Em algum momento, lembrou-se desse detalhe? Ou seus interesses ultrapassam esses tênues laços? – Lucas estava com os olhos marejados. Jamais falara com tanta franqueza como naquele momento. Tiago escutava em silêncio, sentindo seu estômago embrulhar. Estaria sendo acometido pelo remorso? Emoções contraditórias insistiam em assomar e ele tentava, a muito custo, manter o controle de suas ações. Porém Lucas o golpeava freneticamente apenas com as palavras e isso quase o colocava em nocaute. Caminhava pelo estreito quarto como uma fera enjaulada, tentando encontrar argumentos que derrubassem aquele discurso pungente.

– Tiago, o que pensa estar fazendo com sua vida? – a pergunta o desconcertou.

– Apenas tentando sobreviver a esse pérfido jogo. Não sei o que irá advir, mas pressinto que dias tenebrosos me aguardam. E a eles também. Tenho meus informantes, sei que tudo está prestes a explodir e preciso utilizar medidas extremas.

– Vai fugir? – a pergunta o fez virar-se para Lucas.

– Sabe que jamais fugiria, como também jamais trairia aqueles que confiam em mim! – neste momento, Átila, em toda sua fúria, arremessou um vaso no chão, deixando-os atônitos.

– *O covarde é você, Francesco! Você nos traiu de maneira vil! Merece a morte!* – foi até Lucas tentando atingi-lo, mas encontrou dessa vez Celeste em seu caminho. Tentou fugir, mas sentiu-se preso ao chão. – *Não conseguirão me prender aqui! Pietro me ajudará!* – enviava petardos mentais a Tiago que, dessa vez, parecia blindado. – *Me soltem!* – gritava furiosamente contra aqueles seres de luz.

Capítulo 31

CAMINHOS CRUZADOS

Os dois irmãos se entreolharam quando o vaso se espatifou no chão, sem que ninguém dele se aproximasse. Uma energia intensa percorria o ambiente e Lucas, com sua percepção cada dia mais aguçada, sentiu que seres do mundo espiritual lá se encontravam. Um estremecimento percorreu seu corpo e suas mãos ficaram frias. Seu coração batia em total descompasso, e tudo isso não passou despercebido a Tiago.

— Quem fez isso? — perguntou ele temeroso.

— Ainda tem medo de seres que habitam o mundo espiritual? Como mamãe dizia, eles não podem nos fazer mal, apenas nos assustar. E, pelo visto, sempre conseguiram.

— Pare de falar bobagens, sabe que não acredito nessas histórias. Deve ter sido o vento.

Todas as janelas estavam fechadas, isso era fato. No entanto Lucas não pretendia atormentá-lo com isso. Havia assuntos primordiais em questão. Porém não pôde deixar de perceber a luz intensa que adentrou aquele quarto, denunciando a presença de seres de vibração superior. Mas e o vaso? Tinha ainda muito a aprender e esse seria seu foco quando tudo se estabilizasse, pensou o médico. Retornou ao assunto em questão:

— Se não pretende fugir, o que pensa fazer? Que medidas extremas são essas?

— Será melhor não tomar conhecimento de mais nada que possa comprometê-lo. — Tiago não poderia contar que tudo aquilo era o material que ele estava compilando. Para sua própria segurança! Só assim sua integridade física seria preservada. Usaria isso como moeda de troca. Conhecia muito bem a índole de todos os participantes do esquema e sua intenção era mantê-los em seu controle. Porém tudo poderia ser inútil, se ele fosse indiciado primeiramente. Seu escritório ofereceu garantias de que ele seria poupado, no entanto não confiava plenamente em nenhum deles. Essas informações, contudo, teriam que ser mantidas em total sigilo.

— Conheço suas habilidades, Tiago. Use isso a seu favor, eu lhe peço. Faça tudo ao seu alcance para desmantelar esse esquema. Procure encarar as coisas como uma nova oportunidade que lhe está sendo dada, para que possa retornar ao caminho da ética e da sobriedade. Reveja suas condutas equivocadas. O que diz seu senso moral sobre esse seu comportamento?

— Senso moral? — abriu um sorriso triste. — Há muito não sei o que isso significa.

— Você sabe, pois tudo lhe foi passado desde que nasceu. Impossível alguém se esquecer dos conceitos que recebeu. Você pode não os aplicar, mas alegar desconhecimento? — seus olhares se cruzaram novamente e Lucas percebeu toda angústia que ele comportava. — Encontre um objetivo em sua existência, isso pode fazer toda diferença. — E ele se virou.

— Talvez seja tarde para mim. Nada que eu faça hoje poderá invalidar todas as minhas ações praticadas. Agradeço sua preocupação, mas reafirmo que você é quem deve se acautelar. Eles são rancorosos e não esquecem facilmente. — Levantou-se, como a dizer que a visita se encerrara. Nada mais havia a ser dito.

— Nunca é tarde, Tiago. Eu me preocupo com o que possa lhe acontecer. Cuide-se e jamais se esqueça de que nunca fui seu inimigo. Discordamos sobre muitos assuntos, mas não significa que eu o considere uma pessoa hostil, que mereça ser combatida a todo custo. Vim aqui em paz e assim vou embora. — Levantou-se e, num ímpeto, o abraçou. Tiago ofereceu resistência, mas ele manteve a firmeza, até que o irmão se entregou ao momento, sentindo a emoção querendo assomar. A batida seca na porta os dispersou.

Tiago abriu e Carolina foi até ele abraçando-o, sem perceber a presença de Lucas. Quando se desvencilhou do abraço, viu o olhar sorridente do médico.

— Oi. — disse apenas.

— Oi. — respondeu Lucas, com o olhar curioso. Seria a jovem a que Artur se referira?

— Carolina, esse é meu irmão. Bem, isso é óbvio, afinal somos tão parecidos. Ele foi privilegiado recebendo estes olhos verdes. — disse Tiago.

— Muito prazer. Sou Lucas. E já estava de saída. Pense em tudo o que conversamos. — E com um sorriso, fez menção de sair, porém a jovem segurou seu braço.

— Desconheço sobre o que vocês conversaram, mas sei que se preocupa com ele, assim como eu. Faça algo, eu lhe peço. Gosto muito dele, saiba disso. — Fixou seu olhar no de Lucas e o que ele viu foi o suficiente para se certificar de que ela seria o grande trunfo. Havia tanta doçura, suavidade, força, franqueza, verdade, que ele imediatamente gostou dela. — Não quero perdê-lo. Me ajude, Lucas. — Essa súplica o encheu de emoção. Enfim,

Tiago havia encontrado um objetivo à sua leviana vida. Ela nutria sentimentos verdadeiros por ele!

Segurou a mão dela e disse:

— Procure dissuadi-lo de seus planos, é o que eu lhe peço. — Vendo a surpresa que se instalou em seu olhar, finalizou: — Ele lhe dirá o que isso significa. — E saiu do quarto, deixando os dois em silêncio. Carolina caminhava pelo quarto sem entender o que aquelas palavras significavam. Tiago, por sua vez, reconheceu que o irmão não era tão tolo quanto ele pensava, pois percebera os seus propósitos. Lucas o surpreendera dessa vez. Não sabia o que falar à Carolina, não queria expô-la a nenhum tipo de risco.

— O que ele quis dizer? É sobre esse monte de papéis? O que eles significam? — perguntou ela encarando-o fixamente.

— Ele não sabe o que diz. — disse ele tentando esquecer o assunto. Sabia, no entanto, que ela era insistente e não desistiria fácil. Tentou abraçá-la, mas ela se afastou. — Por favor, não faça isso comigo. Preciso de você mais do que nunca!

— Seu irmão está preocupado com você, isso é fato. Você disse que não eram íntimos, mas senti a forte ligação entre vocês. Gostei dele!

— Todos sempre gostam dele! — ele parecia irritado.

— Sabe o que você sente por ele? Ciúmes. — Ela estava se divertindo com a expressão que ele ostentava. E se aproximou dele envolvendo-o num terno abraço. — Vocês são tão parecidos, mas eu gosto de você, tolinho! Agora, me conte o que está aprontando.

— Não vamos falar sobre isso, pelo menos hoje! Quero pedir-lhe algo. — Foi até um armário e de lá retirou um pendrive. — Guarde isso com você. Se algo me acontecer, entregue a meu irmão. — As feições dela se contraíram e as lágrimas assomaram.

— O que pretende dizer "se algo me acontecer"? Por favor, Tiago, o que está acontecendo?

Ele a abraçou firmemente esperando que ela se acalmasse. Em seguida, fez com que ela se sentasse e ouvisse tudo o que se propusera fazer. Omitiu apenas os detalhes do perigo que corria a partir do momento em que fosse indiciado, afinal, ele conhecia tudo sobre o esquema, o que não lhe era favorável .

— Ninguém pode imaginar que isso esteja em suas mãos. Se eu não estiver mais aqui, pelo menos deixarei um legado digno.

— Pare de falar como se algo terrível estivesse para ocorrer! Nada disso vai acontecer, entendeu? — as lágrimas rolaram incontidas. Tiago sentiu-se estranhamente incomodado. Era óbvio que não pretendia morrer, mas essa era uma possibilidade e, se antes isso não o afetava diretamente, agora, que se apaixonara por Carolina, doía-lhe pensar que tudo poderia se alterar a qualquer instante. Deixá-la não estava em seus planos, porém não sabia o que o destino lhe reservava. Cometera tantos erros em sua curta existência e, talvez, essa já fosse a punição. Por que tinha que ser assim? Justo agora que a vida lhe sorrira com a presença de um amor verdadeiro! Não teria direito à felicidade? Puxou-a para perto de si e a reteve em seus braços, assim permanecendo por vários minutos, que lhe pareceu a eternidade.

Carolina olhou para ele com os olhos ainda lacrimejados e disse:

— Não vou perder você, entendeu bem? — e o beijou com toda paixão.

Naquele mesmo quarto, momentos antes, Átila se deparou com Celeste que tentava falar-lhe com todo amor:

— *Acalme-se, meu amigo querido. Precisamos conversar.*

— *Eu não sou seu amigo e nada tenho a lhe falar. Sei quem você é há muito tempo. Nunca entendi por que você jamais impediu minha presença ostensiva ao lado de Pietro.*

— *Porque ele permitia sua presença. A isso chamamos sintonia. Vocês estão ligados por laços magnéticos profundos, que remontam o pretérito de ambos. O desejo de vingança contra*

Francesco foi tecido tempos atrás , quando se sentiram ultrajados pelas ações desse companheiro, hoje Lucas. Não vou questionar seus motivos, apenas lembrar-lhe de que está observando apenas um ângulo da história, aquele que lhe diz respeito mais direta-mente. Conhecemos todos os detalhes e já tentamos mostrar-lhe, porém você se recusa a nos acompanhar. Utiliza Pietro, hoje Tiago, para auxiliá-lo em seu plano de vingança. Onde pretende chegar, Átila? – as feições de Celeste estavam iluminadas.

– *Solte-me e conversamos.*

– *É o que faremos em breve. Pedimos apenas sua atenção para um detalhe que está desprezando. O que pretende fazer trazendo seu desafeto para cá? Acredita que isso lhe trará paz? Ou mesmo que o fará se regozijar?* – a expressão dele se contraiu.

– *Eu confiava nele! Pietro confiava! Todos nós confiávamos!* – a amargura predominava.

– *E Valentina? Achou correto impedi-la de viver seu grande amor? Sabia que ela esperava sua aprovação e você, por egoísmo, a impediu de seguir com Francesco. O que ela ganhou com essa atitude?* – ao ouvir o nome da irmã, ele se revoltou.

– *Não fale de Valentina! Ela decidiu me acompanhar e não me trair como aquele desprezível ser! Por que me fala dela?* – perguntou.

– *Onde ela está hoje? Acompanha-o nessa vingança?* – a per-gunta de Celeste o deixou atônito e calado. Não sabia onde ela estava e certamente não aprovaria essa ação contra Francesco. Ele sabia que o coração da irmã estava em conflito e, mesmo assim, insistiu para que ela o acompanhasse em sua cega odisseia, que culminou com a morte de todos eles. Átila sentiu-se confuso e Celeste aproveitou a ocasião, perguntando-lhe:

– *Não quer saber onde ela está?*

– *Está pretendendo que eu saia daqui! Pois não irei me ren-der tão fácil como pensa.*

– *Está equivocado, meu irmão. Não queremos te enganar, apenas ajudá-lo. Porém, se desejar saber notícias, é só perguntar.*

– Em instantes, ele se viu liberto, saindo de lá em disparada. Clóvis, que a acompanhava, perguntou:

– *Vamos deixá-lo livre novamente?*

– *Não podemos prendê-lo, mas conseguimos progresso ao chamar-lhe a atenção. As sementes já foram semeadas, meu amigo. Vamos aguardar o tempo certo delas germinarem. Minha intuição diz que será em breve. Vamos!* – e saíram, enquanto o casal, Tiago e Carolina, lá permanecia tecendo os fios do destino. O que o futuro os reservaria?

Dias depois, ao voltar para casa, Lucas encontrou Rebeca acompanhada de Sérgio e Artur. As expressões sérias denunciavam grandes entraves no caminho. Sentou-se, aguardando que se pronunciassem.

– Seu irmão será denunciado em alguns dias. – disse Rebeca aflita.

– E por que está nos contando isso, Sérgio? Sabe que isso será decretar sua sentença de morte. Minha tia, não há nada que possamos fazer para ajudá-lo? – havia aflição em seu olhar. Rebeca o encarou com a expressão cansada:

– Fizemos tudo ao nosso alcance, querido. Essa escolha foi dele e não nossa. Você sabe que ele pode resolver essa questão, basta que os denuncie.

– Sabe que ele jamais fará tal coisa. Além do que isso não alteraria sua delicada situação.

– Lucas, existe uma chance de ele sair ileso dessa história e depende apenas dele. – disse Sérgio com a voz grave. – Seu nome está envolvido em muitas transações desse grupo. Mesmo sendo cauteloso, usando de vários artifícios escusos, conseguimos rastrear seu computador. Isso era inevitável, porém sabemos que ele é apenas parcela irrisória desse esquema. Quando for chamado a depor, certamente eles se sentirão ameaçados e podem dar um passo em falso. Estamos nos fiando nisso.

– Porém, estão se esquecendo de um detalhe essencial. Quando Tiago estiver nas mãos de vocês, a quadrilha terá a convicção de que será feito de tudo para convencê-lo a contar o que sabe. Nós sabemos da lealdade de Tiago, mas e eles, será que sabem? Ele corre perigo de qualquer forma. Não vejo uma alternativa viável para manter sua integridade física. Estive com meu irmão dias atrás e vi o estado em que ele se encontra. – Rebeca o encarou.

– Você não me contou sobre isso. O que disse a ele?

– Nada que comprometa o trabalho de vocês, acreditem. Fui lá como um irmão zeloso, apenas. Queria saber notícias dele e se estaria disposto a cooperar. Nada contei, porque ele se recusou. Afirmou que ainda corro perigo pelos meus atos. Rebeca, nunca o vi tão transtornado! Me condoeu, tenho de admitir. Seu quarto estava em total desalinho, papéis espalhados por todo canto, talvez tentando encontrar uma alternativa para encobrir seus rastros. Mas, como disse, isso já foi descartado. Quando estava saindo, conheci Carolina. – Olhou para Artur com um sorriso triste nos lábios. – Um anjo que apareceu tardiamente em seu caminho. Ela está apaixonada por ele, era nítido. Não perca seu tempo investigando-a.

– Por que não me contou nada, meu querido? – a voz dela se embargara. Estava muito angustiada com a perspectiva de vê-lo na prisão. Era seu sobrinho muito amado e jamais poderia supor que ele chegasse a essa condição, mesmo apesar de todos os equívocos por ele cometidos. A sua ganância e sua sede de poder o colocaram nesta situação deplorável e seu irmão, Ronaldo, tinha grande parcela nisso, quando o incentivou a seguir seu caminho. Tentou manter o equilíbrio íntimo, mas era uma tarefa inglória. Ao mesmo tempo, de que valeria responsabilizar o irmão pelo que ora ocorria, se sabia que cada criatura tece seu próprio destino? Tiago havia feito suas escolhas, e sua índole o levou a esse ponto. Seu irmão apenas o introduzira neste mundo pérfido e desprezível, porém ele aceitou passivamente, pois estava em sua própria programação. Cada um renasce com tarefas a desempenhar, visando sua evolução moral. Ninguém regride, podendo apenas manter-se estacionado em sua escalada evolutiva. E, tampouco, chegamos aqui com propósitos inferiores. Quando aqui regressamos, nos deparamos com sucessivas tentações, para que possamos superá-las e, assim, fortalecer nossa fibra espiritual. No entanto, nem sempre conseguimos vencer essas provas e acabamos estacionados no caminho. Tiago possuía a índole frágil, necessitando vencer as barreiras que o impediam de seguir o caminho da luz. As sombras exerciam poderosa influência em sua vida e isso teria que se encerrar. As lágrimas fluíam incontidas e Sérgio a abraçou com todo carinho.

— Rebeca, não se torture! Aguardemos os acontecimentos. Talvez encontremos algo que o beneficie. Artur tem cuidado disso, confie! – disse ele.

— Quando está previsto que aconteça? Tiago falou que tem informações privilegiadas, o que suponho existir um traidor entre vocês. – disse Lucas sério. As feições dos dois homens se contraíram. Entreolharam-se e Sérgio disse:

— Tínhamos essa suspeita e fomos cautelosos em nossas investidas. Creio que ele, dessa vez, não terá auxílio. Um grupo muito restrito tem conhecimento de nossas ações, e se restringe a pessoas da minha estreita confiança. – disse ele.

— O que não significa que não haja um traidor entre eles. Cada um tem seu preço, lição que meu pai sempre nos ensinou. Não compactuo com essa ideia, mas creio que isso seja algo possível. Bem, você sabe o que faz, não vou ensinar seu ofício, pois nada entendo desse assunto. Estou apenas repassando o que ele me disse. – Naquele momento, seu celular tocou. Era Paula, avisando que estaria de volta no final da semana. Saiu por alguns instantes e conversou com ela, evitando os assuntos polêmicos da noite.

— Estou com muitas saudades, querida! – disse ele carinhoso.

— Foram apenas poucos dias e logo estarei de volta. Alguma notícia quente? – brincou ela. – Como as coisas estão por aí?

— Tudo em relativa paz, o que nem sempre é um sinal favorável. — Conversaram alguns minutos e depois desligaram. Quando ele retornou à sala, os dois já haviam saído. A tia estava de frente a uma janela pensativa. — Todos já foram embora?

— Sim. O que você disse acerca de um possível traidor entre eles os deixou de sobreaviso. Acredita que Tiago tenha falado a verdade?

— Com certeza, Rebeca. Sabe que ele não diria nada se não fosse verdade. E se isso está acontecendo, tudo o que é aventado passa por esse informante, inclusive sobre as intenções de uma possível delação. É isso que tem me angustiado. Não estou com bons pressentimentos e não gostei da forma como ele se referiu a sua vida, como se ela nada valesse. Jamais o vi vencido e assim se encontra. Ele não consegue ver escapatória, o que deve estar torturando-o além da conta. Tiago estava irreconhecível, minha tia. Impossível não se apiedar de sua situação. Queria tanto poder fazer algo por ele.

— Você já está fazendo, meu querido, envolvendo-o em seu mais puro amor. Não podemos afastar as pedras do caminho daqueles que amamos, mas podemos estar próximos quando eles tropeçarem, auxiliando-os a se levantarem. Não sou insensível, Lucas, mas sabemos que ele semeou essas sementes. Agora elas germinaram e darão frutos. Infelizmente, não serão doces como gostaríamos que fosse, mas a escolha foi dele.

— Minha mãe e eu sabíamos que isso poderia acontecer um dia, pelas condutas que ele oferecia ao mundo, mas jamais me recusei a auxiliá-lo. Sinto que essa é uma das minhas tarefas nesta existência e não vou deixá-lo só um instante sequer. Preciso agir assim, Rebeca, mesmo que ele jamais entenda meu propósito. Aliás, nem eu mesmo consigo entender o que isso significa. Quando ele era cruel em suas ações, muitas vezes me colocando em situação constrangedora, não conseguia combatê-lo, pois ele jamais foi meu inimigo. Sinto-me responsável por ele e essa é a razão que me motiva a ajudá-lo, mesmo ele recusando essa ajuda. Preciso e vou fazer algo por ele. – A determinação do médico a deixou perturbada.

– Não faça nada que o coloque em risco. Você sabe com quem ele está envolvido. Temo por sua segurança. O que pretende fazer? – perguntou a tia aflita.

– Ainda não sei, mas preciso achar um caminho para tirá-lo desse conflito. – disse resoluto. A tia foi até ele e o abraçou com a força do seu amor.

– Meu menino, você sempre foi uma pessoa especial. Hoje está comprovando isso. Porém tenha cautela em suas ações, eu lhe peço. Vocês são tudo o que eu possuo nesta vida! Não sei o que faria se algo terrível acontecesse. – Ele se desvencilhou dela e, com um sorriso radiante em seu rosto, disse:

– Onde está sua confiança nos desígnios divinos? Ele está a cuidar de todos nós, os que caminham na luz e, especialmente, os que ainda se perderam nas sombras da iniquidade. Jamais perca a confiança no Pai! Tudo vai acabar bem, tenho convicção. – E, naquele instante, irmãos da luz jorraram energias reconfortantes aos dois, traduzindo-se em equilíbrio e harmonia em seus corações. Luiza lá se encontrava, sorrindo confiante com as palavras do filho, que jamais esqueceu sua verdadeira tarefa nesta encarnação. Envolveu-o em seu amor e disse em seu ouvido:

– *Meu querido, a confiança que traz em seu coração será determinante nas batalhas que irá enfrentar. Seja vigilante e cauteloso, mantenha suas posturas dignas e fraternas, utilize o bom senso e obterá sucesso em qualquer empreitada que se proponha. Confio em você, meu filho amado! Tiago precisa de sua ajuda!*

Capítulo 32

EM DEFESA DO AMOR

Lucas sentiu a paz, novamente, dominar seu mundo íntimo, ouvindo as palavras que a mãe pronunciara. Seus olhos ficaram marejados e disse à tia:

— Mamãe permanece ao nosso lado acompanhando tudo o que está ocorrendo. Senti sua presença como jamais senti anteriormente. Ela sabe que Tiago necessita de minha ajuda e não vou decepcioná-la. — Abraçou a tia, ambos com a emoção predominando.

Os dias se passaram e tudo ainda se mantinha em suposta paz. Todos tentavam manter suas posturas habituais, seguindo com suas vidas, mas sabiam que a qualquer instante algo poderia suceder.

Carolina continuava visitando Tiago em seu hotel, procurando a todo custo demovê-lo de seus planos, mas ele teimava em desviar o rumo da conversação. Evitava sair em público com ela, procurando não a expor além do necessário.

Estavam jantando em seu quarto, quando o telefone tocou. Tiago atendeu e, conforme ouviu seu interlocutor, suas feições ficaram lívidas. Era Salvador, o encarregado dos trabalhos sujos do grupo. Como era leal ao advogado, em função de alguns problemas que ele sanara para ele, decidiu relatar os planos traçados pelo chefe do esquema.

— Tem certeza do que está me dizendo? — sua voz grave assustou Carolina.

— Você sabe que jamais iria te enganar, depois de tudo que fez por mim. Sua situação é crítica e eles temem que você possa traí-los, relatando tudo o que sabe. Eles planejam algo contra seu irmão, com a intenção de lhe dar um recado certeiro: cuidado com as palavras, caso contrário, algo pior poderá suceder.

— Quando ficou sabendo disso? — perguntou Tiago.

— A poucos instantes, pois estava ao lado da pessoa encarregada desta tarefa. Não acho correto o que estão fazendo, principalmente por desconhecerem sua lealdade. Ainda necessitam de provas de que manterá o silêncio! Eles realmente não sabem com quem estão lidando. Conheço você e por tudo que fez pelo meu irmão... — e se calou.

— Quando isso está previsto acontecer?

— No final do plantão de seu irmão. Eles se informaram com exatidão. Mesmo lugar, idêntica situação. E, desta vez, não irão fazer perguntas, se é que me entende. Com essa informação, pago parte da dívida que tenho contigo.

— Não tem dívida alguma comigo. Esqueça! Agradeço a informação.

— Ninguém deve saber que eu lhe contei. Tenho muito amor a minha vida. – disse ele.

— Então, mude seu rumo! Obrigado, mais uma vez. — E desligou. Carolina entendeu parte da conversa. Algo grave estava previsto para acontecer.

– O que pretende fazer? – perguntou ela segurando delicadamente em seu braço. Tiago colocou as mãos na cabeça e começou a caminhar pelo quarto em total aflição.

– Não sei ainda, mas tenho que impedir. – disse ele convicto de suas palavras.

– O que irá impedir, meu querido? – ele parou e olhou com tristeza para ela:

– Não queira saber, por favor. Isso é tão arbitrário e sórdido ao mesmo tempo. Porém não posso permitir que algo lhe aconteça. Ele é meu irmão! – pela primeira vez sentiu as palavras pronunciadas. "Ele é meu irmão", soou como uma sentença definitiva em sua vida. Sim, ele era seu irmão e não deixaria que nada lhe acontecesse. Não era justo!

Mas ele fora íntegro em algum momento de sua vida? Jamais agiu assim com seu irmão! E sentiu um aperto em seu peito! Aquilo seria temor? Jamais tivera medo em sua vida e agora? A jovem o olhava com curiosidade e tensão.

– O que irá acontecer a seu irmão? Me conte tudo, por favor! – ele se aproximou e a pegou em seus braços com carinho:

– Não tenho tempo, Carol! Me perdoe! Vá para casa e não entregue aquilo a ninguém que não seja meu irmão. – Ficou pensativo, em seguida disse: – Ou a minha tia Rebeca. Para mais ninguém, ouviu bem? – e a beijou com todo amor. – Jamais disse isso a mulher alguma em toda minha vida: te amo! Um dia irá me perdoar? – havia tanta dor em seus olhos que a comoveu.

– Estou começando a ficar assustada. O que está acontecendo, Tiago? – ele pegou o paletó, vestiu e, ao sair, disse:

– Você é um anjo, sabia? Somente um ser divino seria capaz de fazer o que fez! Obrigado!

Em seguida, partiu deixando a jovem estática, sem saber que destino tomar.

No trajeto até o hospital, tentou ligar para Lucas, mas ele não atendeu. Olhava o relógio apreensivo, pois seu tempo estava se esgotando. Insistiu na ligação, mas só dava caixa postal. Dirigia de forma desabalada pelas ruas já mais tranquilas e tentava ligar para o irmão. Era imprescindível que ele atendesse.

Lucas, por sua vez, finalizara seu plantão e sequer verificara o celular. Caminhava pelo estacionamento lentamente, estava literalmente cansado e distraído, sequer percebendo o carro que o observava a curta distância, nem tampouco o irmão que se aproximava. Levou um susto, quando Tiago chegou bem perto e disse:

— Seu carro está distante?

— Por que quer saber? — disse Lucas.

— Pare de fazer perguntas e caminhe rapidamente, não pare por nada, entendeu bem?

Lucas segurou o braço do irmão e perguntou:

— O que está acontecendo? O que faz aqui? — neste instante, o carro chegou bem próximo dos irmãos e parou. Tudo que aconteceu em seguida foi rápido demais. De dentro do carro, um dos homens mirou e atirou em Lucas. No entanto, os projéteis encontraram o corpo de Tiago, que se postou à frente do irmão, empurrando-o ao chão com toda violência. Com os dois irmãos ao chão, o carro pretendia sair de lá, quando foi surpreendido por dois homens também armados.

— Saiam do carro! Agora! — eram os policiais encarregados da segurança de Lucas. Um deles foi até os criminosos, rendendo-os rapidamente. Já algemados, o outro correu em direção aos irmãos que estavam caídos.

— Lucas, está bem? — perguntou um deles apreensivo, enquanto o outro se encarregava de chamar por socorro. O médico estava sob o corpo do irmão, empurrando-o com cuidado e levantando-se. Olhou para si mesmo, tentando entender o que acabara de acontecer. Verificou o estado de Tiago, que não se movia.

— Tiago, fale comigo! — disse ele aflito. Avaliou cuidadosamente constatando que dois projéteis o atingiram. Procurou conter a hemorragia, enquanto esperavam o auxílio. O quadro parecia grave e ele permanecia inconsciente. Lucas olhou o policial que acompanhava toda sua movimentação.

– O que foi isso? – perguntou o médico.

– Um atentado contra sua vida, pelo que posso concluir. Eles terão muito a explicar. – disse o jovem policial apontando para os dois homens algemados.

– Ligue para Artur e relate tudo.

– Cuide de seu irmão, deixe o resto conosco. – Neste momento, a ambulância chegou. Em minutos, Lucas deu entrada no pronto-socorro, encontrando Henrique que o olhou com preocupação.

– O que aconteceu? – perguntou ao ver o estado em que ele se encontrava.

– Não temos tempo para explicações. Tiago precisa de ajuda.

– Pelo visto, você também. – Observando o sangue jorrar de um talho profundo na testa.

– Estou bem! Ajude meu irmão! – Henrique examinou o ferimento e pediu que outro residente socorresse Lucas. – Confio em você, meu amigo. Se eu pudesse, iria agora para a sala de cirurgia, mas...

– Deixe comigo! Cuidarei dele. – pediu que o levassem com urgência para a sala de cirurgia. – Fique bem! – colocando a mão sobre o ombro do amigo.

Amanhecia e o quadro de Tiago ainda era crítico. Assim que tudo aconteceu, Rebeca e Raquel foram avisadas e logo chegaram.

– Lucas querido, o que aconteceu? – os dois irmãos se abraçaram. – Conte-nos tudo.

– Artur está a caminho. Tem muitas perguntas a fazer. Como está Tiago? – as feições sombrias de Lucas anunciavam que a situação era extremamente delicada.

– Não sabemos se irá sobreviver. – Encarando a tia com os olhos marejados, disse: – Ele colocou-se em minha frente. Era eu que deveria estar nessa situação.

– Um gesto nobre de seu irmão. – falou a tia com lágrimas nos olhos. – E você? Como se sente, querido?

– Vou ficar bem! – respondeu apenas. Sua cabeça estava em outro lugar, acompanhando a complexa cirurgia em andamento. Instantes depois, Artur chegou com o jovem policial, Douglas, que acompanhou todo o incidente.

– Como você está? – perguntou Artur. – Já sei o que aconteceu. E sinto por seu irmão. Ele irá sobreviver? – o silêncio de Lucas disse tudo. Era impossível saber. – Nada disso deveria ter acontecido. – falou ele olhando com seriedade para Douglas.

– Tudo ocorreu em fração de segundos. Não tivemos tempo de impedir. Sinto muito!

– Raquel, ligue para Paula. Preciso dela ao meu lado. – A irmã imediatamente fez a ligação. Paula disse que pegaria o primeiro voo.

Lucas estava desolado com o que acabara de vivenciar. Era tudo muito injusto! Levantou-se com dificuldade e solicitou ao residente que o acompanhava:

– Procure saber notícias de meu irmão.

– Se me prometer que ficará deitado, eu vou! – disse o jovem médico com firmeza.

A cirurgia foi longa e exaustiva. Um dos projéteis se alojara em local de difícil acesso e sua remoção foi delicada. Conseguiram conter a hemorragia e, após duas horas, tudo parecia resolvido, quando uma nova hemorragia ocorreu, mobilizando toda equipe. Tentaram contê-la e obtiveram êxito. Seu quadro se estabilizou e os cirurgiões respiraram aliviados, porém seu estado ainda era grave e inspirava cuidados.

Ao lado da equipe material, dos médicos que lutavam para mantê-lo vivo, existia uma equipe espiritual que lá se encontrava com a finalidade de auxiliá-los. Luiza acompanhava de perto, aguardando o momento de contatar o filho, que se encontrava emancipado[1] olhando com curiosidade a cena a sua frente.

---

[1] EMANCIPAÇÃO DA ALMA: Quando o corpo repousa, o Espírito se desprende parcialmente do corpo físico, torna-se mais livre, mais independente ou mais emancipado, e, por si, presencia ou participa de acontecimentos em ambas as dimensões da vida, e então consegue entrar em contato com Espíritos, encarnados e/ou desencarnados. (LE, Cap.VIII, perg. 401)

Quando se deparou com a figura sorridente da mãe, Tiago perguntou:

— Eu morri?

— *Não, meu querido. Os médicos estão operando-o , visando restaurar a sua saúde física. Isso o perturba?* — perguntou ela com toda delicadeza.

— É estranho. Jamais imaginei viver algo assim. Vejo meu corpo sobre a mesa e, ao mesmo tempo, me vejo integralmente aqui distante dele. Não entendo como isso possa acontecer. Tenho dois corpos? — a pergunta fez Luiza sorrir.

— *Na verdade, você tem um só espírito. Esses corpos apenas o acompanham para as tarefas que precisa realizar. O corpo físico, mais denso, é importante para que possa cumprir as tarefas programadas aqui na matéria. Esse envoltório fluídico, cópia de seu corpo físico, é utilizado nesta realidade na qual nos situamos, a espiritual.*

— É complicado, mas creio que entendi. Você apenas se encontra na realidade espiritual, se já morreu, certo? — ela sorriu novamente com a simplicidade das explicações que ele oferecia.

— *Pode-se dizer que é isso sim. Como se sente?* — perguntou ela.

— Confuso. Quando a bala atravessou meu corpo, senti que iria morrer e meu pensamento foi até você. Já me perdoou? — perguntou baixinho. Luiza o abraçou e disse:

— *Não tenho nada que perdoá-lo, meu menino.*

— Fui eu que causei seu acidente. Não há um só dia desde que você partiu que eu não me lembre das palavras insensatas e levianas que lhe disse. Jamais me perdoei!

— *Eu sei e sinto muito que tenha sido assim. Você não causou acidente algum. Estava previsto meu retorno para a pátria espiritual e poderia ter sido de várias maneiras. Assim aconteceu, meu filho, pois meu tempo se encerrou. Lamento que tenha carregado esse fardo tão pesado e inútil. Poderia ter sido diferente.* — Ela fixou seu olhar no dele: — *Você poderia ter se perdoado e seguido em frente com ações nobres, o que, infelizmente, não fez.* – Ele baixou o olhar e as lágrimas fluíram em abundância. – *Porém não estou aqui para julgá-lo, pois sua vida é seu patrimônio.*

– Fiz tudo errado, eu sei. Tinha tanta raiva em meu coração, um desejo cego de ferir todos que estavam ao meu lado, especialmente Lucas. – E parou. – Por que agia assim?

– *Nosso passado jamais é esquecido, meu querido. Você e seu irmão tinham pendências a resolver nesta existência. No entanto apenas ele cumpriu a parte programada. Um antigo companheiro, que nutria sentimentos inferiores contra Lucas, esteve ao seu lado desde que renasceu, influindo em seus pensamentos, emitindo ideias infelizes e sórdidas contra seu irmão, as quais você acatava plenamente. Não preciso lembrar-lhe de todas as situações que vivenciou ao lado de Lucas.* – Ele baixou o olhar novamente.

– Eu sei de quem você fala. Seu nome é Átila, está ao meu lado todo tempo. É ele quem sempre me instigou contra Lucas, que somente sabia relevar todas as minhas canalhices. Ele é bom e generoso. Jamais revidou, coisa que nunca compreendi.

– *Ele te ama, Tiago. Apenas isso! Um amor pleno e verdadeiro, tecido ao sabor das sucessivas oportunidades que estiveram juntos. Esse é o amor incondicional!*

– O qual ainda não aprendi. Sinto tanto!

– *Creio que a vida tem lhe oferecido amplos aprendizados acerca do amor. O que dirá da presença de Carolina em sua vida?*

– Ela é um presente de Deus, que terei de recusar. Não posso comprometer sua vida. Ela é tudo que eu sempre esperei, porém não a mereço. – Seus olhos se entristeceram ainda mais. – Terei que enfrentar meus erros, mamãe. E não quero que ela participe disso, não posso macular sua alma tão pura. Ela é um anjo!

– *Você foi tocado pelo sentimento verdadeiro e ela foi o instrumento de Deus para que isso acontecesse. Seu gesto de hoje, salvando a vida de seu irmão, denota que você não é mais o mesmo de antes. Acredite nisso!*

— Lucas era inocente nessa história, não poderia permitir que algo trágico acontecesse.

— *E, antes, será que agiria assim?* — a pergunta direta o fez refletir.

— Não sei. Naquele momento, minha única motivação era salvá-lo. Ele está bem?

— *Sim, querido. E assim permanecerá. E você terá que arcar com a responsabilidade de seus atos equivocados. Faça enquanto é tempo. Agora, preciso ir, mas antes quero que saiba que estou tentando de todas as formas auxiliar seu pai. Sei que isso é, também, algo que o perturba.*

— Vocês dois partiram daqui por minha culpa. — As lágrimas escorreram novamente.

— *Não permita que a culpa permaneça ditando suas ações, meu querido. Cada um é responsável por sua própria vida. Lembre-se sempre dessa lição!*

— Me leve com você, eu lhe peço! Tenho tanto medo do que terei que enfrentar! Não sei se vou suportar o peso de tudo isso. Sou capaz de tirar minha vida! — a mãe o abraçou com toda força e disse de forma veemente:

— *Jamais fale isso novamente! A vida é um dom divino e não podemos atentar contra ela! Somente Deus sabe quando iremos retornar. Aceite seu destino, assumindo seus erros! É imperioso que isso aconteça, meu querido. Essa é sua oportunidade de rever seu passado e efetuar o aprendizado que desprezou em outra ocasião. Não estará só, meu menino. Terá o apoio de sua família que o ama. Lucas estará a seu lado todo tempo! Essa é a tarefa por ele escolhida. Carolina o aceitou com todos os seus erros e estará contigo neste momento de provação. Agradeça a Deus os afetos verdadeiros que jamais duvidaram de sua transformação. Agora, volte e lute bravamente! Sua vida é seu patrimônio, cuide como se fosse seu bem mais precioso.*

— Você estará por perto? Sinto tanto a sua falta! — e a abraçou, retendo-a em seus braços.

– *Sim, meu menino. Peço, apenas, que não aceite mais a influência de Átila, que também precisa efetuar seu próprio aprendizado. Isso acontecerá no tempo certo!*

– Vou lembrar-me de tudo o que conversamos? – perguntou.

– *Talvez apenas fragmentos, mas sentirá suas energias renovadas. Eu o amo, meu filho!*

– Eu também! Muito mais do que poderia imaginar!

– *Agora vá!* – em instantes, já estava acoplado a seu corpo físico, lutando para sobreviver. Uma batalha que duraria muitas horas e passaria por muitos percalços.

Assim que a cirurgia se encerrou, Henrique foi até Lucas informá-lo sobre a real situação que Tiago enfrentava:

– Seu quadro está estável, porém ainda não é definitivo. – explicou em detalhes, fazendo com que as feições de Lucas se contraíssem de preocupação. – Fizemos tudo ao nosso alcance. Agora depende unicamente dele.

– Ele vai sobreviver, tenho plena convicção. – Afirmou Lucas, tentando ele próprio acreditar em suas palavras.

– Você precisa descansar. Há quanto tempo está acordado, meu amigo? Caso não queira sair daqui, vá pelo menos para um local onde possa dormir um pouco. – Olhou para Raquel que entendeu a mensagem.

– Vamos, querido. Rebeca ficará por aqui e qualquer notícia nos avisará.

– Quero vê-lo antes. – Levantou-se com esforço e se dirigiu até a unidade de terapia intensiva onde o irmão se encontrava. Apenas Henrique o acompanhou.

Tiago estava inconsciente e a palidez impressionava. Lucas observou o irmão, pensando em tudo que acabara de vivenciar. Ele estivera lá com a finalidade de salvar sua vida, colocando a sua em risco. Tiago, definitivamente, estava mudado. Nem em seus mais promissores sonhos, poderia supor que ele assim procedesse! Sentiu uma emoção intensa dominando-o e as lágrimas escorriam livremente por seu rosto. Aproximou-se dele e segurou sua mão:

— Obrigado por salvar minha vida! Você vai ficar bem! Depende apenas de você! — neste momento, ele sentiu uma pressão em seus dedos. Era Tiago que tentava apertar sua mão. Seus olhos ainda estavam fechados, mas Lucas pôde ver as lágrimas que escorriam pelo rosto do irmão. Olhou para Henrique, que passou a verificar os sinais vitais dele. Instantes depois, abriu um discreto sorriso.

— Nosso doente está reagindo. É um bom sinal. Agora vamos, Lucas. Não quero ter que cuidar de dois irmãos doentes.

— Eu estou bem, já disse. — Apertou a mão do irmão dizendo baixinho: — Estarei sempre por perto, jamais se esqueça! Vamos superar isso juntos! Confie em mim! — e sentiu nova pressão em sua mão.

— Vamos! Prometo chamá-lo quando seu irmão acordar. — E saíram do local mais confiantes.

Átila tentava se aproximar de Tiago, porém ele parecia inacessível. Insistiu, mas parecia que um muro intransponível se colocara entre eles, dificultando o acesso à sua mente, coisa que nunca ocorrera anteriormente. Frustrado pelas várias tentativas, saiu de lá em busca de seu desafeto.

Capítulo 33

O AMOR QUE PREVALECE

Enquanto isso, o atentado precisava ser investigado e Artur, acompanhado de Douglas se encarregaram dos interrogatórios. Teria sido esse o deslize cometido pelo grupo? Os rumos poderiam se alterar e estavam esperançosos. O que antes eram apenas suspeitas, agora, um crime havia sido cometido. E muitas testemunhas para comprovar.

Sérgio foi até o hospital saber notícias dos irmãos, encontrando o clima tenso. Passaram o dia esperando notícias alentadoras de Tiago, que ainda lutava tenazmente para sobreviver. Paula chegou no final do dia com o coração em sobressalto.

– Como estão os dois? – perguntou apreensiva.

– Lucas está bem e descansando agora. Acalme-se. – disse Rebeca abraçando carinhosamente a jornalista.

— Pensei o pior até chegar aqui. Poderiam ter me enganado.
— Neste momento, a figura sonolenta de Lucas apareceu.

— Obrigada por vir, meu amor! — os dois se abraçaram efusivamente. — E Tiago? — perguntou a Henrique que lá se encontrava.

— Seu quadro é ainda bastante delicado. Sinto muito!

— Não há nada que se possa fazer? — as feições de Lucas estavam sérias.

— Apenas esperar. Já fizemos tudo que podíamos.

Nesta hora, uma jovem se aproximou e tocou o braço de Lucas.

— Soube pelos noticiários sobre o incidente. Como ele está? — perguntou timidamente, temendo a resposta que receberia. O médico se virou e viu Carolina, a jovem pela qual Tiago estava apaixonado. Seus olhos carregavam tanta tristeza, que, de ímpeto, ele a abraçou, consolando-a. Tudo sob os olhares curiosos de todos.

— Seu quadro é grave, não posso negar. No entanto, ele é um guerreiro, e vai lutar com todas as forças para sobreviver. — Foi quando Lucas se deu conta de que não fizera as apresentações. — Esta é Carolina. — disse apenas isso . Foi ela quem completou:

— Eu e Tiago estamos juntos há algum tempo. Na verdade, era para ser nosso segredo, mas creio que isso já não mais importa. Conheci Lucas outro dia. Você deve ser Raquel e você Rebeca. Não deveria ser assim, mas precisava saber notícias dele. — olhou para Lucas, pedindo que falassem em particular.

— Preciso de um café. Me acompanha? Paula, volto em instantes. — A jornalista assentiu, nada compreendendo do que lá ocorria.

No café, Carolina tirou da bolsa um pendrive e entregou-o a Lucas.

— Tiago me pediu que guardasse isso comigo e lhe entregasse caso alguma coisa acontecesse com ele. — As lágrimas escorreram por seu rosto juvenil. — Não sei o que é, mas deve ser algo importante. Fique com ele e faça o que julgar melhor. Faça isso por seu irmão, que, apesar de não admitir publicamente, o ama muito.

— Ele jamais admitiria esse afeto, pois não é de sua índole ostentar sentimentos. — disse ele com um sorriso triste nos lábios. — Como vocês se conheceram? — perguntou Lucas.

— Não foi nada planejado, se é que me entende. Coisas do destino! — seu olhar se tornou sonhador. — Confesso que tentei ficar distante dele, mas foi impossível. Você acredita em reencontros? Como se aquele momento já estivesse fadado a acontecer?

— Acredito. — Pensou em Paula e em tudo que estavam vivendo.

— Não posso perdê-lo. Sei que é um excelente médico, cuide dele e traga-o de volta para mim. — disse isso segurando fortemente sua mão.

— Ele salvou minha vida! Isso foi noticiado? — a pergunta tomou-a de surpresa.

— Não. Estava com Tiago quando alguém lhe telefonou e ele saiu apressado dizendo que precisava impedir algo. Agora entendi! — seus olhos ficaram marejados. — Conte-me tudo! — Lucas narrou todos os fatos que ocorreram na noite anterior. Ao término, ambos estavam emocionados.

— Posso vê-lo! Por favor!

— Venha comigo. — Levou-a até a sala onde ele se encontrava.

Duas enfermeiras lá estavam, acompanhadas de um médico. Ao ver a jovem, tentaram impedir a sua entrada, mas Lucas interveio:

— Deixem-nos a sós apenas alguns instantes. Qualquer alteração, eu lhes comunico. Podem confiar em mim. — Era Dr. Lucas quem solicitava.

Carolina se aproximou de Tiago e segurou sua mão, beijando-a ternamente.

— Meu querido, fique comigo. Preciso tanto de você!

Os batimentos cardíacos de Tiago se aceleraram ao ouvir a voz da jovem. Era como se ele soubesse da sua presença. Lucas ficou atento, vibrando intensamente pela recuperação do irmão. Ele confiava que seu quadro se alteraria a qualquer instante.

Carolina ficou ao lado dele, segurando sua mão, até que o inesperado aconteceu. Tiago abriu lentamente os olhos e viu a figura angelical a sua frente.

— Eu morri? — sua voz ainda era fraca. Olhou ao lado e viu o irmão que lhe oferecia um sorriso terno.

— Não, Tiago, ainda se encontra em nosso mundo. Agradeço o que fez por mim!

— Você é inocente nesta história. Não poderia permitir que mal algum lhe ocorresse. — Encarou a jovem fixamente. — O que faz aqui?

— Antes de sair apressado, você me disse uma coisa que ainda não me dera conta. Falou que me amava. E é exatamente isso que eu sinto por você: te amo, querido! Estarei ao seu lado em qualquer circunstância, entendeu? Vou esperar você pelo tempo que for necessário. E não adianta me mandar embora, pois eu não irei. Sou mais teimosa do que pareço.

— Você é louca! É o que eu posso dizer! Tantos homens e foi escolher justamente eu! Não sabe o que está dizendo. — Sua voz silenciou. Fechou os olhos por instantes, como a recuperar as energias. — Fez o que te pedi?

— Fiz, meu querido, agora descanse. Se Lucas permitir, ficarei aqui com você.

— Somente quando ele for para o quarto e espero que seja breve. — disse Lucas.

Uma enfermeira entrou no quarto e, com o olhar, indicou que precisavam sair.

— Lucas, o que tem em mãos é algo explosivo. Cuide-se! Não estarei por perto para lhe proteger novamente. Não sei se estarei vivo amanhã, então se isso acontecer, faça com que tudo tenha valido a pena. — E fechou os olhos adormecendo. Carolina olhou aflita para o médico e questionou-o.

— Ele está bem?

– Só precisa descansar. Seu quadro ainda inspira cuidados, porém já despertou, o que foi um progresso. Vamos deixá-lo se recuperar plenamente.

– Ele corre risco de morrer? – perguntou ela.

– Todos nós, Carolina. Basta estarmos vivos! Ele está fraco e tem um longo caminho para sua recuperação. Confiemos! – saíram do quarto, retornando ao grupo.

Sérgio chamou Lucas e pediu que conversassem em particular.

– Quando puder e sentir-se em condições, precisamos tomar seu depoimento. O clima está tenso e os advogados dos dois homens presos estão tentando anular as acusações, usando os métodos mais ardilosos. Seu depoimento será crucial no decurso do processo. Se quiser, posso pedir que venham até aqui. – disse ele solícito.

– E como fica a situação de Tiago? Algo se alterou?

– Infelizmente, não. No entanto muita coisa pode mudar quando seu irmão puder dar a sua versão dos fatos. Por que ele estava lá? Quem o informou que haveria novo atentado? Essas informações são essenciais para entendermos o grau de comprometimento desse grupo no atentado contra você. E como está Tiago agora? – perguntou Sérgio.

– Como médico, tenho que admitir a gravidade de seu estado. Como irmão, estou ansioso para que se recupere e minha intuição diz que isso irá ocorrer. – Decidiu que ainda era precoce falar acerca do pendrive em seu poder. – Acredita que poderão fazer algo contra meu irmão ou qualquer um de nós? – a indagação direta o perturbou.

– Não se pode descartar nada. Hoje, temos a confirmação de que esse grupo não abriga somente políticos corruptos e advogados desprovidos de ética, mas também assassinos. Mediante essa constatação, podemos esperar tudo deles. Entretanto temos um trunfo em nossas mãos: sua namorada. – disse ele com um sorriso. O olhar de espanto que Lucas ofereceu fez com que

Sérgio explicasse melhor. — Ela é uma jornalista investigativa e sabemos o que tem combatido nestes últimos meses. Paula saberá colocá-los na berlinda e assim impedir que eles planejem nova ofensiva. Ela conseguirá conectá-los ao atentado. E posso afirmar que adorará realizar essa matéria. Fique tranquilo, pois, depois do que tenho em mente, eles permanecerão em total recolhimento. Qualquer ação indevida contra algum de vocês poderá atestar sua participação, e isso seria desfavorável aos seus propósitos. Confie em mim! Chame-a aqui e conversamos.

— Tem certeza de que irá envolvê-la novamente neste jogo sujo? — disse Lucas receoso.

— Sabemos até onde podemos ir. Não se preocupe. Na verdade, foi uma estratégia evitar especulações sobre o esquema e Lobato, chefe de Paula, decidiu cooperar. Tenho absoluta certeza de que ele irá aprovar essa matéria. Tudo é complexo e precisamos avaliar cada passo que damos. Bem, mas se preferir mantê-la distante, podemos encontrar outro jornalista.

— Paula jamais me perdoará se assim agir. — Pegou seu celular e a chamou até seu consultório. Quando ela chegou, Sérgio se encarregou de passar todos os detalhes dessa nova ofensiva. Ao fim das explicações, Paula estava com um sorriso radiante.

— Deixe tudo comigo. Vou apenas contatar Lobato e contar-lhe o que pretendemos.

— Não será necessário. Falarei com ele agora mesmo. Com licença. — E saiu de lá, deixando os dois jovens sozinhos.

— Tem certeza de que pretende participar disso? — perguntou Lucas apreensivo. — Tenho tanto medo de que algo possa advir dessa atitude! — havia tensão em seu olhar.

— Você passou por momentos delicados, querido. Em seu lugar, também estaria reticente quanto a isso. Eles são desprezíveis e capazes de tudo para saírem ilesos dessa trama, tecida por eles próprios. Nada irá acontecer comigo ou com ninguém mais. Já basta de tantas ações nefastas. Tem que ter um fim! Se o povo soubesse uma ínfima parcela da podridão que se oculta nesse meio, talvez se empenhassem mais em conhecer aqueles que elegem para seus governantes. É um jogo sórdido, em que apenas os próprios interesses é que contam. Sinto dizer isso, mas seu pai era conivente com essa trama. Seu irmão compactuou com ele, participando também desse conluio. Não consigo compreender o que o fez mudar radicalmente seus pontos de vista. Quem era aquela jovem?

– Carolina foi o anjo enviado por Deus para despertá-lo para as baixezas que estava cometendo, comprometendo sua existência. Os dois estão apaixonados e acredite: ele está mudado. Seu comportamento, colocando-se a minha frente durante o atentado, é prova irrefutável de que ele mudou.

– Gostaria muito de acreditar em suas palavras, mas ainda acho improvável que essas mudanças sejam efetivas e em tão pouco tempo. Nenhum ser é capaz de realizar tantas transformações em suas condutas. Nem que um anjo se apresente a ele. – disse Paula com um sorriso nos lábios. – Não se fie tanto nisso, pois pode se decepcionar.

– Não creio! Sei que ele está tentando se modificar e isso é que fará toda diferença. – Neste momento, Átila se apresentou à sua frente com seu olhar tenebroso, dizendo em altos brados:

– *Você o tirou de mim! Ele não mais me atende as solicitações! O que fez com ele?* – aproximou-se de Lucas que o via com toda nitidez. A força das suas palavras o deixou sem ação, sentindo-se fraco, como se todas as suas energias lhe tivessem sido sugadas instantaneamente. Seu coração batia de forma descompassada e permanecia estático, como se paralisado por aquele demente ser.

Paula viu o estado catatônico que Lucas apresentava e ficou aflita:

– Lucas querido, fale comigo! O que está acontecendo? – segurou suas mãos que estavam geladas e molhadas de suor. Achou que ele poderia estar tendo algum problema e saiu de lá para buscar ajuda. Enquanto isso, a situação perdurava. Lucas tentava encontrar uma solução para conter Átila, mas sua mente parecia vazia e sequer conseguia fazer uma prece mental. A única coisa que conseguiu pensar foi em sua mãe. E, no mesmo instante, Luiza e Celeste apareceram e olharam com compaixão para Átila.

— *Por que insiste em lhe fazer mal?* — perguntou Celeste.

— *Saiam daqui! Vocês não irão me prender novamente em suas teias. Ele está frágil e eu consegui dominá-lo como há tempos pretendia.*

— *Sabe que não é assim que funciona, Átila. O poder da luz supera o seu e podemos a qualquer momento fazê-lo cessar. Porém gostaríamos que isso fosse de forma natural, não como uma imposição. Sabe que seu tempo de permanência na espiritualidade está chegando ao término. Em breve, terá que reencarnar e isso ocorrerá com ou sem a sua aprovação. Todos teremos que evoluir, essa é a lei do progresso a que todo ser se submete. Não seria diferente com você. No entanto seria preferível que isso ocorresse de forma espontânea, com seu consentimento. Deixe Francesco e Pietro livres de seu assédio. Eles terão essa oportunidade de refazer seus caminhos equivocados. E, dessa vez, Valentina estará com ele, com a oportunidade de viver seu grande e inesquecível amor, que você lhes tirou.* — Ao falar o nome da irmã, Átila olhou para Celeste e perguntou:

— *Por que fala tanto dela? Onde ela está?* — pela primeira vez, sentiu-se tocado pelas lembranças que o tempo não foi capaz de apagar.

— *Ainda não a reconheceu? Ela é Paula, que hoje acompanha nosso Lucas, ou se preferir, Francesco. Permita que ela seja feliz, desta vez! Faça isso pelo imenso amor que traz em seu coração. Ambos merecem a felicidade, mesmo que tardia. Não acha?*

Ele se calou e ficou reflexivo, como a analisar as palavras de Celeste. Neste instante, Paula adentrou à sala e correu para perto de Lucas, que ainda estava pálido, porém mais refeito. Ela o abraçou e as lágrimas escorriam por seu rosto.

– Lucas querido, você está bem? Fale comigo! Tenho tanto medo de perdê-lo! – e o prendia fortemente em seus braços. Lucas respirava pausadamente e não viu mais Átila.

– Foi como se eu estivesse preso em mim mesmo! – olhou para os lados dizendo. – Ele agora se foi! – foram suas palavras. Mesmo sem entendê-las, Paula o retinha perto de si, como se algo pudesse lhe ser tirado.

– *Viste o mal que intentava fazer contra sua própria irmã?* – perguntou Celeste.

Átila se aproximou de Paula e tocou seus cabelos com delicadeza e, neste momento, viu Valentina à sua frente com seus longos cabelos encaracolados e seu rosto de rara beleza.

– *É ela! Como não a reconheci antes? Isso não será bruxaria de vocês, com a intenção de me enganar?* – ele a olhou novamente e constatou: – *Não, é ela mesma. Como está bela! Eles ficarão juntos desta vez?*

– *Se você não tentar nada que os impeça. Sim, eles ficarão juntos para dar prosseguimento ao que deixaram em suspenso naquela ocasião.*

– *Ela merece ser feliz! Eu a amo tanto! Não deveria ter-lhe imposto me acompanhar! Eu me arrependi, mas já era tarde demais! No momento derradeiro, eu vi seus olhos me encarando como a dizer que me perdoava! Sem mágoas, sem acusações, apenas uma dor pungente!* – as lágrimas escorreram por seu rosto, que até seu semblante perdeu a dureza que antes imperava. – *Ela me perdoou!* – o choro convulsivo assomou.

– *Deixe-os viver a felicidade, meu amigo! Nós te ajudaremos a prosseguir em sua jornada. Estamos aqui para isso!*

– *Mas e ele? E tudo o que fez? Ficará impune?* – Perguntou entre lágrimas.

– *Você ainda crê que Francesco agiu contra os princípios de ética? Ele sofreu com sua decisão, mas o que estava em jogo* eram os interesses maiores. Aquelas pessoas dependiam dele. Era a única esperança de salvação. Ele jamais traiu seu ideal! – Átila ainda relutava em aceitar a ajuda que lhe era oferecida.

– Pense em Valentina, meu amigo. Ela merece a felicidade desta vez. – Ele olhou para a irmã abraçada ao seu suposto verdugo. Viu a cumplicidade que emanava entre eles e rendeu-se

– Farei isso por ela! – a entidade baixou o olhar permitindo que as lágrimas rolassem.

– Venha conosco! – as duas mulheres ampararam Átila, que se deixou levar passivamente por elas.

Luiza se fez presente para o filho e disse:

– Agora tudo será diferente, meu filho! Seja feliz! – com um sorriso iluminado, ela saiu, deixando um rastro de luz e emoção em Lucas, que repetiu as palavras a Paula:

– Agora tudo será diferente! – abraçou-a com toda paixão retida há tanto tempo. Desta vez, tudo seria realmente diferente. Eles ficariam juntos e teriam a oportunidade que há tempos lhe foi tirada.

– Não sei o que aconteceu nesta sala, querido. Mas sinto o mesmo: tudo será diferente daqui em diante. – disse ela ainda abraçada a Lucas. Naquele momento, Henrique adentrou à sala e perguntou:

– Você está bem, Lucas? O que aconteceu? – olhou o amigo com preocupação.

– Paula exagerou. Está tudo bem! – esboçando um sorriso sereno.

– Creio que deva pedir aumento de salário por todo trabalho que você dá. Sente-se! – sem que ele pudesse impedir, passou a examiná-lo detidamente. – Parece bem, apenas sua pressão está alta. Algum novo problema?

– Chega de situações complexas. Acredito que isso tenha se encerrado. E Tiago?

– Sua situação está estável e confio que esteja fora de perigo. Estou indo vê-lo, vem comigo?

Lucas assentiu e Paula pediu para permanecer por lá, para iniciar sua matéria. Precisava de um lugar tranquilo para escrever.

– Aqui não terá interrupções. Fique à vontade! – os dois médicos saíram, deixando a jornalista entretida em sua reportagem. Necessitava de toda concentração. A tarefa a ela designada era de grande complexidade, porém acreditava em sua capacidade.

Enquanto isso, o jogo do poder não dava tréguas e as conspirações continuavam. Eles jamais se renderiam e não seria um mero advogado que iria atrapalhar seus planos. Articulavam em estâncias superiores, resgatando os favores antes oferecidos e que não eram recusados. A situação era tensa, no entanto contavam com o apoio dos mais poderosos, que, a uma simples palavra, poderia colocá-los em um estado de tranquilidade.

Entretanto não se pode esquecer de que um poder superior a todos ainda prevalece e nada passa despercebido aos Seus atentos olhos. O mal pode tentar mostrar suas afiadas garras, porém nada se compara à luz intensa da verdade e do bem!

Cada um dos lados se preparava para a grande batalha que iria ocorrer. Quem venceria?

Os próximos acontecimentos comprovariam qual lado era mais forte!

Capítulo 34

DIFÍCIL DECISÃO

Os dias se seguiram... O estado de saúde de Tiago ainda permanecia delicado, mas as melhoras eram visíveis. Gradativamente, ele se recuperava, para alívio de todos. Porém ainda se recusava a dar qualquer declaração acerca do incidente em que quase perdera sua vida. Artur visitava o hospital diariamente, na esperança de conseguir provas do envolvimento do grupo no atentado, mas Tiago estava resistente a falar.

Paula escreveu a matéria que Artur lhe solicitou e a repercussão foi a esperada. Apenas uma nota curta e pouco incisiva, lamentando a violência que o país enfrentava e ninguém estava imune a ela. Foram reticentes quanto à acusação, pedindo empenho por parte dos órgãos afins para a resolução desse hediondo incidente e, assim, tudo fosse esclarecido. Nenhuma tentativa de defesa, o que seria admitir a própria participação.

Era o que todos esperavam que acontecesse, em especial Sergio e Artur. Mesmo assim, a segurança dos envolvidos não foi relaxada, sendo um grupo designado para permanecer no hospital.

Lucas, praticamente, se mudara para lá, acompanhando o restabelecimento do irmão. Carolina visitava Tiago todos os dias, juntamente com Rebeca, que não poupava cuidados para o sobrinho. Num raro momento de descontração, ele disse à tia:

— Rebeca, sei que seu carinho é genuíno, mas não mereço por tudo que já lhe causei.

— Sabe o quanto o amo, meu querido. Quando amamos verdadeiramente, não buscamos motivos para amar. Simplesmente, amamos! Você estava distante, evitando demonstrações de afeto, mas meu carinho sempre prevaleceu. Você fez escolhas equivocadas e terá que arcar com elas, mas quero que saiba que estarei sempre ao seu lado. — disse ela com seriedade. O advogado encarou-a fixamente e disse:

— Arcarei com todas elas, se tiver tempo para isso. — Seu olhar se fechou por instantes e Rebeca percebeu que ele ocultava algo.

— O que pretende dizer com essas palavras? — questionou.

— A situação é complexa, Rebeca. Não faz ideia do que são capazes.

— Eles te ameaçaram de alguma forma? — a curiosidade imperava.

— Esqueça o que eu disse e não fale nada disso para Carolina. — Ao falar seu nome, seu olhar se iluminou novamente.

— Você a ama? — perguntou ela com um sorriso.

— Mais que a minha própria vida! No entanto sinto que ela apareceu tarde demais. — E baixou seu olhar.

— Não fale assim, querido! Tem uma vida inteira pela frente. Resolva suas pendências legais. Sei que ela irá esperar o tempo que for necessário.

— Não sei se terei tempo para isso. — No exato instante, Lucas entrou na sala.

— Tempo para quê? – questionou ele.

— Rebeca, poderia nos deixar a sós? – perguntou Tiago com a expressão séria.

A tia ia dizer algo, mas, a um sinal do médico, decidiu deixá-los.

Tiago tentou levantar-se, porém foi contido pelo irmão.

— Vá com calma, rapaz. Sua recuperação está evoluindo favoravelmente, não faça nada que possa comprometê-la. – Tiago sorriu para o irmão.

— O doutor é quem manda aqui. Fique tranquilo, não vou fazer nada que possa me prejudicar. Quero te mostrar algo. – E tirou debaixo do próprio corpo um pequeno papel, entregando-lhe. Lucas pegou e leu o bilhete, contraindo seu semblante.

— Como isso chegou até aqui? – estava apreensivo.

— Estava sob um copo de água. Sabe o que isso significa? É uma ameaça clara, tentando me intimidar. Não posso trazer mais problemas a vocês. Permanecerei em silêncio. Diga a Artur que não darei declaração alguma sobre o que ocorreu. – Ele viu o olhar que Lucas lhe direcionou.

— Não pode fazer isso! É tudo que eles desejam! Ter você sob controle! Vai se render a eles tão facilmente? – Lucas o encarava com indignação.

— Todos correm perigo por atos que eu, deliberadamente, pratiquei. Ninguém me forçou a nada. Foram escolhas que eu fiz para minha vida e, agora, terei que arcar com o ônus delas. Mas, não colocarei vocês em perigo. Carolina precisa estar sob intensa vigilância, é só o que posso pedir a vocês. Cuide dela se algo me acontecer e faça o que for necessário com aquilo que lhe entreguei. – Não havia temor, apenas uma resignação.

— Eles sabem que está vulnerável, não se submeta passivamente. Reaja! Eles estão atemorizados com a perspectiva de você contar o que sabe.

— Não vou traí-los!

— Eles já o fizeram! Ainda não percebeu?

— Não sou como eles! Apesar de todos meus atos ilícitos e vis, preservo meu direito a manter minha ética, se é que assim posso denominá-la.

— Você vai se recuperar, sair daqui e contar tudo como realmente ocorreu. – disse Lucas.

— Por que ainda não desistiu de mim, doutor? – havia certa curiosidade em seu olhar. – Depois de tudo que já lhe fiz, ainda perde seu tempo comigo? Não o entendo!

— Porque o amo! Jamais desistirei de você, foi o que prometi a nossa mãe. Ela sempre confiou em sua reabilitação, se assim posso chamar. – E sorriu.

— Será que ela me perdoou? – seu olhar se entristeceu profundamente. – Fui eu o responsável por sua morte! – as lágrimas escorreram.

— Não diga bobagens! Mamãe morreu por um fatídico acidente. Apenas isso!

— Não foi bem assim. – e contou-lhe o segredo que o atormentou por tantos anos. Lucas apenas ouviu o relato sem nada dizer. Ao término, ele acrescentou:

— Era isso que tanto o torturava todos esses anos? – seu olhar era límpido.

— Ela ainda poderia estar entre nós! Eu fui o responsável pela sua saída intempestiva. Fui pérfido com ela! Disse coisas abomináveis, pelas quais jamais irei me perdoar. – Lucas viu o tormento em seu olhar e se compadeceu.

— E continuou atacando os outros como forma de amenizar sua própria dor. Era isso que mamãe dizia sobre você. – Pegou a mão do irmão entre as suas. – Se alguém o conheceu nesta vida, essa pessoa foi ela. E sei que mamãe o amou intensamente, Tiago. E quem ama, não precisa perdoar. – Viu o olhar confuso que o irmão lhe ofereceu. – Nossa mãe foi uma das pessoas mais amorosas e justas que conheci em minha vida. Ela conhecia cada criatura em todo seu âmago. Jamais iria sentir-se ofendida por algum gesto seu, pois ela sabia que cada criatura só oferece ao outro o que traz em si mesmo. Não exigiria de você o que ainda não tinha condições de dar, portanto, onde ela estiver agora, certamente dirá: "Tiago, siga em frente, deixe essa bagagem inútil que apenas o sobrecarrega em demasia, impedindo-o de ser feliz!" – Ao lado dele, Luiza o envolvia em sua energia amorosa, proferindo essas palavras, que Lucas recebia e repassava ao irmão de forma inconsciente. Em seguida, abraçou carinhosamente Tiago e disse em seu ouvido: *"Eu o amo, meu querido. Seja feliz!"*. Depois, abraçou Lucas e saiu de lá com um radiante sorriso nos lábios. A emoção predominou entre os dois irmãos e Tiago chorou como nunca se lembrara de ter chorado algum dia em sua vida.

– Não tem outro paciente para tratar? – disse ele entre lágrimas.

– Tenho, mas você é especial! – foi até ele e o abraçou, como sempre desejara fazer em toda sua vida e nunca conseguira. Tiago recebeu o abraço e assim permaneceu.

– O que vai acontecer comigo? – essa pergunta ele não sabia responder.

– Não sei, meu irmão, mas saiba que estarei ao seu lado em qualquer situação! – disse ele selando definitivamente o pacto de fraternidade que, no passado, havia sido rompido. Novas ações são necessárias para reverter processos dolorosos e aflitivos, que persistem mesmo após o reencarne. Esse era um desses casos, que somente foi possível, pois o amor prevaleceu, com sua força inaudita, capaz de sobrepor-se a todos os entraves existentes. Ambos necessitavam estar juntos novamente e resgatar as dívidas contraídas em encarnações anteriores. A força do amor foi definitiva para a reabilitação desses dois espíritos, mas poderia ter sido diferente... Cada ser é responsável por suas escolhas!

O momento idílico foi quebrado com a entrada de Carolina, que ficou perplexa com a cena à sua frente. Um sorriso se delineou em seu rosto juvenil dizendo:

– Era tudo o que esperava ver! – elevou seu olhar para o alto, como se agradecesse.

Tiago olhou fixamente para o irmão e disse:

– Não se esqueça do que eu lhe pedi. – Referindo-se à segurança da amada.

– Digo-lhe o mesmo! – encarou o irmão com o semblante tenso. – Pense sobre o que conversamos. Daqui a alguns dias, terá alta e não poderá mais fugir de Artur. Seu depoimento precisa ser efetuado para sua própria garantia. Estamos juntos nessa, jamais se esqueça! – e saiu. Carolina encarava Tiago e percebeu que algo acontecera entre os irmãos, sentindo que a dissensão entre eles se encerrara definitivamente. Seu olhar estava sereno, como jamais vira. Ficou empolgada com o fato ocorrido e queria saber mais, porém as palavras de Lucas a deixaram de sobreaviso.

– Creio que temos algo a conversar! – disse ela seriamente.

– Ainda não me sinto preparado para isso. – brincou ele alegando o estado debilitado.

– Conversei com Rebeca e sua situação é complicada, querido.

– Minha situação não comporta avaliações favoráveis, sinto lhe dizer. – Ia falar algo, mas ela o enfrentou com seus cativantes olhos.

– Escute o que vou dizer. Artur está lá fora aguardando um depoimento seu, que você fará em alguns minutos. Pare com essa relutância em aceitar o inevitável. Você não tem escapatória, terá que fazer um pronunciamento e espero que tenha provas irrefutáveis do envolvimento desse grupo no atentado contra seu irmão. Faça o que é necessário!

– Sabe que se eu fizer isso estarei assinando minha sentença de morte. É isso que deseja?

– Converse com Artur e conte-lhe seus temores. Creio que exista uma solução à nossa frente e não estamos conseguindo enxergar. – Havia súplica em seu olhar.

Tiago virou de lado para que ela não visse seu abatimento. Não havia nada que pudesse fazer, pois selara seu destino quando decidiu participar desse pérfido jogo de poder. Por mais que o irmão o apoiasse irrestritamente, tal aprovação era muito pouco perante o que poderia advir. Seus temores não eram contra sua vida, mas de todos aqueles que amava, em especial Carolina. Jamais se perdoaria por ter mais uma morte em seus ombros. Tentava raciocinar, mas a impotência o dominava. Estava definitivamente de mãos atadas e preferia ficar em silêncio, poupando-os de dissabores maiores. Rememorou suas condutas desde que o pai o introduzira em suas questões políticas. Havia cometido tantos desregramentos desde então, que se a justiça encontrasse elementos sólidos, teria muito a responder. E a expiar! Fechou os olhos, lamentando suas escolhas, sua ambição desmedida, sua prepotência em julgar-se acima dos valores éticos e morais. Por que não observara tudo isso antes? Por que somente pôde constatar sua desprezível condição após Carolina aparecer em sua vida? Sentiu-se cansado e com um desejo insólito de voltar ao passado e fazer tudo diferente! Porém sabia que isso não seria possível. O passado não volta! Retornou seu olhar a Carolina que o encarava com tanto amor, sentindo uma enorme vontade de desaparecer dali. Tentava impedir as lágrimas, que insistiam em verter. A jovem vendo seu estado correu a abraçá-lo.

— Tem que haver um jeito, meu amor! Tenho fé e precisa ter também! — Tiago permaneceu calado, sentindo suas energias se esvaindo lentamente. Estava exausto de tanto lutar por uma causa que julgava perdida. Contra eles, não tinha chance alguma.

Não sabia como reverter tal situação.

Lá fora, Lucas encontrou a tia conversando com Sergio. Ela parecia alterada, gesticulando muito. Aproximou-se dos dois e viu a aflição no olhar de Rebeca.

— Lucas, a situação agora fugiu ao controle. Sergio veio até aqui com a intenção de prender seu irmão. Não há nada que ele possa fazer para impedir a detenção. — Viu a perplexidade no olhar do médico, que se voltou para Sergio, como a pedir explicações.

– Recebemos um material detalhado acerca do envolvimento de Tiago na morte daquela jovem. Isso precisa ser esclarecido e ele terá que dar seu depoimento. Sua recusa nesse sentido não o poupará da prisão. Veja bem, isso não impede que ele faça sua delação, entregando a documentação que sabemos estar em posse dele. A quadrilha não medirá esforços para jogar toda a responsabilidade sobre o advogado que, de forma arbitrária e com intenções indignas, tentou incriminar pessoas de bem, que zelam pelo povo. Seria algo parecido com isso, Lucas. Abominável e injusto, mas seria dessa forma. No entanto essa situação pode ser revertida se ele contar o que sabe. Seu irmão é inteligente e hábil, capaz de ter documentado tudo que julgou importante. Sabemos que os valores desviados não se encontram mais aqui e ele, certamente, tem conhecimento de onde estão. Ouça bem, a única saída para Tiago é essa. Ele sairá daqui para prestar depoimento acerca de seu envolvimento na morte dessa jovem, aquela que lhe entregou a gravação. Não podemos descartar o envolvimento dele nessa morte, afinal, ele estava se preservando de um mal maior. Sabemos que não foi um acidente, embora pareça. Não encontramos nenhuma prova de que seu irmão esteve no apartamento dela, mas ele pode ter sido o mandante desse crime. Não podemos fechar os olhos a essa possibilidade. O Tiago de hoje, ou que pelo menos aparenta ser, não foi o mesmo que já causou tantos problemas com sua arrogância e pretensão. Sinto muito pelas palavras duras, mas vocês precisam enxergar a situação de forma objetiva. Esse material que chegou até nós pode ter sido preparado com a finalidade única de desacreditá-lo, caso ele aceite negociar uma delação. Um criminoso não merece muita complacência. Farei tudo ao meu alcance para desvendar esse crime e, caso seu irmão tiver participação nisso, eu irei descobrir. Por outro lado, se foi uma armação com a intenção apenas de incriminá-lo, saberemos como agir. – Lucas ouvia as palavras de Sergio e sabia que estavam fundamentadas na verdade. Não tivera oportunidade de conversar com Tiago acerca da morte de Leila. Seria ele capaz de arquitetar um crime apenas para se preservar? Sentiu um arrepio por todo o corpo. Isso era algo possível? Seria ele um criminoso frio? Não poderia descartar essa possibilidade, mas tinha de admitir que essa suspeita era algo extremamente sombrio e perturbador.

– Aguarde que ele esteja em melhores condições. – Rebeca suplicava. Sergio a abraçou ternamente, tentando que ela se acalmasse.

– Vou conversar com Tiago a sós. Ele se encontra em condições? – perguntou a Lucas, que estava pensativo acerca do que acabara de ouvir.

– Ele terá alta em alguns dias o que significa que seu quadro é estável. O que irá acontecer com ele? – havia tensão em seu olhar.

– Tudo irá depender do que ele disser. Posso falar-lhe agora?

Lucas não respondeu, apenas assentiu e o levou até o irmão. Ao ver Sergio, as feições de Tiago se endureceram. Pediu a Carolina que os deixassem a sós. Os dois se entreolharam, sem desviar o olhar, mostrando ambos a força de que cada um era portador.

– Não posso mais adiar nossa conversa, Tiago. Sabe quem eu sou? – perguntou Sergio.

– Sei. Já ouvi falar muito de você. Não teme andar sem proteção nestes tempos de guerra? Eles conhecem cada passo seu e de seu grupo.

– Eu sei e não tenho medo algum. Sei muito acerca de vocês também. Assim como possuímos informantes desleais ao nosso ideal maior, vocês também têm seus traidores. Aqueles que julgam eterna lealdade, há algum tempo, já mudaram de lado.

Não pense que podemos depender apenas da sorte. Há muito trabalho sendo feito por pessoas comprometidas à causa. – E sorriu. Tiago não o conhecia pessoalmente, apesar de saber detalhes sobre sua vida que ele sequer suspeitava. Gostara dele e seria um grande aliado em outros tempos. E em outras situações. Ouviria o que ele tinha a lhe dizer e, depois, decidiria o que iria fazer sobre seu destino, que se mostrava sombrio em qualquer perspectiva que visualizasse.

– O que deseja saber? – Tiago o encarava fixamente.

– Não estou aqui oficialmente. Ainda. – Ele viu que seu olhar ficou curioso. – Essa é outra história que Rebeca se encarregará de lhe confidenciar. Estou aqui por ela, se isso faz alguma diferença. Sei o quanto ela se preocupa com o seu futuro, que sabemos não é muito alentador. Porém pode ser menos dramático, a escolha será sua. Artur está encarregado de ouvir seu depoimento e o fará em breve. Não pode mais adiar. O que me trouxe aqui é outro fato que preciso averiguar. Conte-me o que sabe sobre Leila. – O olhar de Tiago endureceu, sentindo novamente o peso do remorso sobre seus ombros. Não era para ter sido daquela forma. O que aconteceu não estava planejado, foi um acidente trágico, que ninguém jamais acreditaria. Ela estava de posse de algo sumamente importante aos seus propósitos e do grupo. Se aquilo fosse divulgado, a consequência seria desastrosa. Algo que, agora, não tinha mais tanta importância. Ela morrera e nada faria com que esse fato se alterasse. Sonhara com ela nos últimos dias e acordara sobressaltado. Ela apenas o olhava e nada dizia. Mas seu olhar acusador o perseguia insistentemente. Queria que ela soubesse que não dera ordem alguma para o desfecho trágico. Havia sido um acidente! Os dois se engalfinharam e ela tropeçou na mesa caindo sobre ela. Foi assim que Salvador relatara e Tiago assim acreditava. Ele apenas solicitara-lhe que reouvesse a gravação a qualquer custo. Não era para ter sido dessa maneira! Sentiu um profundo arrependimento por suas ações, mas não tinha como revertê-las. Teria que arcar com o peso do remorso até o fim dos seus dias. Bem, se o que sua tia e irmão acreditavam era verdadeiro, talvez isso o perseguisse até o outro lado da vida. Só de imaginar seu destino, sentiu-se enjoado, como se o ar lhe faltasse. Suas feições ficaram lívidas e Sergio se preocupou. – Está sentindo algo? Quer que eu chame seu irmão?

Ele respirou pausadamente e, aos poucos, sentiu-se retomando seu controle.

– Não é preciso. Estou bem! O que pretende saber sobre Leila?

– Qual a sua participação nesse suspeito episódio? – a pergunta foi direta.

– Eu pedi a um colaborador que fosse até ela solicitar que devolvesse a gravação. Os fatos decorrentes não foram planejados. Foi um terrível e inesperado acidente. É tudo o que posso dizer-lhe. Não decretei a morte dela se é isso que supõe. – Não havia mais como escapar dessa fatalidade e decidiu encarar seu destino.

Sergio ficou observando-o atentamente, procurando decifrar se ele dizia a verdade. Havia franqueza em seu olhar, agora mais sereno e sem a arrogância de outrora. Pegou alguns papéis e entregou a Tiago. Conforme lia o conteúdo, suas feições enrijeciam. Eram torpes demais, capazes de tudo para saírem ilesos de qualquer acusação. E, de quebra, arquitetar um golpe baixo e desprezível contra ele, antes o mais fiel e competente aliado. Agora, ele seria o bode expiatório. A indignação assomou! Não iria finalizar sua vida assim! E Salvador fora capaz de traí-lo, mentindo acerca de tudo o que lá aconteceu? Não queria acreditar no que estava acontecendo com ele! A raiva se apoderou dele e seu desejo era sair dali e enfrentar aqueles miseráveis!

Capítulo 35

UM NOVO ENTRAVE

— Isso é uma pérfida mentira! — afirmou Tiago com as feições contraídas.

— Era o que eu imaginava. Tem como provar? — a pergunta o perturbou. Como comprovar que sua palavra merecia crédito e a deles não? Essa constatação o deixou irritado!

— É a minha palavra contra a dele! Salvador está mentindo e deve ter ganho um bom dinheiro para dizer essa infâmia. Não o culpo, pois, certamente, foi ameaçado também. — Essas palavras deixaram Sérgio curioso.

— Ameaçado também? Eles estão tentando intimidá-lo aqui dentro deste hospital? — seu semblante agora estava tenso. — Quando isso aconteceu? — perguntou sem esperar que ele pudesse negar o fato. — Não esconda nada, Tiago. Sua segurança foi rompida e creio que a situação possa fugir do controle. Vai sair daqui direto para um local seguro. Mas preciso de fatos sólidos, pois só assim conseguirei cuidar de sua defesa. O que pode oferecer?

Tiago estava relutante em mostrar-lhe o bilhete ameaçador, mas, nesta na altura dos acontecimentos, não deveria ocultar nada. Entregou o pequeno papel a Sergio, que lhe devolveu um sorriso de contentamento. – Quando isso chegou até você?

– Ontem à noite. Apenas Lucas tem conhecimento disso.

– Cuidarei da sua segurança. – disse ele com ênfase.

– Não é minha vida que está em risco. É a de todos que eu amo! – havia tanta dor em seu olhar que Sergio se compadeceu dele.

– Não, Tiago. Eles apenas estão intimidando-o para que permaneça em silêncio. O alvo é você desde o início. Sabemos com quem estamos lidando. Desejam mantê-lo calado e, pelo visto, é o que estão obtendo. Você está sozinho, ainda não percebeu? Para que manter sua lealdade a esse grupo que deseja vê-lo totalmente inerte? Sua vida está em risco e, novamente, irei insistir para que conte tudo o que sabe. Quanto a Leila, tem algo que possa invalidar essas provas? – o jovem ficou pensativo por instantes.

– Infelizmente, não. É a minha palavra contra a dele. Coloque-nos frente a frente. Quero que ele diga tudo isso olhando em meus olhos. – Havia força em suas palavras.

– Poderemos providenciar, mas, até isso acontecer, preciso mantê-lo sob proteção. Artur virá tomar seu depoimento mais tarde. Como disse, minha visita não é oficial. Conte-lhe tudo o que sabe acerca desse assunto. Esse homem que o acusa de mandante será chamado novamente a depor e tentaremos confrontá-lo com novas provas. As que você irá oferecer. – Sergio encarou-o fixamente e finalizou: – Contamos com sua colaboração. Nós sabemos que detém provas convincentes que podem amenizar seu envolvimento nesse sórdido esquema. E eles também! A urgência deve prevalecer para que todo nosso

SEMPRE EXISTE UM CAMINHO

trabalho não seja inviabilizado. Existe o risco de o dinheiro ser desviado de seus respectivos lugares?

— Sim, porém temos como saber a rota tomada. Não é tão simples burlar as regras fiscais. As leis internacionais não são tão obsoletas a esse ponto. Não se pode, simplesmente, fazer desaparecer o montante que lá se encontra. Não vejo essa possibilidade. De qualquer forma, basta seguir o rumo do dinheiro desviado desde a sua fonte. Ele deixa rastros! — havia um sorriso em seu rosto. — Cuidar disso era uma das minhas tarefas.

— Bem, essa parte do problema pode ser solucionada, mas precisamos que você revele o nome dos envolvidos. — Seus olhares se cruzaram e Sergio viu a perturbação estampada em Tiago. — Decida-se, antes que o façam por você. E não há como garantir o que irá advir. Essas ameaças podem ser reais.

— Dê-me mais um tempo, é só o que lhe peço. Preciso estar convicto de que a delação é o que me resta fazer. Depois que isso acontecer, não terá volta. Não é uma decisão fácil. Estou envolvido nisso tudo e tenho grande responsabilidade no rumo que se seguiu. Sei que não ficarei isento de responder legalmente por minha parcela nesse conluio.

— E, talvez, criminalmente. — Sergio referia-se à jovem morta. — Aliás, ainda tem uma questão pendente e não posso me eximir de perguntar: e quanto a Paula? Qual foi seu papel nessa história? Sabia que eles planejavam assassiná-la?

Tiago empalideceu perante a pergunta. Obviamente, que ele sabia sobre os planos de impedirem que as investigações prosseguissem, mas seu papel foi apenas de repassar as ordens superiores. Salvador se incumbiu da tarefa, porém ele havia sido conivente com as orientações recebidas. Poderia ter impedido, mas não o fez. Mais um grave equívoco que teria que responder perante o tribunal da sua própria consciência. Não adiantava negar sua participação, pois sentia que Sergio tinha conhecimento de todos os fatos em sua íntegra. Ele sabia de seu envolvimento, caso contrário, não o estaria inquirindo. Era a forma que escolhera de confiar ou não em suas palavras. Sabia todas as respostas, mas precisava que ele assumisse seus erros, contando toda verdade. Virou-se para o lado, não querendo enfrentar o olhar acusador de Sergio.

— Não sou juiz e nem estou aqui para lhe acusar acerca de suas ações ilícitas, pois sabe melhor do que eu tudo o que fez de sua vida. Saiba, porém, que toda ação gera uma reação de igual teor. Paula poderia ter morrido e você responderia por esse crime, tenha sido o autor ou apenas cruzado os braços perante essa barbaridade. Entenda que nada disso ficará impune. A justiça será feita por aqueles que a defendem e você, como advogado, conhece profundamente a lei. Será responsabilizado por sua parcela de contribuição nessa conspiração. Será julgado pelos crimes perpetrados e punido conforme a justiça assim decidir. O problema maior é finalizar essa operação e para tanto necessito de sua cooperação. Te dou até amanhã para se decidir.

— Paula e o outro jornalista estavam marcados para morrer, se é que me entende. Não vou negar que conhecia os planos acerca deles, pois estaria mentindo. Quero que saiba que estou falando a verdade. Não vou me eximir dos erros cometidos e enfrentarei as consequências. Para isso preciso estar vivo!

— E estará! Acredite em mim! Quero muito confiar em você, portanto não faça nada que comprometa essa confiança. Não preciso dizer que está retido aqui até que algo se altere. Até que novas investigações sejam realizadas, você ainda é o principal suspeito da morte de Leila. As visitas serão restritas e terá segurança em tempo integral. Apenas as enfermeiras designadas por Lucas terão acesso a você. Fui claro?

— Sim. Posso pedir-lhe um favor? Sei que não sou merecedor, mas ficarei devendo-lhe. Cuide de Carolina! Ela é muito especial para mim. — Havia muita dor em seus olhos.

— Todas as mulheres estão sob constante proteção. Fique tranquilo quanto a isso. Pense em tudo o que conversamos e faça a melhor escolha. − Acenou e saiu, deixando-o sob o peso imenso de todas as suas condutas equivocadas.

No final do dia, Artur entrou no quarto de Tiago com o intuito de tomar seu depoimento.

Conversaram por mais de uma hora e, ao término, Artur disse:

− Sinto lhe dizer que sua situação é complexa, porém algo aconteceu hoje cedo que talvez modifique o panorama. Salvador foi procurado para prestar os esclarecimentos, afinal, era a testemunha chave desse acidente, se assim posso chamar. Ele, simplesmente, desapareceu! Todos os contatos que ele forneceu são falsos e ouso dizer que deve estar bem longe daqui.

− Ou, talvez, esteja bem perto, mas não pode mais se comunicar. − Tiago disse friamente.

− É uma possibilidade, já que estamos lidando com criminosos. Deve ter repensado seu testemunho, sabemos que ele era fiel a você por vários motivos.

Tiago percebeu que sua vida era um livro aberto para os investigadores, conhecendo todos os seus passos. Sorriu tristemente perante essa constatação. O que iria acontecer agora?

− Acredita em mim? − a pergunta direta de Tiago o perturbou, fazendo-o refletir.

− Até um tempo atrás, diria que não. Hoje, estou avaliando sob outro enfoque. Seu comportamento perante Lucas me fez rever minha visão sobre você. Vou ser franco! Acredito, fielmente, na reabilitação de um ser, que, quando assim decide, revê as escolhas efetuadas. Sei que isso pode parecer absurdo, afinal, minha função é fazer justiça, ou melhor dizendo, oferecer os recursos para que ela ocorra. Conheço Rebeca por toda minha vida e ela me ensinou que podemos alterar nosso destino a qualquer momento. Foi isso que ela fez por mim e sou eternamente grato a ela por me ter estendido a mão quando todos negaram. O que sou hoje devo a Rebeca, caso não saiba. − E sorriu.

Tiago percebeu o quanto perdera em toda sua vida, deixando de aproveitar sua família e tudo o que ela poderia lhe proporcionar.

Um sentimento de vazio íntimo e remorso dominaram todo seu ser. Havia fechado seus olhos ao essencial, só agora pudera observar. Aquele homem estava lhe dizendo coisas que jamais valorizara anteriormente e sentiu-se tomado pela solidão. Era isso que ele era: um solitário, que desprezara o que era primordial para uma vida plena de felicidade. Jamais encarou a família como parte de sua vida! Jamais valorizou os relacionamentos, percebendo que era um verdadeiro estranho para os irmãos, descuidando de estar presente, como se isso fosse algo dispensável, que nada lhe proporcionaria de proveitoso. Era realmente um ser desprezível! Por que ainda pretendiam ajudá-lo? Seria por piedade? A única que permanecera distante era Raquel, a irmã que ele tanto torturara ao longo de sua vida. Entendia sua resistência em confiar nele. Ela não fizera nenhuma visita enquanto ele lá estava e não a repreendia. Havia uma total ausência de sentimentos entre eles! A cada constatação dolorosa acerca de suas condutas, maior era o vazio em seu peito que ia aumentando cada vez mais, a ponto de fazer doer literalmente. Lutava contra as emoções que insistiam em predominar. Estava fazendo um depoimento e não era momento de avaliar sua vida, com todas as negligências que ela continha. Respirou fundo e disse:

— Agradeço sua sinceridade, Artur. Porém não creio que a reabilitação de um culpado seja possível tão facilmente.

— Não disse que seria fácil, mas possível. — Um novo sorriso emoldurou seu rosto. — É uma decisão individual e não prescinde de esforço, trabalho e dedicação constantes. Você já fez um amontoado de besteiras em sua existência, se me perdoe a franqueza. No entanto você é livre para decidir por novos caminhos. Não se pode, simplesmente, esquecer os equívocos cometidos, porém é possível rever os caminhos anteriormente trilhados e, principalmente, evitar cometer os mesmos erros novamente. É uma opção que lhe pertence e a mais ninguém.

As infrações cometidas terão que ser revistas, as dívidas deverão ser quitadas, mas nada impede de seguir em frente procurando a felicidade, que, no seu caso, seria encontrar a paz há tanto tempo perdida.

As palavras de Artur tiveram impacto profundo em Tiago, que, dessa vez, não pôde conter as lágrimas. Teria ele alguma perspectiva favorável? Seu lado racional dizia que não, mediante todos os erros praticados. Porém seu lado emocional lutava para encontrar uma resposta positiva aos seus questionamentos. E a emoção predominou!

Artur não esperava essa reação e ficou estático, esperando que ele recuperasse o controle de suas emoções para que pudessem prosseguir.

— Me perdoe se toquei em questões delicadas, não era minha intenção. – explicou ele.

— Nestes últimos dias, isso tem sido uma constante em minha vida. Após estar tão perto da morte, algo parece modificar nosso mundo íntimo. Questões antes irrelevantes tomam uma dimensão maior do que imaginamos. Nunca refleti tanto em minhas condutas como tem ocorrido. E os resultados são decepcionantes! Simplesmente, desconheço quem fui até o momento! Ou melhor, não sei como pude viver tanto tempo nessa cegueira emocional e moral! Me desculpe e pode prosseguir. – disse ele contendo a emoção.

— Creio que já finalizamos por ora. Continuaremos em busca do paradeiro de Salvador. Quanto a você, Sergio já lhe deu um prazo. Reflita sobre a proposta e faça a escolha certa.

— Existe a escolha certa?

— Sempre existe uma opção viável. Só precisamos estar atentos para conseguirmos ver! Confie!

Se despediu e saiu, deixando Tiago imerso em seus pensamentos infelizes. Lucas entrou neste momento, acompanhado de uma enfermeira que lá estava para checar seus sinais vitais e ministrar os remédios. Tudo sob o olhar atento do médico. Suzi era sua enfermeira de confiança e coube a ela administrar os medicamentos. Tiago sorriu ante as preocupações excessivas do irmão, mas permaneceu em silêncio.

A enfermeira pediu para conversar com Lucas lá fora. Ele voltou após alguns minutos.

– Qual o problema dessa vez? – questionou Tiago ao vê-lo com o cenho franzido.

– Sei que passou por momentos difíceis, lutando para se estabilizar fisicamente e seu quadro evoluiu rapidamente. Mas Suzi me mostrou alguns exames e não gostei dos resultados. Existe algo mais para ser investigado. – Passou a examiná-lo detidamente, procurando algum sinal que comprovasse suas suspeitas. E encontrou. – Desde quando esses nódulos estão presentes? – a pergunta o assustou.

– Não sei! Não tenho o hábito de ficar procurando problemas. – Tentou brincar, mas o semblante fechado do irmão o fez se calar. – O que está acontecendo? Estou doente?

– Preciso de exames mais específicos, que possam constatar que eu esteja errado.

– O que isso significa? Qual seu diagnóstico, doutor? – suas feições estavam lívidas. Era só isso que faltava acontecer em sua vida, mediante o quadro sombrio em que ela se transformara. Esperava uma resposta, mas o irmão continuava calado.

– Não posso afirmar nada sem um exame detalhado. Não devia ter dito nada, olha a cara que você está? – dessa vez era ele tentando descontrair o momento.

– Olhe para mim e diga: qual a sua suspeita. Não me esconda nada, eu lhe peço.

Lucas avaliava se seria conveniente falar-lhe sobre suas suspeitas, mas o olhar incisivo que o irmão lhe oferecia o fez ir direto ao assunto.

– Os exames que Suzi me mostrou, aliado aos nódulos que encontrei, me levam a pensar em algo sério, possivelmente um linfoma. Mas isso não é conclusivo, entenda. Você passou por uma cirurgia delicada, ficou entre a vida e a morte, tem passado por momentos de muita tensão emocional, tudo isso pode, também, ser causador desse quadro. Não deveria ter falado nada, me desculpe. Estou trazendo ainda mais complicações às muitas já existentes. – No mesmo instante, Suzi entrou no quarto e tirou-lhe uma seringa de sangue.

– Vou levar pessoalmente ao laboratório, Dr. Lucas. Qualquer notícia eu falo com o senhor. – Saiu apressadamente sob o olhar atônito de Tiago. Se eram apenas suspeitas, qual o motivo da urgência? Um sinal de alarme foi acionado em seu cérebro.

– Quando sai o resultado? – foi só o que conseguiu pronunciar.

– Não sofra por antecipação, Tiago. Pode não ser nada sério. Agora esqueça e conte-me sobre o andamento da sua situação. – O irmão relatou toda a conversa com Sergio e Artur. Quando se referiu a Leila, ele interrompeu e disse olhando fixamente para o irmão:

– Jamais imaginei esse desfecho. Foi um acidente, acredite em mim.

– Você queria a gravação de volta e faria tudo para obtê-la, isso é fato. – disse Lucas.

– Porém não ordenei nenhuma ação violenta. Era apenas para pressioná-la, métodos que sempre utilizamos para obter o que desejamos. – Ao dizer isso, arrependeu-se no ato. – Aquilo era nitroglicerina pura, não podia ser divulgado em hipótese alguma. – Lucas oferecia um olhar de repreensão que o deixou perturbado. – Não queria que ela morresse! Não era para ser assim! – Tiago percebeu que essa frase já não fazia sentido algum para ele, afinal, ela estava morta e nada faria com que isso se alterasse. – Sinto tanto!

Lucas sentiu a dor estampada no rosto do irmão e decidiu guardar as críticas para si. Tinha ainda a situação de Paula, que não havia sido totalmente esclarecida. Ele deveria saber o que a quadrilha tramava e permaneceu omisso. Começou a sentir-se oprimido, as mãos frias e úmidas, os mesmos sintomas que experimentava quando algum companheiro do mundo espiritual estava presente. Sentou-se, percebendo o quanto ficara zonzo e, neste momento, viu a imagem pouco nítida de Leila. Ela os encarava com tristeza e nada dizia. Aproximou-se de Lucas, sentindo que ele detectara sua presença e disse-lhe:

– *Tenho muito medo! Me ajude! Não sei o que me aconteceu! Ninguém fala comigo!* – percebia-se que ela estava em total desarmonia e muito confusa quanto as suas condições. Lucas não sabia o que poderia fazer para ajudá-la, apenas orou, pedindo auxílio aos amigos espirituais que jamais o abandonavam. No mesmo instante, uma luz tênue se fez presente no centro da sala e irmãos espirituais se aproximaram da jovem, amparando-a amorosamente. Ela se entregou passivamente a eles e, antes de saírem, Clovis disse a Lucas:

– *Agradecemos seu auxílio. Há muito trabalho a ser feito, meu jovem. Contamos com você. Já sabe qual a sua tarefa, dedique-se a ela com devotamento e amor. Estaremos sempre ao seu lado.* – Abraçou-o e saiu deixando um rastro de luz no ambiente.

Lucas parecia estar em transe profundo e Tiago nada compreendia.

– Lucas, fale comigo! Está me assustando! – lembrou-se dessa mesma cena com a mãe, quando ainda era uma criança. Encheu-se de temor e procurou jamais se lembrar disso. Naquele momento, percebeu que o irmão era como a mãe. O que ele estava vendo? Sentia arrepios por todo corpo e queria que aquilo cessasse.

O médico foi retomando o controle e olhou para o assustado irmão. Não lhe diria o que acabara de presenciar, pois ele jamais acreditaria em suas visões. Dessa vez, aquele senhor conversara com ele e se lembrava nitidamente das suas palavras. Seu tempo havia chegado e não iria mais adiar a tarefa programada. Prometeu a si mesmo que retornaria ao centro espírita tão logo a situação se acalmasse. Havia muito a ser feito!

– Apenas uma vertigem, não foi nada.

– Não pareceu. Você me assustou, como mamãe fazia. Nunca mais faça isso perto de mim, entendeu? – Lucas se aproximou e pegou sua mão, que ainda tremia.

– Pare com isso, parece uma criança medrosa! – disse Lucas sorrindo.

– Não brinque com espíritos, eles podem fazer algo contra nós! – disse ele sério.

– Outra hora conversamos sobre isso, combinado? Agora descanse, o dia foi intenso.

– Prometa-me que não irá me esconder nada sobre minha saúde.

– Prometo! Agora procure dormir. Quer algo que o auxilie?

– Uma bebida forte seria interessante. – Tiago sorriu.

– Isso será impossível. Amanhã terá que tomar sérias decisões. – Antes que ele saísse, Tiago o chamou.

– Peça a Raquel que venha me ver. Faça isso como um favor pessoal. Prometo retribuir assim que possível. Tenho algo a falar-lhe. É importante, Lucas.

O médico ficou curioso com a solicitação dele e disse:

– Você a conhece tanto quanto eu, Tiago. Dê um tempo a ela para que possa assimilar todas essas informações. Ela não acredita que você se modificou. Disse que é tudo uma farsa. Desculpe a sinceridade, no entanto precisa saber a verdade. Vou falar com ela e pedir-lhe que venha aqui. Carolina conversou com ela todos esses dias e sei que a imagem que ela tem de você difere completamente daquela que Raquel alimentou todos esses anos. Você foi cruel ao extremo, tem de convir. Sua namorada tem sido enfática e convincente acerca de quem você é em essência. Falta apenas convencer sua irmã.

– Raquel tem razão em me odiar, mas preciso falar com ela. Ajeite isso para mim.

– Vou tentar! Boa noite! – e saiu, deixando Tiago com seus fantasmas íntimos.

Capítulo 36

LUTA PELA VIDA

Na manhã seguinte, Sergio e Artur se dirigiram ao hospital, para conhecer a decisão de Tiago. O tempo se esgotara e precisavam de uma resposta célere.

Encontraram Lucas conversando com Henrique e perceberam que o semblante de ambos era preocupante. Os resultados do exame de Tiago ficaram prontos e as suspeitas se comprovaram. Lucas ainda não sabia como contar ao irmão sobre a doença que o acometia, porém prometera não lhe ocultar a verdade. Foi Artur que os questionou:

— Algum problema com seu irmão?

— Sim. No entanto, não consigo decidir qual problema é o mais grave no momento.

— Pode ser mais claro, Lucas? — perguntou Sergio. E o médico contou-lhe sobre os resultados recém descobertos acerca de sua grave doença. Os dois homens ouviram atentamente e ficaram paralisados perante a notícia. Talvez o panorama agora se alterasse e Tiago talvez desistisse de sua delação. – Ele já sabe?

– Ainda não. Era exatamente isso que estava a discutir com Henrique. Não sei como dar-lhe essa inquietante notícia.

– O que aconteceu com Tiago? – era a voz tensa de Carolina que ouvira o final da conversa. – Seu estado de saúde piorou? Mas ele estava tão bem!

Lucas pegou a mão da jovem e levou-a até uma cadeira.

– Meu irmão está doente. – Contou-lhe tudo desde o início. Ao término, ela o encarou fixamente e disse com a força em suas palavras:

– Ele irá vencer mais essa batalha. Estou convicta que encontrará a cura. Juntos venceremos mais essa etapa. Quais as perspectivas? Que tipo de tratamento é mais adequado? Quero saber tudo! – Lucas admirou-se da força daquela jovem que, em nenhum momento, deixou-se abater. Era uma jovem especial, agora, comprovara. Abraçou-a e assim permaneceram, numa troca fluídica que beneficiou a ambos.

Os dois médicos conversavam sobre as possíveis terapias a serem empregadas e decidiram dividir com ela suas perspectivas.

– Ele já sabe? – Carolina perguntou.

– Ainda não! Era o que discutíamos quando nossos amigos chegaram.

– Desculpe a falta de tato perante um momento delicado como esse, mas Tiago tem outros problemas ainda pendentes a resolver. – Sergio viu o olhar de censura que Carolina lhe direcionou e justificou-se: – Me perdoe, não sou insensível ao problema que ele enfrenta, no entanto seu prazo expira hoje. Não posso mais protelar a resolução desse impasse.

– Não sei como ele irá receber essa notícia e peço que aguardem aqui até que tudo isso seja esclarecido. A decisão é dele e não há nada que possamos fazer para convencê-lo ou demovê-lo de sua escolha.

Os dois homens conversaram por alguns instantes e decidiram aguardar. Lucas e Carolina entraram no quarto e Tiago sorriu pela presença da amada. Ela o beijou com carinho e disse:

— Precisamos conversar, meu querido! — havia certa tristeza contida, que ele percebeu. Ao ver o semblante sério do irmão, pôde deduzir do que se tratava. Deu um suspiro e fez a temida pergunta:

— Era realmente o que suspeitava? — seus olhos estavam fixos nos dele.

— Infelizmente, era o que eu temia. Precisamos de novos exames para saber como iniciar o tratamento, mas, normalmente, a opção mais favorável é o transplante de medula, com alguém compatível com você, no caso, como seu irmão gêmeo, está praticamente certo. Para ser doador, basta efetuar os testes necessários. É o mais efetivo tratamento e com grandes chances de cura. Você pediu a verdade e é essa que estou oferecendo.

Tiago tentava assimilar os novos fatos que a vida colocara em seu caminho. Teria que administrar todos esses complexos eventos que pareciam abundar nos últimos dias. Seria castigo por suas condutas ilícitas? Sua mãe, no entanto, lhe dizia que Deus jamais castiga, apenas corrige aquele que age de forma equivocada, infringindo suas leis. Então essa deveria ser a correção que Deus estava a lhe propor. Só não sabia se teria forças para prosseguir nessa árdua batalha. Sentiu o peso do mundo em seus ombros como jamais experimentara. Respirou profundamente e disse com a emoção na voz:

— Não sei se conseguirei dar conta! Tenho tantas decisões a tomar e não sei por onde começar! — Lucas viu o desespero presente nas palavras do irmão.

— Pense positivo, Tiago. Tudo tem uma solução possível. Não será diferente com você! Comece pelo início. Um problema por vez! Sergio e Artur estão lá fora aguardando sua resposta. Em instantes, eles entrarão aqui e você terá que tomar sua decisão.

Sei que está abalado, mas quero que saiba que estarei ao seu lado em qualquer caminho que desejar seguir. Cuidaremos de sua saúde desde já. Quanto a eles, confie em suas estratégias, pois esse é o papel que lhes concerne. Suas informações são vitais para a resolução desse processo que envolve tantos políticos, empresários e outros que desprezam a lei, colocando-se acima dela. Isso tem que parar e você pode colaborar. Vamos, aprume-se! Não deixe o desanimo vencê-lo ! – Lucas irradiava todo seu amor sobre ele, que se sentiu renovado, como se uma transfusão de energias fosse efetuada. Carolina segurava suas mãos e ele viu a esperança em seus olhos, o que lhe deu ânimo novo.

– Chame-os. Pensei muito durante a noite e creio que exista uma forma de derrotar este grupo. Vou precisar da ajuda de todos vocês, inclusive de Paula. Acredita que ela possa confiar em mim depois de tudo? – havia franqueza em seu olhar que Lucas jamais vira. Realmente ele estava realizando novas escolhas para sua vida, pautando seus atos com prudência e verdade. Era algo admirável de se observar, perante tudo o que ele conhecia acerca do irmão.

– O que você pretende fazer? – perguntou Lucas cauteloso.

– Falarei perante Sergio e Artur. – Mantinha as mãos da amada entre as suas, como se ela lhe transferisse toda sua confiança e fé. Faria isso por ela! Talvez um dia, pudesse se orgulhar dele! O tempo diria!

Os dois homens entraram e Tiago contou-lhe sobre seu ousado plano. Escutaram atentamente ele falar e, ao término, Sergio ponderou:

– É um plano audacioso, com grandes chances de sucesso, mas colocá-lo-ia novamente na mira deles. Seu trunfo será suficiente para evitar que eles tentem algo?

– Tenho algumas cartas na manga, afinal, conheço meticulosamente esse esquema e sei os pontos frágeis, os mesmos que cabiam a mim administrar com destreza. Porém não conseguirei fazer isso sozinho. Preciso da ajuda de todos vocês. – E virando-se para Lucas, perguntou: — Quando posso sair desse hospital? Eu preciso estar totalmente livre, sob todos os aspectos, pois preciso que saibam que ainda estou no jogo. Não irão me derrotar assim tão facilmente. — Havia um brilho em seus olhos.

Lucas ponderou sobre a pergunta e tinha sérias dúvidas se seria sensato ele deixar o hospital, especialmente neste momento em que seu problema precisava de toda atenção.

— Daqui a dois dias, creio que possa ir para casa. Não voltará para um hotel, quero crer.

— Quero retornar onde me encontrava. Eles sabem que meu relacionamento com vocês é tenso e delicado.

— No entanto tudo, agora, se modificou. — disse Lucas.

— Mas eles ainda não sabem! Usarei isso como um trunfo. Papai sempre me disse que a família deve ser a prioridade. Eles mexeram com a minha e mesmo que não morra de amores por vocês, assim eles acreditam, a decisão de um atentado foi algo ultrajante mediante tudo o que eu tenho feito por eles. Isso vai além da traição, apenas mostra o quanto eles são desprovidos de dignidade. Custei a entender isso! Ninguém mexe com os meus e é isso que pretendo lhes mostrar. Preciso, entretanto, continuar com o mesmo comportamento que apresentava, com toda frieza que me era característica. — Ao dizer essas palavras, sentiu um aperto no peito. Não queria mais ser assim e isso o perturbava. Lucas percebeu o desconforto do irmão e pegou sua mão com firmeza.

— Você não é mais assim e é o que importa. Ainda penso que seria conveniente ficar em nossa casa. — Olhou para os dois homens inquirindo-os.

— Talvez Tiago esteja certo, mantendo suas condutas originais. Porém é sempre um risco e deve estar preparado para isso. Artur, peça a Douglas que vá para o hotel e se instale no quarto ao lado do dele. Conversarei com o gerente do hotel e pedirei toda a discrição. Cuidaremos de tudo até você poder sair.

Quanto às notícias no jornal, Paula deve enviar ainda hoje. Será uma grande surpresa para eles e você estará com um trunfo em suas mãos. Falarei com Lobato agora mesmo. Será o primeiro jornal a divulgar as novas informações acerca do advogado mais citado nos últimos dias. Passou de herói a vilão e, agora, conseguiu provar sua inocência. Espero que eles acreditem nisso!

— Não tem por que não acreditarem. A prova disso será minha liberdade. Estou de volta ao jogo! E vou começar já. Pegou seu celular e discou um número. Na primeira tentativa, ele foi atendido. — Chame Augusto, agora!

A voz do outro lado falou algo e Tiago rebateu no mesmo instante:

— Escute, não tenho tempo para brincadeiras. Ou prefere que eu ligue diretamente para ele? — esse deveria ser o homem mais poderoso do esquema, pois, no mesmo instante, o tal Augusto atendeu ao telefone. — Espero que tenha uma boa explicação para o que houve. Quase perdi a vida! Já disse: não envolva minha família novamente nesse jogo, pois vocês têm muito mais a perder do que eu! Foi um erro que custará caro para vocês. Mas estou aqui para dizer que estou de volta. Espero que ele me contate! Caso contrário, tem muito a perder! Não vou ficar de fora, entendeu? Trabalhei demais para chegar de mãos vazias no final! Quero saber de Salvador, onde ele está? Por que o colocaram contra mim? Mas não sou tolo como pensam, tudo já foi resolvido. Não tenho nada a ver com a morte daquela jovem. Tudo foi explicado! Como? Se quiserem saber mais notícias, aguardo a ligação do chefe. E caso precise refrescar a memória de vocês, não se esqueçam da operação "Lagoa Azul". — Houve um silêncio do outro lado da linha e ele continuou: — Creio que isso possa lhes mostrar que sei exatamente onde estou pisando, entenderam? — novo silêncio e, em seguida, ele finalizou. — Saio do hospital amanhã e espero uma ligação dele. — Desligou, encarando os dois homens com a energia que sempre conduziu suas ações: — Eles fisgaram a isca.

— Impossível você sair amanhã. Não permitirei! — Lucas o olhava com censura.

— Foi apenas uma forma de atraí-los para cá. Eles tentarão algo certamente. Podem comprovar o que estou falando. — Tiago conhecia-os muito bem. — Sou carta marcada e eles tentarão me calar. — Havia apenas resignação em seu olhar. Sergio sabia que ele estava correto em suas assertivas. Toda cautela seria necessária.

— Tenho muito a fazer e preciso ir. Falarei com Paula e Lobato, acertando tudo. Tenho explicações a oferecer a meus superiores, mas creio que não haverá nenhum empecilho a esse plano. Artur, fique por aqui e cuide de tudo. Sinto muito pela notícia sobre sua saúde. Cuide-se! — com um sorriso sincero, se despediu. Artur saiu também para cuidar dos detalhes acerca do hotel com Douglas, o jovem que estava cuidando da segurança de Tiago no hospital. Ficaram os três em silêncio, até que Lucas disse:

— Falei com Raquel ontem à noite. Ela ainda está relutante, mas disse que vai pensar.

— Agradeço seu empenho em me ajudar. — Fez a pergunta que o perturbava: — Você acredita realmente que existe a possibilidade de cura?

— Descobrimos em estado inicial e isso é favorável. Você fará outros exames ainda hoje, mas te acompanharei, fique tranquilo. Vou falar com Rebeca e Raquel, pois elas ainda não sabem sobre seu problema. O importante é acreditar na cura. A solução para seu problema está próxima, confie! — As palavras de confiança de Lucas foi o incentivo que faltava a Tiago, que, olhando com gratidão, disse:

— Você é um cara especial, sabia? — as lágrimas assomaram.

— Já lhe disse que você é meu irmão muito amado e farei tudo para te auxiliar! — o sorriso do médico inundou a sala com energias sutis, trazendo paz a Tiago.

— Você já me perdoou por todos os meus erros?

— Retorno a mesma pergunta a você: já se perdoou pelos seus equívocos? O autoperdão é a ferramenta essencial para prosseguirmos em nossa caminhada evolutiva. A culpa impede nossas ações produtivas e nos paralisa, trazendo o sofrimento para nosso mundo íntimo. Nada tenho a perdoar, meu irmão. Quero apenas que encontre sua paz! Refaça seus caminhos e valorize o essencial. Creio que já sabe a que me refiro! – sorriu para Carolina que observava a cena com lágrimas nos olhos. Era, definitivamente, um reencontro de almas e isso lhe proporcionava grata satisfação. Tiago também direcionou seu olhar à jovem e, com a gratidão no olhar, proferiu:

— Você foi o anjo que mamãe me enviou! Não sabe o quanto lhe sou grata, minha mãe! – disse isso sentindo a presença dela ao seu lado. Sabia que ela jamais o deixaria só, especialmente num momento tão delicado pelo qual passava. E ela lá estava, sendo comprovado por Lucas que a viu nitidamente no quarto, sorrindo aos dois filhos:

— *Uma etapa foi vencida e outras virão, mas a força que os une será o elemento crucial para que o sucesso de qualquer empreitada aconteça. Estarei com vocês!* – saiu de lá com a convicção de que os novos caminhos de ambos seriam envoltos nas bênçãos de Deus.

— Não sou um anjo, querido, apenas uma mulher apaixonada. Não sei o que vi em você, mas sabia que era quem eu esperava para viver uma linda história de amor. – Beijou-o com ternura. – Estarei ao seu lado e, juntos, venceremos essa nova batalha.

— Com vocês ao meu lado, creio que não tem como vacilar. – Seu olhar ficou sério. – Porém é preciso saber que, mesmo que eu vença essa doença, novas batalhas ocorrerão e não sei qual será meu destino. Ainda quer me esperar? – havia temor nessa pergunta.

— Vou estar ao seu lado até a eternidade! Você ainda tem dúvida?

– Bem, vou providenciar os exames e mais tarde venho te buscar. – Lucas saiu.

Os novos exames foram realizados e Lucas se inteirava das opções juntamente com um especialista. As opções não eram muitas, mas, considerando que o transplante era o mais adequado, partiriam para essa proposta. No final do dia, Raquel e Rebeca apareceram no hospital em visita ao doente. Antes de entrarem, Lucas as convocou para uma curta conversa, relatando tudo acerca da grave doença de Tiago. As duas ficaram caladas em total desconforto. Ele havia contado acerca das suspeitas, agora, o quadro era real.

– Quais as chances de ele ficar curado? – perguntou a irmã apreensiva.

– Fica difícil dar um prognóstico sem iniciar o tratamento. É um quadro delicado e o caminho até a cura plena será longo e exaustivo. Ele vai precisar de nosso apoio incondicional. E contar com a compatibilidade para que o transplante seja realizado rapidamente. Porém não posso antecipar o que vai acontecer.

Os três se abraçaram e foram vê-lo em seu quarto. Rebeca o abraçou com carinho.

Carolina, ao ver a irmã entrando timidamente no quarto, fez um sinal a Rebeca e deixaram os dois irmãos sozinhos. O silêncio prevaleceu até que Tiago o quebrou com a pergunta:

– Um dia será capaz de me perdoar? – ela o encarava com o semblante triste.

– Não sei o que lhe responder. Fiz essa mesma pergunta infinitas vezes e nunca encontrei uma resposta.

– Confesso que jamais imaginei fazer-lhe essa pergunta. Entretanto sinto que adiei demais e talvez não tenha mais tanto tempo assim!

– Não seja dramático, Tiago.

– Estou sendo realista apenas. Estou num turbilhão de emoções desconexas, envolvendo minha vida profissional e, agora, minha saúde. Fiz muita coisa errada, mas não é sobre isso que desejo lhe falar. É sobre todo sofrimento que lhe causei. Sei que não mereço perdão, quero que saiba que agia por um impulso incontrolável de fazê-la sofrer, talvez assim você sentisse o mesmo que eu. Fui cruel inúmeras vezes com o intuito de causar dor, essa que jamais cessava em meu coração. – Havia sinceridade em suas palavras. Era isso que sua mãe sempre lhe dizia quando a via chorando após um dos excessos cometidos pelo irmão. Tiago carregava imensa dor em si mesmo e, para sentir certo alívio, provocava na mesma medida o sofrimento ao outro. Um mecanismo complexo e doentio, mas que parecia fazer sentido a ele próprio. Pela primeira vez em todos os anos de convivência com o irmão, sentiu a franqueza em suas palavras. E não pôde deixar de sentir um profundo mal-estar por tudo que estava vivenciando. Era doloroso ver a fragilidade que ele ostentava, talvez em função de todos os eventos ocorridos nos últimos dias. Foram muitas emoções que o desestabilizaram e era isso que ela, agora, comprovava. Sentiu uma profunda tristeza em seu coração. Não confiava no irmão, sabia o quanto ele era ardiloso, capaz de atos infames para obter o que ambicionava. No entanto, em tempo algum, desejou que isso lhe acontecesse. Ele estava mais magro, pálido, percebia-se o desgaste físico e emocional que o acometia. A única coisa que ainda imperava era seu olhar firme e profundo, sua característica principal. Ela dizia que Lucas era generoso demais, confiando no irmão mesmo após todos os gestos desfavoráveis praticados com ele, ao contrário dela, que não desejava qualquer forma de aproximação emocional. Mas, no atual panorama, todas as suas prerrogativas caíram por terra. Não conseguia manter a inflexibilidade perante o que observava nesta hora. Num impulso, se aproximou dele e pegou delicadamente sua mão.

– Apesar de tudo o que fez, jamais lhe desejei mal algum. Quero que saiba. – Raquel sentiu a emoção dominando-a e as lágrimas verteram.

— Eu sei, Raquel. Você jamais foi como eu. E agradeço por isso! – seu sorriso era tímido, mas o fez se assemelhar a Lucas. Ela jamais considerou os dois irmãos parecidos, apesar de serem exatamente iguais, apenas o que diferenciava era a cor dos olhos. Entretanto teve de admitir o quanto agora se assemelhavam. Sentiu vontade de abraçá-lo, mas algo a conteve. Ele percebeu e sorriu:

— Esse olhar significa que já me perdoou. Me dê um abraço! – levantou-se da cama e abraçou a irmã, permanecendo por um tempo que lhe pareceu a eternidade. A sensação de paz invadiu seu coração como nunca ocorrera. Fizera as pazes com a vida, assim sentia. Queria que aquele momento perdurasse por muito tempo. As lágrimas molhavam os dois irmãos, que, finalmente, se reconciliaram. Isso estava programado para acontecer, porém caberia a eles darem um passo adiante. E isso acabara de ocorrer! Quando ele tentou se desvencilhar, ela o prendeu um pouco mais e disse em seu ouvido:

— Conte comigo, meu querido. Sempre quis chamá-lo assim. Você vai sobreviver, confie! Agora que te resgatei, não se livrará de mim tão fácil. – E o apertou contra seu corpo.

Tiago não continha as lágrimas que caíam sem cessar.

— Você é tão generosa quanto Lucas. Me perdoa por todo mal que lhe causei? – isso precisava ser resolvido naquele momento.

— Pare de falar, Tiago. Tudo ficará bem, acredite! – Raquel ainda não acreditava que aquilo estava acontecendo, mas sentiu-se em paz, como nunca estivera.

Capítulo 37

UM PROBLEMA SOLUCIONADO

A cena era observada por Celeste e Luiza que acompanhavam com emoção a reconciliação dos dois irmãos.

— Fez um excelente trabalho com eles, minha amiga querida. E pensava que falhara em sua criação! Tudo o que lhes ensinou permaneceu gravado em seus espíritos. Dia chegaria em que esses valores seriam colocados à prova. — disse Celeste.

— Sinto que nem tudo está perdido! Juntos irão superar essa etapa de aprendizado e sairão fortalecidos e ainda mais unidos. Tiago terá muitas provações a vencer e necessita da força que os irmãos irão lhe oferecer. Infelizmente, o passado não se apaga e todas as ações praticadas, terão que ser revistas, especialmente se causaram danos a outrem.

— A ignorância acerca das verdades divinas o protegia, porém, agora, tudo se modificou. Ele foi tocado por Carolina que, com sua doçura e pureza, o levou a reavaliar suas condutas

perante a vida. Seu tempo de despertar aconteceu e nada mais será como antes. E, fatalmente, as correções irão ocorrer, para que tudo volte ao seu equilíbrio.

— *Seu mundo íntimo está se modificando e ações levianas não correspondem mais ao que ele pretende se tornar. Estou radiante, Celeste. Apenas me preocupo ainda com Ronaldo que recusa a ajuda que tentamos lhe oferecer. Alterna momentos de revolta e outros de culpa pelos seus atos equivocados. Ainda não crê que mereça o auxílio e as bênçãos do Pai Maior.* — Luiza mostrava a preocupação no olhar.

— *O tempo dele também chegará! Não desanime, Luiza. Não apresse o que ainda não se encontra em tempo de colheita. Ele tem ainda um longo caminho a percorrer, mas não estará sozinho, pois você o acompanhará, minha amiga!* — e as duas seguiram até a região onde ele se encontrava.

Enquanto isso, no quarto, os dois irmãos estavam se reconhecendo após tantos anos como estranhos. Era algo que eles jamais imaginaram que um dia ocorresse.

— Vou fazer o exame para saber se também posso ser doadora.

— Eu sabia que você assim agiria e te agradeço. — Pegou a mão da irmã e a beijou.

— Não me agradeça ainda, pois nem imagina a cobrança que virá. — Beijou seu rosto no exato momento em que Lucas entrou:

— Ora, ora, será que deixarei de ser o irmão predileto? — Raquel foi até ele e o beijou.

— Vocês são meus irmãos queridos e precisamos estar unidos neste momento.

— Você tem razão. Há um médico lá fora requisitando sua presença, dizendo que você o abandonou durante esta semana. — Raquel sorriu e saiu, mas antes despediu-se de Tiago.

— Nos vemos amanhã. Fique bem!

— Obrigado por tudo! Não vou esquecer.

— Fico feliz por vocês. Como se sente? — perguntou o médico vendo-o em pé.

– Bem. Preciso andar um pouco senão vou enlouquecer. – Ele viu a tensão no olhar de Lucas: – Vou ficar bem, confie em mim.

– Pode ser perigoso e sabe disso.

– Já lhe disse que não tenho medo de nada. – E parou a frase. – Bem, de quase nada. Tenho medo de morrer sem ter a chance de viver um grande amor. – Seus olhos ficaram marejados. – Fiz tudo errado, não?

– Fez e decidiu virar o jogo. Isso é o que importa! Você está se reconciliando com todos à sua volta e isso já é meritório aos olhos de Deus.

– Deus não aprovava minhas ações e esta é a correção que ele me enviou. Um tanto dolorosa, admito. Mas mereço por tudo que causei a tantos!

– Lamentar-se não irá alterar o que fez. Deve, agora, seguir em frente, oferecendo atitudes dignas e benéficas. Não será fácil, mas é possível. Confie!

Na manhã seguinte, todo um esquema havia sido montado para um possível atentado. Os homens de Artur detectaram um movimento diferente nas proximidades do hospital e todos foram investigados. Mas Tiago não saiu de lá.

No final do dia, Lucas e Paula entraram no quarto de Tiago, levando um exemplar do jornal que estava nas bancas desde a manhã daquele dia. A jornalista foi convencida a escrever a matéria, e só o fez pela oportunidade de auxiliar o andamento do processo de que Sergio era condutor. Estava relutante em visitar o advogado, mas Lucas insistiu:

– Faça isso por mim, meu amor. Você é uma pessoa generosa e tem um imenso coração. Tiago necessita resolver suas pendências, expurgar todos os demônios que o perseguem.

– Não são meras palavras que irão modificar tudo o que ele praticou. Eu quase morri e você foi testemunha de que ele teve parcela de responsabilidade nisso. Não sei se consigo perdoá-lo. Sei que ele demonstrou algum senso de decência quando impediu que você fosse atingido por uma bala, mas isso não apaga o que já cometeu de atrocidades. Agora que a morte se aproxima, ele quer morrer em paz? – a frieza o perturbou.

– Não fale assim, Paula. Sei que tem todos os motivos do mundo para odiá-lo, mas você é diferente dele e de todos aqueles que tanto mal causam a nosso país. Além do que não é vingativa e insensível, caso contrário, eu não me apaixonaria por você. – Pegou sua mão com carinho e a beijou.

– Pare de tentar me convencer usando métodos baixos. Sabe que eu farei tudo o que me pedir, apenas preciso falar o que trago em meu íntimo. Um desabafo, se assim posso chamar. Não sou insensível e sei que você está sofrendo pela doença de seu irmão. E não sou vingativa para afirmar "ele mereceu". Não chegaria a tal ponto. Acredito que a proximidade com a morte faz com que repensemos nossa existência. Sei o que falo por experiência pessoal. É transformador este momento! E Tiago está vivendo essa situação desoladora em que tudo parece importar além do normal. É como se a vida passasse em um filme, em que podemos avaliar nossos atos e classificá-los entre os positivos e aqueles que desejaríamos deletar completamente. Ele está tentando reconciliar-se com todos ao seu redor, não vou criticá-lo, pois creio que seja a atitude mais decente de um homem que traz a dignidade em seu âmago. Ele é seu irmão e não poderia ser tão diferente de você. Apenas havia um véu cobrindo seu caráter e, de súbito, ele foi retirado. – As palavras saíam naturalmente de seus lábios comovendo Lucas, que a abraçou.

– Por tudo que acabou de dizer é que deve falar com Tiago. Dê a ele essa chance de se redimir perante os atos falhos contra você. Faça isso não por ele, mas especialmente por você, que deixará sua consciência em paz. Você é uma mulher incrível e generosa.

Ela se desvencilhou do abraço e o encarou com seu magnético olhar:

– Você é meu amor, sabia? Te amo cada dia mais um pouco. Como isso é possível?

– E desta vez será diferente, lembra-se?

– Nunca mais ficaremos separados! – e se abraçaram. – Vamos até ele.

Ela entrou no quarto com o exemplar do jornal na mão entregando-o:

– Era isso que desejava? – perguntou ela encarando-o com certa frieza.

Tiago pegou o jornal e, enquanto lia a matéria, um sorriso se delineou em seu rosto.

– Era exatamente isso. Foi perfeita! Aliás esse seu talento é que tem incomodado a muitos, sabia? – disse ele tentando iniciar um diálogo.

– Já senti na própria pele. – As lembranças tornaram seu semblante sombrio.

– Me perdoe, não pretendia fazer com que se perturbasse. Não é isso que gostaria de conversar com você. Sinto muito a indelicadeza de minha parte. – Lucas mantinha-se próximo apenas observando os dois sem se manifestar.

– Sei que não consegue me olhar com complacência, afinal, não a mereço em momento algum por todos os atos cometidos por mim. Poderia me encarar como alguém que necessita ser perdoado, pois só assim conseguirá se libertar do peso do remorso. É só isso de que preciso, Paula. Sinto tanto por tudo que lhe infligi, mas tem que admitir que é uma jornalista competente em excesso, capaz de incomodar a muitos. Seu jeito destemido e ousado era algo perturbador. – E sorriu: – Caso não saiba, isso é para ser um elogio. – A descontração dele a fez se desarmar e sorrir.

– Aceito o elogio e agradeço. Era a parte que me competia: incomodar. Isso sei fazer com maestria. – brincou ela. Lucas já se acalmara, percebendo que a conversa se encaminhava de forma produtiva entre eles.

– Num momento de minha total ausência de escrúpulos, sei que fui indelicado com você, e por isso peço que me perdoe. Não vou negar que tentaria lhe seduzir se Lucas não estivesse atento. Era minha brincadeira favorita: roubar as namoradas dele. – olhou para o irmão que sorria. – Desta vez ele foi mais esperto e a conquistou. Creio que nem ele acreditou em seu poder de sedução.

– A isso eu denomino "reencontro de almas". Nada que você fizesse a afastaria de mim. Só conseguiu isso quando ainda desconhecia meu potencial. – E piscou para Paula.

– Realmente vocês fazem um casal especial. Fico feliz que não tenha perturbado esse reencontro. Paula, perdoe-me todos meus atos falhos. Não foi nada pessoal, posso garantir. Sei que terei que responder por todas essas condutas indevidas, que representam legalmente graves infrações. Não quero pensar nisso agora e peço que seja paciente comigo. Há tanta coisa a resolver e espero ter tempo para isso!

Paula viu a dor estampada em seu olhar e se condoeu por ele. Percebeu que Tiago não ostentava a mesma arrogância de tempos atrás e isso sinalizava uma mudança, aquela que Lucas lhe falara e ela duvidara. Agora reconsiderava sua opinião. Talvez estivesse à frente de um homem tentando se transformar. E que assim conseguisse!

– O caminho que escolheu foi tortuoso e terá que se empenhar muito para mudar a rota a seguir. Acredito que irá obter êxito, pois sei o quanto é determinado e corajoso. Quanto a sua doença, também irá vencer essa batalha. Você tem uma família maravilhosa que o apoia e está ao seu lado, independentemente de tudo que já cometeu. Sei que eles jamais aprovaram seus métodos e posturas, não são coniventes com seus erros, mas compartilham um imenso amor capaz de apoiá-lo quando tudo parecer sombrio. Você é um homem de sorte! – sorriu ela abraçando o amado. – Eu também!

– Uma família que desprezei todos esses anos, mas que sempre esteve ao meu lado, mesmo que de forma discreta. Reconheço minha estupidez, mas creio que a bala que era para ser de Lucas, mexeu com minhas entranhas e me fez despertar. Faria isso novamente, se assim fosse necessário.

— Mas não será! E pare com essa conversa tenebrosa e deprimente. Você precisa estar de ânimos renovados, amanhã estará livre dessa prisão, como assim denomina.

— Talvez, num tempo muito próximo, estarei literalmente numa cela. Até lá, aproveitarei os dias de liberdade que me restam.

— Sabe que as perspectivas não são tão sombrias assim. Tudo dependerá de suas escolhas nos próximos dias. — Lucas sentiu um arrepio percorrer seu corpo. A situação dele era definitivamente complexa e não se podia prever o que iria acontecer. Uma sombra pairava e sua intuição lhe dizia que seriam momentos difíceis a vivenciar. Esperava apenas que Tiago mantivesse a serenidade e conseguisse seu intento. Sergio e Artur aguardavam ansiosamente o desenrolar dos acontecimentos. Havia muito em jogo!

— Cuide-se, é o que posso lhe dizer. Sei bem com quem está lidando. Sua vida tem pouco valor, especialmente se duvidarem da sua lealdade. Eles sabem que o cerco está se fechando e não pretendem ser desmascarados. Aliás, os nomes dos poderosos são mantidos em total sigilo e inacessíveis. Alguém de grande destaque político os preserva e isso é fato. Existe um caminho para se chegar até esse crápula? — os olhos dela estavam fixos nos de Tiago, que sorriu e disse:

— A jornalista novamente em ação! Pela sua própria integridade física, vou preferir manter esse nome no anonimato. Sergio deve estar de posse de documentos que podem indicar tal caminho, caso contrário não estaria tão confiante. Aguarde mais alguns dias e prometo contar primeiramente a você tudo o que está por vir. Confie em mim!

— Não sei se merece esse voto de confiança. Bem, cuide-se, amanhã será um dia decisivo.

— Obrigado por me escutar. — Tiago acenou e acompanhou a saída dos dois com a expressão tensa. Não conseguiria dormir aquela noite, mesmo sentindo-se exausto. Porém necessitava estar de posse de toda lucidez para enfrentar o que estava pela frente. Conseguiu conciliar o sono quando já era madrugada e foi uma noite permeada de pesadelos, com pessoas perseguindo-o e gritando coisas sem sentido. Acordou ainda mais tenso do que na noite anterior. Tomou um banho e se preparou para o fatídico dia.

Lucas entrou no quarto quando ele já estava pronto.

— E então? Como se sente? – perguntou.

— Ansioso. – A resposta lacônica indicava a tensão predominante.

— Prometa-me que não fará nada que possa comprometer sua segurança.

— Doutor, fique tranquilo. Esse terreno eu conheço muito bem. Artur garantirá minha integridade, assim se comprometeu. Quanto ao restante, entrego em suas mãos. – Referindo-se ao tratamento que iniciaria em breve.

— Cuidarei de tudo. – E o abraçou com todo seu amor. – Estarei esperando por você!

— Pode me esperar. Posso ir? – no mesmo instante, a porta se abriu e Artur entrou.

— Vamos? Douglas já o aguarda no hotel. Ficará no quarto ao lado e outros homens já estão em seus postos. Tem certeza de que está preparado?

— Sim. Vamos! – deu outro abraço no irmão, que sentiu um aperto no coração.

— Espere um pouco. – Saiu retornando com um jovem musculoso e de aparência jovial.

— Esse é Adriano, seu guarda-costas. Afinal, alguém precisa protegê-lo, certo? – o rapaz sorriu e estendeu a mão.

— Sei o que está pensando e posso garantir que minha verdadeira identidade será preservada. Eles não terão como saber quem realmente sou. – E pausou sua fala: – Nem tampouco você. – E sorriu. Tiago olhava com curiosidade para o rapaz e deu de ombros.

— Sabe quem sou e não precisamos de apresentação. Podemos ir?

Adriano acompanhou Tiago até o hotel, permanecendo ao seu lado todo tempo. No hotel, Tiago foi recebido com cortesia e cuidados. Enquanto caminhava pelos corredores, encontrou vários funcionários em suas tarefas, todos o encaravam com atenção o que o deixou de sobreaviso. Já instalado em seu antigo quarto, Adriano fez uma revista, mesmo sabendo que Douglas já se incumbira disso.

— Quer que eu fique aqui ou lá fora? — perguntou o policial.

— Faça o seu trabalho, Adriano. — E deitou-se na cama exausto. Agora entendia a causa de seus constantes estados de cansaço. Talvez já fosse a doença se manifestando. Seu corpo precisava de um repouso e fechou os olhos por instantes. Adormeceu e foi despertado pelo som do telefone. Levantou-se e, rapidamente, atendeu. Reconheceu a voz do outro lado da linha. Ouviu o que o outro falava e, em seguida, disse:

— Você não confiou em mim! Sabe que preservaria a família em qualquer situação. Meu pai assim me orientou. Jamais permitiria que isso fosse levado a termo. A traição se iniciou com vocês, admita. — Silenciou por instantes ouvindo a retórica do outro. — Estou de volta ao jogo, e saiba que precisa de meus préstimos mais do que nunca. O cerco está se fechando e posso ser útil aos seus propósitos, porém não vou admitir nenhuma ação contra os meus, entendeu bem? Não sou delator e apenas perderia agindo assim. Sabe que posso resolver essa questão. — O homem permaneceu calado, talvez analisando o que ele dizia. O momento era decisivo, pois estava em jogo a confiança ou não nas palavras de Tiago. Momentos depois, retornou a falar. — Tenho o que necessito em mãos. O quer que eu faça? — perguntou Tiago. E anotava alguns dados no papel que o outro lhe solicitava. — Quando podemos nos encontrar? — novo silêncio que se quebrou em instantes. — Ele é meu segurança caso tentem algo contra mim. Sou eu que não confio em você. — O outro falou algo e Tiago respondeu: — Amanhã terei tudo solucionado. Onde? — Tiago anotou mentalmente tudo. — Sim, ele irá comigo. — Referindo-se a Adriano. Em seguida, desligou. Olhou para Adriano que o observava atento. Ouviu as batidas na porta e Douglas entrou com a expressão séria.

– Não foi possível rastrear.

– Isso já era previsto. Eles não são tolos. – disse Tiago com o olhar cansado.

– Marcou o encontro com ele? – perguntou Douglas.

– Sim. – E conversaram por alguns instantes.

– Tem certeza de que pretende ir a esse encontro? Sabe o que eles pretendem. Será uma emboscada, a forma perfeita de tirá-lo da jogada.

– Sei, mas é a única forma de levar a termo meu plano. Vou enviar os dados como prometi, assim fica mais verossímil minha participação nesse esquema. Ele precisa confiar em mim. Ele sequer supõe o que estou lhe enviando. Era do que precisávamos. – Havia um ar de triunfo em seus olhos.

– Ainda penso que será deveras perigoso, mas você é que decide. Estarei ao lado se assim precisar. – E saiu deixando-os sozinhos.

Tiago trabalhou algumas horas, providenciando o que o chefe solicitara. Quando finalizou, viu a expressão séria que Adriano lhe oferecia.

– Sei o que pensa sobre mim e sinto dizer-lhe que tudo é verdade. – A expressão cansada de Tiago o sensibilizou.

– Cada um é responsável por suas próprias ações, não serei eu a julgá-lo. Me responda apenas a uma pergunta: Não passava na sua cabeça que o que fazia era errado? – Tiago ficou pensativo por longos instantes e, quando respondeu, o abatimento estava presente.

– Sim, mas não julgava que isso fosse importante. Desvios morais, pode assim chamar. Falta de integridade, dignidade, a lista é extensa. Infelizmente, tudo era secundário.

– E como vê essas ações hoje? – ele insistia.

– Como algo reprovável e inadmissível. Pena que, agora, seja tarde demais. – A resignação imperava. – Não tenho mais como voltar atrás.

– Talvez tenha uma chance. Essa sua proposta de colaboração indica que você repensou suas ações.

– Não terei tempo para constatar isso. – E se deitou, finalizando a conversa.

Artur telefonou para Adriano recebendo as informações necessárias acerca do encontro no dia seguinte. Pediu para falar com Tiago, mas ele adormecera profundamente. Não queria pensar em mais nada e dormir era a fuga perfeita.

No dia seguinte, tudo se confirmou. Era realmente uma emboscada, porém estavam preparados para isso. Quando chegaram, Tiago e Adriano desceram do carro, no local determinado, distante da cidade, deparando-se com quatro homens fortemente armados, que, no entanto, não tiveram tempo para executar seu plano. A um sinal de Adriano, vários policiais surgiram, encerrando sem violência alguma. E o chefe não estava lá.

– Sabia que ele não viria. – disse Tiago. – Porém ele talvez não saiba o que eu lhe enviei. Quando descobrir, será um pouco tarde. – Um sorriso se delineou em seu rosto cansado.

– Os dados já foram recebidos e, agora, as contas estão sendo rastreadas. Sua ideia foi genial, porém perigosa. Teremos alguns meses de trabalho, mas, desta vez, o cerco se fechou definitivamente. Alguns nomes importantes estão prestes a cair no limbo. Terão muito a explicar. – Artur apertou a mão de Tiago e disse: – Isso foi possível através de sua ação. O país agradece.

– E, agora, o que acontece comigo? – era a pergunta que não queria se calar.

– Um passo por vez, meu rapaz. Creio que a prioridade seja cuidar da sua saúde.

Capítulo 38

UM DIA DE CADA VEZ

Já em seu quarto no hotel, na companhia de Adriano, seu celular tocou. O número era privado e fazia ideia de quem se tratava.

— Você é um homem morto! — a voz potente do outro lado pouco efeito causou em Tiago.

— E você será desmascarado! — respondeu friamente. — Creio que estamos quites.

— Isso jamais acontecerá! — a raiva permanecia contida nas palavras.

— O tempo dirá! Cuide-se! — Tiago desligou, sentindo-se estranhamente infeliz. Agora, era definitivo! Não tinha mais uma vida para viver! Ficou estático, pensando no que iria advir depois de suas ações. Pegou seu celular e o atirou contra a parede num ímpeto de fúria. Adriano observava-o e decidiu deixá-lo só.

— Estarei no quarto ao lado se precisar! — Tiago assentiu e ele saiu silenciosamente.

O jovem sentou-se no sofá, com as mãos na cabeça, sentindo-se exausto. As lágrimas escorriam por seu rosto. Não havia mais nada que pudesse fazer. Seria perseguido até o fim dos seus dias. Isso se a doença não o levasse antes. Um destino cruel! Assim como ele agira com todos ao seu redor, com crueldade e insensibilidade! Jamais se preocupou com os interesses alheios, senão os seus, assim vivera por toda sua curta existência. A vida agora lhe devolvia na mesma moeda! Jamais imaginou finalizar sua vida dessa maneira! Um imenso vazio se apoderou dele! E chorou toda a dor contida em seu peito! Nada mais parecia ter significado! Escolhera um caminho sombrio e, agora, teria que arcar com as consequências de seus atos. A solidão se instalou em seu íntimo como jamais ocorrera antes! Naqueles breves momentos, toda sua existência passou em sua tela mental como num filme! Sentiu uma vontade infinita de que tudo se encerrasse, mas sabia que não seria assim tão simples! As lágrimas vertiam de forma incontida...

Foi com essa cena que Carolina se deparou quando entrou no quarto. Correu a abraçá-lo, mas ele a afastou:

– Vá embora! Não a mereço! Sou um ser desprezível!

– Pare com isso, querido! Estou aqui e não irei embora, entendeu bem? – ela insistia em trazê-lo para perto de si, mas ele a impedia.

– Você não sabe quem eu sou, por isso diz isso. Não posso envolvê-la em minha vida! Não quero mais ser cruel com ninguém. Você é um anjo, um ser iluminado! Eu sou a pior pessoa que existe! Me deixe com meus demônios, você não merece passar por isso! – levantou-se e abriu a porta. – Saia! – Carolina foi até ele e o puxou para seus braços, apertando-o com todo seu amor.

– Eu o amo e ficarei com você. Não adianta me mandar embora, pois não irei. É simples assim! Não vou deixá-lo um instante sequer. Se acalme, eu lhe peço.

– Você merece alguém que a faça feliz e... – Neste momento, ele caiu ao chão. Carolina gritava seu nome, mas ele não respondia. Os gritos da jovem trouxeram Adriano de volta ao quarto, que, ao vê-lo desmaiado, também, clamou:

– Chame uma ambulância. – Douglas entrou em seguida e os dois colocaram o jovem no sofá. Tiago estava pálido, sua pulsação acelerada, precisava ir para o hospital.

Meia hora depois, Henrique estava tratando do advogado, fazendo os exames iniciais. Pediu para chamarem Lucas com urgência. Carolina acompanhava tudo contendo as lágrimas.

– O que houve com ele? – perguntou Lucas apreensivo. A jovem contou o que acontecera momentos antes no quarto.

– Fique calma, vamos cuidar dele! – conduziram-no para os exames necessários.

Já na emergência, Tiago acordou e perguntou:

– O que aconteceu? – ele ainda estava sonolento.

– Você desmaiou. Disse que ainda precisava ficar por aqui, mas é teimoso em demasia.

– Onde está Carolina? Creio que a assustei. Tome conta dela, é só o que eu lhe peço!

– Você cuidará dela, meu irmão. Agora se acalme, vou chamá-la. – Ele fechou os olhos e adormeceu em seguida. Henrique estava ao seu lado e sua expressão era séria.

– Isso não é bom sinal e você sabe a que me refiro. Chame Dr. Rogério, ele entenderá o que está acontecendo e saberá como agir. – Lucas saiu imediatamente, trazendo-o em seguida. O médico viu os exames recém realizados e analisou com todo critério.

– Seu corpo já está se debilitando e precisamos iniciar os primeiros procedimentos. E rápido! – chamou uma enfermeira e começou a dar as orientações necessárias.

Levaram-no para a UTI e iniciou-se o tratamento. E o doloroso período de provações! Como o próprio Tiago assim definiu: iniciou seu calvário. Tinha tanto a expurgar! Era necessário que a dor o libertasse de tudo que estava impregnado em seu ser. Foram semanas difíceis, intercalando momentos de muita dor, com outros menos doloridos. Porém a dor, essa ferramenta que propicia nosso despertar, esteve presente todo tempo, como a lembrá-lo de que ela era soberana e ditava as regras. Tiago tinha que se render a seu desígnio, sabendo que haveria um instante em que ela o deixaria. Era isso que o motivava a prosseguir em sua árdua batalha.

Os exames de compatibilidade foram realizados e apenas Lucas seria capaz de doar sua medula, conforme já era esperado. Porém, antes disso acontecer, a fase mais dolorosa se iniciava. Os remédios que baixavam a sua imunidade a ponto de deixá-lo enfraquecido, em total prostração, eram necessários para que o transplante pudesse ocorrer.

Foi um longo processo que durou alguns meses, com algumas intercorrências, alguns sustos, e uma vontade imensa de superar as dificuldades.

A família unida em seus propósitos de ajudá-lo a vencer cada etapa desse martírio foi o incentivo maior que Tiago pôde usufruir. Quando sentia que o desânimo tentava assumir o comando de sua existência, cada um se esmerava em tentar dissuadi-lo de se entregar passivamente a ele, e, juntos, lutavam bravamente para modificar o padrão de suas emoções. Foram momentos tensos e angustiantes, mas estavam unidos num único propósito: que ele encontrasse a cura do seu corpo físico.

O transplante só foi possível meses após o início do tratamento. Lucas e Tiago conversavam antes do preparo do procedimento:

— Tem certeza de que deseja fazer isso? — perguntou Tiago ao irmão. Ele estava bem magro, mas seu olhar se modificara. Havia um novo brilho nele que despertava a atenção de todos. Carolina dizia que era o brilho do amor verdadeiro, capaz de iluminar todo o seu ser e o tornar uma criatura especial e única.

— Claro que sim! Jamais tive qualquer dúvida sobre isso. Sei que faria o mesmo por mim. Mas saiba que, mesmo que não fizesse, eu não deixaria de fazer por você. – Segurou a mão de Tiago.

– Certamente que, hoje, faria o mesmo. Ontem, não tenho como saber. – Ofertou um sorriso triste. – O homem que fui antes não existe mais. Ainda não sei qual serei amanhã. Sei apenas que hoje estou lutando para merecer uma oportunidade de viver. Um dia de cada vez! Essa lição precisei aprender!

– E aprendeu, o que me deixa muito orgulhoso! Saiba que jamais poderia imaginar que tivesse tanta fibra, capaz de superar tantos obstáculos que vieram de forma sucessiva em sua vida. Foi um trajeto longo, repleto de percalços de toda ordem, mas manteve-se firme e não se entregou. Era o que eu esperava que fizesse. – Lucas endereçou-lhe um sorriso repleto de paz.

– Tenho vocês ao meu lado e isso fez toda diferença. – Sorriu ele.

– Não, Tiago, tudo é mérito seu. Poderia ter escolhido não lutar, desistindo dessa oportunidade de se reconciliar com a vida.

– Eu tinha por quem lutar, essa foi a diferença. – Carolina surgiu perto deles e segurou a mão do amado.

– Está pronto? – perguntou ela.

– Estou com medo. Promete que vai fazer tudo como combinamos se algo acontecer?

– Se isso o deixa mais tranquilo, prometo! Agora, pare com ideias infelizes e depressivas. Você vai ficar bem! – beijou-o com carinho. – Lucas, jamais saberei como agradecer seu gesto. Obrigada! – e o abraçou.

– Prometi cuidar dele e assim farei. Por toda esta existência! – a emoção predominou, fazendo os dois irmãos se abraçarem e assim permanecerem. Lucas falou baixinho:

– Tudo vai dar certo! Confie!

– Você tem certeza? – Tiago apertou o irmão com toda energia.

– Confia em mim? Mais uma vez? – Lucas se desvencilhou do abraço encarando-o com todo seu amor. Tiago sorriu e disse:

– Desta vez, vou confiar. – Sem entender por que assim falara.

Luiza e Celeste lá se encontravam, observando a cena à sua frente.

— *Meus meninos encontraram o caminho da reconciliação e da verdadeira fraternidade. Tiago ainda tem muito a aprender, mas já deu o primeiro passo desta longa caminhada que se iniciou tempos atrás. Tem procurado recuperar o tempo perdido, porém os tempos de paz ao seu coração ainda se encontram distantes.*

— *Já aprendeu a valorizar o amor incondicional, o que antes não ocorria, e isso já é um alento. A dor é sempre uma mestra exigente, mostrando quais caminhos precisam ser revistos. Ele estava atento e entendeu o recado. O tempo será seu aliado e o proverá de novas oportunidades, em que poderá rever suas escolhas. Tudo indica que esteja no caminho certo. Aguardemos, minha irmã.* — Celeste estava envolta em muita luz.

— *Sou grata por tudo que fizeste por eles.* — Um sorriso doce emoldurava seu rosto. — *Ronaldo já se encontra em recuperação e creio que as notícias alentadoras acerca da transformação de Tiago surtirão efeito positivo em seu tratamento. Parece que as coisas evoluíram melhor do que supomos.*

— *O Pai ama intensamente cada filho e, apenas, deseja sua felicidade. Porém ainda temos muita dificuldade em encontrar o caminho que nos conduz a ela. São necessárias muitas idas e vindas para que essa percepção desperte em nós. Tudo a seu tempo!*

E as duas derramaram seus fluidos sutis inundando o ambiente de paz. Em seguida, deixaram o local seguindo para outras paragens.

Raquel e Rebeca encontraram os dois irmãos antes da cirurgia e o otimismo era o que prevalecia.

— Meus queridos, tudo vai dar certo! Confiem! — disse Rebeca com um sorriso enigmático no rosto. Lucas perguntou:

— Conhece algo que não sabemos? — perguntou.

– Sei apenas que novos caminhos foram delineados para nós, e, neles, ainda há uma longa programação a realizar. Portanto tudo vai dar certo. Tenho plena convicção! – aproximou-se dos dois irmãos e segurou a mão de ambos: – Novas escolhas significam novas oportunidades de reencontrar a paz, essa que há tanto tempo nos abandonou. Sinto que novos tempos se aproximam e confio que, juntos, o percurso a seguir será mais atenuado.

– Não sei se estarei nesse caminho com vocês. Sabem que minha situação está em ritmo de espera. Sergio foi condescendente permitindo que o processo ainda não citasse meu nome. No entanto sei que terei punições quando tudo se encerrar. – Seus olhos ficaram marejados, mas prosseguiu: – Acredito que fiz a coisa certa, porém receio o que irá advir.

– Acalma seu coração e lembre-se de que tudo está sob o olhar atento do Pai. Seus desígnios serão cumpridos, meu querido. E saiba que toda ação meritória não será por Ele esquecida. Isso é o que importa! No final, tudo ficará bem!

Raquel olhava os dois irmãos com amor e proferiu:

– Quero os dois de volta em perfeitas condições, entenderam? E não ousem me desobedecer, afinal, sou eu quem dita as regras agora! – beijou os dois, que sorriram mais confiantes.

Paula chegou quando Lucas estava sendo levado para a cirurgia. Os dois se entreolharam e ela perguntou:

– Sabe que tudo vai dar certo, não? Quando sair daqui, tenho uma novidade a lhe contar.

Lucas pediu que o enfermeiro aguardasse:

– Pode falar agora, sabe que não sei esperar. Qual a novidade? – perguntou ele curioso.

– Não sei se vou contar! – seus olhos estavam radiantes.

– Pare de brincadeira, estou ficando nervoso. – Ela segurou sua mão e disse:

– Assim que sair daqui, teremos muito a conversar. Não queria ser eu a pedir sua mão em casamento, afinal, essa deveria ser sua atitude. Porém, dadas as circunstâncias , não terei meu filho sozinha. Quer casar comigo? – seus olhos estavam marejados. A emoção assomou e Lucas só conseguiu dizer:

– Com certeza, meu amor. Não imagina o quanto estou feliz! Obrigado!

– Portanto volte logo e bem! Vou precisar muito de você! – beijou-o com ternura.

Ao lado de Valentina, nossa Paula na atual encarnação, Átila se encontrava. Clovis e Celeste acompanhavam o casal e o novo espírito reencarnante que, após uma rápida preparação, retornaria ao mundo material, para que pudesse estreitar novamente os laços do passado. A felicidade do casal contagiou Átila que perguntou:

– *Ele já me perdoou?*

– *Francesco sempre o amou como a um irmão, você que não conseguiu observar. Agora, ele poderá comprovar isso, meu querido! Será muito amado por eles! Aproveite a oportunidade que o Pai está lhe oferecendo.* – As lágrimas escorriam pelo rosto de Átila que se aproximou de ambos, seus futuros pais, e disse:

– *Amo vocês!* – Celeste e Clovis se entreolharam com satisfação, elevando os olhos ao alto, como a agradecer a Deus por mais essa conquista, que só foi possível pela presença poderosa do amor, o único caminho a seguir para a conquista da paz e da felicidade!

Semanas depois, Lucas conversava no quarto de Tiago, que se recuperava de forma célere. O período pós transplante havia sido tenso e a expectativa que tudo corresse de forma favorável era o que imperava.

– Hoje você vai ter alta. Não está feliz? – perguntou Lucas vendo o semblante tenso que ele apresentava.

– Por um lado, sim. Por outro... – Sérgio estivera com ele naquela semana e conversaram sobre o andamento do processo, no qual ele era o delator, contribuindo com os dados essenciais para que o grupo fosse desmascarado. A situação ainda se apresentava complexa, afinal, tratava-se de pessoas poderosas e influentes, o que requeria dose excessiva de cautela e artimanhas, para que tudo não fosse relegado ao esquecimento. Os dados do pendrive que ele entregara eram suficientes para instalar uma infinidade de investigações, com nomes fortes e, até então, acima de qualquer suspeita. Um delator, entretanto, aos olhos da lei, está tão enfronhado no esquema, que, apesar de contribuir para que se descubra as falcatruas cometidas, não o exime da própria participação. É algo delicado e necessita de muita avaliação. Tiago teria muitas explicações a oferecer e novo martírio se iniciaria após sua recuperação. Agora, teria que enfrentar uma nova batalha e essa não seria branda, como Sérgio já lhe orientara. Definitivamente, teria muito a explicar. Tiago estava consciente de que deveria prestar contas por seus atos, mas temia as consequências que estavam por vir.

— Você está curado e isso é o que importa! Estaremos ao seu lado e o apoiaremos!

— E se for preso? — o temor estava em seu olhar.

— Isso já estava cogitado e sabia dessa possibilidade. Aguarde o julgamento! Não sofra por antecipação!

— Já perdi tanto! — havia tristeza em suas palavras.

— E o que ganhou, não conta? O que levamos desta vida são os verdadeiros afetos, os nossos atos em prol do bem comum. O que você conquistou neste último ano? — a pergunta o deixou em silêncio, como a refletir. No mesmo instante, a figura iluminada de Carolina surgiu em sua mente, acompanhada de outros rostos familiares, aqueles que o acolheram com a força do amor que sempre preponderou. E Tiago sentiu a paz lhe retornar ao coração. Sorriu e disse emocionado:

— Ganhei uma nova oportunidade e isso é o que importa, não? — Lucas o abraçou.

— Exatamente isso, meu irmão. Você tem uma nova vida a explorar e creio que essa será muito diferente da anterior, a que o tornará um novo homem. Mamãe estaria orgulhosa de você! – sentiu a presença da mãe ao lado deles como a abençoá-los.

– Sinto tanto a falta dela! Deixei de aproveitar todos os momentos que ela me concedeu para que um aprendizado ocorresse. A magoei tanto... – A emoção assomou em ambos.

– Porém ela, melhor do que ninguém, sabia que cada um só pode oferecer aquilo que tem dentro de si. Você teve que percorrer um árduo trajeto para buscar, em sua essência, esses valores que estavam latentes. Cada um tem seu tempo de despertar. E ela sabia reconhecer em cada um seu potencial, aguardando esse tempo de maturação. Era uma pessoa excepcional. Nos ensinou tudo que sabia! Aprendemos pouco, mas temos ainda uma vida para encontrar em nós essas potencialidades e explorá-las. Sei que ela espera isso de cada um de nós. – Viu o sorriso radiante que Luiza lhe enviava. Ela percebeu que ele a via e disse:

– *Espero que o que vejo hoje perdure! Foi para isso que recebi vocês em meu ventre e sabia que a vitória maior seria conquistada pela força do amor! Que Deus os abençoe, meus amores e que façam suas vidas valerem a pena! Amo vocês!* – deixou-os com as energias sutis que a acompanhavam.

Tiago inspirou profundamente e finalizou:

– Temos que seguir em frente. Vamos! – os dois saíram abraçados. Duas vidas que seguiram caminhos diversos, porém que jamais se desviaram do objetivo maior.

Os meses se passaram e o processo contra Tiago também seguiu seu curso. Com atenuantes pela sua colaboração, a pena até que foi branda. Sérgio não teve como interceder a seu favor além do possível. As informações foram providenciais e, contando com a morosidade da justiça, seu processo estava caminhando a passos lentos, porém ininterruptos, o que já era um alento. Tudo levava a crer que, em algum momento, todos os envolvidos seriam punidos. Até lá, todos os recursos seriam explorados tentando impedir que as punições ocorressem como se previa.

Tiago teve julgamento rápido e sua pena decretada: dezoito meses de reclusão e o restante seria cumprido em regime aberto. Uma punição relativamente branda, considerando sua participação indireta no atentado a Paula e no suposto acidente de Leila sob sua ordem. Porém a punição maior já havia sido imposta, e ele já cumprira completamente. A doença que o acometera acabara sendo o instrumento de sua libertação. O sofrimento vivenciado o fizera reavaliar a sua existência e a transformar-se. Seu martírio se encerrara e sua consciência estava, agora, em paz. Carolina jamais o abandonou em momento algum e isso, para ele, foi seu maior presente nesta vida. Faria tudo para honrá-la, assim prometera a si mesmo se sobrevivesse aos eventos que se seguiram.

Talvez poucos pudessem confiar em sua reabilitação verdadeira, mas ele acreditou e esse foi seu maior trunfo! Foram felizes? Sim. E partilharam uma existência tecendo, desta vez, os fios do destino que o tempo não foi capaz de apagar. O amor prevaleceu em cada passo dessa longa e produtiva estrada.

Paula e Lucas se casaram, assim que tudo foi solucionado, e Átila nasceu, um menino lindo e forte, que seria a luz da vida de ambos. Chamou-se Francesco, nome escolhido por Paula e que não sabia o motivo da escolha. Tiveram mais uma filha, Valentina.

Lucas, enfim, decidiu-se a trabalhar com suas ferramentas mediúnicas, tornando-se um leal e comprometido trabalhador da casa espírita que frequentava. Uma linda tarefa foi executada e muitos se beneficiaram com seu amor e dedicação.

Raquel e Henrique também se casaram e foram felizes. Ela continuou a exercer o controle dos empreendimentos da família, colocando em ação seu potencial. Conseguiu resolver os problemas criados por Tiago com seu tio Alfredo, retornando-lhe a posse de seu patrimônio. Tudo se resolveu...

Rebeca e Sérgio puderam, enfim, viver seu sonho de amor. E foram felizes também. Sempre é tempo de amar...

O trabalho de Artur, Douglas, Adriano, todos esses homens de bem, foi também valorizado e seus nomes jamais esquecidos.

Quanto ao esquema desvendado, as punições ainda estão distantes de acontecer, porém jamais se pode esquecer de que Deus está no comando de tudo e sua justiça será implacável!

E ela ocorrerá, no tempo certo!

Fim.

Daniel

Av. Porto Ferreira, 1031 | Parque Iracema
Catanduva-SP | CEP 15809-020
17 3531.4444
www.petit.com.br | petit@petit.com.br
www.boanova.net | boanova@boanova.net